权威·前沿·原创

皮书系列为
"十二五""十三五"国家重点图书出版规划项目

BLUE BOOK

智库成果出版与传播平台

公共安全感蓝皮书

BLUE BOOK OF
PUBLIC SECURITY SENSE

中国城市公共安全感调查报告
（2020）

REPORT OF URBAN PUBLIC SECURITY SENSE IN CHINA
(2020)

中国应急管理学会
中国矿业大学 ／研 创

王义保 许 超 曹 明／主 编

社会科学文献出版社
SOCIAL SCIENCES ACADEMIC PRESS (CHINA)

图书在版编目(CIP)数据

中国城市公共安全感调查报告.2020 / 王义保,许超,曹明主编.——北京：社会科学文献出版社,2021.6
（公共安全感蓝皮书）
ISBN 978-7-5201-8191-4

Ⅰ.①中… Ⅱ.①王… ②许… ③曹… Ⅲ.①城市-公共安全-安全管理-调查报告-中国-2020 Ⅳ.
①D630.8

中国版本图书馆CIP数据核字（2021）第055338号

公共安全感蓝皮书
中国城市公共安全感调查报告（2020）

主　　编 / 王义保　许　超　曹　明

出　版　人 / 王利民
责任编辑 / 薛铭洁

出　　版 / 社会科学文献出版社·皮书出版分社（010）59367127
　　　　　地址：北京市北三环中路甲29号院华龙大厦　邮编：100029
　　　　　网址：www.ssap.com.cn

发　　行 / 市场营销中心（010）59367081　59367083
印　　装 / 天津千鹤文化传播有限公司

规　　格 / 开　本：787mm×1092mm　1/16
　　　　　印　张：31.75　字　数：479千字
版　　次 / 2021年6月第1版　2021年6月第1次印刷
书　　号 / ISBN 978-7-5201-8191-4
定　　价 / 158.00元

本书如有印装质量问题，请与读者服务中心（010-59367028）联系

▲ 版权所有 翻印必究

中国应急管理学会蓝皮书系列编写指导委员会

主任委员 洪 毅

副主任委员（以姓氏笔画为序）
马宝成 王亚非 王沁林 王 浩 冉进红
闪淳昌 刘铁民 陈兰华 吴 旦 余少华
杨庆山 杨泉明 应松年 沈晓农 郑国光
范维澄 钱建平 徐海斌 薛 澜

秘 书 长 杨永斌

委 员（以姓氏笔画为序）
孔祥涛 史培军 孙东东 全 勇 朱旭东
刘国林 李 明 李 京 李雪峰 李湖生
张 强 张成福 吴宗之 何国家 张海波
周科祥 钟开斌 高小平 寇丽萍 黄盛初
龚维斌 曾 光 彭宗超 程晓陶 程曼丽

公共安全感蓝皮书编委会

主　　编　　王义保　许　超　曹　明

编委会成员　王义保　韦长伟　刘　蕾　许　超　曹　明
　　　　　　　张　辉　陈　静　陈世民　周云圣　施　炜
　　　　　　　曹惠民　翟军亮　张彦华　汪　超　时如义
　　　　　　　杨　超

学术顾问
　　　　　　　范维澄　清华大学公共安全研究院院长、中国工程
　　　　　　　　　　　院院士
　　　　　　　彭苏萍　中国矿业大学（北京）教授、中国工程院院士
　　　　　　　刘彦伟　江苏省安全生产科学研究院院长、教授
　　　　　　　黄　弘　清华大学教授
　　　　　　　周福宝　中国矿业大学教授
　　　　　　　孙连英　北京联合大学教授
　　　　　　　杨　科　安徽理工大学教授
　　　　　　　段鑫星　中国矿业大学教授
　　　　　　　杨思留　中国矿业大学教授
　　　　　　　张长立　中国矿业大学教授

主编简介

王义保 博士后，教授，博士生导师，中国矿业大学公共管理学院（应急管理学院）院长、人文社科处处长，美国伊利诺伊大学访问学者，江苏省"青蓝工程"学术带头人，江苏省公共安全创新研究中心主任，江苏省应急管理研究创新团队带头人，主持国家社科、教育部人文项目等8项课题，发表高水平学术论文50多篇、专著2部，编著5部，荣获6项省部级奖励。研究方向为城市安全、应急管理、政府管理。

许　超 博士，教授，中国矿业大学公共管理学院（应急管理学院）应急管理系主任、PPP绩效评估中心主任。研究方向为公共安全治理、行政体制改革、PPP绩效等。在《中国行政管理》《社会科学战线》等期刊上发表学术论文20余篇。承担国家级课题1项，参与国家级课题2项，承担和参加省部级课题12项，荣获多项教学科研奖励。

曹　明 博士，副教授，中国矿业大学公共管理学院（应急管理学院）行政管理系主任。研究方向为公共安全管理、能源经济与政策、社会治理等。近年来主持国家社科基金课题1项，参与国家社科基金重大课题1项，参与国家自然科学基金和国家社科基金课题多项。在《科学学研究》《中国人口、资源与环境》等刊物上发表学术论文30余篇，出版专著1部，获省部级教学科研奖2项。

摘　要

安全发展是现代城市文明的重要标志。随着我国城市化进程日益加快，城市人口、功能和规模扩大与城市安全发展的要求不适应不平衡问题变得更加突出，城市复杂性风险日益加剧，人们对城市安全的需求成为当前城市建设和发展的重要议题。城市公共安全感反映了城市居民对城市安全的总体感知状况，是衡量城市公共安全水平、评价政府对城市公共安全治理成效的一项重要指标。

为了客观真实地反映我国城市居民公共安全感的现状及问题，课题组在借鉴学界相关研究成果基础上，构建了一套涵盖城市自然安全、治安安全、食品安全、交通安全、公共卫生安全、生态安全、公共场所设施安全、社会保障安全、信息安全等9个传统与非传统安全层面的城市公共安全感量表，于2019年7~8月组织19个调查小组进行大规模的全国城市调查活动，收集全国36座城市居民公共安全感的第一手数据和资料，形成全面翔实的城市公共安全感报告，为我国城市安全发展的科学决策和学术研究提供参考。

调查报告由总报告和专题报告构成。总报告概括介绍了全国城市公共安全感调查的指标体系、数据采集、安全感指数测算与排名，总结分析了中国城市公共安全感存在的问题与挑战，指出了提升我国城市公共安全感的有关对策和建议。专题报告从城市公共安全感涉及的9个传统与非传统安全领域观察城市居民安全感现状，分析存在的问题并讨论对策与建议。

报告指出，全国城市公共安全感指数总体上有普遍上升的趋势，计划单列市排名相对领先，超大特大城市安全感指数差异较大；专项安全感中，信息安全感连续三年垫底，社会保障安全感稳定靠后，公共卫生安全感仍然较差，反映了当前城市居民生活中关注的数字经济时代的信息保障、人口老龄

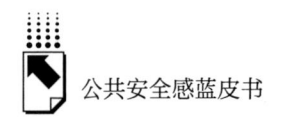

化以及环境卫生等问题。报告进一步提出，应强化城市公共安全运行保障，构建高效有力的城市公共安全治理体系，打造以政府为核心、多元主体参与的城市公共安全治理模式，建立政府部门间合作机制提升城市公共安全治理绩效，充分运用治理工具提高城市公共安全管理科技赋能等。

关键词： 城市安全　安全感　城市居民　安全治理

Abstract

Modern urban civilization features security development as an important symbol. The accelerating urbanization in China leads to the growing incompatibility and imbalance between the demand in urban security development and the expansion in urban population, functions and scales. Complex urban risks are becoming more and more threatening. Urban residents' demand for public security has turned into a significant issue in the current urban construction and development. The sense of public security in cities reflects residents' overall perception of urban security. It is also an important indicator for measuring the level of urban public safety and evaluating the effectiveness of the government's urban public security governance.

In order to reflect the current situation and problems of urban residents' sense of public security objectively and truly, based on the relevant academic studies, the research group has established a set of as many as nine conventional and unconventional standards in sense of public security, covering nature, public order, food, traffic, public health, ecology, public facilities, social assistance and information. From July to August 2019, more than 200 teachers and students were divided into 19 teams to conduct a large-scale national urban survey activity, collecting first-hand data and information urban residents' sense of public security in 36 cities across the country. The report developed from the mass investigation has provided important and valuable evidence for strategic policy-making and academic research in China urban security development.

The investigation report consists of a general report and a series of specialized reports. The general report outlines the index system, data collection, measurement and ranking of the sense of security index of the national urban public security survey, summarizing an analyzing the problems and challenges of my country's urban public security, then offering relevant countermeasures and suggestions to improve urban residents' sense of security in China. The series of specialized reports observe the current situation of urban residents' sense of security from 9 conventional and non-conventional involved in urban public security, analyzing existing problems, and then providing countermeasures and suggestions.

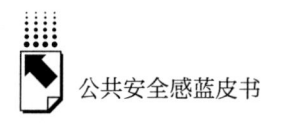

The report shows out that the national urban sense of public security index generally has a general upward trend. The cities with separate planning are relatively leading, and the security index of super-large cities has a large difference. In the specialized reports on sense of security, the sense of public security in information has been at the bottom for three consecutive years, social assistance still being left behind, public health security still poor, reflecting the current urban residents' concern of information security, ageing of population and environmental health and other issues in daily life. The report further proposes to strengthen the guarantee of urban public security operations, build an efficient and powerful urban public security governance system, create an urban public safety governance model with the government as the core and the participation of multiple subjects, establish an inter-governmental cooperation mechanism to improve urban public security governance performance and make full use of governance tools to improve the technological empowerment in urban public security management and other countermeasures.

Keywords: Urban Security; Sense of Security; Urban Residents; Security Governance

目　录

Ⅰ 总报告

B.1 中国城市公共安全感的状况与评价（2020）
　　………………王义保　许　超　曹　明　刘　蕾　杨　超 / 001
　　一　城市公共安全感评价意义与指标体系 ……………… / 002
　　二　中国城市公共安全感指数与排名 …………………… / 030
　　三　中国城市公共安全感群体间差异分析 ……………… / 078
　　四　中国城市公共安全感存在的问题与挑战 …………… / 096
　　五　提升中国城市公共安全感的对策与建议 …………… / 111

Ⅱ 专题报告

B.2 中国城市自然安全感调查报告（2020）
　　……………………曹惠民　邓婷婷　杨怡文　杨帆杰 / 124
B.3 中国城市治安安全感调查报告（2020）………… 韦长伟 / 161
B.4 中国城市食品安全感调查报告（2020）………… 陈世民 / 203
B.5 中国城市交通安全感调查报告（2020）……… 张　辉　韩利欣 / 239
B.6 中国城市公共卫生安全感调查报告（2020）
　　…………………………………………… 汪　超　时如义 / 275

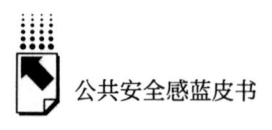

B.7　中国城市生态安全感调查报告（2020）
　　　…………………………………… 翟军亮　朱双月　孙　格 / 308
B.8　中国城市公共场所设施安全感调查报告（2020）……… 施　炜 / 366
B.9　中国城市社会保障安全感调查报告（2020）………… 陈　静 / 404
B.10　中国城市信息安全感调查报告（2020）…………… 周云圣 / 444

Ⅲ　附录

B.11　附录一　2019年全国城市公共安全感认知与行为问卷题目 …… / 478
B.12　附录二　2019年全国城市公共安全感调查小组名单 ………… / 482

B.13　后　记 ………………………………………………………… / 486

CONTENTS

I General Report

B.1 Status and Evaluation of China Urban Residents' Sense of
Public Security (2020)
Wang Yibao, Xu Chao, Cao Ming, Liu Lei and Yang Chao / 001

    1. Significance and Index System of Urban Sense of
Pubic Security Evaluation / 002

    2. Index and Ranking of China Urban Residents' Sense of
Public Security / 030

    3. Analysis of the Differentiations among Groups of
China Urban Residents' Sense of Public Security / 078

    4. Problems and Challenges of China Urban Residents' Sense of
Public Security / 096

    5. Methods and Suggestions to Upgrade China Urban
Residents' Sense of Public Security / 111

II Research Reports

B.2 A Report on China Urban Residents' Sense of Security in Nature (2020)
Cao Huimin, Deng Tingting, Yang Yiwen and Yang Fanjie / 124

B.3　A Report on China Urban Residents' Sense of Security in
　　　Public Order (2020)　　　　　　　　　　　　　*Wei Changwei* / 161
B.4　A Report on China Urban Residents' Sense of Security in
　　　Food (2020)　　　　　　　　　　　　　　　　*Chen Shimin* / 203
B.5　A Report on China Urban Residents' Sense of Security in
　　　Traffic (2020)　　　　　　　　　　*Zhang Hui, Han Lixin* / 239
B.6　A Report on China Urban Residents' Sense of Security in
　　　Public Health (2020)　　　　　　　　*Wang Chao, Shi Ruyi* / 275
B.7　A Report on China Urban Residents' Sense of Security in
　　　Ecology (2020)　　　*Zhai Junliang, Zhu Shuangyue and Sun Ge* / 308
B.8　A Report on China Urban Residents' Sense of Security in
　　　Public Facilities (2020)　　　　　　　　　　　　*Shi Wei* / 366
B.9　A Report on China Urban Residents' Sense of Security in
　　　Social Assistance (2020)　　　　　　　　　　　*Chen Jing* / 404
B.10　A Report on China Urban Residents' Sense of Security in
　　　Information (2020)　　　　　　　　　　　*Zhou Yunsheng* / 444

Ⅲ　Appendixes

B.11　Questionnaire of Cognition and Behavior Research on
　　　China Urban Residents' Sense of Security (2019)　　　　/ 478
B.12　List of Research and Investigation Groups and Members (2019)
　　　　　　　　　　　　　　　　　　　　　　　　　　　　/ 482
B.13　Postscript　　　　　　　　　　　　　　　　　　　　/ 486

总报告

General Report

B.1 中国城市公共安全感的状况与评价（2020）

王义保 许超 曹明 刘蕾 杨超*

当前，我国正处于全球风险社会与自身社会转型的叠加期，在经济建设取得举世瞩目成就的同时，各类不安全因素亦夹杂共生，空前增加，尤其在城市。日益加快的城市化进程一方面使得城市人口、功能和规模不断扩大，运行系统走向复杂化；另一方面则带来了社会化与社会问题并生、

---

* 王义保，博士后，中国矿业大学公共管理学院（应急管理学院）院长，教授，主要研究方向为城市安全、应急管理、政府改革；许超，博士，中国矿业大学公共管理学院（应急管理学院）应急管理系主任、教授，主要研究方向为公共安全治理与PPP绩效等；曹明，博士，中国矿业大学公共管理学院（应急管理学院）副教授，主要研究方向为公共安全管理、能源经济与政策等；刘蕾，博士，中国矿业大学公共管理学院（应急管理学院）副教授，主要研究方向为社会组织与社区治理；杨超，博士，中国矿业大学公共管理学院（应急管理学院）讲师。

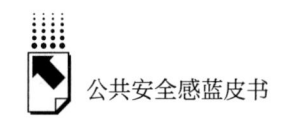

安全性与安全问题同行、社会进步与社会风险共存①的局面，城市也由此成为当前并具发展性机遇和复杂性风险的特殊区域。城市公共安全作为国家公共安全的重要组成部分，直接关系社会的稳定与发展。良好的公共安全状况不仅是公民的基本需求、城市竞争力和城市形象的重要表现，更是衡量城市政府公共服务能力的重要指标。因此，衡量、评价和报告城市居民公共安全感内容是学术界研究的重要课题。

一 城市公共安全感评价意义与指标体系

城市化的发展对公共安全既是机遇也是挑战，中国城市高速的发展进程，一方面累积了大量资金和技术，为建立更完善的城市安全管理与保障系统提供了物质基础；另一方面高速化发展伴随的是城市规模的急剧扩张和城市基础设施的高负荷运转，给中国城市在治安、食品、交通、医疗卫生、生态、生活设施、社会保障、信息金融等多个传统与非传统安全层面造成威胁。著名社会人类学家玛丽·道格拉斯（Mary Douglas）于1992年在《危机与责难：文化理论论文集》中提出"多安全才算安全"（how safety is safe enough），使得安全开始从一个客观的社会状况描述性问题转而成为一个主观的"安全感"问题。而居民作为城市生活的主体，充当着城市公共安全的神经，其对社会安全状况的主观感受和评价即安全感，反映了人们对社会治安的肯定程度及相应的居住状况，并关系政府角色、公共政策、行政管理行为、人民生活、社会稳定等多个层面。因此，构建我国城市公共安全感的评价指标体系，调查全国36个城市（4个直辖市、27个省会城市和5个计划单列市）公众安全感的现状及其背后的影响因素，对破解当前我国的城市发展难题、稳定社会生活、提高城市安全管理水平、推进社会风险治理有着重要意义。

---

① 郭少华：《风险社会背景下城市居民安全感提升研究》，《中共中央党校（国家行政学院）学报》2013年第5期，第92~96页。

（一）城市公共安全感评价目标与意义

安全感是人们基于特定时期的社会治安状况，对公共安全、公共秩序及人身、财产安全产生的信心、安全和自由。[①] 城市公共安全感则是公众对整个城市环境这一客体的安全感知程度，关系政府角色、公共政策、行政管理行为、人民生活、社会稳定等多个层面。它作为公共安全的"晴雨表"，既能从微观上感知社会治安、人民群众生命财产安全等生活质量要素，也能从宏观上体现国家公共安全水平、检验城市居民对政府安全治理工作的满意度。而城市公共安全感的动态研究，关键在于依靠一套科学有效的评价指标体系和评价方法。这关乎安全感评价的客观性、准确性和科学性，决定着城市公共安全感评价的信度、效用和价值。

因此，中国工程院咨询研究项目子课题组、江苏省公共安全创新研究中心、中国矿业大学城市公共安全管理智库在继续开展全国城市公共安全感调查活动之前，根据过往反馈的调查信息，调整和完善了中国城市公共安全感的评价框架，以使城市居民公共安全感的评价更加充实和均衡，为我国城市发展营造良好的社会心理氛围和安全环境提供改进方向。其评价的具体目标和意义如下。

1. 城市公共安全感的调查目标

为了解城市居民公共安全状况，加强顶层设计，优化重点领域的安全措施，深入挖掘影响城市公共安全感的有效因素，本课题组继续开展了全国城市公共安全感的调查活动。

（1）持续了解城市公共安全感现状，服务于公共安全建设

城市公共安全感是人们在一定时期和空间下对城市公共安全状况的综合感受，透过居民对社会治安、食品、卫生、交通、社会保障等各个方面的评价，目标城市的公共安全现状、面临的挑战以及存在的问题都将得以呈现。

---

① 罗文进、王小锋：《安全感概念界定、形成过程和改善途径》，《江苏警官学院学报》2004年第5期，第5~9页。

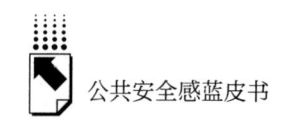

因此，城市公共安全感调查既应该关注地域性（以目标城市为单位），还应注重时间性，深度分析特定时间的治安状况、犯罪案件和灾害事故。课题组以年为单位，持续调研全国 36 个城市（4 个直辖市、27 个省会城市和 5 个计划单列市）的公共安全现状，从时间和地域入手来更科学地分析安全感，正确判断公共安全形势，找出其中的时间规律和地域规律，有重点地开展城市公共安全的综合建设与治理，为我国城市发展营造良好的社会心理氛围和安全环境建设提供借鉴和方向。

（2）增强居民的安全责任感，提升社会治理效能

本报告作为一项大型的城市调查，需要城市居民的深度参与。受访过程中，居民对各项公共安全问题的担心程度、行为认知一方面为其评价具体部门的公共服务水平提供渠道，另一方面则为其表达公共利益和诉求、有序参与社会多元治理搭建桥梁。即城市公共安全感的调查为民众评价所居住城市当前的安全状况、指出存在的安全隐患提供了一个科学有效的途径，公众能对相关城市的公共安全问题形成系统的了解，进而增强居民对改进目前城市公共安全状况的愿望和责任，促进公众更加积极地参与城市公共安全建设；同时，大范围的安全感调查能够广泛且深入地了解公民对于城市公共安全各方面的意见建议，最终为增进公共安全问题的民主参与、提升社会治理效能奠定良好的基础。

（3）推进城市公共安全感的体系化研究，丰富学术研究成果

过往对城市公共安全的研究中，通常以客观数据为测算指标，较少将主观评价类的居民安全感纳入定量分析；而以安全感为主题的研究中，则缺乏一套较为系统的量化工具，多数停留于某个具体层面的主观感受。因此，课题组开展的全国城市公共安全感调查持续完善评价指标和评价方法，既深化定量研究——通过居民对城市公共安全状况的担心程度打分，将主观层面的安全感进行量化，又辅以定性研究——通过深度访谈进一步考察居民的语言、评价和行为选择，对居民安全感评价进行细节补充。即从主客观层面双向测量公众安全感的水平，不仅增强了研究结果的说服力，还有利于推进城市公共安全感的体系化研究，为今后更深入地研究城市公共安全感提供

参考。

2. 城市公共安全感的评价意义

（1）有利于提升人民群众的生活质量

各种公共安全问题深刻地影响着居民的安全感，从而进一步影响人们的幸福感。因为安全感不仅是衡量社会治安状况的晴雨表，更是体现人民群众生活质量的重要指标，与城市的人居环境、投资环境以及公众对政府的信任度和满意度息息相关。[1] 安全感的缺失会从心理上削弱人民群众对美好生活的向往，导致国民幸福指数的降低，不利于其生活质量的提高。城市公共安全感调查将城市公共安全的各要素（自然、生态、公共卫生、食品、交通、公共场所设施、治安、社会保障、信息）涵盖在内，以"担心程度""行为认知"等方法进行多向多维测量，并以年为单位更新数据，有助于全面分析影响居民安全感的各项显性隐性因子，根据调查结果"对症下药"，及时优化人居环境，从而有效提升人民群众的生活质量。

（2）有利于增进公民对公共事务的知情权

公民对于公共事务的知情权是社会生活中最基本的权利之一。公民的知情权，又称为知悉权、了解权，即公民对于国家的重要决策、政府的重要事务以及社会上当前发生的与普遍公民权利和利益密切相关的重大事件有了解和知悉的权利。当代社会公共部门的行为及其相关事务越来越强调要从公共服务的立场和基点出发，以增进公共利益为行为模式的根本目标，因此重视并满足社会公众的知情权，是公共部门接受监督、建立威信和公信力的重要举措。对全国36个城市（4个直辖市、27个省会城市和5个计划单列市）的公共安全状况进行满意度评价、担心程度打分，即综合选取指标完成对城市公共安全感的整体测评，而后对调查和研究结果进行一定程度的公开，有助于全国人民对与自己日常生活相关的城市公共安全信息形成一个整体的了解，合理规避公共安全中常见

---

[1] 林荫茂：《公众安全感及指标体系的建构》，《社会科学》2007年第7期，第61~68页。

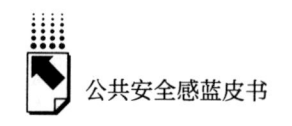

的问题，减少城市公共危机的冲击，同时有利于人民更加深层次地了解和理解政府部门的公共事务，消除谣言的负面影响，使人民客观公正地认识政府机关及其工作。

（3）有利于公共管理部门的信息公开

与公民知情权相对应的是公共部门的信息公开。一方面，信息公开是政府开展公共管理活动的重要环节。由于公共管理活动涉及的影响主体包括但不限于政府、企业、社会组织、社区、公民，为了协调各方的活动和利益，信息的传递、公开和披露过程必不可少，只有在信息的基础上，各方主体得以调整自己的行为，有序地在多元合作的公共管理和社会治理格局中活动。另一方面，必要的信息公开是政府的责任和义务。在公共选择理论中，政府同样具有"经济人"的特征和取向，行政人员及其行为有时会重私利而忽视公利，导致以权谋私、寻租腐败、对公共秩序造成混乱的一系列窘况。为了规范政府行为，让行政过程处于社会公众的监督下，政府必须依照相关法律和制度规范披露信息、接受监督。对城市公共安全感的调研，需要收集大量客观、主观的，涵盖政府机关工作、城市经济与社会发展的相关资料和信息，并且能够应用严谨的理论分析对数据和资料进行整理，事实上增强了政府信息公开的系统性、逻辑性和技术性，其中的理论、技术和方法对政府信息公开工作的完善具有参考意义。

（4）有利于人民有序参与到社会治理中

党的十九大报告指出，"经过长期努力，中国特色社会主义进入了新时代，这是我国发展新的历史方位"。在这个新时代，要"提高保障和改善民生水平，加强和创新社会治理"，必然需要发挥人民群众在社会主义建设以及社会治理中的主体地位，广泛动员组织群众参与政治以及社会事务。本次调查依旧以居民为调研主体，了解其对城市公共安全状况的综合感受与整体评价，并将其作为主观指标纳入城市公共安全感的评价指标体系，形成以居民安全感为中心的中国城市公共安全感蓝皮书，并提交给各级政府部门，作为其政策制定的咨询参考资料。本报告作为一项城市调查的成果，体现了居民对社会问题治理过程的参与；居民对于各项问题的反应、回答则表达出他们对于公共政策和城市公共环境等方面的意见和看法。在地方城市公共安全发展过程中，居民的诉求和建议能够且理应成为政府"查缺补漏"的重要意见。而公共利益诉求的表达，正是公众有序参与到社会多元治理的体现，也是现代社会和政治文明的标志之一。

（5）有利于改进政府工作，增强政府公信力

政府职能包括经济职能、政治职能、文化职能和社会职能四个部分，不同的职能反映政府在不同领域中的权责与义务。政府在履行职能、开展工作的过程中，要始终坚持"为人民服务"的指导思想，将自身定位和塑造为服务者，追求公共利益的实现。政府履行职能的基本前提是进行公共决策，即依赖丰富、准确、科学、系统的信息和数据，对公共事务的方向、行动、流程等进行规划，并确定开展各项公共活动所需要的方法和技术。然而，信息搜集、分类和整理在任何时候都不是一个简单的事情，其中涉及各种专业知识、技术和理论，因此政府时常需要与各种咨询机构、智库和公共组织合作，以获取更多服务于决策行为的信息和建议报告。城市公共安全感调查，能在全国范围内广泛聚合一手资料，并对资料进行专门的加工处理，以形成蓝皮书报告。将报告呈交给各级政府，能够为政府部门的科学决策起到不容忽视的参考作用，进而有助于政府改进工作，更好地回应和满足公众需求，增强政府公信力。

（6）有利于形成政府—高校合作的社会公共问题治理新模式

政府部门的资源禀赋在整个社会占有先天优势，同时，公权力的加持、庞大的层级体系、信息获取的便利性使得政府部门在整个社会治理过程中完全能够发挥主导作用。而高校作为教育科研单位，相对于政府，其领先之处则体现在人才、技术和研究经验等方面。在很多技术问题和社会问题上，高校固有的结构特征和资源利用模式，决定了它们能够在更小的代价下实现更高的效率，从而在政策咨询领域占据并保持一定的优势地位。在西方国家，高校智库已然是政策咨参的重点对象，而我国的一些高校也正在朝着智库建设的方向前进，与商业性咨询公司一同各自体现出自身的优点。课题组关于城市公共安全感的持续性调研，将地方政府与重点

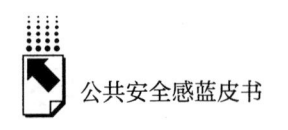

高校联结起来，有利于政府公共事务管理的科学化，也有助于推动高校日益参与到社会问题的治理当中，构建政府与高校合作的社会公共问题咨询与治理的新模式。

（二）城市公共安全感评价的基本原则

近年来，随着对城市公共安全建设实践的深化，关于城市公共安全评价的研究日益增多。城市公共安全评价的研究涉及面很广，评价的指标及原则也千差万别，涉及多角度、多要素。其中安全感作为主观评价的主要分支，是城市公共安全感评价的重要组成部分，但其指标的设计仍未成体系。基于公共安全感的综合性和复杂性，若想从主观层面全面地反映城市公共安全状况，仅用几个指标或某一种方法是远远不够的，也难以说明问题，因此，需要反映各方面的若干个指标来进行评价。① 即为了确保城市安全运行，需要在了解城市公共安全感影响因素的基础上构建相应的指标体系和选取相应的评价方法，遵循既定原则对城市居民安全感进行评价，以了解其对城市公共安全状况的主观感受，明确改进城市公共安全工作的目标和方向。

1. 科学性

科学性是任何指标体系建立的重要原则，也是指标体系的首要特征。这是确保评价结果准确合理的基础。城市居民安全感的评价是否科学在很大程度上依赖其指标、标准、程序等方法是否科学。按照科学性的要求，指标体系一定要建立在科学、客观的基础上，因此，指标的物理意义必须明确。在城市居民安全感指标体系的建立方面，科学性体现在该指标体系基本能够全面、客观、准确地反映目标城市安全系统的状态、效用、变化趋势和系统内部的协调程度，符合保持客观信息源的要求（本次指标评价体系的受调查人均为目标城市市民），保证了信息源的有效性和普遍性，且避免了指标间

---

① 许力飞：《我国城市生态文明建设评价指标体系研究》，中国地质大学博士学位论文，2014，第51页。

的重叠，使评价目标和评价指标有机地联系起来，组成一个层次分明的整体，从而能较好地量度目标城市的公共安全感水平。一般而言，指标体系的科学性应包括以下4个方面。

（1）特征性：指标能够反映评估对象的特征。

（2）准确一致性：指标的概念要正确，含义要清晰，尽可能避免或减少主观判断，对难以量化的评估因素应采用定性和定量相结合的方法来设置指标。指标体系内部各指标之间应协调统一，指标体系的层次结构应合理。

（3）完备性：指标体系应围绕评估目的，全面反映评估对象，不能遗漏重要方面或有所偏颇，否则评估结果就不能真实、全面地反映被评估对象。

（4）独立性：指标体系中各指标之间不应有很强的相关性，不应出现过多的信息包含、涵盖而使指标内涵重叠。①

2. 层次性

层次性是指标体系自身的多重性。由于城市公共安全内容涵盖的多层次性，居民安全感的测算体系也由多层次组成，且各个要素之间相互联系构成了一个有机整体，反映了居民对城市公共安全的感受是多层次、多因素综合影响和作用的结果。它通常有两方面的要求：一是指标体系应选择一些指标从整体层次上把握评价目标的协调程序，以保证评价的全面性和可信度；二是在指标设计上按照指标间的层次递进关系，尽可能体现层次分明，通过一定的梯度，能准确反映指标间的支配关系，充分落实分层次评价原则。这样既能消除指标间的相容性，又能保证指标体系的全面性、科学性。

3. 导向性

指标是目标的具体化描述。因此，评价指标要能真实地体现和反映调

---

① 谢花林、李波：《城市生态安全评价指标体系与评价方法研究》，《北京师范大学学报》（自然科学版）2004年第5期，第705~710页。

研目的，准确地刻画和描述对象系统的特征，有方向地涵盖能实现评价目标的基本内容。本书以从主观层面了解城市公共安全状况为目标，整个指标体系以居民的主观感受为中心，选取了城市公共安全的9个维度，为评价对象和其他主体实现评价目标提供努力和改进的方向，即评价指标在保证体系化的同时，也应具有一定的导向性。① 如选取指标时注重描摹居民对公共安全问题的主观评价，就暂不考虑城市生活质量等领域的客观指标。

4. 可操作性

指标体系应具有可操作性强的特点，无论是面向评价者、决策者，还是公众的指标，都要尽可能简单实用，即考虑定量化的可行性、建模的复杂性、数据的可靠性和可获得性，尽量简单清楚，不宜过多。指标并不是越多越好，要考虑指标的量化及数据取得的难易程度和可靠性。目前，在各类指标体系的建立方面，为了追求对现实状态的完整描述，指标数量往往较多。同时，由于城市公共安全感影响因素的复杂性和综合性，一些传统的指标在描述系统状态时，往往是较难操作的定性指标较多，而可操作的定量指标则较少，或者即使有一些定量指标，其精确计算或数据的取得也极为困难。因此，课题组在构建指标体系时，以量表为基础，辅以定性访谈数据，前者通过居民对城市公共安全的担心程度打分，将居民对城市的安全感水平具体化为居民的评价分数，后者则通过居民的语言、行为、认知来更全面地反映城市公共安全感。综合来看，城市公共安全感的指标体系可操作性强，能较好地将调查结果转化为居民安全感，进而据此对公共安全做出最有利的调节。

5. 动态性

虽然评价指标体系在评价的某个时间段内要保持一定的稳定性，但随着事物发展的变化以及评价目标的改变，也需要对评价指标体系进行

---

① 彭张林、张爱萍、王素凤等：《综合评价指标体系的设计原则与构建流程》，《科研管理》2017年第S1期，第209~215页。

动态调整。这种动态调整可分为主动调整和被动调整。主动调整是根据新的评价目标和评价要求，调整或重新设计评价指标体系。被动调整是根据评价结果的反应效果，可对评价指标体系中的某些指标进行动态修正，剔除或增加某些指标。[①] 本调研基于 2018 年全国 31 个省区市的城市公共安全评价体系进行了调整，在保留原有问卷的基础上，增设了深度访谈，即扩充了评价方法，这既是对调研范围扩大到全国 36 个城市（4 个直辖市、27 个省会城市和 5 个计划单列市）的适应，也是依据我国不断变化的城市公共安全状况的适时调整。此外，以年为单位，主动收集、更新各地区的城市公共安全感数据，有利于从纵向和横向两个维度维护调查数据的及时有效，为形成城市公共安全感的动态数据库奠定基础。

（三）城市公共安全感指标体系的构建与完善

评价指标体系的构建是一个"具体—抽象—具体"的辩证逻辑思维过程，一般来说，这个过程可大致分为以下四个环节：理论准备、评价指标初选、指标体系修正、指标体系试用。而评价指标体系的完善工作则主要是指问卷试用后根据实际情况和研究目的的适时调整，以实现与时俱进的动态评价指标体系的效果。

首先是理论准备，在构建一套测算城市公共安全感的评价指标之前，应对城市公共安全、安全感等有关基础理论进行一定深度的了解和整理，以全面掌握该领域描述指标体系的基本情况。调研组查阅后发现，对城市公共安全的评价指标体系的研究，均选择了一系列的客观指标进行综合评价，而缺少主观感受层面的代表性指标。因此，调研组更多结合了有关安全感衡量的相关理论和方法，如按照范维澄院士的公共安全体系的"三角形"模型（突发事件、承载载体和应急管理）理论，进行了城市公共安全感评价指标

---

① 彭张林、张爱萍、王素凤等：《综合评价指标体系的设计原则与构建流程》，《科研管理》2017 年第 S1 期，第 209~215 页。

的初选。

在评价指标初选环节中,调研组采用了综合法与分析法相结合的方式来构造指标体系的框架,即先对已存在的一些安全感指标按一定的标准(与城市公共安全相关的)进行聚类,使之系统化,构建出一级指标;再将归类整理的一级指标划分成若干个子系统即二级、三级指标,使得城市公共安全感的每一个部分和侧面都可以用具体的统计指标来描述和实现。

指标体系使用专家打分法进行修正,最终汇成了一套城市居民公共安全感的调查问卷,具体分为居民安全感量表和居民公共安全行为认知问卷,均涵盖了城市公共安全的9个重要维度(自然安全、生态安全、公共卫生安全、食品安全、交通安全、公共场所设施安全、治安安全、社会保障安全、信息安全),前者以32个问题的10点量表(极为担心—完全不担心)测量居民的安全感,后者则通过细节问题评价城市居民相关的公共安全行为认知。整套评价指标体系在2018年全国城市公共安全感调查活动中得以首次试用,所获数据良好。因此,2019年7~8月,中国工程院咨询研究项目子课题组、江苏省公共安全创新研究中心、中国矿业大学城市公共安全管理智库继续沿用此套全国城市公共安全感评价指标体系对全国36个城市(4个直辖市、27个省会城市和5个计划单列市)展开调查,但在原有基础上辅以深度访谈,使得此评价指标体系既能为形成城市公共安全感的面板数据奠定基础,又能在一定自由度下对原有的评价指标体系进行补充和完善。

1. 指标体系修正方法

在对社会中很多问题进行决策时,关键问题通常是对问题所涉及的对象进行评价。国内外对各种类型的决策评价已有大量的研究,主要集中在如何根据问题和已有的评价指标体系创造方法或应用已有方法进行决策评价。在关于安全感的研究中,大量学者已经构建了评价指标体系,本研究在此基础上,综合此次调查的目的,重新设计了城市公共安全感的评价指标体系,但仍然存在不能实现当前的评价目标的可能性。因此,本着增强问卷科学性、合理性的考量，就需要对设计的评价指标体系进行修正，研究组采用了下文所述的专家打分法。

专家打分法是指通过匿名方式征询有关专家的意见，对专家意见进行统计、处理、分析和归纳，客观地综合多数专家经验与主观判断，对大量难以采用技术方法进行定量分析的因素做出合理估算，经过多轮意见征询、反馈和调整后，完成对评价指标体系的修正的一种方法。完整的指标体系既包括指标遴选，也涉及指标权重的科学确定。在城市公共安全满意度评价的研究中，课题组将构建的城市公共安全满意度评价指标体系交与相关部门专家，通过各位专家根据自己的判断赋予分值，从而获得各指标权重，剔除分值很低的指标，并根据权重高低确定指标顺序，指向性地对指标体系进行修正，深信修正后的指标体系其评价结构将更加合理、更便于课题组科学地了解各个指标对于表现居民城市安全感的重要性。

专家打分方式如下。

第一部分：二级指标打分表（见表1）。

填表说明：

表1中是"城市公共安全满意度"调查的各个指标，分为"自然安全、生态安全、公共卫生安全、食品安全、交通安全、公共场所设施安全、治安安全、社会保障安全、信息安全"9个一级评价指标，每个一级指标下含有若干个二级指标，以期较为全面、准确地反映居民对于所在城市的公共安全感，请各位专家凭自己的理解和判断，根据各个二级指标对于反映居民城市公共安全感的重要性，在"1~10"分别打分，重要性越强，赋值越大。

请您在分值后面打"√"；电子版请复制、粘贴即可，如"9√"。

如果您认为有"重要的评价指标"未被列入，请您添加并赋值。

第二部分：一级指标评分表。

填表说明：

本次"城市公共安全满意度"调查的一级指标，分为"自然安全、生

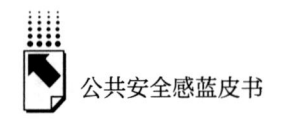

表1 "城市公共安全满意度"调查

总目标	一级指标	二级指标	重要性评价 非常不重要←--------→非常重要									
			1	2	3	4	5	6	7	8	9	10
城市公共安全感	自然安全	您担心本市自然灾害会给您造成生命财产损失吗?	1	2	3	4	5	6	7	8	9	10
		您担心本市防范自然灾害的设施有缺陷吗?	1	2	3	4	5	6	7	8	9	10
		请添加:您认为重要的评价要素并赋值										
		请添加:……										
	生态安全	您担心本市的空气污染会损害您的身体健康吗?	1	2	3	4	5	6	7	8	9	10
		您担心本市的饮用水源被污染吗?	1	2	3	4	5	6	7	8	9	10
		您担心本市生活垃圾得不到妥善处理吗?	1	2	3	4	5	6	7	8	9	10
		您担心本市"绿化状况"会逐渐恶化吗?	1	2	3	4	5	6	7	8	9	10
		请添加:您认为重要的评价要素并赋值										
		请添加:……										
	公共卫生安全	您担心本市周围会发生传染性疾病吗?	1	2	3	4	5	6	7	8	9	10
		您担心本市孩子会接种假疫苗或劣质疫苗吗?	1	2	3	4	5	6	7	8	9	10
		您担心本市抗生素滥用吗(包括对人、牲畜)?	1	2	3	4	5	6	7	8	9	10
		疫情发生时,您担心得不到及时有效控制吗?	1	2	3	4	5	6	7	8	9	10
		请添加:您认为重要的评价要素并赋值										
		请添加:……										
	食品安全	在本市饭店就餐时,您担心饭菜不干净吗?	1	2	3	4	5	6	7	8	9	10
		您担心在农贸市场购买的生鲜食品不卫生吗?	1	2	3	4	5	6	7	8	9	10
		您会担心食品污染损害身体健康吗?	1	2	3	4	5	6	7	8	9	10
		您担心本市食品安全会越来越糟糕吗?	1	2	3	4	5	6	7	8	9	10
		请添加:您认为重要的评价要素并赋值										
		请添加:……										

续表

总目标	一级指标	二级指标	重要性评价 非常不重要←------→非常重要										
			1	2	3	4	5	6	7	8	9	10
城市公共安全感	交通安全	市内出行时您担心遭受交通意外伤害吗？	1	2	3	4	5	6	7	8	9	10
		您担心市内公共交通系统出现严重事故吗？	1	2	3	4	5	6	7	8	9	10
		发生交通事故时，您担心伤者得不到及时有效的救助吗？	1	2	3	4	5	6	7	8	9	10
		请添加：您认为重要的评价要素并赋值	1	2	3	4	5	6	7	8	9	10
		请添加：……										
	公共场所设施安全	在人员密集场所，您担心发生严重的突发事件吗？	1	2	3	4	5	6	7	8	9	10
		您会担心这些市政设施出现故障吗？	1	2	3	4	5	6	7	8	9	10
		您会担心学校及周边环境不安全吗？	1	2	3	4	5	6	7	8	9	10
		遭遇突发事件时，您会担心得不到及时的疏散或救援吗？	1	2	3	4	5	6	7	8	9	10
		您对本城市"水电煤气"总体担心吗？	1	2	3	4	5	6	7	8	9	10
		请添加：您认为重要的评价要素并赋值	1	2	3	4	5	6	7	8	9	10
		请添加：……										
	治安安全	一个人夜晚出行时，您担心人身安全吗？	1	2	3	4	5	6	7	8	9	10
		陌生人随意进入所居住的小区，您会担心吗？	1	2	3	4	5	6	7	8	9	10
		您担心本市会发生暴力冲突事件给您造成伤害吗？	1	2	3	4	5	6	7	8	9	10
		发生治安事件时，您担心市民得不到及时的保护吗？	1	2	3	4	5	6	7	8	9	10
		请添加：您认为重要的评价要素并赋值	1	2	3	4	5	6	7	8	9	10
		请添加：……										

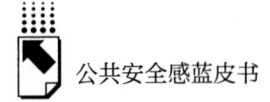

续表

总目标	一级指标	二级指标	重要性评价 非常不重要←-----→非常重要									
			1	2	3	4	5	6	7	8	9	10
城市公共安全感	社会保障安全	您担心年老后的经济来源及生活照顾问题吗?	1	2	3	4	5	6	7	8	9	10
		您担心看不起病吗?	1	2	3	4	5	6	7	8	9	10
		家庭因意外陷入困境时,您会担心得不到必要的救济吗?	1	2	3	4	5	6	7	8	9	10
		您担心个人隐私信息被盗取,并被用于商业或犯罪目的吗?	1	2	3	4	5	6	7	8	9	10
		请添加:您认为重要的评价要素并赋值 请添加:……										
	信息安全	您担心个人账户密码被盗取吗?	1	2	3	4	5	6	7	8	9	10
		您担心信息犯罪会更猖獗吗?	1	2	3	4	5	6	7	8	9	10
		请添加:您认为重要的评价要素并赋值 请添加:……										

态安全、公共卫生安全、食品安全、交通安全、公共场所设施安全、治安安全、社会保障安全、信息安全"评价要素，请各位专家凭自己的理解和判断，根据各一级指标对于反映居民城市公共安全感的重要性，采用直接打分法，分值越高，表示您认为该指标相对于总目标越重要，总分为10分（打分可以为整数，也可以出现小数，但分值合计必须为10分）（见表2、表3）。

表2 "城市公共安全满意度"打分示例

总目标	城市公共满意度								
一级指标	自然安全	生态安全	公共卫生安全	食品安全	交通安全	公共场所设施安全	治安安全	社会保障安全	信息安全	
评价分值	0.9	1.2	1.1	1.5	0.9	0.5	0.9	1.5	1.5	合计：10分

表3 "城市公共安全满意度"指标示例

总目标	城市公共满意度								
一级指标	自然安全	生态安全	公共卫生安全	食品安全	交通安全	公共场所设施安全	治安安全	社会保障安全	信息安全	
评价分值										合计：10分

2. 经修正的指标体系

根据专家的打分和建议，课题组对指标体系进行了修正：对一级指标的重要性进行了合理排序、对问卷问题进行了适当的增加与删减，以10点量表测量了居民对城市公共安全的担心程度，经修正后的指标体系如表4所示。

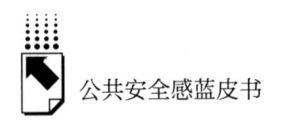

表4　修正后的指标体系

一级指标	二级指标	三级指标	
		具体问题的赋分情况(极为担心—完全不担心:1~10)	
自然安全	灾害防治	您担心本市自然灾害会给您造成生命财产损失吗?	
		您担心本市防范自然灾害的设施有缺陷吗?	
	灾害救援	自然灾害发生时,您会担心市民得不到及时有效救助吗?	
生态安全	生态污染	您担心本市的空气污染会损害您的身体健康吗?	
		您担心本市的饮用水源被污染吗?	
	生态环境治理	您担心生活垃圾最终得不到妥善处理吗?	
		您担心本市生态环境状况会逐渐恶化吗?	
公共卫生安全	疾病传播	您担心周围会发生传染性疾病吗?	
	疾病防治	您担心孩子会接种假疫苗或劣质疫苗吗?	
		您担心抗生素滥用吗(包括对人、牲畜)?	
		疫情发生时,您会担心得不到及时有效控制吗?	
食品安全	食品安全	在本市饭店就餐时,您会担心饭菜不干净吗?	
		您担心在农贸市场购买的生鲜食品不卫生吗?	
		您担心食品污染会损害身体健康吗?	
		您担心本市食品安全会越来越糟糕吗?	
交通安全	交通安全	市内出行时您担心遭受交通意外伤害吗?	
		您担心市内公共交通系统出现严重事故吗?	
		发生交通事故时,您会担心伤者得不到及时有效的救助吗?	
公共场所设施安全	公共场所安全及市政设施安全	在人员密集场所,您担心发生严重的突发事件吗?	
		您会担心这些市政设施出现故障吗?	
	学校安全及突发事件救援	您会担心学校及周边环境不安全吗?	
		遭遇突发事件时,您会担心得不到及时的疏散或救援吗?	
治安安全	自身安全	一个人夜晚出行时,您担心人身安全吗?	
		陌生人随意进入所居住的小区,您会担心吗?	
	公众安全	您担心本市会发生暴力冲突事件给您造成伤害吗?	
		发生治安事件时,您担心市民会得不到及时的保护吗?	
社会保障安全	社会保障安全	您担心年老后的经济来源及生活照顾问题吗?	
		您担心看不起病吗?	
		家庭因意外陷入困境时,您会担心得不到必要的救济吗?	
信息安全	信息安全	您担心个人隐私信息被盗取,并被用于商业或犯罪目的吗?	
		您担心个人账户密码被盗取吗?	
		您担心信息犯罪会更猖獗吗?	

（四）调查问卷的设置与分析

居民是城市公共安全状况最直接的感受主体，其通过客观语言、行为表现出来的主观心理感受即公共安全感，被称为社会治安的晴雨表和社会控制力的检验表。因此，要客观、全面地测量、分析和评价城市公共安全感，应从居民这一主体出发，综合考量其态度变量、行为变量、事实变量3个方面。① 因此，本次城市公共安全感调查问卷的内容主要分为受调查人概况、居民安全感量表、居民公共安全行为认知和深度访谈4个方面。后三者逐一通过居民对于所居住城市公共安全的担心程度、行为认知以及访谈内容来综合评价城市公共安全感。

1. 受调查人概况

受调查人概况共包括性别、政治面貌、年龄、民族、宗教信仰、户口类型、文化程度、工作职业、个人月收入9个项目，能够较全面地反映受调查居民的基本情况，筛查和保障样本结构的质量，使得城市公共安全感调查问卷的数据分析更有科学性和针对性。

2. 居民安全感量表

在城市居民安全感的测算中，调查组共设了3个级别的指标以进行全面、系统的衡量。

它总共囊括了城市公共安全9个重要的维度：自然安全、生态安全、公共卫生安全、食品安全、交通安全、公共场所设施安全、治安安全、社会保障安全、信息安全，并将其作为一级指标，按权重纳入分析；二级指标即依据9个一级指标下的细化，共包括灾害防治、灾害救援、生态污染、生态环境治理、疾病传播、疾病防治、食品安全、交通安全、公共场所安全及市政设施安全、学校安全及突发事件救援、自身安全、公众安全、社会保障安全、信息安全14个方面，并作为下设的32个问题的公因子以权重纳入计算；三级指标即居民对于这32个问题的具体赋分情况，以打分的方式直观

---

① 公安部公共安全研究所编著《你感觉安全吗?》，群众出版社，1991，第136页。

地体现居民对于城市公共安全各个方面的担心程度。

具体的三级指标设置如下。

（1）自然安全（见表5）

表5　自然安全

自然安全	灾害防治	您担心本市自然灾害会给您造成生命财产损失吗？
		您担心本市防范自然灾害的设施有缺陷吗？
	灾害救援	自然灾害发生时,您会担心市民得不到及时有效救助吗？

自然灾害是由自然因素造成人类生命、财产、社会功能和生态环境等损害的事件或现象，其发生往往给公众的生命财产造成巨大损失、生态环境和社会稳定造成严重威胁，公共部门能否有效预防、治理、救援自然灾害极大地影响着居民的安全感。

因此，在自然安全的一级指标下，指标体系从自然灾害的防治和救援两个层面出发，设置了3个问题来测量居民对所居住城市的自然灾害的担心程度，以评价目标城市防范自然灾害的硬件设施和救援能力。

（2）生态安全（见表6）

表6　生态安全

生态安全	生态污染	您担心本市的空气污染会损害您的身体健康吗？
		您担心本市的饮用水源被污染吗？
	生态环境治理	您担心生活垃圾最终得不到妥善处理吗？
		您担心本市生态环境状况会逐渐恶化吗？

生态安全是指生态系统的健康和完整情况，是人类在生产、生活和健康等方面不受生态破坏与环境污染等影响的保障程度，包括饮用水、空气质量与绿色环境等基本要素。

因此，在一级指标下，设置生态污染和生态环境治理2个二级指标、4个三级指标，以检验目标城市生态环境基本要素的情况和公共部门治理生态的能力。

(3) 公共卫生安全 (见表7)

表7 公共卫生安全

公共卫生安全	疾病传播	您担心周围会发生传染性疾病吗?
	疾病防治	您担心孩子会接种假疫苗或劣质疫苗吗?
		您担心抗生素滥用吗 (包括对人、牲畜)?
		疫情发生时,您会担心得不到及时有效控制吗?

公共卫生安全涉及对重大疾病尤其是传染病(如结核、艾滋病、SARS、新冠肺炎等)的预防、监控和医治以及相关的卫生宣传、健康教育、免疫接种等,能否对食品、药品、公共环境卫生进行有效的监督管制,不仅考验着城市的公共安全管理能力,还影响着居民的安全感。

因此,公共卫生安全的一级指标从疾病出发,设置疾病传播和疾病防治2个二级指标,并围绕传染性疾病、假疫苗、抗生素滥用和疫情控制等热点问题设计了4个三级指标。

(4) 食品安全 (见表8)

表8 食品安全

食品安全	在本市饭店就餐时,您会担心饭菜不干净吗?
	您担心在农贸市场购买的生鲜食品不卫生吗?
	您担心食品污染会损害身体健康吗?
	您担心本市食品安全会越来越糟糕吗?

食品安全是指食品无毒、无害,符合应当有的营养要求,对人体健康不造成任何急性、亚急性或者慢性危害。[①] 根据世界卫生组织的定义,食品安全属于公共卫生问题的分支,而基于食品安全在城市公共安全中的独特性,研究组将其作为独立的一级指标,并设置了有关在饭店就餐、食品购买和食

---

① 《中华人民共和国食品安全法》第十章"附则"第九十九条。

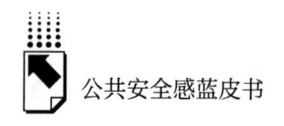

品污染等食品安全方面的 4 个问题作为居民对于食品安全的担心程度的测量依据。

（5）交通安全（见表9）

表9　交通安全

交通安全	市内出行时您担心遭受交通意外伤害吗？
	您担心市内公共交通系统出现严重事故吗？
	发生交通事故时,您会担心伤者得不到及时有效的救助吗？

交通安全是指人们按照交通法规的规定，安全地行车、走路，避免发生人身伤亡或财物损失。随着城市交通的快速发展，全年事故起数、死亡人数、万车死亡率和特大交通事故起数均呈上涨趋势，严重地影响着居民的安全感。

因此，将交通安全作为一级指标，并围绕市内的公交系统、出行以及交通事故救助方面设置 3 个问题来衡量居民对城市交通安全状况的担心程度。

（6）公共场所设施安全（见表10）

表10　公共场所设施安全

公共场所设施安全	公共场所安全及市政设施安全	在人员密集场所,您担心发生严重的突发事件吗？
		您会担心这些市政设施出现故障吗？
	学校安全及突发事件救援	您会担心学校及周边环境不安全吗？
		遭遇突发事件时,您会担心得不到及时的疏散或救援吗？

公共场所设施安全是城市公共安全中一个重要且独特的指标，它关系公共部门应对突发事件的能力。在此一级指标下，设置公共场所安全及市政设施安全、学校安全及突发事件救援安全 2 个二级指标，将突发事件、市政设施以及学校这一重要的公共场所等要素融入 4 个三级指标中。

（7）治安安全（见表11）

表11　治安安全

治安安全	自身安全	一个人夜晚出行时,您担心人身安全吗?
		陌生人随意进入所居住的小区,您会担心吗?
	公众安全	您担心本市会发生暴力冲突事件给您造成伤害吗?
		发生治安事件时,您会担心市民得不到及时的保护吗?

治安安全与社会治安紧密相关，居民在此方面的安全感来自对自身安全和公众安全的评价。因此，在一级指标下，设置了2个二级指标，并通过夜行、陌生人、暴力冲突事件等社会治安问题设计了4个三级指标来测量居民的治安安全感。

（8）社会保障安全（见表12）

表12　社会保障安全

社会保障安全	您担心年老后的经济来源及生活照顾问题吗?
	您担心看不起病吗?
	家庭因意外陷入困境时,您会担心得不到必要的救济吗?

作为公民的最后一张"安全网"，社会保障无疑时刻牵动着居民的心，生活在城市中的居民获得必要的社会救济、完善的社会保险，甚至一定量的社会福利，不仅影响其生活、消费，对提升居民安全感也至关重要。研究组围绕养老、医疗、贫困设置了3个问题，以测量居民在社会保障层面的安全感。

（9）信息安全（见表13）

表13　信息安全

信息安全	您担心个人隐私信息被盗取,并被用于商业或犯罪目的吗?
	您担心个人账户密码被盗取吗?
	您担心信息犯罪会更猖獗吗?

随着信息技术的深入发展，信息在给人们带来便捷的同时，其安全问题也日益凸显，即信息的保密性、真实性、完整性、未授权拷贝和所寄生系统的安全性能否得到保证越来越影响着居民的安全感。指标体系从个人隐私、密码和信息犯罪方面设置了3个问题，通过测量居民对其担心程度，测算居民在信息安全方面的安全感。

3. 居民公共安全行为认知

问卷第三部分居民公共安全行为认知的题目覆盖了城市公共安全的各个层面、涉及了与城市公共安全相关的多元主体以及遭遇的各种安全事件和问题，同样采取"问答式"填写或在调研员协助下由居民填写问卷的方式获得第一手数据和资料，完成对城市居民公共安全行为认知的评价。且问卷中各个居民公共安全行为认知的题目，既涉及了城市公共安全感的各个维度，又具有较强的针对性，是对单纯描绘感受的安全感量表的补充，且总体题量对于常规的学术型调研来说并不臃肿；在选项设置上注意到全面和深入，能够较好地反映受调查者的心声。

居民公共安全行为认知的题目内容主要包括以下9个层面。

（1）自然安全层面

51~52题通过居民对天气预报的关注度以及自然灾害应急演练的参与程度测量了居民基于行为和认知层面的自然安全感。

（2）生态安全层面

53~54题通过调查居民在雾霾或空气质量差的情况下所做的防护措施，以及生活中的垃圾分类意识，反映了城市居民对生态污染和环境治理层面的安全认知与行为。

（3）公共卫生安全层面

55~56题测量居民在公共卫生安全方面的表现，以居民对酒店提供的清洁用品的使用度和市民随地吐痰的现象体现了城市居民对疾病传播的安全意识。

（4）食品安全层面

57~58题、69~71题均以考察居民在食品安全方面的行为与认知为目标，如居民对食品生产日期和保质期的敏感度、对问题食品的处理都体现了居民对食品安全的重视，吃坏肚子的次数更是直观地反映了城市的食品安全状况，而食品安全违法信息的公开程度及食品安全事件的维权难易则测量了公共部门在维护食品安全方面的表现。

（5）交通安全层面

59～60题衡量居民在交通安全方面的认知与行为，居民对等红灯、开车不打电话等交通规则的遵守是影响城市公共交通安全的重要因素。

（6）公共场所设施安全层面

61～62题调查了居民对公共场所的逃生通道或避险标识的关注和处理窨井盖不见时的做法，即居民对城市公共场所中设施安全的重视程度；72～73题则计算了公共场所不安全事件的次数和居民应对突发事件的能力。

（7）治安安全层面

63～64题测量治安安全，居民在人群中走路是否会把包背在前面的行为体现的是其对城市治安安全的担心程度，保安在小区巡逻的频次则体现了公共部门的治安表现。

（8）社会保障安全层面

65～66题以居民对商业性保险和社会养老及医疗保险的购买状况反映目标城市的社会保障安全。

（9）信息安全层面

67～68题调查居民对信息安全认知与行为，即调查居民的银行账户、邮箱等是否使用相同的密码，以及社区对防范网络、电话诈骗的宣传。

综上即分别从自然安全、生态安全、公共卫生安全、食品安全、交通安全、公共场所设施安全、治安安全、社会保障安全、信息安全9个维度出发，以23个问题测量了居民在城市公共安全的行为与认知，是居民问卷的重要组成部分。

4. 深度访谈

深度访谈是社会科学质性研究的一种主要方法，它通过研究者和被研究者交谈的方式来收集研究资料和数据,以了解某一社会群体的生活经历和生活方式,探讨特定社会现象的形成过程。就城市公共安全感的评价指标体系而言,居民安全感量表和居民公共安全行为认知问卷是一种结构式访问,其对受调查人的回答内容与方向均存在限制,需从给定的有限答案中选择回答,缺乏自由发挥的空间。而深度访谈(in-depth interview)又称半结构式访问(semi-structured interview),其优势在于不仅赋予了采访者,也给予了受访者一定的自由度来共同探讨研究的中心问题。具体要求为:研究者在访谈进行之前,根据研究问题和目的设计访谈提纲,而在访谈进行中,则可根据实际情况对访谈内容做弹性处理,不局限于大纲的访谈顺序。

即深度问卷的设置能在一定程度上补充和完善原有的定量研究带来的局限,通过调查者与受调查居民的接触谈话,不仅能够获取受调查人更为细腻的主观评价,还能使受调查居民感到他们在为项目做贡献,进而增进其公民意识和主人翁精神。因此,尽管深度访谈的过程耗时耗力,但为了进一步提升调研的价值,调研组并未将这关键一环截去,反而做了充足而翔实的访谈。

访谈提纲由受调查人基本概况和对本市公共安全的认识组成。受调查人基本概况主要是了解其居住经历、年龄、职业以及文化程度等,以保证访谈样本结构良好(如居住在本市半年时间以下的人应停止访谈)。在对本市的公共安全认识的访谈中,不再停留于程度上的打分、评价,而是询问受访人对于城市公共安全的一些重要事件、软硬件设施以及居住感受,所设问题仍以城市公共安全的9个方面(自然安全、生态安全、公共卫生安全、食品安全、交通安全、公共场所设施安全、治安安全、社会保障安全、信息安全)展开,每个方面设置3~5个问题,既能在大方向上与居民安全感和行为认知的量化研究相契合,又能通过多样的交谈方式获取居民对某个具体问题/事件的看法和治理意见、某项基本服务所发挥的效能及受惠感受等细微内容。由此所得到的访谈回馈不仅是居民对原有基础的城市公共安全评价指标的总结和补充,还将对后期工作(如评价指标的剔除和完善)提供一些意想不到的建设性方向。

深度访谈提纲：

受调查人基本概况：

1. 您是本市人吗？（如果不是，您从哪里来的？来这里多长时间了？对于居住半年以下的人停止访谈）

2. 您是做什么工作的？您大概有30多岁吧？（根据估计询问年龄、根据目测确定性别）

3. 您是本科毕业吧？（根据回答追寻学历）您一个月能挣1万元肯定没有问题吧？（根据这里一般人的收入情况，估计访谈对象的收入水平）

对本市公共安全的认识：

1. 自然安全

（1）你们这里发生过地震（台风）吗？您收到/接受过防震抗震（台风）的宣传和知识教育吗？您知道最近的防震抗震（台风）的有关设施和场所吗？

（2）这个城市发生过雨涝水淹吗？您觉得这个城市的排水设施怎么样？您见到的城市积水大约多久能够得到处理？

（3）您对本市自然安全状况满意吗？

2. 生态安全

（1）这个城市的空气污染大不大？有多么严重？比以前怎么样？政府有什么控制空气污染的措施（绿化、水炮、关闭污染企业、工地喷水……）吗？

（2）这个城市的河流（湖泊）水污染大不大？什么原因（企业排污、水生物污染等）造成的？污染到什么程度？你看到有人清理水污染吗？怎么清理的？现在有没有改善？

（3）您居住的小区有没有生活垃圾分类处理设施？您觉得生活垃圾分类处理的困难在哪里？您觉得如何才能解决生活垃圾分类处理的问题？

（4）您对本市生态安全状况满意吗？

3. 公共卫生安全

（1）您在本市生活有没有遇到过传染性疾病？有几次？具体情况是怎

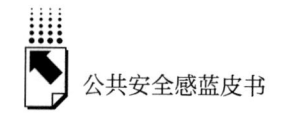

样的？您认为我们应该怎样防治传染病？

（2）您担心孩子接种到假疫苗或者劣质疫苗吗？在本市听说过这种事件吗？您认为毒疫苗、抗生素滥用出现的原因是什么？我们应该怎么办？

（3）您担心抗生素滥用吗？去医院看病时医生会优先使用抗生素吗？您担心医院或社区医疗点的卫生状况吗？您认为应该怎么办？

（4）您平时在本市有没有接触过公共卫生安全方面的宣传？有过几次？内容都是关于哪些方面的？

（5）您对本市公共安全状况满意吗？

4. 食品安全

（1）您去买菜的时候是否担心食材卫生状况？有没有自己出现过或听说过食材不安全的事件？具体情况是怎样的？

（2）外出就餐时餐厅的卫生状况如何？在外面吃饭或者订外卖时有没有出现过不卫生的情况？有几次？具体情况是怎样的？您认为如何使外卖食品更加安全卫生？

（3）您担心本市地沟油、农药残留、食品添加剂等问题吗？您认为它们出现的原因是什么？您觉得如何解决这些问题？

（4）本地政府在食品安全方面有没有什么政策或措施？您觉得本市食品安全状况怎么样？

5. 交通安全

（1）您觉得目前市内的整体交通状况如何？是否存在拥挤现象？是否有违章驾驶（酒驾、违章、超载等）现象？

（2）您是否亲身经历过交通事故？市内公共交通系统是否出现过问题？具体情况是怎样的？您认为目前市内的交通事故救援状况如何？

（3）您平时会严格遵守交通规则吗？您是否有过闯红灯、不走人行道等行为呢？您认为如何解决这种问题？

（4）政府对非机动车辆的管理情况如何？

（5）政府部门在维护城市交通安全方面有哪些政策措施？您对目前政

府部门在交通安全方面的管理状况满意吗？您觉得如何解决交通安全问题？

6. 公共场所设施安全

（1）您居住的城市市政设施（井盖、下水道、公用电梯、高压电线、燃气管道、高层水箱等）能够满足日常生活需要吗？是否会经常出现故障？会定期检修吗？

（2）城市市政设施（井盖、下水道、公用电梯、高压电线、燃气管道、高层水箱等）出现故障后，您看到多久有人去维修？效率如何？

（3）您生活的城市发生过严重的突发事件（火灾、爆炸、暴力袭击、拥堵踩踏等）吗？具体情况是怎样的？突发事件发生后，救援的及时性及效果如何？

（4）您是否收到过/接受过社区关于"安全用电、用气、乘坐电梯、火灾防范"等方面的安全知识宣传或者培训呢？

（5）您对本市公共场所设施安全状况满意吗？您认为政府如何解决其中的问题？

7. 治安安全

（1）您晚上敢独自出行吗？您在夜晚出行的时候遇到过什么治安上的问题吗？最后是怎么解决的？

（2）您觉得发生安全事件的时候，警察能及时到场吗？您对目前警力状况有什么建议吗？

（3）您所在的社区有发生过群体类的事件（是否经常发生、造成的损失程度、处理结果）吗？具体是什么事情？事件的过程和结果如何？政府如何处理的？本市发生过重大刑事案件吗？

（4）您在本市生活期间有没有遇到过小偷、抢劫或其他治安事件？有过几次？具体情况是怎样的？您觉得如何解决这种问题？

（5）您对本市治安状况满意吗？发生过治安问题吗？具体情况是怎样的？政府在治安治理方面有什么措施吗？

8. 社会保障安全

（1）您有社会保险吗？有哪些？（视被访者身份而定：如学生的医保

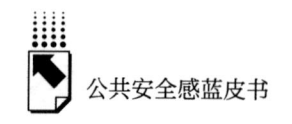

与其他保险，劳动者的五险一金，老年人的医保与养老保险等）由谁来缴费？您觉得这些保险的覆盖面足够广泛吗？您觉得有用吗？除此之外，您身边是否有人参与或接受过社会组织（如工会、妇联、慈善机构）的救助？

（2）您家中老人的养老方式是什么？（家庭养老、社区居家养老、机构养老、自我养老）假如是您或您的家人，会选择什么样的养老机构？您担心以后自身的养老问题吗？您认为如何来解决这种问题？

（3）您工作的地方有哪些保障？（五险一金）您认为缴纳的比例如何？足以解决您的保障问题吗？

（4）您认为本市的工资水平如何？您觉得在本市找工作困难吗？

（5）您对本市社会保障安全满意吗？政府方面可以有什么措施来改善这种情况？

9. 信息安全

（1）您自己或其他人是否出现过信息诈骗、信息泄露（骚扰电话、推销电话、网络诈骗、各种信息被盗用）等安全事件？您认为信息泄露的主要原因是什么？

（2）案件发生（如电子银行中钱款被盗、个人重要信息泄露）后，您会怎么处理？相关部门的处理态度、流程、结果如何？

（3）您所处的环境中有没有固定的信息安全宣传展示？平时大家会去看吗？有没有收到过政府宣传信息安全的信息？您所知道的政府或企业的信息安全保护措施有哪些？

（4）您对本市信息安全状况满意吗？您认为政府应如何解决信息安全问题？

二　中国城市公共安全感指数与排名

中国工程院咨询研究项目子课题组、江苏省公共安全创新研究中心、中国矿业大学城市公共安全管理智库于2019年7~8月继续开展全国城市公共安全感调查活动。此次调查仍然以"城市公共安全感"为主题,调查范围涵盖全国36个城市(4个直辖市、27个省会城市和5个计划单列市),共组织19个调查小组(19位教师、19名硕士研究生和140余名本科生)分赴目标城市进行大规模问卷调查。调查采用多阶段随机抽样方法,以城市辖区为普查层,从街道一级开始抽样,按照街道办事处、社区居委会、居民小区、居民楼、家户、被调查者的逻辑层次展开抽样,末端调查采取"敲门入户"的方式,进行"问答式"填写或在调研员协助下由居民填写问卷的方式获得第一手数据和资料。

(一)全国城市公共安全感指数测算

1. 数据状况

本次调查活动在每个调查城市发放超过300份居民调查问卷。在各小组艰苦细致地完成调查工作及问卷资料收集工作后,课题组进行了为期两个月的数据整理和先后3次的数据清洗工作。为减少缺失值和极值对分析结果的影响,清洗工作中共剔除变量缺失较多和存在少数极值的无效问卷67份。最终,在调查回收的10870份问卷中,得到实际测算全国城市公共安全感指数的有效样本10803个,问卷有效率为99.38%,各城市有效样本量见表14,各城市接受调查者具体情况见表15。

表14 2019年调查城市分布及各城市有效样本量

单位:个

直辖市	北京(298)	上海(297)	天津(301)	重庆(296)	—
计划单列市	深圳(300)	宁波(297)	大连(294)	青岛(305)	厦门(300)
省会城市	广州(299)	南宁(300)	武汉(291)	长沙(300)	海口(298)
	石家庄(323)	太原(294)	哈尔滨(291)	长春(299)	合肥(299)
	南京(299)	西安(299)	郑州(301)	兰州(297)	西宁(313)
	成都(300)	杭州(301)	沈阳(297)	济南(303)	银川(296)
	贵阳(316)	昆明(306)	福州(296)	南昌(301)	呼和浩特(296)
	乌鲁木齐(301)	拉萨(299)	—	—	—

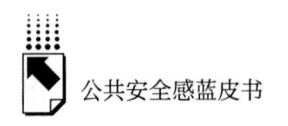

表15　2019年各城市接受调查者具体情况

单位：个

项目	选项					
性别	男(5827)	女(4930)	缺失(46)			
政治面貌	中共党员(1600)	民主党派(106)	共青团员(3437)	群众(5627)	缺失(33)	—
年龄	18~29岁(5558)	30~44岁(3008)	45~59岁(1577)	60岁及以上(615)	缺失(45)	
户口类型	本市城市(5209)	本市农村(1640)	外地城市(2370)	外地农村(1557)	缺失(27)	
文化程度	小学及以下(318)	初中(1127)	高中(中职、中专)(2571)	大学(大专)(5974)	研究生(758)	缺失(55)
身份职业	公务员(357)	事业单位人员(1068)	公司职员(2382)	进城务工人员(564)	学生(3121)	自由职业者(1508)
	离退休人员(644)	其他(1125)	缺失(34)			
个人月收入	2000元及以下(3016)	2001~3500元(1897)	3501~5000元(2547)	5001~8000元(1874)	8001~12000元(746)	12001元以上(414)
	缺失(309)					

同时，为避免存在不适合进行因子分析或难以有效辨识的变量，运用统计软件SPSS 21.0对10803个样本进行一致化处理，计算变量的相关系数矩阵，检验原始变量是否适合因子分析。

2. 数据处理

通过探索性因子分析法对城市居民公共安全感的9个方面、41个变量进行分析，最终提取16个公因子作为测量指标（见表16）。

对16个公因子得分用"min-max标准化"方法进行标准化处理，以16个公因子的方差贡献率作为权重，计算出每一个有效样本的个体得分。计算出10803个有效样本个体得分的平均数，即为全国城市公共安全感指数。

表16 城市公共安全感测量公因子

目标	一级指标	公因子	变量
城市公共安全感	自然安全	灾害损失	自然安全总体满意度
			自然灾害造成生命财产损失
			防范自然灾害的设施缺陷
		灾害救援	自然灾害发生时市民是否得到及时有效救助
	生态安全	空气与水源污染	生态安全总体满意度
			空气污染会损害身体健康
			饮用水源污染
		垃圾与噪声污染	生活垃圾是否得到妥善处理
			噪声污染问题
	公共卫生安全	疾病传播	公共卫生安全总体满意度
			周围发生传染性疾病
		疾病防治	孩子接种假疫苗或劣质疫苗
			抗生素滥用
			疫情发生时是否得到及时有效控制
	食品安全	食品卫生	食品安全总体满意度
			饭店就餐饭菜是否干净
			农贸市场购买生鲜食品是否卫生
			食品污染损害身体健康
		食品前景	食品安全是否越来越糟糕
	交通安全	交通安全	交通安全总体满意度
			市内出行时遭受交通意外伤害
			市内公共交通系统出现严重事故
			发生交通事故时伤者是否得到及时有效救助
	公共场所设施安全	设施安全	公共场所设施安全总体满意度
			人员密集场所发生严重的突发事件
			市政设施出现故障
		设施应急	学校及周边环境是否安全
			遭遇突发事件时是否得到及时疏散或救援
	治安安全	治安安全	社会治安总体满意度
			一个人夜晚出行时人身安全
			陌生人随意进入所居住小区
			暴力冲突事件造成的伤害
			发生治安事件时是否得到及时的保护

续表

目标	一级指标	公因子	变量
城市公共安全感	社会保障安全	总体状况	社会保障总体满意度
			年老后的经济来源及生活照顾问题
		医疗救济	看不起病问题
			家庭因意外陷入困境时是否得到必要救济
	信息安全	总体状况	信息安全总体满意度
		信息诈骗	个人隐私信息被盗取用于商业或犯罪目的
			个人账户密码被盗取
			信息犯罪是否更猖獗

3. 指标权重构建

通过原有变量的相关系数矩阵计算,再进行统计检验,经过原始变量降维分析,剔除越出指标体系预设维度的个别因子,得到可以有效反映城市居民公共安全感的40个指标(见表17)。这40个指标涵盖了城市公共安全中的"自然安全、生态安全、公共卫生安全、食品安全、交通安全、公共场所设施安全、治安安全、社会保障安全、信息安全"9个领域。结合对城市公共安全相关研究成果、政策文本的分析,从40个指标中提取16个公因子能够较好地衡量城市居民公共安全感的总体状况。

表17 全国城市公共安全感指标权重

一级指标	权重	二级指标	权重	三级指标
				(极为担心—完全不担心:1~10)
自然安全	0.1275	灾害损失	0.0706	自然安全总体评价
				自然灾害造成生命财产损失
				防范自然灾害的设施缺陷
		灾害救援	0.0569	自然灾害发生时市民能得到及时救助
生态安全	0.1252	空气与水源污染	0.0636	生态安全总体评价
				空气污染会损害身体健康
				饮用水源污染
		垃圾与噪声污染	0.0616	生活垃圾妥善处理状况
				噪声污染问题

续表

一级指标	权重	二级指标	权重	三级指标 （极为担心—完全不担心：1~10）
公共卫生安全	0.1232	疾病传播	0.0591	公共卫生安全总体评价
				周围发生传染性疾病
		疾病防治	0.0641	孩子接种假疫苗或劣质疫苗
				抗生素滥用
				疫情发生时能否得到及时有效控制
食品安全	0.1275	食品卫生	0.0699	食品安全总体评价
				饭店就餐饭菜干净状况
				农贸市场购买生鲜食品卫生状况
				食品污染损害身体健康
		食品前景	0.0576	食品安全会越来越糟糕
交通安全	0.0654	交通安全	0.0654	交通安全总体评价
				市内出行时遭受交通意外伤害
				市内公共交通系统事故状况
				发生交通事故时伤者能否得到及时救助
公共场所设施安全	0.1219	设施安全	0.0616	公共场所设施安全总体评价
				人员密集场所发生严重的突发事件
				市政设施出现故障
		设施应急	0.0603	学校及周边环境安全状况
				遭遇突发事件时能否得到及时疏散或救援
治安安全	0.0675	治安安全	0.0675	一个人夜晚出行时人身安全
				陌生人随意进入所居住小区
				暴力冲突事件造成的伤害
				发生治安事件时能否得到及时保护
社会保障安全	0.1225	总体状况	0.0633	社会保障总体评价
				年老后经济来源及生活照顾问题
		医疗救济	0.0592	看不起病问题
				家庭因意外陷入困境能否得到必要救济
信息安全	0.1276	总体状况	0.0559	信息安全总体评价
		信息诈骗	0.0717	个人隐私信息被盗取用于商业或犯罪目的
				个人账户密码被盗取
				信息犯罪猖獗程度

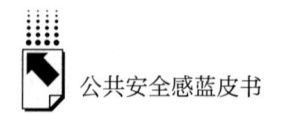

4. 相关系数分析

在进行因子分析前，先通过 KMO 检验和 Bartletts's 球形检验判断样本数据是否适合进行因子分析。KMO 检验反映变量之间的偏相关系数大小。一般来说，KMO 指数 >0.900 时效果最佳；如果 KMO 指数 <0.500 则表明不适合进行因子分析。Bartletts's 球形检验用于判断相关系数矩阵是否为单位矩阵，如果结果不拒绝原假设，则说明各变量之间是相互独立的。

表 18 检验结果表明：KMO 指数为 0.978 >0.900，表明适合做因子分析；Bartlett's 球形检验的 Sig. 取值为 0.000，拒绝原假设，即各变量之间不是相互独立的，因子模型合适。

表 18 KMO 和 Bartlett's 球形检验

取样足够度的 Kaiser – Meyer – Olkin 度量		0.978
Bartletts's 球形检验	近似卡方	386995.1
	df	780
	Sig.	0.000

5. 因子分析结果

（1）方差贡献率

运用因子分析中常用的主成分分析法，提取累计方差贡献率大于 85% 的公因子来反映原有变量的绝大部分信息。如表 19 所示，16 个公因子可以反映 40 个原变量 85.453% 的信息。

表 19 公因子解释原有变量总方差的情况

公因子序号	特征值	方差贡献率(%)	累积贡献率(%)
fac1	2.449	6.124	6.124
fac2	2.415	6.037	12.161
fac3	2.388	5.970	18.131
fac4	2.309	5.772	23.903

续表

公因子序号	特征值	方差贡献率(%)	累积贡献率(%)
fac5	2.237	5.592	29.496
fac6	2.190	5.476	34.972
fac7	2.173	5.433	40.405
fac8	2.162	5.405	45.810
fac9	2.107	5.266	51.077
fac10	2.062	5.156	56.232
fac11	2.024	5.059	61.291
fac12	2.020	5.049	66.340
fac13	1.970	4.926	71.267
fac14	1.946	4.865	76.132
fac15	1.909	4.773	80.904
fac16	1.819	4.549	85.453

（2）变量共同度

变量共同度指某一变量在所有因子上的因子载荷的平方和，反映所有公因子对该变量的总方差所做的贡献。变量共同度越接近于1，表明抽取的公因子能够说明几乎全部的原始信息。变量共同度越接近于0，则表明公因子对该变量的影响也越小。通常，如果因子分析结果中大部分变量的共同度都大于0.800，则说明所提取的公因子能够反映该变量80%以上的信息，表明进行因子分析效果较好。表20的计算结果显示，40个原变量的共同度均在0.800以上，原变量中100%变量的信息丢失率在20%以下，表明提取16个公因子的总体效果较为理想。

表20 变量共同度

变量	初始	提取	变量	初始	提取
X1	1.000	0.865	X7	1.000	0.830
X2	1.000	0.872	X8	1.000	0.828
X3	1.000	0.830	X9	1.000	0.852
X4	1.000	0.869	X10	1.000	0.866
X5	1.000	0.830	X11	1.000	0.857
X6	1.000	0.881	X12	1.000	0.868

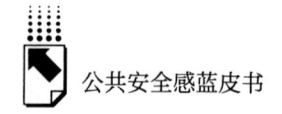

续表

变量	初始	提取	变量	初始	提取
X13	1.000	0.877	X27	1.000	0.908
X14	1.000	0.813	X28	1.000	0.850
X15	1.000	0.808	X29	1.000	0.815
X16	1.000	0.869	X30	1.000	0.847
X17	1.000	0.856	X31	1.000	0.831
X18	1.000	0.830	X32	1.000	0.827
X19	1.000	0.957	X33	1.000	0.886
X20	1.000	0.842	X34	1.000	0.856
X21	1.000	0.854	X35	1.000	0.889
X22	1.000	0.838	X36	1.000	0.857
X23	1.000	0.824	X37	1.000	0.880
X24	1.000	0.826	X38	1.000	0.871
X25	1.000	0.847	X39	1.000	0.879
X26	1.000	0.838	X40	1.000	0.858

(3) 因子命名

采用最大平衡值法对因子载荷矩阵进行正交旋转，得到每个变量在该因子上的最大载荷，进而对16个公因子进行命名。旋转后的因子载荷矩阵，每个变量都只在1个公因子上具有较大的因子载荷（>0.450），而在其他公因子上的因子载荷较小。变量X29在2个公因子上均具有较大因子载荷，且该变量在降维过程中越出指标体系预设维度，查阅相关资料后将变量X29予以剔除，该变量的剔除不影响指标体系的完整性。再次旋转后得到因子载荷矩阵表（见表21），每个变量都只在1个公因子上具有较大的因子载荷（>0.450）。最终，根据因子载荷矩阵表将40个变量分为16类，结合城市公共安全相关研究对16个公因子进行重新命名。因子命名结果见表21，表中的二级指标即以公因子命名为依据。

表 21 旋转成分矩阵

变量	成分															
	1	2	3	4	5	6	7	8	9	10	11	12	13	14	15	16
X1	0.040	0.816	0.035	0.099	0.113	0.050	0.171	0.023	0.117	0.105	0.105	0.146	0.162	0.180	0.136	0.088
X2	0.087	0.806	0.082	0.107	0.123	0.109	0.173	0.084	0.124	0.107	0.141	0.120	0.152	0.127	0.162	0.073
X3	0.024	0.644	0.119	0.079	0.116	0.149	0.186	0.134	0.122	0.223	0.091	0.054	0.081	0.076	0.393	0.252
X4	0.027	0.445	0.093	0.077	0.109	0.113	0.223	0.122	0.077	0.156	0.143	0.083	0.134	0.138	0.658	0.195
X5	0.017	0.296	0.113	0.080	0.099	0.047	0.654	0.057	0.158	0.150	0.065	0.151	0.220	0.128	0.253	0.277
X6	0.095	0.154	0.132	0.077	0.097	0.164	0.771	0.121	0.111	0.249	0.128	0.099	0.174	0.150	0.117	0.112
X7	0.125	0.143	0.164	0.086	0.110	0.219	0.607	0.114	0.106	0.402	0.172	0.123	0.180	0.200	0.150	0.078
X8	0.129	0.130	0.167	0.101	0.115	0.214	0.298	0.100	0.089	0.686	0.148	0.121	0.130	0.140	0.171	0.136
X9	0.094	0.111	0.112	0.075	0.108	0.119	0.194	0.079	0.135	0.733	0.090	0.111	0.295	0.168	0.137	0.181
X10	0.049	0.153	0.162	0.092	0.125	0.137	0.215	0.080	0.149	0.334	0.125	0.161	0.647	0.141	0.154	0.285
X11	0.143	0.160	0.141	0.119	0.151	0.367	0.192	0.159	0.133	0.181	0.180	0.081	0.647	0.157	0.142	0.062
X12	0.133	0.114	0.201	0.106	0.114	0.731	0.176	0.153	0.126	0.154	0.155	0.136	0.235	0.118	0.083	0.161
X13	0.163	0.070	0.198	0.088	0.092	0.730	0.125	0.133	0.113	0.220	0.130	0.125	0.193	0.162	0.178	0.188
X14	0.123	0.066	0.178	0.115	0.100	0.503	0.110	0.108	0.124	0.153	0.171	0.153	0.371	0.265	0.388	0.114
X15	0.083	0.081	0.560	0.082	0.078	0.249	0.227	0.121	0.136	0.123	0.131	0.158	0.287	0.311	0.158	0.246
X16	0.118	0.070	0.730	0.118	0.122	0.183	0.148	0.134	0.119	0.171	0.140	0.121	0.183	0.212	0.141	0.198
X17	0.130	0.103	0.717	0.110	0.126	0.169	0.131	0.140	0.134	0.165	0.139	0.163	0.178	0.227	0.143	0.159
X18	0.238	0.068	0.666	0.117	0.124	0.270	0.161	0.186	0.110	0.205	0.128	0.095	0.139	0.201	0.125	0.090
X19	0.086	0.138	0.223	0.092	0.203	0.109	0.130	0.130	0.143	0.143	0.156	0.140	0.123	0.801	0.138	0.155
X20	0.049	0.132	0.087	0.140	0.627	0.092	0.126	0.114	0.151	0.158	0.156	0.143	0.140	0.369	0.097	0.327
X21	0.142	0.142	0.136	0.169	0.691	0.155	0.123	0.176	0.191	0.154	0.216	0.113	0.143	0.204	0.126	0.148

续表

变量	成分															
	1	2	3	4	5	6	7	8	9	10	11	12	13	14	15	16
X22	0.098	0.136	0.110	0.140	0.670	0.098	0.105	0.086	0.278	0.109	0.196	0.201	0.179	0.176	0.231	0.125
X23	0.139	0.056	0.079	0.131	0.503	0.098	0.094	0.117	0.296	0.117	0.241	0.220	0.201	0.225	0.437	0.056
X24	0.062	0.123	0.087	0.147	0.291	0.088	0.165	0.099	0.596	0.102	0.171	0.227	0.195	0.262	0.192	0.241
X25	0.131	0.143	0.107	0.193	0.201	0.139	0.131	0.140	0.657	0.122	0.299	0.163	0.176	0.184	0.157	0.114
X26	0.094	0.117	0.129	0.149	0.182	0.134	0.118	0.164	0.636	0.175	0.348	0.143	0.123	0.145	0.138	0.230
X27	0.102	0.123	0.114	0.204	0.183	0.140	0.129	0.134	0.243	0.099	0.739	0.167	0.139	0.164	0.095	0.208
X28	0.138	0.080	0.072	0.208	0.164	0.125	0.075	0.139	0.273	0.154	0.610	0.198	0.176	0.212	0.328	0.128
X29	0.070	0.117	0.110	0.694	0.162	0.057	0.131	0.092	0.098	0.029	0.276	0.181	0.182	0.138	0.121	0.246
X30	0.168	0.099	0.121	0.732	0.141	0.147	0.086	0.200	0.162	0.161	0.172	0.122	0.086	0.137	0.074	0.204
X31	0.186	0.108	0.093	0.668	0.148	0.125	0.085	0.152	0.245	0.136	0.177	0.224	0.148	0.151	0.220	0.090
X32	0.182	0.066	0.062	0.511	0.123	0.123	0.055	0.122	0.235	0.159	0.222	0.371	0.123	0.224	0.369	0.084
X33	0.080	0.105	0.082	0.190	0.129	0.101	0.116	0.219	0.161	0.106	0.159	0.743	0.120	0.169	0.144	0.245
X34	0.117	0.109	0.112	0.093	0.115	0.110	0.096	0.499	0.101	0.103	0.151	0.662	0.103	0.112	0.070	0.126
X35	0.164	0.060	0.118	0.120	0.091	0.112	0.091	0.811	0.095	0.083	0.110	0.248	0.112	0.123	0.067	0.146
X36	0.225	0.028	0.109	0.127	0.104	0.128	0.083	0.717	0.139	0.092	0.141	0.223	0.115	0.151	0.210	0.228
X37	0.461	0.036	0.076	0.127	0.077	0.109	0.085	0.211	0.110	0.118	0.135	0.197	0.098	0.134	0.108	0.673
X38	0.726	0.053	0.139	0.132	0.098	0.165	0.088	0.234	0.115	0.138	0.131	0.111	0.113	0.107	0.102	0.331
X39	0.762	0.071	0.152	0.146	0.123	0.153	0.101	0.203	0.102	0.115	0.167	0.138	0.141	0.124	0.113	0.203
X40	0.759	0.050	0.135	0.155	0.105	0.144	0.091	0.180	0.124	0.141	0.119	0.143	0.123	0.162	0.119	0.201

注：①提取方法：主成分分析法。
②旋转法：具有 Kaiser 标准化的正交旋转法。

6. 计算得分

(1) 标准化因子得分

16个公因子的因子得分既有正值也有负值,其均值为0,标准差为1。计算总分之前,需将各因子的得分进行指数化处理,即将所有的因子得分值映射在区间[0,1]内。这里运用"min-max标准化"方法对因子得分原始数值进行线性变换。将公因子A的因子得分的最小值和最大值设为$minA$和$maxA$,将公因子A的1个因子得分的原始值X通过"min-max标准化"映射在区间[0,1]中,得到指数化后的值X',其公式为:

$$X' = (X - minA)/(maxA - minA) \quad (1)$$

由于有10803个有效样本,16个公因子在各个有效样本中的具体得分不便在此一一呈现。

(2) 确定权重

因子分析法是客观赋权中常用的方法,通过公因子的方差贡献率可以计算出指标的相对权重。这里评价因子的权值即用最大平衡值法旋转后的因子载荷。公因子的方差贡献率是该公因子对各变量的全部贡献水平,所以因子载荷可以看成公因子对变量的重要系数,符合权值的意义。对16个公因子的方差贡献率进行归一化处理,即用每一个公因子的方差贡献率除以这16个公因子的累积方差贡献率,得到相应的公因子权重。计算得到的权重即为各二级指标的权重,再将二级指标的权重直接相加,得到各一级指标的权重。

(3) 城市公共安全感指数的测算结果

如果用H_i表示居民城市公共安全感指数,用F_i($i=1,2,3,4,\cdots,13,14,15,16$)来代表公因子标准化之后的得分,用$W_i$($i=1,2,3,4,\cdots,13,14,15,16$)代表各因子的权重,那么每位居民城市公共安全感指数的函数公式如下:

$$H_i = F_1 W_1 + F_2 W_2 + F_3 W_3 + F_4 W_4 + \cdots + F_{15} W_{15} + F_{16} W_{16} \quad (H \subseteq [0,1]) \quad (2)$$

通过上述式可计算出单个居民城市公共安全感指数:

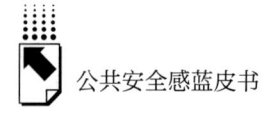

$H_1 = 0.2855 \times 0.0717 + 0.4524 \times 0.0706 + 0.4967 \times 0.0699 + 0.6833 \times 0.0675 + 0.4408 \times 0.0654 + 0.3390 \times 0.0641 + 0.4641 \times 0.0636 + 0.6140 \times 0.0633 + 0.3563 \times 0.0616 + 0.4993 \times 0.0616 + 0.4375 \times 0.0603 + 0.4304 \times 0.0592 + 0.4676 \times 0.0591 + 0.4385 \times 0.0576 + 0.2640 \times 0.0569 + 0.6241 \times 0.0559 = 0.4590$

$H_2 = \cdots = 0.5546$

$H_3 = \cdots = 0.5220$

……

$H_{10801} = \cdots = 0.5461$

$H_{10802} = \cdots = 0.5336$

$H_{10803} = \cdots = 0.5057$

由于10803个个体城市公共安全感指数得分中，0.5016出现25次、0.5126出现24次、0.4358出现19次、0.4618出现12次、0.4372出现4次……即每个得分出现的频数不同，需要采用加权算数平均数。即10803个样本城市公共安全感指数的加权算数平均数，方为全国城市公共安全感指数。公式如下：

$$H = (X_1F_1 + X_2F_2 + X_3F_3 + X_4F_4 + \cdots + X_kF_k)/(F_1 + F_2 + F_3 + F_4 + \cdots + F_k)(H \subseteq [0,1]) \quad (3)$$

X_1，X_2，X_3，X_4，$\cdots X_k$ 表示在个体分数中出现的数值；F_1 表示 X_1 出现的次数，F_2 表示 X_2 出现的次数……以此类推，F_K 表示 X_K 出现的次数。代入上式得：

$H = (0.5016 \times 25 + 0.5126 \times 24 + 0.4358 \times 19 + 0.4618 \times 12 + \cdots + 0.4372 \times 4) / (25 + 24 + 19 + 12 + \cdots + 4)$

$= 5418.7848/10803$

$= 0.5016$

即2019年全国城市公共安全感指数为0.5016。

（4）城市安全各分项指数测算

对总体样本中自然安全分项的4个变量进行因子分析，KMO指数为

0.818，表明适合做因子分析；巴氏统计量（Bartlett's Test of Sphericity）的概率显著性为 0.000（df=6），故拒绝原假设，即认为总体变量间的相关矩阵为非单位矩阵，因子模型合适。以累计方差贡献率>85%为标准，进一步提取公因子，提取出2个公因子，计算其因子权重分别为0.5346和0.4654，对因子得分用"min-max标准化"方法处理。各样本的因子权重与相应的标准化后的因子得分相乘得到每个样本的自然安全感指数，再求取每一个样本的自然安全感指数均值，得到全国自然安全感指数。具体计算过程如下。

如果用 H_i 表示居民自然安全感指数，用 F_i 来代表公因子（$i=1,2$）标准化之后的得分，用 W_i（$i=1,2$）代表各因子的权重，那么每位居民城市自然安全感指数的函数公式如下：

$$H_i = F_1 W_1 + F_i W_i \quad (H \subseteq [0,1]) \tag{4}$$

通过上述公式可计算出单个居民自然安全感指数：

$H_1 = 0.4377 \times 0.5346 + 0.2559 \times 0.4654 = 0.3531$

$H_2 = \cdots = 0.6670$

$H_3 = \cdots = 0.5425$

……

$H_{10803} = \cdots = 0.5626$

由于10803个个体自然安全感指数得分中，0.3901出现74次、0.4522出现27次、0.3099出现16次、0.6516出现5次……即每个得分出现的频数不同，需要采用加权算术平均数。10803个样本自然安全感指数的加权算术平均数即为全国自然安全感指数。公式如下：

$$H = (X_1 F_1 + X_2 F_2 + X_3 F_3 + \cdots + X_k F_k)/(F_1 + F_2 + F_3 + \cdots + F_k), (H \subseteq [0,1]) \tag{5}$$

$X_1,X_2,X_3,\cdots,X_k$ 表示在个体分数中出现的数值；F_1 表示 X_1 出现的次数，F_2 表示 X_2 出现的次数……以此类推，F_k 表示 X_k 出现的次数。代入数值得：

$H = (0.3901 \times 74 + 0.4522 \times 27 + 0.3099 \times 16 +$

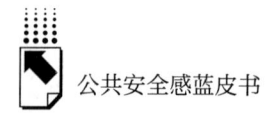

…0.6516×5)／(74+27+16…+5)

=5702.9037/10803

= 0.5279

即2019年全国城市自然安全感指数为0.5279。

同理，可以分别计算出城市公共安全感9个分项指标的指数：自然安全感指数0.5279、生态安全感指数0.5115、公共卫生安全感指数0.4958、食品安全感指数0.4748、交通安全感指数0.5077、公共场所设施安全感指数0.5399、治安安全感指数0.5046、社会保障安全感指数0.4820、信息安全感指数0.4728。

（二）城市公共安全感指数排行

1. 城市公共安全感指数总体排行

如表22和图1、图2所示，在全国城市公共安全感方面，各城市2019年的公共安全感指数排名由高到低依次是：乌鲁木齐、拉萨、厦门、福州、济南、银川、青岛、北京、宁波、深圳、昆明、武汉、成都、呼和浩特、哈尔滨、上海、南宁、杭州、南京、太原、长沙、合肥、贵阳、重庆、广州、海口、大连、西宁、天津、长春、南昌、沈阳、石家庄、西安、兰州、郑州。城市公共安全感指数能够反映该城市居民对所居住城市公共安全状况的感受，一般而言，排名越靠前，该城市居民的公共安全感就越高。

结合2017~2019年城市公共安全感指数及排名，其中：拉萨、福州3年排名均为前10，保持了较高的水平；长春、石家庄3年排名位居倒数10名。2017~2018年，乌鲁木齐、济南、贵阳、南昌排名上升幅度较大，名次上升均达到15名及以上；广州、海口、郑州排名下降幅度较大，名次下降均超过10名。2018~2019年，北京、成都、呼和浩特、哈尔滨、南宁排名上升幅度较大，名次上升均达到10名及以上；贵阳、西宁、天津、南昌、沈阳、西安、兰州排名下降幅度较大，名次下降均达到15名及以上。乌鲁木齐、太原3年排名连续上升；杭州、长沙、海口、西宁等城市

3 年排名持续下降;拉萨、福州、重庆等城市 3 年排名变化幅度不大,排名相对稳定。

表 22　2017~2019 年全国城市公共安全感指数及排名

城市	2019 年			2018 年			2017 年	
	指数	排名	变化	指数	排名	变化	指数	排名
乌鲁木齐	0.4950	1	+6	0.4853	7	+24	0.4096	31
拉萨	0.4889	2	0	0.4926	2	-1	0.5350	1
厦门	0.4888	3	—	—	—	—	—	—
福州	0.4847	4	+2	0.4868	6	-2	0.5034	4
济南	0.4843	5	-1	0.4892	4	+15	0.4670	19
银川	0.4838	6	+9	0.4790	15	-9	0.4976	6
青岛	0.4837	7	—	—	—	—	—	—
北京	0.4832	8	+18	0.4707	26	-6	0.4653	20
宁波	0.4822	9	—	—	—	—	—	—
深圳	0.4817	10	—	—	—	—	—	—
昆明	0.4815	11	-10	0.4946	1	+6	0.4955	7
武汉	0.4814	12	+6	0.4748	18	-9	0.4903	9
成都	0.4811	13	+10	0.4730	23	-8	0.4793	15
呼和浩特	0.4807	14	+15	0.4686	29	-2	0.4383	27
哈尔滨	0.4796	15	+13	0.4691	28	-2	0.4466	26
上海	0.4795	16	-3	0.4800	13	+11	0.4532	24
南宁	0.4784	17	+14	0.4620	31	-2	0.4296	29
杭州	0.4780	18	-8	0.4825	10	-7	0.5052	3
南京	0.4773	19	-10	0.4827	9	+5	0.4823	14
太原	0.4768	20	+2	0.4736	22	+8	0.4261	30
长沙	0.4765	21	-9	0.4806	12	-4	0.4912	8
合肥	0.4755	22	-8	0.4793	14	+3	0.4760	17
贵阳	0.4755	23	-20	0.4907	3	+15	0.4703	18
重庆	0.4749	24	-4	0.4740	20	+3	0.4597	23
广州	0.4745	25	+5	0.4684	30	-25	0.5007	5
海口	0.4737	26	-2	0.4724	24	-12	0.4873	12
大连	0.4725	27	—	—	—	—	—	—
西宁	0.4715	28	-23	0.4868	5	-3	0.5192	2

续表

城市	2019年			2018年			2017年	
	指数	排名	变化	指数	排名	变化	指数	排名
天津	0.4714	29	-18	0.4825	11	-1	0.4892	10
长春	0.4710	30	-9	0.4740	21	+1	0.4629	22
南昌	0.4703	31	-23	0.4851	8	+20	0.4328	28
沈阳	0.4678	32	-16	0.4772	16	+5	0.4634	21
石家庄	0.4667	33	-6	0.4704	27	-2	0.4477	25
西安	0.4666	34	-15	0.4742	19	-8	0.4875	11
兰州	0.4666	35	-18	0.4762	17	-1	0.4767	16
郑州	0.4661	36	-11	0.4710	25	-12	0.4869	13

注：+表示较之前一年排名上升；-表示较之前一年排名下降；—表示数据缺失。下同。

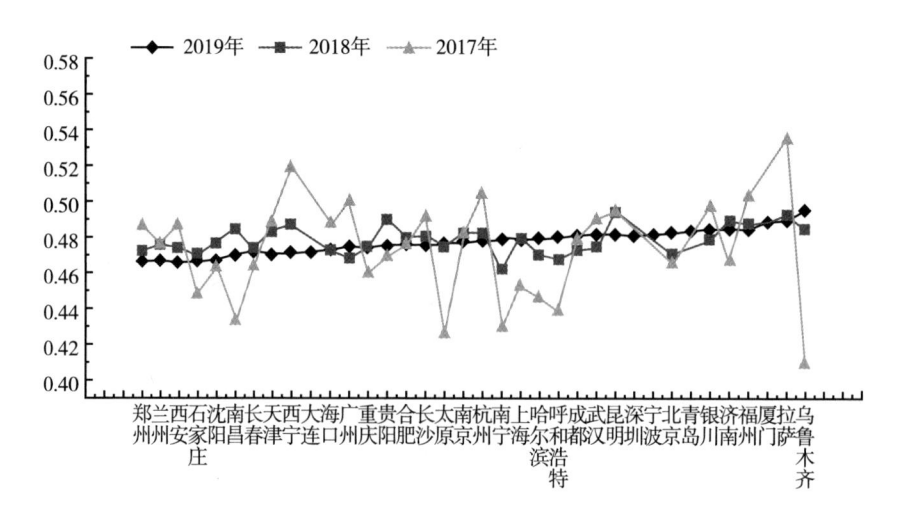

图1　全国城市总体公共安全感指数（2017～2019）

2. 全国城市分项公共安全感排行

如表23、图3、图4所示，在全国城市分项公共安全感方面，各分项指标指数排名由高到低依次是：公共场所设施安全感、自然安全感、生态安全感、交通安全感、治安安全感、公共卫生安全感、社会保障安全感、食品安全感、信息安全感。城市分项安全感指数能够反映全国城市居民对该项安全

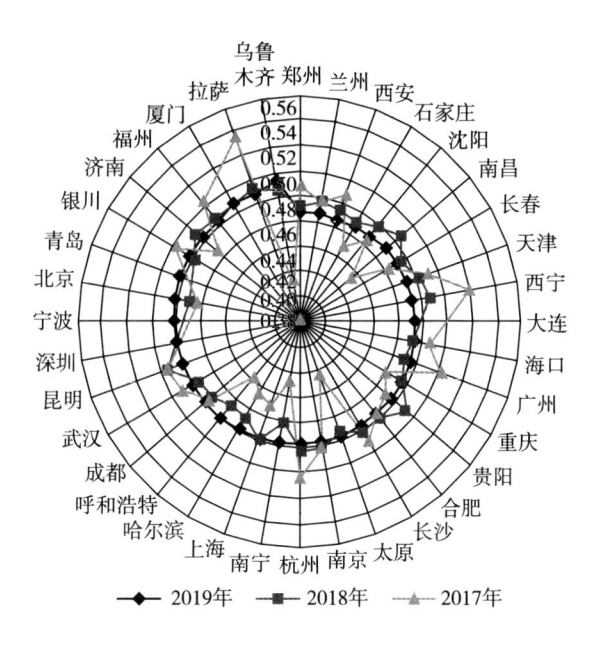

图 2　全国城市总体公共安全感指数（2017～2019）

的满意程度，一般而言，分项安全感指数越高，表明全国城市居民对该项公共安全越满意。

结合 2017～2019 年全国城市分项公共安全感指数及排名，其中公共场所设施安全感和自然安全感连续 3 年都在前 2 名内，保持较高水平，而信息安全感则连续 3 年排名垫底。生态安全感和食品安全感排名变化幅度较大。交通安全感、治安安全感、公共卫生安全感和社会保障安全感排名变化不大，表现相对稳定。

表 23　2017～2019 年全国城市分项公共安全感指数及排名

分项指标	2019 年			2018 年			2017 年	
	指数	排名	变化	指数	排名	变化	指数	排名
公共场所设施安全感	0.5399	1	+1	0.4978	2	0	0.4941	2
自然安全感	0.5279	2	-1	0.5089	1	0	0.5091	1
生态安全感	0.5115	3	+4	0.4880	7	-1	0.4840	6
交通安全感	0.5077	4	+1	0.4939	5	-1	0.4917	4
治安安全感	0.5046	5	-1	0.4957	4	-1	0.4934	3

续表

分项指标	2019年			2018年			2017年	
	指数	排名	变化	指数	排名	变化	指数	排名
公共卫生安全感	0.4958	6	0	0.4895	6	+1	0.4799	7
社会保障安全感	0.4820	7	+1	0.4782	8	-3	0.4843	5
食品安全感	0.4748	8	-5	0.4972	3	+5	0.4693	8
信息安全感	0.4728	9	0	0.4670	9	0	0.3835	9

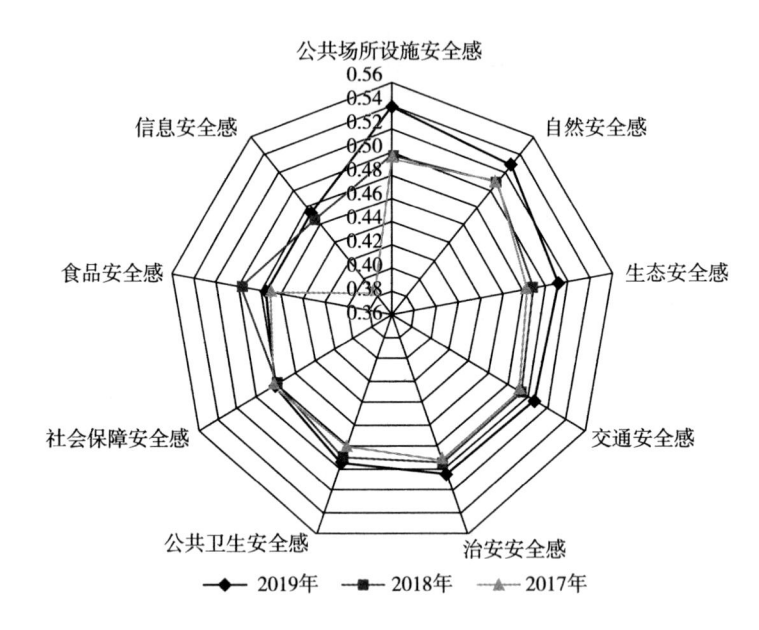

图3 全国城市分项安全感指数（2017～2019）

（三）各城市分项安全感指数比较

1. 自然安全感指数排行

与全国自然安全感指数估算原理相同，利用求取的全国自然安全感分项指数，可以得出各城市自然安全感这一分项指标指数。如表24、图5、图6所示，在全国城市自然安全感方面，各城市2019年的公共安全感指数排名由高到低依次是：厦门、乌鲁木齐、济南、拉萨、宁波、北

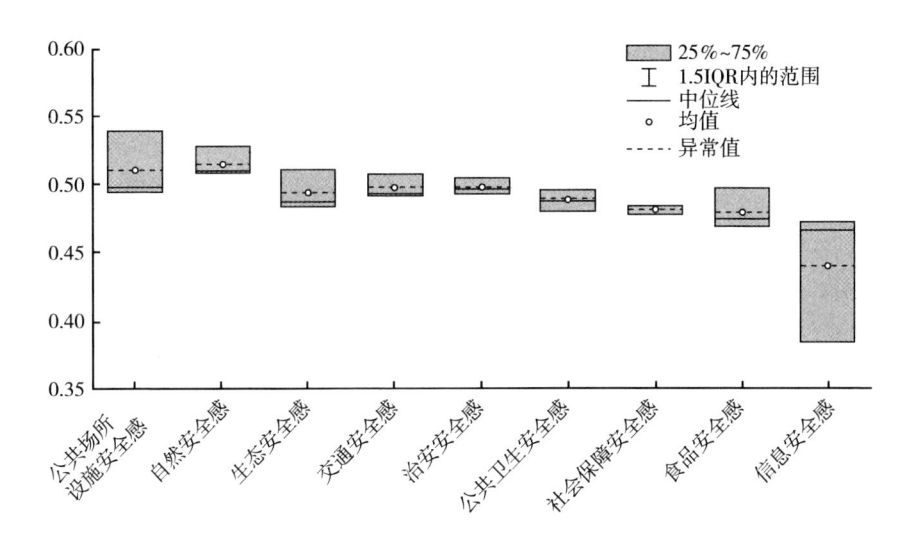

图4 全国城市分项安全感指数（2019年）

京、上海、青岛、南京、杭州、呼和浩特、福州、银川、深圳、武汉、成都、长沙、重庆、合肥、昆明、南昌、哈尔滨、贵阳、广州、郑州、天津、西宁、大连、长春、西安、沈阳、海口、南宁、太原、兰州、石家庄。城市自然安全感指数越高，排名越靠前，表明该城市居民的自然安全感越高。

结合2017~2019年全国城市自然安全感指数及排名，其中：拉萨、杭州排名较高，3年排名均为前10，保持了较高的水平；南宁、太原、兰州、石家庄排名靠后，3年均位居倒数10名。2017~2018年，昆明、南昌、沈阳、银川、乌鲁木齐排名上升幅度较大，名次上升均超过15名；广州、武汉、海口、长沙、西安排名下降幅度较大，名次下降均超过10名。2018~2019年，乌鲁木齐、北京、呼和浩特、武汉排名上升幅度较大，名次上升均达到10名及以上；昆明、南昌、贵阳、西宁、沈阳排名下降幅度较大，名次下降均超过15名。乌鲁木齐、济南、呼和浩特、福州3年排名持续上升；杭州、长春、西安、海口等城市3年排名持续下降；拉萨、合肥等城市3年排名相对稳定，变化幅度不大。

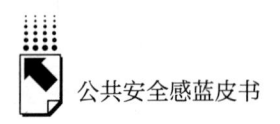

表24 2017～2019年全国城市自然安全感指数及排名

城市	2019年			2018年			2017年	
	指数	排名	变化	指数	排名	变化	指数	排名
厦门	0.5780	1	—	—	—	—	—	—
乌鲁木齐	0.5723	2	+10	0.5226	12	+16	0.4754	28
济南	0.5642	3	+6	0.5265	9	+7	0.5125	16
拉萨	0.5619	4	0	0.5496	4	+4	0.5451	8
宁波	0.5551	5	—	—	—	—	—	—
北京	0.5528	6	+14	0.4995	20	-6	0.5157	14
上海	0.5486	7	+4	0.5256	11	-2	0.5343	9
青岛	0.5460	8	—	—	—	—	—	—
南京	0.5443	9	-2	0.5298	7	+8	0.5156	15
杭州	0.5442	10	-4	0.5326	6	-4	0.5814	2
呼和浩特	0.5432	11	+10	0.4969	21	+8	0.4709	29
福州	0.5432	12	+2	0.5139	14	+3	0.5081	17
银川	0.5415	13	-5	0.5273	8	+18	0.4764	26
深圳	0.5414	14	—	—	—	—	—	—
武汉	0.5413	15	+13	0.4718	28	-24	0.5653	4
成都	0.5344	16	+6	0.4933	22	-10	0.5260	12
长沙	0.5317	17	+1	0.5032	18	-15	0.5808	3
重庆	0.5303	18	+1	0.5013	19	-12	0.5453	7
合肥	0.5295	19	-2	0.5068	17	+1	0.5061	18
昆明	0.5256	20	-19	0.5768	1	+18	0.5045	19
南昌	0.5172	21	-18	0.5506	3	+17	0.5023	20
哈尔滨	0.5170	22	+9	0.4570	31	-6	0.4777	25
贵阳	0.5152	23	-21	0.5592	2	+3	0.5598	5
广州	0.5152	24	+5	0.4706	29	-23	0.5580	6
郑州	0.5123	25	-10	0.5137	15	+6	0.5001	21
天津	0.5120	26	-13	0.5177	13	+9	0.4999	22
西宁	0.5094	27	-17	0.5260	10	0	0.5330	10
大连	0.5091	28	—	—	—	—	—	—
长春	0.5078	29	-5	0.4813	24	-13	0.5323	11
西安	0.5053	30	-14	0.5076	16	-15	0.5930	1
沈阳	0.5038	31	-26	0.5387	5	+22	0.4761	27
海口	0.5017	32	-5	0.4719	27	-14	0.5219	13
南宁	0.5012	33	-3	0.4607	30	-7	0.4982	23
太原	0.4929	34	-8	0.4743	26	+5	0.4461	31
兰州	0.4845	35	-10	0.4786	25	-1	0.4959	24
石家庄	0.4747	36	-13	0.4886	23	+7	0.4632	30

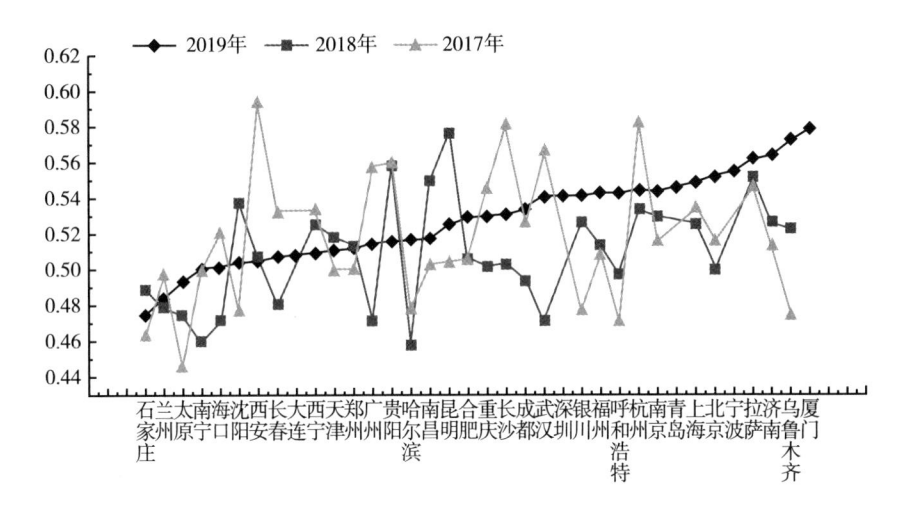

图5　全国城市自然安全感指数（2017~2019）

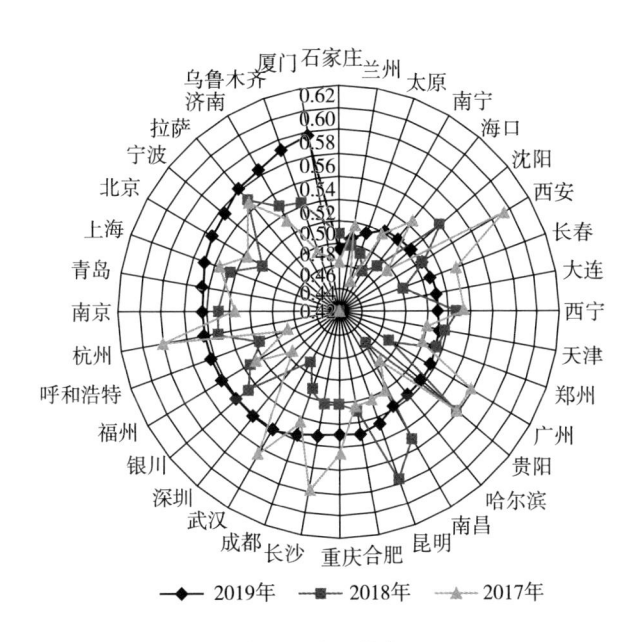

图6　全国城市自然安全感指数（2017~2019）

2. 生态安全感指数排行

与全国生态安全感指数估算原理相同，利用求取的全国生态安全感分项指数，可以得出各城市生态安全感这一分项指标指数。如表25、图7、图8所示，对2019年36个城市的生态安全感指数按照由高到低排名分别是：厦门、拉萨、乌鲁木齐、银川、福州、宁波、南宁、深圳、呼和浩特、济南、昆明、海口、青岛、武汉、杭州、成都、北京、上海、哈尔滨、贵阳、西宁、南京、重庆、合肥、长沙、太原、天津、南昌、广州、大连、沈阳、西安、郑州、长春、石家庄、兰州。城市生态安全感指数越高，排名越靠前，表明该城市居民的生态安全感越高。

结合2017~2019年城市生态安全感指数及排名，其中：拉萨排行前列，3年排名均为前10，保持了较高的水平；西安、石家庄排名靠后，3年排名均位居倒数10名。2017~2018年，贵阳、济南、南昌、乌鲁木齐、南京、银川、合肥排名上升幅度较大，名次上升均超过10名；重庆、武汉、长春、广州、哈尔滨、郑州、南宁下降幅度较大，名次下降均达到10名及以上。2018~2019年，南宁、呼和浩特、北京排名上升幅度较大，名次上升均达到10名及以上；贵阳、西宁、南昌下降幅度较大，名次下降均超过15名。乌鲁木齐、银川、成都3年排名持续上升；重庆、广州、西安、兰州等城市3年排名持续下降；拉萨、太原等城市3年排名相对稳定，变化幅度不大。

表25 2017~2019年全国城市生态安全感指数及排名

城市	2019年			2018年			2017年	
	指数	排名	变化	指数	排名	变化	指数	排名
厦门	0.5468	1	—	—	—	—	—	—
拉萨	0.5444	2	0	0.5477	2	+2	0.5374	4
乌鲁木齐	0.5440	3	+5	0.5075	8	+21	0.3996	29
银川	0.5366	4	+7	0.4967	11	+17	0.4284	28
福州	0.5359	5	−1	0.5330	4	+9	0.4900	13
宁波	0.5311	6	—	—	—	—	—	—
南宁	0.5289	7	+23	0.4504	30	−22	0.5129	8
深圳	0.5269	8	—	—	—	—	—	—
呼和浩特	0.5267	9	+19	0.4540	28	−5	0.4537	23

续表

城市	2019 年			2018 年			2017 年	
	指数	排名	变化	指数	排名	变化	指数	排名
济南	0.5221	10	-3	0.5153	7	+14	0.4583	21
昆明	0.5211	11	-10	0.5588	1	+8	0.5057	9
海口	0.5210	12	+1	0.4894	13	-7	0.5226	6
青岛	0.5208	13	—	—	—	—	—	—
武汉	0.5182	14	+7	0.4683	21	-11	0.4992	10
杭州	0.5178	15	-6	0.5032	9	-8	0.5859	1
成都	0.5151	16	+4	0.4698	20	+5	0.4478	25
北京	0.5139	17	+10	0.4543	27	-11	0.4717	16
上海	0.5123	18	-4	0.4877	14	-3	0.4964	11
哈尔滨	0.5108	19	+7	0.4585	26	-11	0.4754	15
贵阳	0.5087	20	-17	0.5405	3	+23	0.4446	26
西宁	0.5056	21	-16	0.5228	5	+2	0.5218	7
南京	0.5039	22	-12	0.4970	10	+14	0.4527	24
重庆	0.5039	23	-4	0.4752	19	-16	0.5426	3
合肥	0.5023	24	-12	0.4923	12	+15	0.4440	27
长沙	0.5012	25	-10	0.4859	15	-1	0.4857	14
太原	0.5010	26	-2	0.4623	24	+6	0.3954	30
天津	0.5004	27	-11	0.4856	16	+4	0.4603	20
南昌	0.4992	28	-22	0.5186	6	+12	0.4709	18
广州	0.4988	29	-4	0.4596	25	-23	0.5584	2
大连	0.4958	30	—	—	—	—	—	—
沈阳	0.4886	31	-14	0.4810	17	+2	0.4623	19
西安	0.4873	32	-9	0.4626	23	-1	0.4565	22
郑州	0.4842	33	-4	0.4540	29	-24	0.5338	5
长春	0.4818	34	-12	0.4671	22	-10	0.4944	12
石家庄	0.4798	35	-4	0.4488	31	0	0.3878	31
兰州	0.4797	36	-18	0.4778	18	-1	0.4711	17

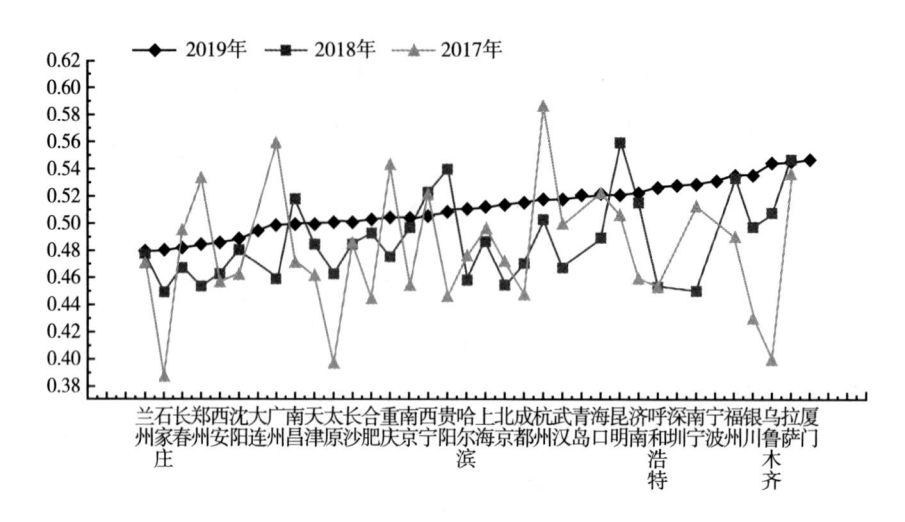

图 7　全国城市生态安全感指数（2017~2019）

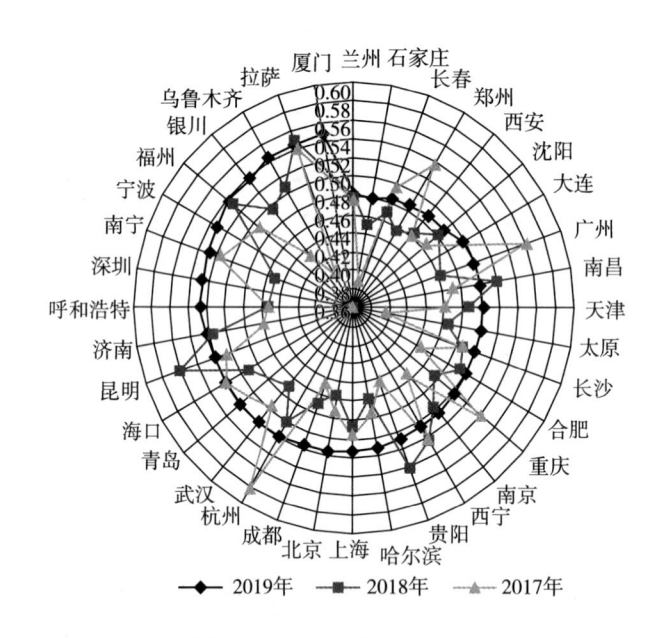

图 8　全国城市生态安全感指数（2017~2019）

3. 公共卫生安全感指数排行

与全国公共卫生安全感指数估算原理相同，利用求取的全国公共卫生安全感分项指数,可以得出各城市公共卫生安全感这一分项指标指数。如表26、图9、图10所示,对2019年全国各城市的公共卫生安全感指数按照高低进行排名,分别是:乌鲁木齐、厦门、拉萨、银川、呼和浩特、济南、哈尔滨、福州、北京、宁波、昆明、青岛、武汉、深圳、南宁、成都、上海、太原、南京、杭州、海口、长沙、贵阳、重庆、长春、大连、西宁、广州、天津、合肥、沈阳、南昌、石家庄、西安、兰州、郑州。城市公共卫生安全感指数越高,排名越靠前,表明该城市居民的公共卫生安全感越高。

结合2017~2019年城市公共卫生安全感指数及排名,其中:拉萨、济南排行前列,3年排名均为前10,保持了较高的水平;石家庄排名靠后,3年排名均位居倒数10名。2017~2018年,乌鲁木齐、昆明、南京、贵阳排名上升幅度较大,名次上升均达到15名及以上;杭州、合肥、重庆、西安、广州、呼和浩特、南宁下降幅度较大,名次下降均超过10名。2018~2019年,呼和浩特、北京、哈尔滨、南宁排名上升幅度较大,名次上升均超过15名;贵阳、西宁、天津、合肥、沈阳、南昌、兰州下降幅度较大,名次下降均达到15名及以上。乌鲁木齐、拉萨、银川、太原3年排名持续上升;重庆、上海、杭州等城市3年排名持续下降;海口、济南等城市3年排名相对稳定,变化幅度不大。

表26 2017~2019年全国城市公共卫生安全感指数及排名

城市	2019年			2018年			2017年	
	指数	排名	变化	指数	排名	变化	指数	排名
乌鲁木齐	0.5395	1	+7	0.5035	8	+22	0.4270	30
厦门	0.5285	2	—	—	—	—	—	—
拉萨	0.5218	3	+3	0.5091	6	+4	0.5055	10
银川	0.5160	4	+8	0.4941	12	+11	0.4593	23
呼和浩特	0.5151	5	+25	0.4662	30	-19	0.5050	11
济南	0.5144	6	-3	0.5198	3	+4	0.5132	7
哈尔滨	0.5137	7	+18	0.4708	25	-4	0.4633	21
福州	0.5134	8	-7	0.5258	1	+13	0.4907	14

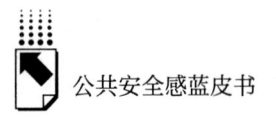

续表

城市	2019年 指数	2019年 排名	2019年 变化	2018年 指数	2018年 排名	2018年 变化	2017年 指数	2017年 排名
北京	0.5088	9	+17	0.4707	26	-4	0.4598	22
宁波	0.5073	10	—	—	—	—	—	—
昆明	0.5062	11	-7	0.5158	4	+15	0.4782	19
青岛	0.5058	12	—	—	—	—	—	—
武汉	0.5050	13	+9	0.4792	22	-9	0.5017	13
深圳	0.5046	14	—	—	—	—	—	—
南宁	0.5042	15	+16	0.4549	31	-19	0.5036	12
成都	0.5023	16	+3	0.4813	19	-10	0.5093	9
上海	0.5010	17	-6	0.4946	11	-9	0.5669	2
太原	0.4939	18	+6	0.4739	24	+3	0.4462	27
南京	0.4936	19	-9	0.4983	10	+15	0.4552	25
杭州	0.4932	20	-6	0.4927	14	-13	0.5946	1
海口	0.4886	21	-1	0.4813	20	-4	0.4883	16
长沙	0.4879	22	-9	0.4936	13	+11	0.4559	24
贵阳	0.4872	23	-21	0.5215	2	+16	0.4820	18
重庆	0.4848	24	-3	0.4810	21	-13	0.5116	8
长春	0.4837	25	-7	0.4823	18	-1	0.4832	17
大连	0.4824	26	—	—	—	—	—	—
西宁	0.4819	27	-18	0.5021	9	-3	0.5342	6
广州	0.4802	28	-1	0.4693	27	-23	0.5444	4
天津	0.4790	29	-22	0.5074	7	+21	0.4392	28
合肥	0.4782	30	-15	0.4905	15	-12	0.5525	3
沈阳	0.4780	31	-15	0.4889	16	+13	0.4332	29
南昌	0.4754	32	-27	0.5097	5	+10	0.4895	15
石家庄	0.4711	33	-5	0.4682	28	-2	0.4531	26
西安	0.4699	34	-11	0.4755	23	-18	0.5367	5
兰州	0.4686	35	-18	0.4863	17	+14	0.4260	31
郑州	0.4655	36	-7	0.4678	29	-9	0.4703	20

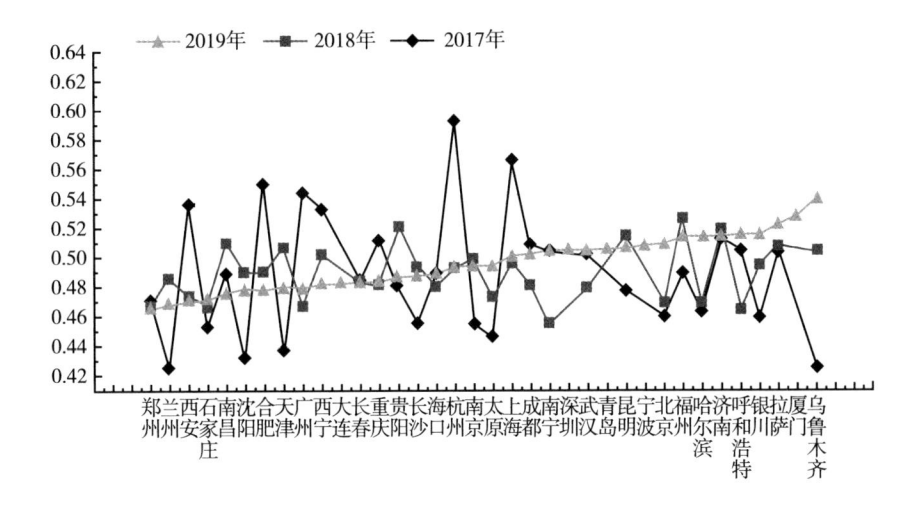

图 9　全国公共卫生安全感指数（2017~2019）

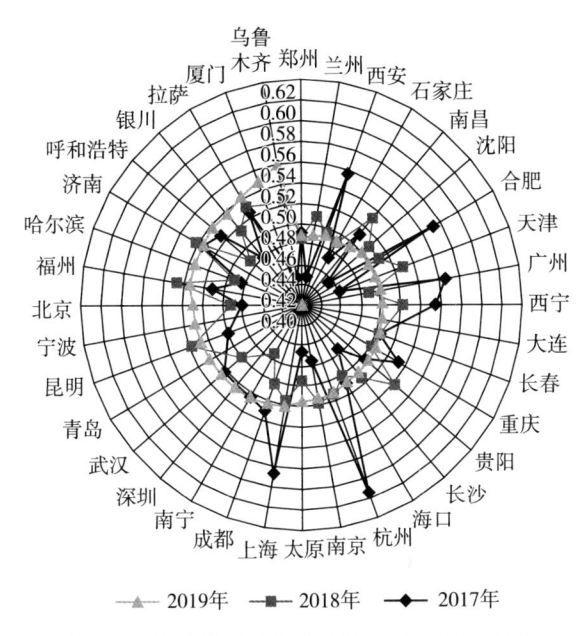

图 10　全国公共卫生安全感指数（2017~2019）

4. 食品安全感指数排行

与全国食品安全感指数估算原理相同，利用求取的全国食品安全感分项指数，可以得出各城市食品安全感这一分项指标指数。如表27、图11、图12所示，对2019年全国各城市的食品安全感指数按照高低进行排名分别是：乌鲁木齐、厦门、福州、北京、青岛、拉萨、南宁、济南、成都、武汉、昆明、宁波、银川、深圳、呼和浩特、杭州、哈尔滨、上海、重庆、太原、海口、长沙、贵阳、南京、广州、天津、合肥、西宁、大连、南昌、长春、石家庄、沈阳、兰州、西安、郑州。城市食品安全感指数越高，排名越靠前，表明该城市居民的食品安全感越高。

结合2017~2019年城市食品安全感指数及排名，其中：昆明排行前列，3年排名均为前15，保持了较高的水平；郑州排名靠后，3年排名均位居倒数10名。2017~2018年，福州、贵阳、济南、拉萨、南昌、杭州、银川排名上升幅度较大，名次上升均达到10名及以上；武汉、北京、石家庄、哈尔滨、广州下降幅度较大，名次下降均达到15名及以上。2018~2019年，乌鲁木齐、北京、南宁、呼和浩特排名上升幅度较大，名次上升均超过10名；贵阳、南京、天津、合肥、西宁、南昌、兰州下降幅度较大，名次下降均达到15名及以上。乌鲁木齐、南宁、银川3年排名持续上升；上海、重庆、长春等城市3年排名持续下降；太原、海口等城市3年排名相对稳定，变化幅度不大。

表27 2017~2019年全国城市食品安全感指数及排名

城市	2019年			2018年			2017年	
	指数	排名	变化	指数	排名	变化	指数	排名
乌鲁木齐	0.5239	1	+14	0.4983	15	+9	0.4583	24
厦门	0.5160	2	—	—	—	—	—	—
福州	0.5094	3	-1	0.5419	2	+27	0.4158	29
北京	0.5065	4	+21	0.4760	25	-19	0.5207	6
青岛	0.5023	5	—	—	—	—	—	—
拉萨	0.5017	6	0	0.5270	6	+10	0.4826	16
南宁	0.5004	7	+23	0.4514	30	+1	0.4059	31
济南	0.4985	8	-4	0.5358	4	+26	0.4069	30

续表

城市	2019年			2018年			2017年	
	指数	排名	变化	指数	排名	变化	指数	排名
成都	0.4973	9	+12	0.4877	21	-4	0.4812	17
武汉	0.4968	10	+8	0.4905	18	-15	0.5466	3
昆明	0.4951	11	-10	0.5485	1	+6	0.5159	7
宁波	0.4923	12	—	—	—	—	—	—
银川	0.4910	13	+3	0.4939	16	+11	0.4310	27
深圳	0.4869	14	—	—	—	—	—	—
呼和浩特	0.4811	15	+16	0.4471	31	-6	0.4510	25
杭州	0.4758	16	-5	0.5098	11	+17	0.4238	28
哈尔滨	0.4745	17	+10	0.4729	27	-22	0.5265	5
上海	0.4706	18	-10	0.5120	8	-7	0.5564	1
重庆	0.4705	19	-2	0.4912	17	-7	0.4971	10
太原	0.4705	20	-3	0.4785	23	0	0.4687	23
海口	0.4684	21	-1	0.4887	20	0	0.4770	20
长沙	0.4675	22	-9	0.5018	13	0	0.4854	13
贵阳	0.4668	23	-20	0.5373	3	+19	0.4708	22
南京	0.4661	24	-17	0.5173	7	+2	0.5057	9
广州	0.4648	25	+4	0.4600	29	-27	0.5563	2
天津	0.4632	26	-16	0.5103	10	+8	0.4800	18
合肥	0.4586	27	-15	0.5030	12	-1	0.4922	11
西宁	0.4564	28	-23	0.5293	5	-1	0.5415	4
大连	0.4508	29	—	—	—	—	—	—
南昌	0.4488	30	-21	0.5117	9	+10	0.4781	19
长春	0.4453	31	-12	0.4895	19	-7	0.4862	12
石家庄	0.4424	32	-6	0.4737	26	-18	0.5085	8
沈阳	0.4423	33	-9	0.4783	24	-3	0.4712	21
兰州	0.4398	34	-20	0.5009	14	+1	0.4841	15
西安	0.4317	35	-13	0.4844	22	-8	0.4844	14
郑州	0.4226	36	-8	0.4657	28	-2	0.4379	26

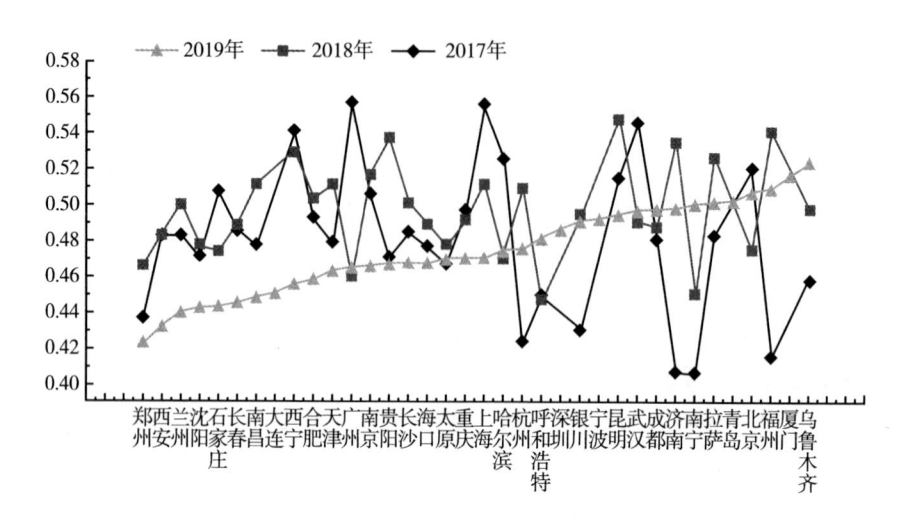

图 11　全国城市食品安全感指数（2017～2019）

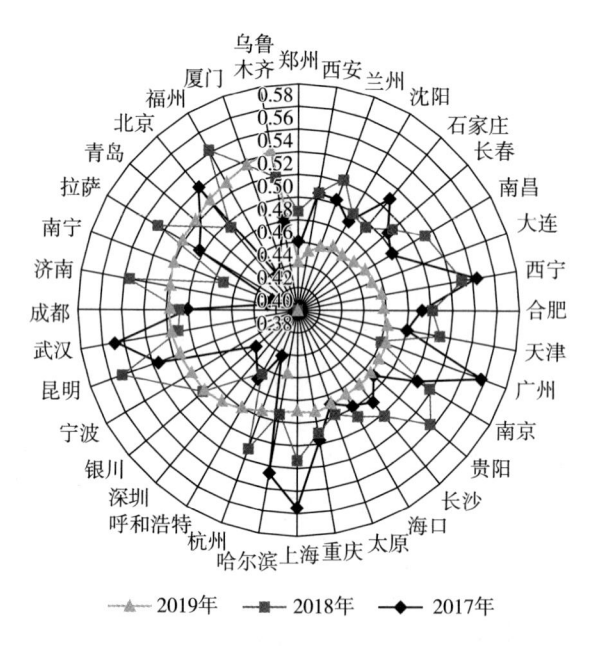

图 12　全国城市食品安全感指数（2017～2019）

5. 交通安全感指数排行

与全国交通安全感指数估算原理相同，利用求取的全国交通安全感分项指数，可以得出各城市交通安全感这一分项指标指数。如表28、图13、图14所示，对2019年各城市的交通安全感指数按高低排名分别是：厦门、乌鲁木齐、宁波、银川、拉萨、成都、武汉、北京、深圳、上海、济南、福州、青岛、南京、昆明、哈尔滨、呼和浩特、杭州、广州、太原、长沙、合肥、南宁、重庆、大连、西宁、天津、贵阳、郑州、石家庄、海口、沈阳、西安、南昌、兰州、长春。城市交通安全感指数越高，排名越靠前，表明该城市居民的交通安全感越高。

结合2017~2019年城市交通安全感指数及排名，其中：拉萨、南京排行前列，3年排名均为前15，保持了较高的水平；长春、西安、郑州排名靠后，3年排名均位居倒数10名。2017~2018年，昆明、济南、福州、沈阳、太原排名上升幅度较大，名次上升均超过10名；成都、武汉、重庆、北京、海口、广州、哈尔滨、南宁下降幅度较大，名次下降均达到10名及以上。2018~2019年，银川、成都、武汉、北京排名上升幅度较大，名次上升均超过10名；西宁、天津、贵阳、沈阳、南昌、兰州下降幅度较大，名次下降均达到15名及以上。乌鲁木齐、银川3年排名持续上升；南京、杭州、长沙、海口等城市3年排名持续下降；上海、郑州等城市3年排名相对稳定，变化幅度不大。

表28 2017~2019年全国城市交通安全感指数及排名

城市	2019年			2018年			2017年	
	指数	排名	变化	指数	排名	变化	指数	排名
厦门	0.5573	1	—	—	—	—	—	—
乌鲁木齐	0.5565	2	+2	0.5209	4	+9	0.5033	13
宁波	0.5313	3	—	—	—	—	—	—
银川	0.5313	4	+12	0.4962	16	+8	0.4598	24
拉萨	0.5290	5	-2	0.5221	3	+8	0.5185	11
成都	0.5252	6	+12	0.4923	18	-15	0.5497	3
武汉	0.5249	7	+13	0.4917	20	-13	0.5310	7
北京	0.5244	8	+16	0.4767	24	-16	0.5278	8
深圳	0.5241	9	—	—	—	—	—	—

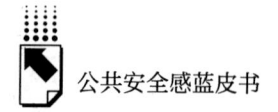

续表

城市	2019年			2018年			2017年	
	指数	排名	变化	指数	排名	变化	指数	排名
上海	0.5241	10	+1	0.5086	11	-7	0.5495	4
济南	0.5217	11	-6	0.5182	5	+22	0.4502	27
福州	0.5215	12	-3	0.5115	9	+17	0.4505	26
青岛	0.5162	13	—	—	—	—	—	—
南京	0.5152	14	-8	0.5165	6	-5	0.5565	1
昆明	0.5146	15	-14	0.5330	1	+27	0.4362	28
哈尔滨	0.5139	16	+13	0.4557	29	-13	0.4816	16
呼和浩特	0.5136	17	+8	0.4690	25	-2	0.4611	23
杭州	0.5106	18	-11	0.5160	7	-5	0.5548	2
广州	0.5105	19	+9	0.4566	28	-23	0.5415	5
太原	0.5102	20	-1	0.4921	19	+12	0.3942	31
长沙	0.5100	21	-6	0.4994	15	-3	0.5056	12
合肥	0.5044	22	-14	0.5140	8	+2	0.5209	10
南宁	0.5018	23	+8	0.4414	31	-10	0.4684	21
重庆	0.4973	24	-3	0.4888	21	-12	0.5242	9
大连	0.4957	25	—	—	—	—	—	—
西宁	0.4926	26	-24	0.5296	2	+4	0.5376	6
天津	0.4905	27	-17	0.5101	10	+8	0.4775	18
贵阳	0.4855	28	-16	0.5077	12	+7	0.4753	19
郑州	0.4839	29	+1	0.4483	30	-5	0.4522	25
石家庄	0.4825	30	-8	0.4881	22	-5	0.4776	17
海口	0.4818	31	-4	0.4656	27	-13	0.4974	14
沈阳	0.4813	32	-15	0.4933	17	+13	0.4260	30
西安	0.4800	33	-10	0.4768	23	-1	0.4643	22
南昌	0.4758	34	-20	0.4995	14	+1	0.4845	15
兰州	0.4717	35	-22	0.5003	13	+7	0.4702	20
长春	0.4686	36	-10	0.4681	26	+3	0.4320	29

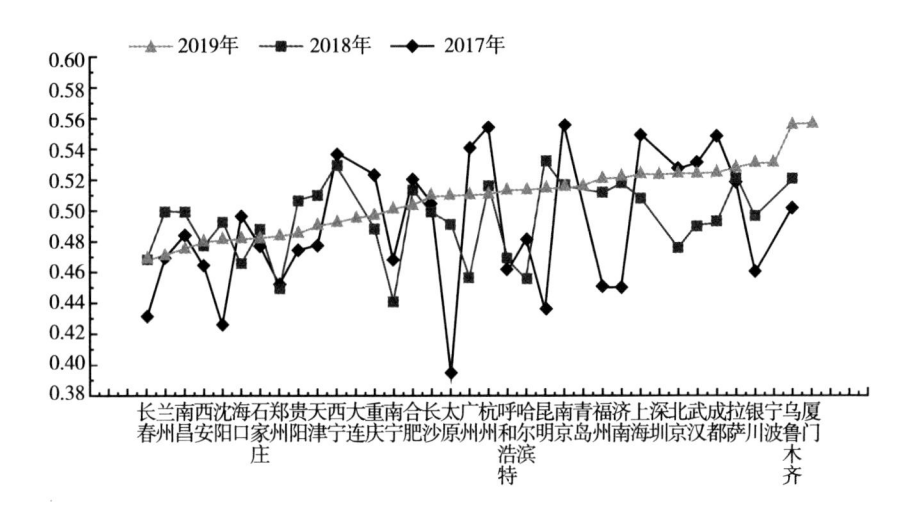

图13 全国城市交通安全感指数（2017～2019）

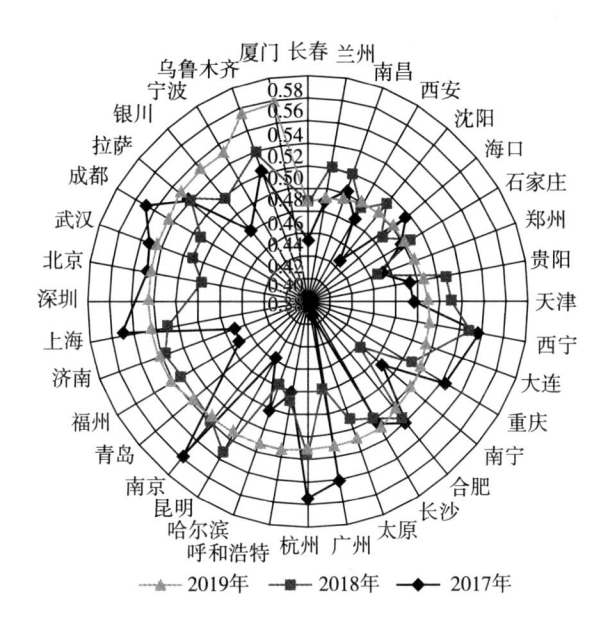

图14 全国城市交通安全感指数（2017～2019）

6. 公共场所设施安全感指数排行

与全国公共场所设施安全感指数估算原理相同，利用求取的全国公共场所设施安全感分项指数，可以得出各城市公共场所设施安全感这一分项指标指数。如表29、图15、图16所示，在全国城市公共场所设施安全感方面，各城市2019年的公共场所设施安全感指数排名由高到低依次是：乌鲁木齐、厦门、拉萨、宁波、深圳、北京、福州、济南、青岛、哈尔滨、上海、武汉、银川、呼和浩特、成都、南宁、杭州、南京、昆明、长沙、合肥、广州、太原、重庆、大连、海口、贵阳、西宁、长春、沈阳、天津、南昌、郑州、兰州、石家庄、西安。城市公共场所设施安全感指数越高，排名越靠前，表明该城市居民的公共场所设施安全感越高。

结合2017～2019年城市公共场所设施安全感指数及排名，其中：福州排行前列，且3年排名均为前10，保持了较高的水平；郑州排名靠后，3年排名均位居倒数10名。2017～2018年，昆明、拉萨、乌鲁木齐、济南、杭州、兰州、太原排名上升幅度较大，名次上升均超过10名；沈阳、重庆、西安、海口、广州、南宁下降幅度较大，名次下降均达到10名及以上。2018～2019年，北京、哈尔滨、呼和浩特、南宁排名上升幅度较大，名次上升均超过10名；昆明、贵阳、天津、南昌、西宁、兰州下降幅度较大，名次下降均超过15名。乌鲁木齐、北京、银川等城市3年排名持续上升；长沙、重庆、贵阳、沈阳等城市3年排名持续下降；上海3年排名相对稳定，变化幅度不大。

表29　2017～2019年全国城市公共场所设施安全感指数及排名

城市	2019年			2018年			2017年	
	指数	排名	变化	指数	排名	变化	指数	排名
乌鲁木齐	0.5771	1	+3	0.5243	4	+19	0.4759	23
厦门	0.5758	2	—	—	—	—	—	—
拉萨	0.5651	3	0	0.5315	3	+11	0.5087	14
宁波	0.5546	4	—	—	—	—	—	—
深圳	0.5536	5	—	—	—	—	—	—
北京	0.5528	6	+15	0.4862	21	+8	0.4381	29
福州	0.5522	7	−5	0.5349	2	+4	0.5276	6
济南	0.5519	8	−2	0.5227	6	+11	0.4983	17

续表

城市	2019 年			2018 年			2017 年	
	指数	排名	变化	指数	排名	变化	指数	排名
青岛	0.5519	9	—	—	—	—	—	—
哈尔滨	0.5511	10	+19	0.4681	29	-4	0.4599	25
上海	0.5509	11	+2	0.5026	13	-4	0.5155	9
武汉	0.5497	12	+10	0.4852	22	-4	0.4909	18
银川	0.5479	13	+2	0.4963	15	+7	0.4786	22
呼和浩特	0.5471	14	+13	0.4720	27	-7	0.4853	20
成都	0.5470	15	+2	0.4937	17	+7	0.4721	24
南宁	0.5449	16	+15	0.4477	31	-12	0.4861	19
杭州	0.5435	17	-8	0.5152	9	+19	0.4417	28
南京	0.5421	18	-8	0.5147	10	+2	0.5099	12
昆明	0.5418	19	-18	0.5457	1	+26	0.4488	27
长沙	0.5405	20	-4	0.4955	16	-5	0.5122	11
合肥	0.5378	21	-10	0.5090	11	+2	0.5093	13
广州	0.5377	22	+8	0.4663	30	-25	0.5277	5
太原	0.5366	23	-4	0.4894	19	+12	0.4105	31
重庆	0.5328	24	-4	0.4881	20	-19	0.5641	1
大连	0.5302	25	—	—	—	—	—	—
海口	0.5286	26	0	0.4728	26	-22	0.5385	4
贵阳	0.5274	27	-22	0.5241	5	-3	0.5475	2
西宁	0.5270	28	-21	0.5216	7	+8	0.5083	15
长春	0.5226	29	-5	0.4809	24	-8	0.5080	16
沈阳	0.5197	30	-12	0.4916	18	-10	0.5155	8
天津	0.5195	31	-19	0.5078	12	-2	0.5151	10
南昌	0.5191	32	-24	0.5208	8	-1	0.5251	7
郑州	0.5187	33	-5	0.4684	28	-2	0.4537	26
兰州	0.5183	34	-20	0.4972	14	+16	0.4365	30
石家庄	0.5125	35	-12	0.4812	23	-2	0.4834	21
西安	0.5116	36	-11	0.4764	25	-22	0.5445	3

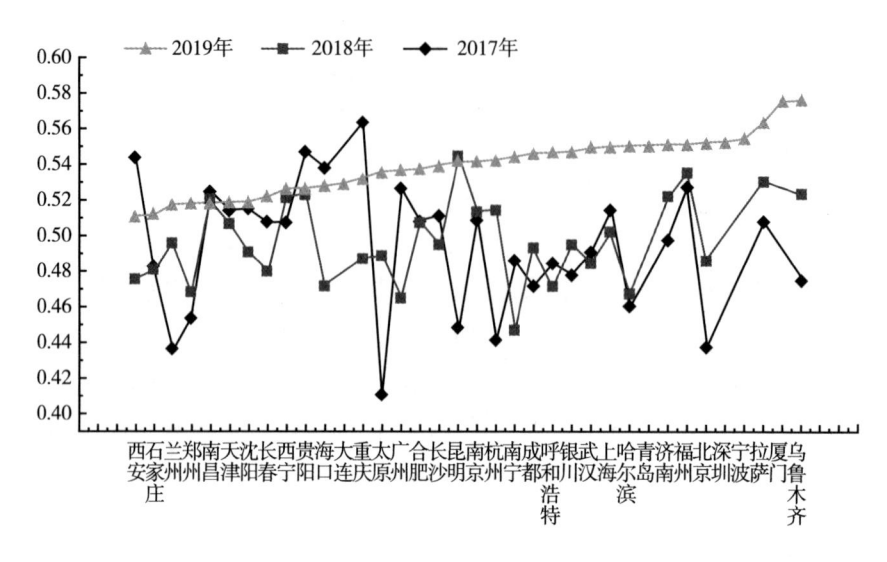

图 15　全国城市公共场所设施安全感指数（2017～2019）

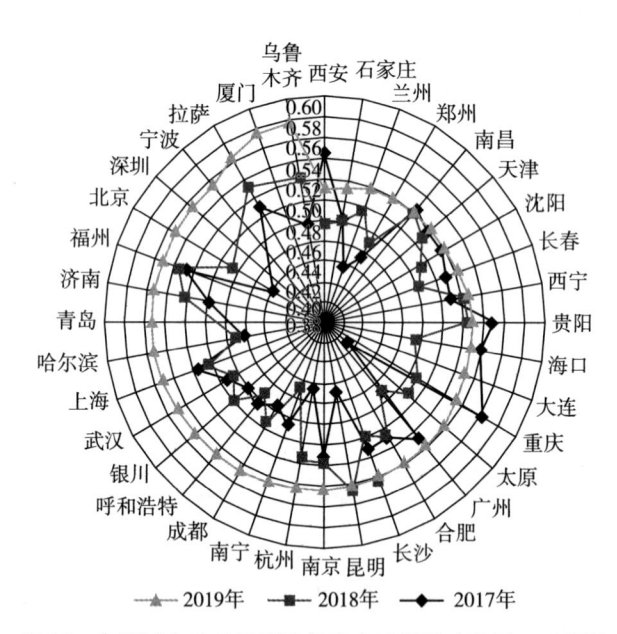

图 16　全国城市公共场所设施安全感指数（2017～2019）

7. 治安安全感指数排行

与全国治安安全感指数估算原理相同，采用求取的全国治安安全感分项指数，可以得出各城市治安安全感分项指标指数。如表30、图17、图18所示，在全国城市治安安全感方面，各城市2019年的治安安全感指数排名由高到低依次是：乌鲁木齐、拉萨、厦门、深圳、北京、福州、哈尔滨、济南、青岛、银川、呼和浩特、武汉、宁波、上海、昆明、南京、广州、杭州、成都、太原、长沙、合肥、大连、重庆、南宁、长春、贵阳、西宁、兰州、海口、天津、西安、郑州、石家庄、南昌、沈阳。城市治安安全感指数越高，排名越靠前，表明该城市居民的治安安全感越高。

结合2017~2019年城市治安安全感指数及排名，其中：拉萨、济南排行前列，3年排名均为前10，保持了较高的水平；海口、郑州排名靠后，3年治安安全感指数排名均位居倒数10位。2017~2018年，乌鲁木齐、昆明、福州、西宁、天津、合肥、沈阳、兰州排名上升幅度较大，名次上升均达到10名及以上；石家庄、重庆、西安、哈尔滨、广州排名下降幅度较大，名次下降均超过10名。2018~2019年，北京、哈尔滨、呼和浩特排名上升幅度较大，名次上升均达到15名及以上；贵阳、西宁、天津、南昌、沈阳排名下降幅度较大，名次下降均超过15名。乌鲁木齐、呼和浩特3年排名保持上升；杭州、长沙、海口、西安、郑州、石家庄连续3年治安安全感排名持续下降；上海、拉萨3年排名相对稳定，变化幅度不大。

表30 2017~2019年全国城市治安安全感指数及排名

城市	2019年			2018年			2017年	
	指数	排名	变化	指数	排名	变化	指数	排名
乌鲁木齐	0.5792	1	+1	0.5425	2	+22	0.4569	24
拉萨	0.5509	2	-1	0.5523	1	+1	0.5438	2
厦门	0.5430	3	—	—	—	—	—	—
深圳	0.5298	4	—	—	—	—	—	—
北京	0.5286	5	+15	0.4841	20	-7	0.4872	13
福州	0.5268	6	-1	0.5222	5	+15	0.4737	20
哈尔滨	0.5214	7	+22	0.4653	29	-11	0.4748	18
济南	0.5199	8	-5	0.5272	3	+6	0.5126	9

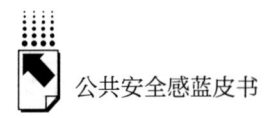

续表

城市	2019年			2018年			2017年	
	指数	排名	变化	指数	排名	变化	指数	排名
青岛	0.5190	9	—	—	—	—	—	—
银川	0.5168	10	+6	0.4943	16	-1	0.4816	15
呼和浩特	0.5160	11	+15	0.4719	26	+5	0.4323	31
武汉	0.5155	12	+9	0.4835	21	-5	0.4788	16
宁波	0.5133	13	—	—	—	—	—	—
上海	0.5131	14	-1	0.5027	13	-1	0.4996	12
昆明	0.5121	15	-11	0.5255	4	+24	0.4423	28
南京	0.5113	16	-10	0.5159	6	+4	0.5101	10
广州	0.5091	17	+13	0.4613	30	-25	0.5258	5
杭州	0.5080	18	-10	0.5143	8	-4	0.5281	4
成都	0.5070	19	+3	0.4834	22	-16	0.5158	6
太原	0.5059	20	-1	0.4865	19	+4	0.4677	23
长沙	0.5055	21	-6	0.4956	15	-8	0.5155	7
合肥	0.4989	22	-10	0.5062	12	+13	0.4561	25
大连	0.4980	23	—	—	—	—	—	—
重庆	0.4923	24	0	0.4790	24	-23	0.5572	1
南宁	0.4922	25	+6	0.4416	31	-1	0.4405	30
长春	0.4908	26	-8	0.4868	18	+1	0.4741	19
贵阳	0.4886	27	-18	0.5127	9	+2	0.5079	11
西宁	0.4829	28	-21	0.5157	7	+10	0.4765	17
兰州	0.4779	29	-12	0.4908	17	+12	0.4412	29
海口	0.4761	30	-2	0.4689	28	-7	0.4720	21
天津	0.4754	31	-20	0.5077	11	+16	0.4425	27
西安	0.4732	32	-5	0.4705	27	-19	0.5134	8
郑州	0.4708	33	-8	0.4722	25	-3	0.4691	22
石家庄	0.4700	34	-11	0.4799	23	-20	0.5417	3
南昌	0.4667	35	-25	0.5081	10	+4	0.4822	14
沈阳	0.4655	36	-22	0.4967	14	+12	0.4532	26

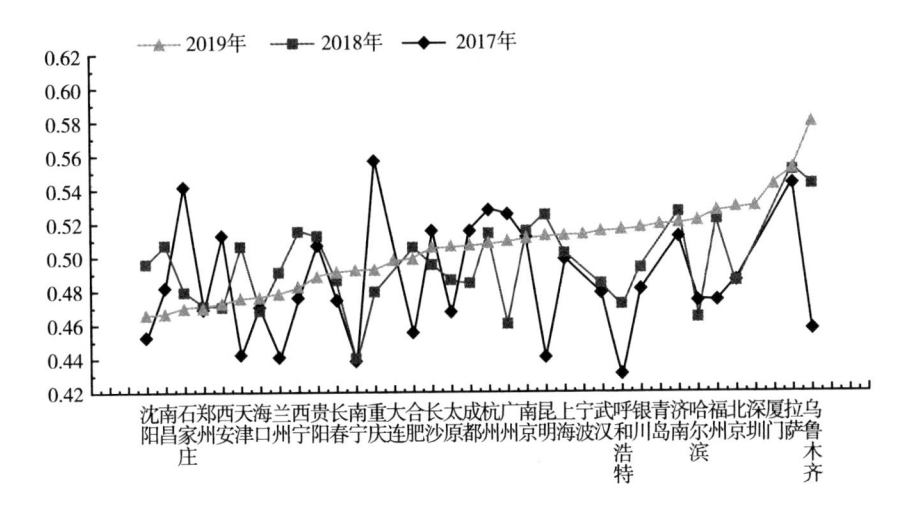

图17 全国城市社会治安安全感指数（2017~2019）

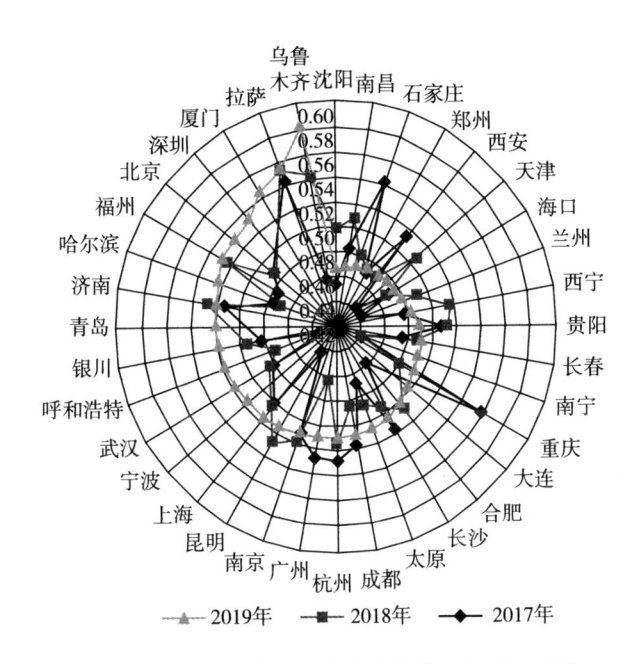

图18 全国城市社会治安安全感指数（2017~2019）

8. 社会保障安全感指数排行

与全国社会保障安全感指数估算原理相同，采用求取的全国社会保障安全感分项指数，可以得出各城市全国社会保障安全感分项指标指数。如表31、图19、图20所示，在全国城市社会保障安全感方面，各城市2019年的社会保障安全感指数排名由高到低依次是：拉萨、乌鲁木齐、青岛、福州、济南、北京、深圳、厦门、宁波、成都、杭州、南宁、银川、昆明、太原、武汉、合肥、上海、哈尔滨、呼和浩特、重庆、广州、海口、南京、长沙、贵阳、西宁、长春、天津、大连、兰州、南昌、石家庄、沈阳、郑州、西安。城市社会保障安全感指数越高，排名越靠前，表明该城市居民的社会保障安全感越高。

结合2017~2019年城市社会保障安全感指数及排名，其中：拉萨连续3年排名均为前10，保持了较高的水平；石家庄、沈阳、郑州排名靠后，其中，沈阳3年排名均居倒数10位。2017~2018年，福州、贵阳、乌鲁木齐、昆明、济南、天津、银川排名上升幅度较大，名次上升均达到10名及以上；成都、西安、武汉、海口、重庆、石家庄下降幅度较大，名次下降均达到10名及以上。2018~2019年，北京、南宁排名上升幅度较大，名次上升均超过15名；贵阳、西宁、天津、南昌、西安下降幅度较大，名次下降均超过15名。乌鲁木齐、济南、北京等城市3年排名持续上升；杭州、合肥、上海、海口等城市3年排名持续下降。

表31　2017~2019年全国城市社会保障安全感指数及排名

城市	2019年			2018年			2017年	
	指数	排名	变化	指数	排名	变化	指数	排名
拉萨	0.5425	1	0	0.5373	1	+8	0.5091	9
乌鲁木齐	0.5419	2	+2	0.5227	4	+27	0.3722	31
青岛	0.5118	3	—	—	—	—	—	—
福州	0.5089	4	−2	0.5249	2	+19	0.4681	21
济南	0.5087	5	+1	0.5109	6	+13	0.4756	19
北京	0.5071	6	+18	0.4566	24	+6	0.4167	30
深圳	0.5068	7	—	—	—	—	—	—
厦门	0.5065	8	—	—	—	—	—	—

续表

城市	2019 年			2018 年			2017 年	
	指数	排名	变化	指数	排名	变化	指数	排名
宁波	0.5026	9	—	—	—	—	—	—
成都	0.4969	10	+7	0.4703	17	−15	0.5768	2
杭州	0.4929	11	−2	0.4950	9	−8	0.5831	1
南宁	0.4919	12	+19	0.4173	31	−4	0.4492	27
银川	0.4916	13	+2	0.4764	15	+13	0.4464	28
昆明	0.4900	14	−9	0.5207	5	+10	0.4896	15
太原	0.4891	15	+6	0.4600	21	+8	0.4444	29
武汉	0.4879	16	4	0.4646	20	−13	0.5156	7
合肥	0.4857	17	−5	0.4859	12	−2	0.5033	10
上海	0.4855	18	−4	0.4794	14	−9	0.5259	5
哈尔滨	0.4849	19	+9	0.4483	28	−6	0.4660	22
呼和浩特	0.4834	20	+9	0.4460	29	−3	0.4498	26
重庆	0.4787	21	+2	0.4568	23	−12	0.5004	11
广州	0.4782	22	+4	0.4511	26	−3	0.4647	23
海口	0.4765	23	−1	0.4599	22	−18	0.5344	4
南京	0.4755	24	−13	0.4932	11	−5	0.5212	6
长沙	0.4744	25	−12	0.4841	13	+4	0.4851	17
贵阳	0.4694	26	−23	0.5237	3	+10	0.4899	13
西宁	0.4643	27	−17	0.4936	10	−7	0.5353	3
长春	0.4637	28	−12	0.4719	16	0	0.4890	16
天津	0.4633	29	−21	0.4979	8	+17	0.4517	25
大连	0.4564	30	—	—	—	—	—	—
兰州	0.4519	31	−12	0.4686	19	−5	0.4898	14
南昌	0.4496	32	−25	0.5056	7	+5	0.4931	12
石家庄	0.4496	33	−3	0.4307	30	−12	0.4805	18
沈阳	0.4340	34	−9	0.4558	25	−1	0.4519	24
郑州	0.4280	35	−8	0.4510	27	−7	0.4728	20
西安	0.4234	36	−18	0.4689	18	−10	0.5142	8

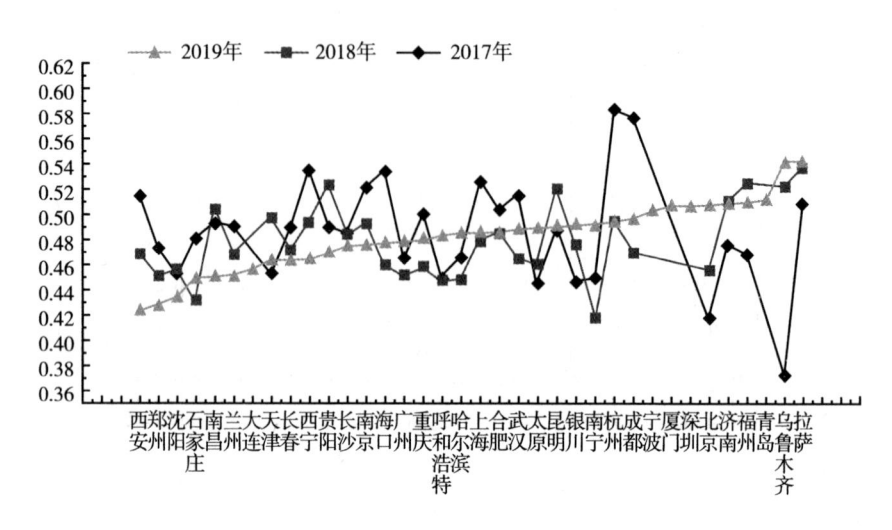

图19 全国城市社会保障安全感指数（2017～2019）

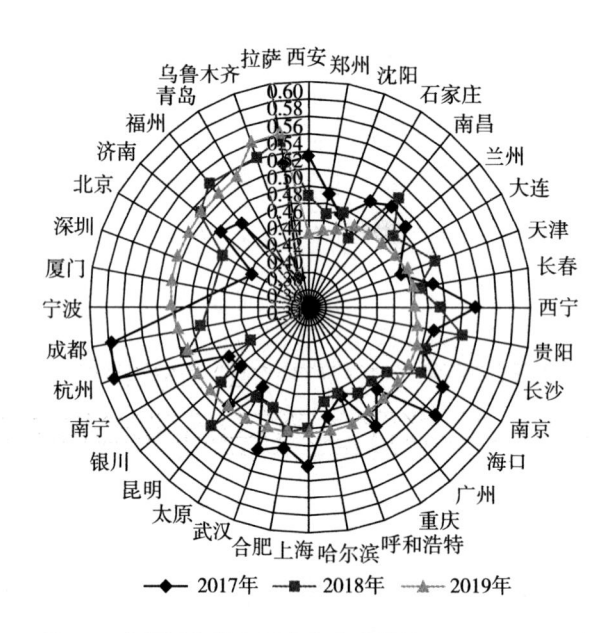

图20 全国城市社会保障安全感指数（2017～2019）

9. 信息安全感指数排行

与全国信息安全感指数估算原理相同，采用求取的全国信息安全感分项指数，可以得出各城市信息安全感分项指标指数。如表32、图21、图22所示，在全国城市信息安全感方面，各城市2019年的信息安全感指数排名由高到低依次是：乌鲁木齐、拉萨、太原、昆明、哈尔滨、青岛、南宁、北京、银川、武汉、福州、济南、呼和浩特、成都、深圳、厦门、合肥、长春、上海、宁波、石家庄、天津、贵阳、杭州、海口、南京、长沙、重庆、广州、西宁、大连、南昌、西安、沈阳、兰州、郑州。城市信息安全感指数越高，排名越靠前，表明该城市居民的信息安全感越高。

结合2017~2019年全国城市信息安全感指数及排名，其中：昆明、拉萨排名较高，3年排名均为前10，保持了较高的水平；郑州排名靠后，3年均位居倒数10位。2017~2018年，济南、福州、长沙、南昌、乌鲁木齐、太原排名上升幅度较大，名次上升均达到10名及以上；南京、上海、西安、广州、沈阳、重庆、呼和浩特下降幅度较大，名次下降均达到10名及以上。2018~2019年，太原、哈尔滨、南宁、北京、呼和浩特排名上升幅度较大，名次上升均超过10名；贵阳、长沙、西宁、南昌、兰州排名下降幅度较大，名次下降均超过15名。乌鲁木齐、太原、哈尔滨等城市3年排名持续上升；合肥、贵阳、杭州等城市3年排名持续下降；拉萨等城市3年排名相对稳定，变化幅度不大。

表32　2017~2019年全国城市信息安全感指数及排名

城市	2019年			2018年			2017年	
	指数	排名	变化	指数	排名	变化	指数	排名
乌鲁木齐	0.5329	1	+8	0.4883	9	+21	0.3040	30
拉萨	0.5191	2	+1	0.5023	3	-2	0.5153	1
太原	0.5005	3	+11	0.4651	14	+15	0.3309	29
昆明	0.4999	4	-3	0.5182	1	+9	0.4538	10
哈尔滨	0.4991	5	+14	0.4577	19	+4	0.3717	23
青岛	0.4972	6	—	—	—	—	—	—
南宁	0.4964	7	+24	0.4143	31	0	0.2979	31
北京	0.4951	8	+15	0.4509	23	+4	0.3507	27

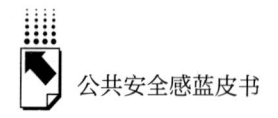

续表

城市	2019年			2018年			2017年	
	指数	排名	变化	指数	排名	变化	指数	排名
银川	0.4932	9	+8	0.4596	17	+2	0.3975	19
武汉	0.4874	10	+6	0.4616	16	-2	0.4393	14
福州	0.4866	11	-7	0.5008	4	+21	0.3603	25
济南	0.4827	12	-10	0.5134	2	+10	0.4439	12
呼和浩特	0.4822	13	+17	0.4319	30	-17	0.4438	13
成都	0.4813	14	+8	0.4516	22	-2	0.3947	20
深圳	0.4753	15	—	—	—	—	—	—
厦门	0.4750	16	—	—	—	—	—	—
合肥	0.4741	17	-4	0.4666	13	-7	0.4644	6
长春	0.4702	18	-3	0.4645	15	+6	0.3936	21
上海	0.4694	19	+1	0.4558	20	-11	0.4601	9
宁波	0.4690	20	—	—	—	—	—	—
石家庄	0.4669	21	+3	0.4495	24	-2	0.3863	22
天津	0.4663	22	-10	0.4686	12	+6	0.4196	18
贵阳	0.4643	23	-17	0.4922	6	-1	0.4690	5
杭州	0.4635	24	-14	0.4789	10	-6	0.4766	4
海口	0.4608	25	-4	0.4546	21	-4	0.4271	17
南京	0.4601	26	-8	0.4594	18	-16	0.5013	2
长沙	0.4565	27	-20	0.4920	7	+19	0.3550	26
重庆	0.4544	28	+1	0.4403	29	-26	0.4920	3
广州	0.4515	29	-3	0.4452	26	-10	0.4337	16
西宁	0.4510	30	-25	0.4953	5	+3	0.4618	8
大连	0.4485	31	—	—	—	—	—	—
南昌	0.4469	32	-24	0.4896	8	+20	0.3398	28
西安	0.4440	33	-8	0.4475	25	-18	0.4618	7
沈阳	0.4348	34	-6	0.4432	28	-13	0.4356	15
兰州	0.4336	35	-24	0.4733	11	0	0.4501	11
郑州	0.4325	36	-9	0.4446	27	-3	0.3667	24

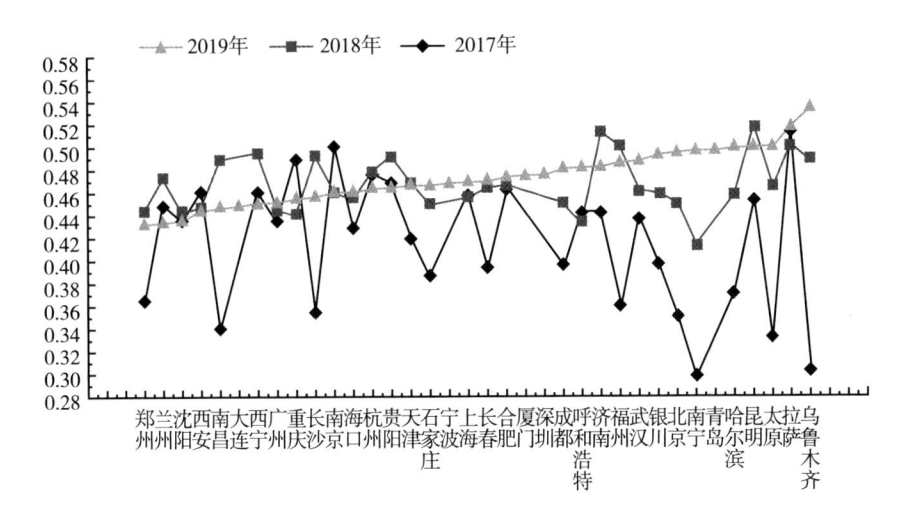

图 21　全国城市信息安全感指数（2017～2019）

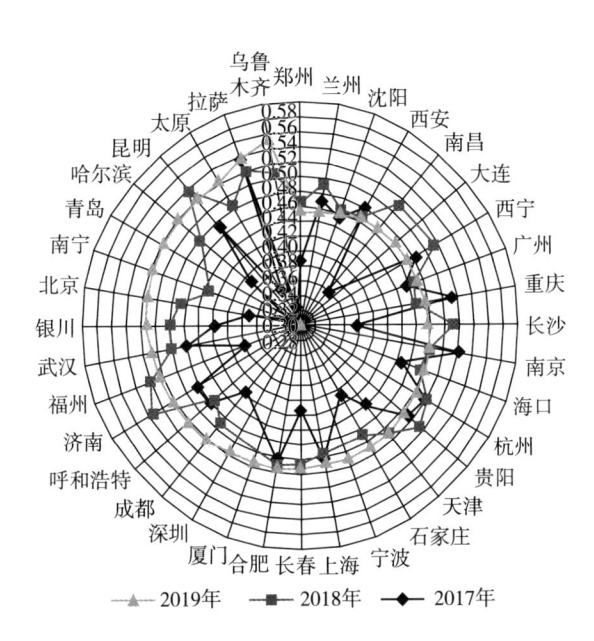

图 22　全国城市信息安全感指数（2017～2019）

附表（见表33）：

表33 2019年全国城市分项安全感指数及排名

城市	自然安全感指数（排名）	生态安全感指数（排名）	公共卫生安全感指数（排名）	食品安全感指数（排名）	交通安全感指数（排名）	公共场所设施安全感指数（排名）	治安安全感指数（排名）	社会保障安全感指数（排名）	信息安全感指数（排名）	总体公共安全感（排名）
乌鲁木齐	0.5723(2)	0.5385(3)	0.5332(1)	0.5191(1)	0.5565(2)	0.5708(1)	0.5687(1)	0.5314(2)	0.5329(1)	0.4950(1)
拉萨	0.5619(4)	0.5449(2)	0.5234(3)	0.5022(6)	0.5290(5)	0.5662(3)	0.5513(2)	0.5459(1)	0.5191(2)	0.4889(2)
厦门	0.5780(1)	0.5467(1)	0.5286(2)	0.5163(2)	0.5573(1)	0.5769(2)	0.5435(3)	0.5087(8)	0.4750(16)	0.4888(3)
福州	0.5432(12)	0.5357(5)	0.5111(8)	0.5107(3)	0.5215(12)	0.5529(7)	0.5269(6)	0.5102(4)	0.4866(11)	0.4847(4)
济南	0.5642(3)	0.5225(10)	0.5156(6)	0.4983(8)	0.5217(11)	0.5508(8)	0.5194(8)	0.5064(5)	0.4827(12)	0.4843(5)
银川	0.5415(13)	0.5354(4)	0.5155(4)	0.4896(13)	0.5313(4)	0.5478(13)	0.5179(10)	0.4907(13)	0.4932(9)	0.4838(6)
青岛	0.5460(8)	0.5199(13)	0.5051(12)	0.4985(5)	0.5162(13)	0.5514(9)	0.5172(9)	0.5066(3)	0.4972(6)	0.4837(7)
北京	0.5528(6)	0.5130(17)	0.5077(9)	0.5056(4)	0.5244(8)	0.5518(6)	0.5270(5)	0.5056(6)	0.4951(8)	0.4832(8)
宁波	0.5551(5)	0.5304(6)	0.5076(10)	0.4919(12)	0.5313(3)	0.5513(4)	0.5123(13)	0.5015(9)	0.4690(20)	0.4822(9)
深圳	0.5414(14)	0.5249(8)	0.5005(14)	0.4821(14)	0.5241(9)	0.5513(5)	0.5248(4)	0.4984(7)	0.4753(15)	0.4817(10)
昆明	0.5256(20)	0.5191(11)	0.5043(11)	0.4921(11)	0.5146(15)	0.5417(19)	0.5119(15)	0.4879(14)	0.4999(4)	0.4815(11)
武汉	0.5413(15)	0.5190(14)	0.5047(13)	0.4945(10)	0.5249(7)	0.5490(12)	0.5149(12)	0.4885(16)	0.4874(10)	0.4814(12)
成都	0.5344(16)	0.5144(16)	0.5017(16)	0.4985(9)	0.5252(6)	0.5468(15)	0.5078(19)	0.5002(10)	0.4813(14)	0.4811(13)
呼和浩特	0.5432(11)	0.5262(9)	0.5147(5)	0.4791(15)	0.5136(17)	0.5458(14)	0.5151(11)	0.4829(20)	0.4822(13)	0.4807(14)
哈尔滨	0.5170(22)	0.5080(19)	0.5108(7)	0.4653(17)	0.5139(16)	0.5497(10)	0.5189(7)	0.4805(19)	0.4991(5)	0.4796(15)

续表

城市	自然安全感指数(排名)	生态安全感指数(排名)	公共卫生安全感指数(排名)	食品安全感指数(排名)	交通安全感指数(排名)	公共场所设施安全感指数(排名)	治安安全感指数(排名)	社会保障安全感指数(排名)	信息安全感指数(排名)	总体公共安全感(排名)
上海	0.5486 (7)	0.5124 (18)	0.5022 (17)	0.4717 (18)	0.5241 (10)	0.5516 (11)	0.5149 (14)	0.4865 (18)	0.4694 (19)	0.4795 (16)
南宁	0.5012 (33)	0.5324 (7)	0.5061 (15)	0.5009 (7)	0.5018 (23)	0.5476 (16)	0.4932 (25)	0.4930 (12)	0.4964 (7)	0.4784 (17)
杭州	0.5442 (10)	0.5180 (15)	0.4932 (20)	0.4751 (16)	0.5106 (18)	0.5434 (17)	0.5076 (18)	0.4927 (11)	0.4635 (24)	0.4780 (18)
南京	0.5443 (9)	0.5047 (22)	0.4924 (19)	0.4661 (24)	0.5152 (14)	0.5410 (18)	0.5086 (16)	0.4749 (24)	0.4601 (26)	0.4773 (19)
太原	0.4929 (34)	0.4981 (26)	0.4925 (18)	0.4671 (20)	0.5102 (20)	0.5322 (23)	0.5021 (20)	0.4866 (15)	0.5005 (3)	0.4768 (20)
长沙	0.5317 (17)	0.5010 (25)	0.4881 (22)	0.4683 (22)	0.5100 (21)	0.5411 (20)	0.5060 (21)	0.4747 (25)	0.4565 (27)	0.4765 (21)
合肥	0.5295 (19)	0.5014 (24)	0.4785 (30)	0.4579 (27)	0.5044 (22)	0.5378 (21)	0.4978 (22)	0.4875 (17)	0.4741 (17)	0.4755 (22)
贵阳	0.5152 (23)	0.5089 (20)	0.4874 (23)	0.4676 (23)	0.4855 (28)	0.5276 (27)	0.4889 (27)	0.4702 (26)	0.4643 (23)	0.4755 (23)
重庆	0.5303 (18)	0.5035 (23)	0.4849 (24)	0.4705 (19)	0.4973 (24)	0.5332 (24)	0.4918 (24)	0.4784 (21)	0.4544 (28)	0.4749 (24)
广州	0.5152 (24)	0.4990 (29)	0.4801 (28)	0.4657 (25)	0.5105 (19)	0.5375 (22)	0.5110 (17)	0.4777 (22)	0.4515 (29)	0.4745 (25)
海口	0.5017 (32)	0.5218 (12)	0.4894 (21)	0.4688 (21)	0.4818 (31)	0.5292 (26)	0.4769 (30)	0.4784 (23)	0.4608 (25)	0.4737 (26)
大连	0.5091 (28)	0.4942 (30)	0.4808 (26)	0.4496 (29)	0.4957 (25)	0.5286 (25)	0.4950 (23)	0.4553 (30)	0.4485 (31)	0.4725 (27)
西宁	0.5094 (27)	0.5054 (21)	0.4830 (27)	0.4576 (28)	0.4926 (26)	0.5282 (28)	0.4858 (28)	0.4647 (27)	0.4510 (30)	0.4715 (28)
天津	0.5120 (26)	0.5001 (27)	0.4827 (29)	0.4702 (26)	0.4905 (27)	0.5224 (31)	0.4820 (31)	0.4672 (29)	0.4663 (22)	0.4714 (29)
长春	0.5078 (29)	0.4820 (34)	0.4836 (25)	0.4463 (31)	0.4686 (36)	0.5224 (29)	0.4889 (26)	0.4625 (28)	0.4702 (18)	0.4710 (30)
南昌	0.5172 (21)	0.4983 (28)	0.4739 (32)	0.4481 (30)	0.4758 (34)	0.5171 (32)	0.4648 (35)	0.4479 (32)	0.4469 (32)	0.4703 (31)

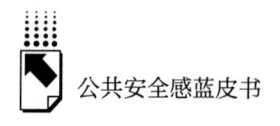

续表

城市	自然安全感指数(排名)	生态安全感指数(排名)	公共卫生安全感指数(排名)	食品安全感指数(排名)	交通安全感指数(排名)	公共场所设施安全感指数(排名)	治安安全感指数(排名)	社会保障安全感指数(排名)	信息安全感指数(排名)	总体公共安全感(排名)
沈阳	0.5038(31)	0.4939(31)	0.4808(31)	0.4465(33)	0.4813(32)	0.5217(30)	0.4738(36)	0.4394(34)	0.4348(34)	0.4678(32)
石家庄	0.4747(36)	0.4807(35)	0.4714(33)	0.4425(32)	0.4825(30)	0.5140(35)	0.4713(34)	0.4509(33)	0.4669(21)	0.4667(33)
西安	0.5053(30)	0.4883(32)	0.4713(34)	0.4324(35)	0.4800(33)	0.5120(36)	0.4734(32)	0.4251(36)	0.4440(33)	0.4666(34)
兰州	0.4845(35)	0.4805(36)	0.4685(35)	0.4409(34)	0.4717(35)	0.5165(34)	0.4755(29)	0.4504(31)	0.4336(35)	0.4666(35)
郑州	0.5123(25)	0.4892(33)	0.4707(36)	0.4313(36)	0.4839(29)	0.5244(33)	0.4781(33)	0.4384(35)	0.4325(36)	0.4661(36)

注：因约取数字的差异，数据与前文不完全一致。

三 中国城市公共安全感群体间差异分析

（一）女性公共安全感

女性安全感就是女性渴望稳定、安全的心理需求，属于个人内在精神需求，是对可能出现的对身体或心理的危险或风险的预感，以及个体在应对处事时的有力/无力感，主要表现为确定感和可控感。国内外针对女性安全感的研究少之又少，仅王智民[①]学者就我国女性群体安全感进行了比较分析，指出女性更为关注社会治安问题，尤其担心个人走夜路，容易受到不法侵犯的问题。女性安全感相关研究较少，而且距今时间较长，但是对女性安全感进行针对性研究具有现实意义。

随着社会经济的发展和人们生活水平的提高，掌握驾驶技术已成为适应

---

① 王智民：《我国女性群体安全感比较分析》，《犯罪与改造研究》1992年第1期。

现代生活的一项不可或缺的能力。随着女性收入、地位的提高和汽车产业的发展，越来越多的女性购买、驾驶汽车。女性驾驶员日渐成为现代交通管理工作中无法忽略的群体。女性由于其自身的生理、心理特性，在驾驶行为方面与男性相比有较大差异，在驾驶中，一旦遇到突发情况，其更容易紧张、焦虑。另外，女性在某些方面特有的生理和心理特点使其在遇到危机与突发事件时通常缺乏自我保护能力，无法及时、敏捷地应对处理。并且当前社会中的客观因素，也给了犯罪分子可乘之机。近年来，女性被骗、被谋杀、被绑架、失联等安全事故频发、新闻报道层出不穷。因此，相较于男性来说，女性在某些安全问题上处于弱势地位，更能出现一些包括上述交通、社会治安等在内的安全问题。

（1）性别差异

2019年依据性别对标准化后的城市公共安全感进行方差分析（Analysis of Variance，ANOVA），结果见表34。

表34 2019年性别分组的城市公共安全感方差检验

性别	样本数(个)	比例(%)	均值	标准差	方差分析	
					两个均方的比值	显著性
男	5852	54.17	5.693	1.881	1.293	0.000
女	4951	45.83	5.294	1.959		

由表34可见，在4个直辖市、27个省会城市和5个计划单列市范围内的受调查对象中有效样本数据共有10803个，其中男性占比超过54%，女性占比约为46%，女性安全感测评得分（5.294）明显低于男性安全感测评得分（5.693）。方差检验表明城市居民公共安全感存在显著的性别差异，反映出总体上女性对于公共安全的担心程度要高于男性，性别上的感受差异符合一般常识。

（2）女性最关注的公共安全领域

将2017~2019年的公共安全调查数据中的女性数据挑选出来，进行单独分析，对于九大类安全下设的问题选项运用因子分析法，通过公因子的方差贡献率计算出指标的相对权数。公因子的方差贡献率是该公因子对各变量的全部贡献水平，按照方差贡献率作为各个问题的权重，再分别乘以旋转后的公因子得分得到九大类安全的女性安全感指数。假设各类安全感权重一样，简单来说，女性公共安全感指数等于各类女性安全感指数的算术平均数。经过汇总如表35所示。

表35 2017～2019年女性各类安全感指数

类别	女性安全感指数（2019年）	女性安全感指数（2018年）	女性安全感指数（2017年）	均值
自然安全感	0.5455	0.5038	0.5492	0.5328
生态安全感	0.4978	0.4749	0.5191	0.4973
公共卫生安全感	0.4619	0.4100	0.4585	0.4435
食品安全感	0.4008	0.4156	0.4446	0.4203
交通安全感	0.3801	0.4680	0.5045	0.4509
公共场所设施安全感	0.5055	0.4721	0.4570	0.4782
治安安全感	0.3798	0.4451	0.3932	0.4060
社会保障安全感	0.5003	0.4540	0.5308	0.4950
信息安全感	0.4257	0.3934	0.3906	0.4032
总体公共安全感	0.4553	0.4485	0.4719	0.4586

根据表35、图23可知，2019年女性公共安全感指数（0.4553）高于2018年的女性公共安全感指数（0.4485），低于2017年的女性公共安全感指数（0.4719）。随着科学技术的不断发展、社会经济的不断进步，人们的生活越来越好，城市女性的公共安全感在2017～2019年出现上下波动的现象，以2019年数据来分析，相较于2017年来说，女性公共安全感较低，但与2018年相比，呈现上升趋势。

2019年，在9类安全感指数中，女性安全感指数最高的为自然安全感指数（0.5455），最低的为治安安全感指数（0.3798）。从图23可以看出，2017～2019年自然安全、生态安全和信息安全这3类的折线拐点几乎重合，说明3年内女性对这3类的安全感大致不变；3年内安全感指数出现幅度变动较大的是交通安全感指数，由2017年的0.5045下降到2019年的0.3801，

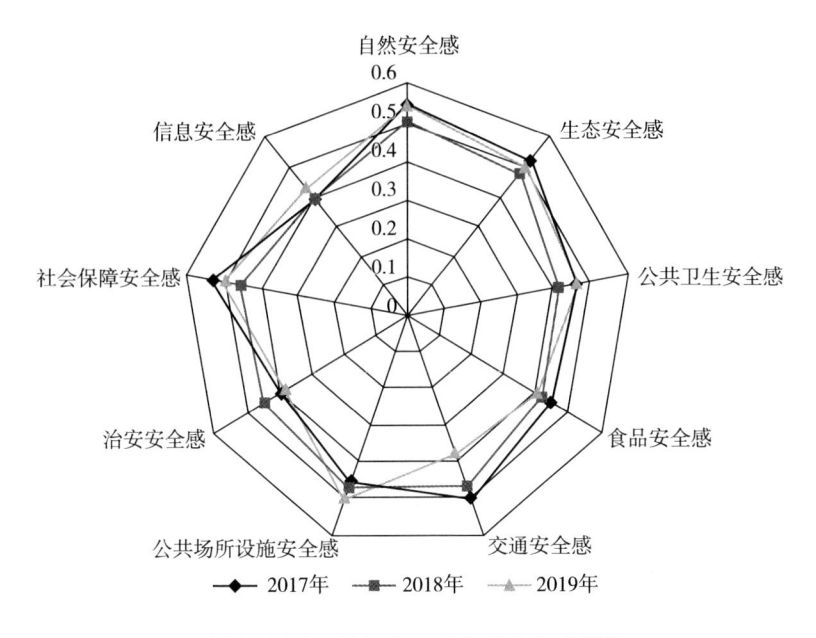

图 23　2017～2019 年女性各类安全感指数

相较于 2017 年下降约 25%；3 年内女性安全感指数不断上升的有公共场所设施安全感和信息安全感，根据图 23 可以明显看出，女性在这两类安全方面的安全感指数不断上升，而女性安全感不断下降的是交通安全感和食品安全感。

由图 24 可以明显看出，女性在治安方面的安全感指数较低，且 2019 年最低，城市女性治安安全感与其他类别安全感相比较低，说明女性对社会治安问题越来越担忧。对此，以 2019 年女性治安安全调查数据为基础，分别对女性关于夜间出行的人身安全、陌生人随意进入小区、周围发生暴力冲突事件以及发生治安事件时市民能否得到及时保护 4 个方面的担心程度进行测评，结果如图 25 所示。

研究发现，女性对陌生人随意进入小区最为担心，对夜间出行的人身安全担心程度仅次之（见图 25）。基于女性传统和生理上的特点，相较于男性，女性不敢单独外出走夜路是可以理解的，此外，女性更易受到不法侵害，对于陌生人随意进出小区更为敏感。国外一些学者的研究表明，安全感

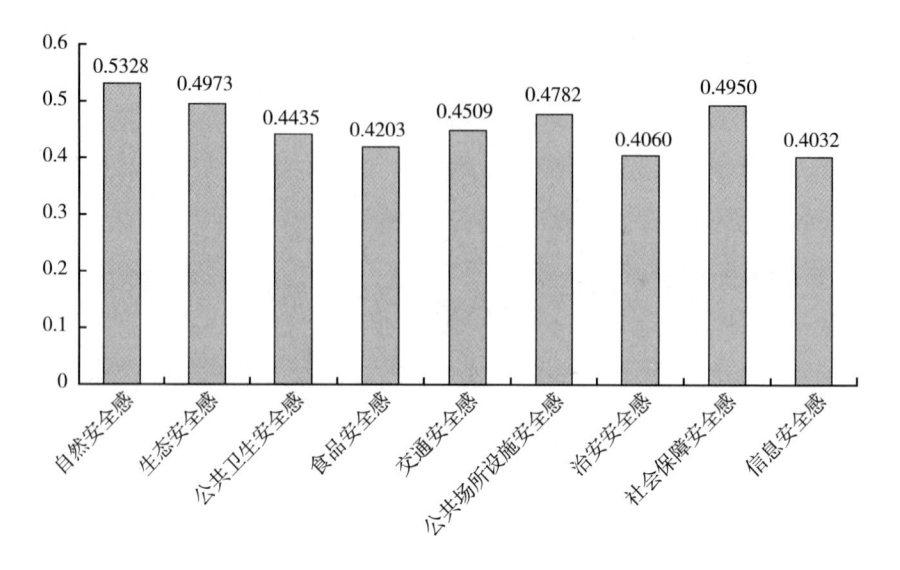

图 24　2017~2019 年女性各类安全感指数平均值

（自然安全感 0.5328；生态安全感 0.4973；公共卫生安全感 0.4435；食品安全感 0.4203；交通安全感 0.4509；公共场所设施安全感 0.4782；治安安全感 0.4060；社会保障安全感 0.4950；信息安全感 0.4032）

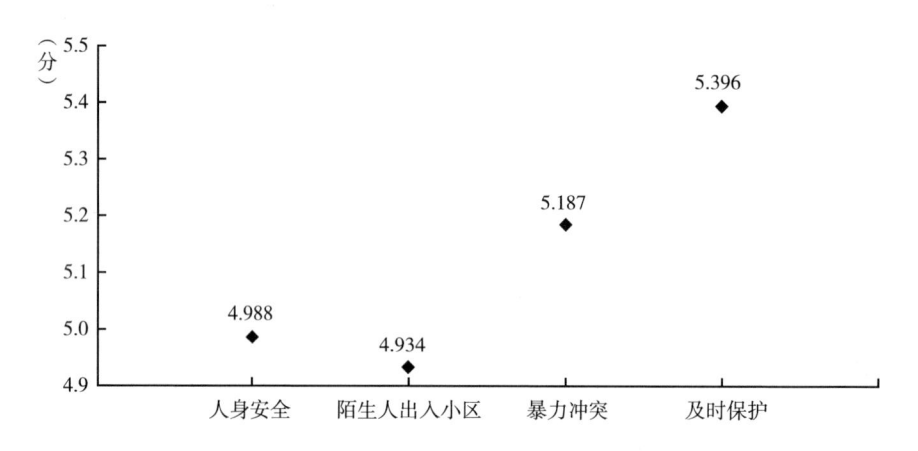

图 25　2019 年女性治安安全问题测评得分

（人身安全 4.988；陌生人出入小区 4.934；暴力冲突 5.187；及时保护 5.396）

虽然是一种主观感受，但容易受到传播媒介的影响。近年来，随着各种网络平台的兴起，各种有关女性受到侵害、对女性实施犯罪等消息层出不穷，给女性心理上造成负面影响。

运用每个问题的方差贡献率作为权重，乘以经过旋转后的公因子得分得到所需要的女性安全感指数，进行比较分析，得到（3）和（4）两点结果。

(3) 不同年龄段女性公共安全感差异

依据年龄对女性安全感进行比较，结果如表36所示。根据表36可知，在被调查的女性当中，根据年龄从小到大分为4个阶段，18~29岁的女性占该次调查女性的27.20%，在30~44岁这个年龄阶段的女性所占比例最多，占被调查女性的一半左右，45~59岁和60岁及以上这两个年龄段的女性占比相对较少，分别为15.44%和6.56%。随着女性年龄的不断增加，其公共安全感指数也不断增加。

年龄段较低的女性，大多数处在学习和事业不稳定时期，可能刚迈入社会，刚迈入婚姻殿堂，会面临以前没遇到过的困难和挫折，在迈入社会寻找职业时就要面临社会保障相关的问题，在组建新的家庭之后，就要考虑整个家庭的食品、交通等方面的问题。因为年龄小，没有相关的经验和阅历，低龄女性对生活的各个方面更加担忧。随着女性年龄的增加，其社会阅历、处事经验等积累沉淀，在处理事情或遇到危险的情况下，更能沉着冷静地面对，与其对应的安全感也会不断增加。

在社会治安方面，年龄较低的女性与年龄较大的女性存在较大差异。4个年龄阶段女性的治安安全感指数分别为0.43、0.50、0.52、0.57，从中可以看出，年龄为18~29岁的女性治安安全感指数最低，而60岁及以上的女性治安安全感指数最高。年龄较低的女性较年龄较大的女性夜间外出的频率更高，对于社会治安更为关注也更为敏感，且社会上多数受侵害事件以年轻女性为主体，因此，女性对于治安安全感较低有其现实原因。

表36 2019年不同年龄段女性公共安全感指数比较

年龄	样本数（个）	比例（%）	均值	安全感指数
18~29岁	1614	27.20	5.553	0.4622
30~44岁	3014	50.80	5.664	0.4954
45~59岁	916	15.44	5.906	0.5120
60岁及以上	389	6.56	5.935	0.5432

(4) 不同收入程度女性公共安全感差异

根据收入程度不同对女性安全感进行比较，2000元及以下收入的女性群体在此次调查中人数较多，占31.2%，而收入达到12001元以上的女性仅占5%左右。根据收入程度划分，由图26可以看出，排除12001元以上这一个档次，其他5个档次随着收入的上升，女性公共安全感指数整体上呈增长趋势。

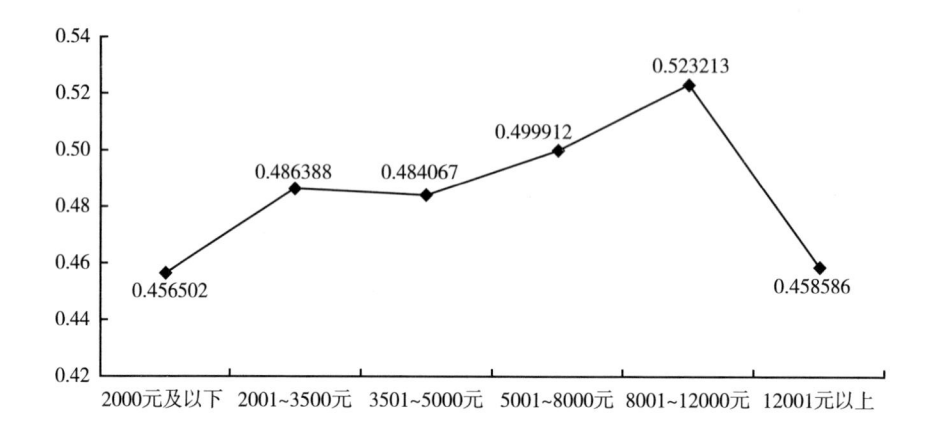

图26　2019年不同收入女性公共安全感指数

高收入女性群体社会地位较高，收入能够满足自身需要，而低收入女性可能会面临工作压力大、心理落差大、因金钱不足带来的各种烦扰等问题，面对突发状况时的保障能力弱。此外，高收入女性对外界的控制能力要比低收入女性强，遇到挫折时，低收入女性更容易放弃。因此，随着女性收入越高，其安全感也随之增加。但是，当收入达到一定值以后，安全感呈现下降趋势，高收入女性群体随着生活水平的提高，对生活各方面的要求也随之提高，当生活中的安全设施未能达到自己需求的状态时，可能会出现安全感低的情况。

（二）低收入群体安全感

在当代社会之中，任何人都不可能保证百分之百的安全，自然与社会中的突发事件随时可能发生。实际上，收入水平对公众生活以及生命的安全感有很大影响，收入水平往往与社会保障普及率成正比关系，对公众的安全预期举足轻重。国内对于收入与安全感之间关系的研究还很少,李锋学者指出良好的收入和职业前景可以给人以安全感,高效的社会组织能力保证了基本的社会活动安全,社会服务和治安水平的提高给居民以生活和生命上的安全感,较高的社会保障普及率给民众的未来以一定的安全预期[①]。

此次调查对象的工资收入被划分为 6 个档次,选取 2000 元及以下的调查对象作为低收入群体。一般而言,低收入群体是指收入低于国家或者省(自治区、直辖市)规定的年收入或者月收入水平的人群[②]。低收入群体由于学历普遍不高、劳动技能欠缺,他们在生活与劳动力市场之中都是弱势群体,收入低下、生活质量较差、社会地位较为低下,处于劣势地位。我国已经进入了全面建成小康社会的决胜之年,脱贫攻坚又是三大攻坚战之中的重中之重,如果处理不好,很有可能由民生问题演化成政治问题,进而对我国的整体形势有所影响。中国低收入群体占据着相当大的比例,所以我们更要高度重视低收入群体的公共安全感。

(1) 不同收入群体公共安全感差异

将接受调查的城市居民的个人月收入划分为 6 个等级,根据不同收入等级对城市居民公共安全感进行方差分析,结果如表 37 所示。

表 37 2019 年不同收入城市居民公共安全感方差检验

收入	样本数(个)	比例(%)	标准差	方差分析	
				两个均方的比值	显著性
2000 元及以下	3134	29.01	1.96	6.898	0.00
2001~3500 元	1913	17.71	1.96		
3501~5000 元	2655	24.58	1.91		
5001~8000 元	1935	17.91	1.92		
8001~12000 元	750	6.94	1.93		
12001 元以上	416	3.85	1.93		

---

① 李锋:《收入对安全感的影响考证》,《统计与决策》2007 年第 11 期,第 90~92 页。
② 潘华:《中国低收入群体增收的影响因素与实现路径研究》,《宏观经济研究》2020 年第 9 期,第 132~141 页。

在调查对象中，占比人数最多的是2000元及以下这一等级，也就是低收入群体，约占总调查人数的29%，占比最少的是收入在12001元以上这一等级，占比3.85%。担心程度较高的有2000元及以下、5001~8000元和12001元以上这3个等级。相对来讲，收入在2000元及以下的城市居民的安全感测评得分最低。通过方差分析，观察方差齐性，我们可知不同收入的城市居民安全感指数存在显著差异，低收入群体对城市公共安全的担心程度整体较高。

（2）低收入群体最关注的公共安全领域（见表38、图27）

表38 2017~2019年低收入群体各类安全感指数

类型	2019年	2018年	2017年
自然安全感	0.5642	0.5117	0.5214
生态安全感	0.5163	0.4638	0.4427
公共卫生安全感	0.4741	0.4462	0.4444
食品安全感	0.4496	0.4247	0.4135
交通安全感	0.4993	0.4661	0.4621
公共场所设施安全感	0.5293	0.4757	0.4654
治安安全感	0.4902	0.4567	0.4573
社会保障安全感	0.4955	0.4642	0.4600
信息安全感	0.4174	0.3942	0.3657
总体公共安全感	0.4929	0.4559	0.4480

由表38、图27可知，2017年、2018年和2019年低收入群体公共安全感分别为0.4480、0.4559和0.4929，除自然安全与治安安全感指数在2018年有小幅度降低以外，其余各类公共安全感指数走向大体一致，公共安全感指数逐年上升，这说明一方面随着经济社会的发展以及多项措施的出台，低收入群体也得到一定的保障；另一方面也反映出以习近平同志为核心的党中央审时度势，脱贫攻坚战取得成果，逐渐补齐民生短板，进而增强了低收入群体的安全感。

低收入群体的公共安全感指数之中，较高的是自然安全、公共场所设施安全与生态安全的指数。首先，自然安全感指数总体较高说明我国政府在自

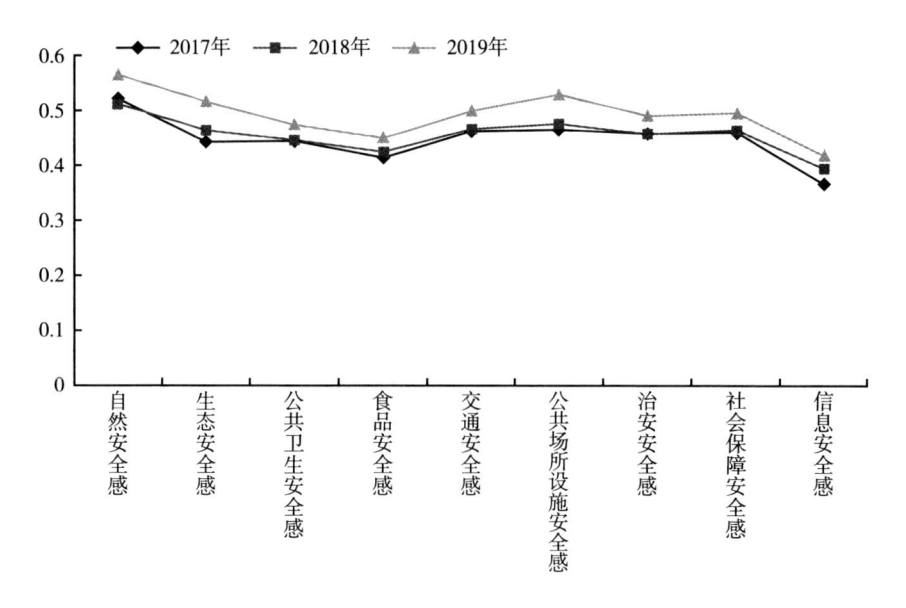

图 27　2017～2019 年低收入群体各类安全感指数

然安全治理方面成效显著，治理能力有所提升，在多年的自然灾害治理过程之中以足够的速度和力度让社会底层百姓也能有较高的满足感、安全感与获得感。其次，公共设施、消防救援队伍的建设随着经济社会发展逐渐完善，让社会底层人民也能得以放心。最后，低收入群体的生态安全感指数增长速度明显加快，近些年在党的号召之下，生态安全问题得到重视，水资源污染问题与垃圾分类问题都采取了一系列措施加以解决，降低了负外部效应，低收入群体对此担忧程度较低。

低收入群体的安全感指数之中，2017～2019 年连续三年最低的是信息安全感指数。当今社会，新技术以及新应用带来的信息安全问题日益凸显，公众可获得信息的渠道也越来越多，信息过载现象十分明显，致使一些不法分子有机可乘，进行信息诈骗、账号盗取等行为。低收入群体对于各类信息安全的防范意识本就不如高收入群体强，对账号授权、投诉举报、反诈骗等并不了解，并且他们的设备管理技能也十分不足。个人信息的泄露或者被非法使用会带来财产和人身权益的损害，低收入群体本就收入微薄，一旦个人账号被盗用，对他们的生活影响程度可想而知。

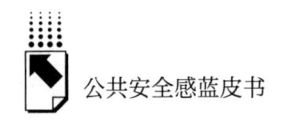

2017~2019年，低收入群体安全感指数排在倒数第2位的是食品安全感指数。近年来，食品安全事故频发，随着大众媒体与社会公共组织的介入，对事件进行报道，使得食品安全出现溢出效应，也对社会大众以及政府治理带来强力的冲击。低收入群体的经济收入无法支撑他们进入高档餐厅以及高级进口超市进行消费，经常光临"苍蝇小馆"以及路边摊，食品污染问题深深困扰着他们，这是高收入群体很少担忧的。受工作性质影响，部分低收入群体在就餐时只能在露天场地，受环境影响较大，在就餐时食物的质量无法得到保证。除此之外，低收入群体也是农贸市场中购买不太新鲜食物的"常客"。

2017~2019年，低收入群体安全感指数排在倒数第3位的是公共卫生安全指数。低收入群体的居住环境普遍较差，对于疾病的防范意识与防御能力也不强，传染病得病率较高。高昂的医疗费用以及不充足的社会保障，使得低收入群体对于公共卫生担心程度较高。

（3）不同户口类型的低收入群体公共安全感差异

在过去的几十年中，我们习惯将人口的流动视为单一的由农村到城市，而实际上流动人口结构已然发生变化，城市与城市之间的人口流动就是其中一个最显著的现象。在此次问卷之中，我们将户口类型分成了四类，分别是本市城市、本市农村、外地城市以及外地农村，我们通过因子分析法得出各个户口类型的低收入群体安全感指数，按照由高到低依次是本市城市（0.5071）、本市农村（0.4893）、外地城市（0.4794）、外地农村（0.4723），总体来说，城市户口的低收入群体的安全感大于农村户口的低收入群体，而无论城市还是农村，都是本市户口安全感更强（见表39、图28）。

表39　2019年不同户口类型低收入群体公共安全感比较

户口类型	样本数（个）	平均值	标准差	F值	显著性	事后比较
本市城市（1）	1232	5.562	1.875			
本市农村（2）	420	5.333	1.863			
外地城市（3）	857	5.413	1.861	4.313	0.005	1>4
外地农村（4）	625	5.249	1.967			
总计	3134	5.428	1.891			

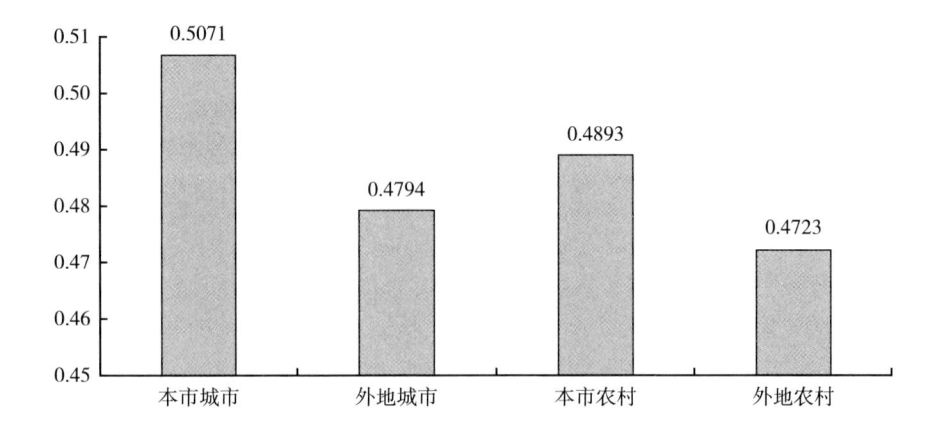

图 28　2019 年不同户口类型低收入群体公共安全感比较

如图 28 所示，低收入群体对公共安全的担心程度由高到低排列依次为本市城市、外地城市、本市农村与外地农村。由表 39 可见，F 值为 4.313，显著性小于 0.01，这说明户口类型对低收入群体安全感有显著影响。通过运用雪费法进行不同户口类型低收入群体的两两比较，发现本市城市与外地农村的低收入群体的担心程度之间有显著差异，其他户口类型的低收入群体之间各自对公共安全的担心程度差异不明显。

传统的以住房为中心的户籍人口城镇化策略对居民的安全感尤其是低收入群体的安全感有着很大的影响，就人的需求层次而言，人类最基本的就是优先满足生存需求，而户口对于一位居民生存于这座城市是十分重要的，它关系住房稳定性与工作稳定性，也关系低收入群体的各种社会保险及其子女教育等问题。城市户口的低收入群体可以申请经济适用房与限价房，相比较而言，农村户口的居民购置商品房则要多花费很多资金，这也是低收入群体城市户口安全感总体高于农村户口安全感的原因之一，并且拥有城市户口的低收入群体经济基础略好于进城务工的农村户口的低收入群体。

另外，中国是十分传统的人情社会，亲友常团聚于身边，所以即使收入不高，在本市的城市与农村的低收入群体都是距离亲友更近，进一步满足了交往的需求，各方面安全感高于常年漂泊在外的外市户口低收入群体，并且，我们可知低收入群体工资收入本就不高，无法像中高收入群体那样即使

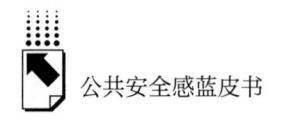

身在异乡也更加关注周边环境，廉价住房与安全性不高的小区是低收入群体的首选。

结合近年来的实际情况，对不同户口类型的低收入群体的安全感进行思考，我国的户籍制度改革并未实现真正意义上的全面化户口迁移的目标，久而久之，将进一步拉大城乡差距。让不同户口类型的群体能同样享受经济社会发展带来的福利是我们要去思考的问题，各地政府应努力加大基本的公共服务供给，让不同户口类型的低收入群体能够同等地享有当地的廉价住房、经济适用房、公租房、医疗保障、养老保障、子女教育等，让低收入群体不是"进入"而是"融入"这座城市之中，进而提升低收入群体的安全感。

（三）青年公共安全感

青年人是一个城市的新生力量，是为城市经济和社会发展贡献巨大力量的基石。因此，青年安全感必定也是公共安全感的一个重要组成部分，有着重要的研究意义。可多年来，关于青年安全感的研究少之又少。作为一个城市最重要却又由于年轻而被忽视的群体，对他们的公共安全感展开研究就显得更具社会意义。

国内学者近些年来对青年公共安全感的研究并未深入。汪海彬等[1]通过问卷调查对青年的性别、学历、婚育、收入等方面进行比对后认为，城市青年的安全感在总体上处于中等水平，并提出了一些相应的看法。随着现代科技的迅猛发展，信息技术不断进步，信息泄露、信息诈骗等现象屡见不鲜。CNNIC 的第 44 次中国互联网络发展状况统计调查结果显示，我国网民年龄结构为 20～29 岁的人群占网民总数的 19.9%，仅次于 30～39 岁的网民群体（20.4%），可以想见青年群体作为一个庞大的网民群体，更是一个值得调查的对象。学者卢家银[2]对新时代中国青年的网络安全感进行了专门的调查

---

[1] 汪海彬、陈宁、姚本先：《城市青年安全感的调查及启示》，《山东青年政治学院学报》2014 年第 4 期，第 33～38 页。

[2] 卢家银：《新时代中国青年的网络安全感研究》，《中国青年研究》2018 年第 5 期，第 60～67 页。

与研究,并对网络安全感对青年人起到的作用做出了评价。

本研究从实际出发,根据问卷类型划分,将青年人定义为年龄为18~29岁的人。研究结果将有助于探究当代青年人缺乏哪类安全感,以及应该给予青年人哪些帮助。

(1) 2017~2019年青年公共安全感的变化

通过对2017~2019年青年群体问卷结果的对比,计算出了青年人的各类安全感的指数(见表40),并进行了分析。

表40 2017~2019年青年群体各类安全感指数

类别	青年安全感指数(2019年)	青年安全感指数(2018年)	青年安全感指数(2017年)
自然安全感	0.5602	0.5217	0.5675
生态安全感	0.5307	0.4666	0.4693
公共卫生安全感	0.4663	0.5119	0.4590
食品安全感	0.4582	0.4296	0.4857
交通安全感	0.4962	0.4630	0.4052
公共场所设施安全感	0.5147	0.4764	0.3615
治安安全感	0.4966	0.4663	0.4715
社会保障安全感	0.4908	0.4634	0.5758
信息安全感	0.4169	0.3962	0.3508
总体公共安全感	0.4923	0.4661	0.4607

根据数据,2017~2019年青年群体人数分别为4453人、4208人、5591人。由表40可以看出,2017~2019年,城市青年群体公共安全感指数是不断增加、直线向好的,由2017年的0.4607增加到2019年的0.4923。且从表40可以明显看出,3年来,各类安全感或多或少都有变动,但信息安全感却连续3年与同年的其他安全感相比,都保持在最低水平。由表40中也可以看出,3年来,青年的自然安全感一直都是最高的。究其原因:一方面可能是由于青年群体其实很少接触到自然安全事件,即便发生,也会由有过经验的人或者专职工作人员及时予以预防及规避,并不需要青年人过多的担心;另一方面,则可能是由于青年人年龄不大,加之自然灾害发生的概率较

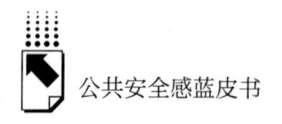

小，真正经历过巨大自然灾害的青年人并不多，他们在这方面的安全感更高一些。

(2) 2019年青年公共安全感

如图29所示，按照各类安全感由低到高排列，可以看出与3年对比中一致的结果，2019年青年群体自然安全感最高、信息安全感最低。另外从图29不难看出，青年人对于衣、食、住、行、用类的接触最多，体会最深，也最为在意，因此青年群体对信息、食品、公共卫生、社会保障以及交通之类的安全感都较低。相反，在较为宏观层面的生态及自然方面，青年人接触得少，并且对这些对自己的生活影响并不明显的方面感受不多，因此安全感就会相对更高一些。

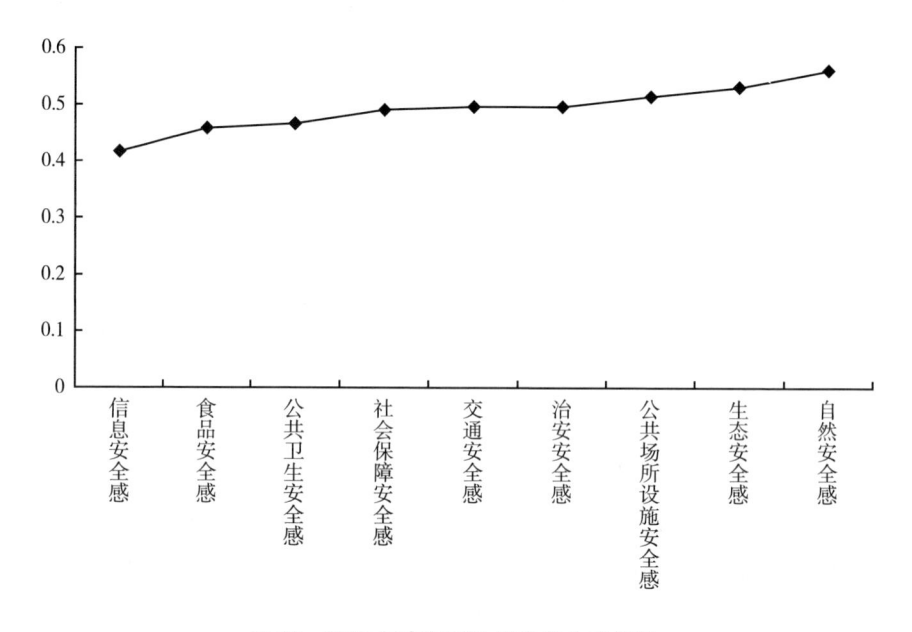

图29 2019年青年群体各类安全感指数

(3) 2019年不同学历青年公共安全感对比分析

通过对2019年青年群体调查对象采取因子分析法，着眼于青年人的学历，运用每个问题的方差贡献率作为权重，再乘以经过旋转后的公因子得分得到所需要的青年安全感指数，进行比较分析，得到如下结果。

本次测算，将小学及以下、初中、高中（含中职、中专）的人群单独划分为低学历群体，大学生即本、专科生单独划分为一个群体，研究生单独划分为一个群体。如图30所示，通过对三个群体之间公共安全感的对比得出了以下结论：3个群体的整体趋势较为一致，可见青年人的想法较为统一。但是在食品安全感及交通安全感方面，大学学历的青年人安全感指数明显大幅低于其他群体。可能由于我们的调查样本是青年群体，这个年龄段的人，如果大学毕业就开始工作的话，正好处于刚刚工作，或者工作没有多长时间的情况。而且大学生往往进入企业工作较多，每天需要往返于家和公司之间，自然接触交通较多，因此交通安全感指数会比其他群体更低。正处于独立期间的青年人也同样开始关注起做饭这样有关生活而不是学习的事情，对食物的上心程度自然也会非常高。因此，在这两点上，大学学历的青年人与其他两类群体差别较大，安全感指数明显低于其他群体。

根据从低到高的趋势绘制代表不同学历青年群体安全感的曲线，如图31所示。

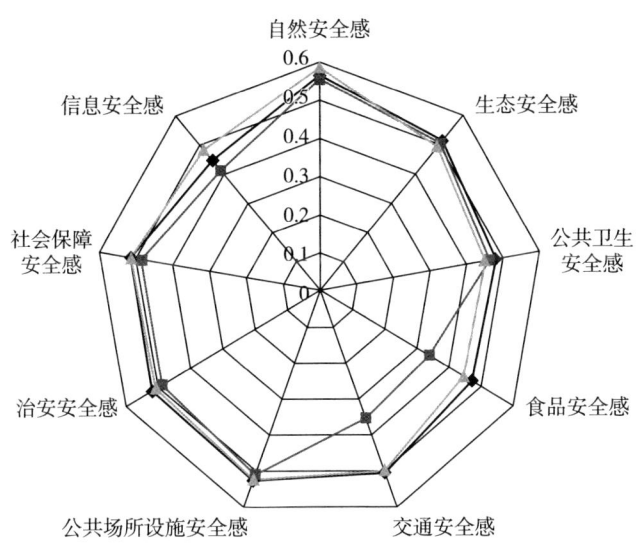

图30　2019年不同学历青年群体公共安全感对比

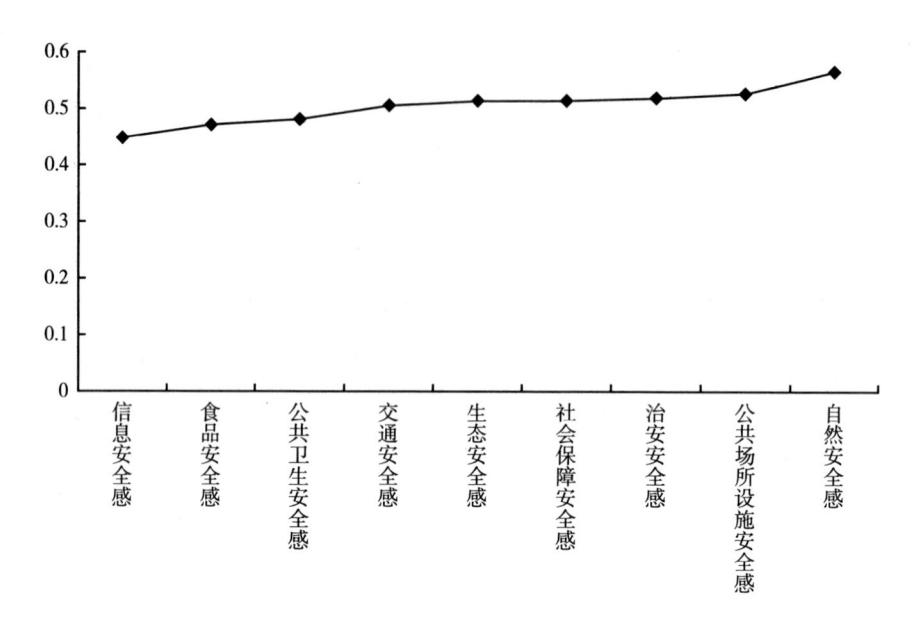

图 31　2019 年小学及以下、初中、高中学历青年群体公共安全感指数

从图 31 可以看出，与整体青年公共安全感大数据基本一致，此类青年群体的信息安全感最低，同样注重食品安全感，且自然安全感最高。与整体青年的社会保障安全感较低不同，比起社会保障安全感，他们的公共卫生安全感更低。这可能与这类群体由于较早走出校门，早已成家立业，有了孩子，比起自身的社会保障，他们更关心孩子会不会生病有较大关系。

从图 32 可以看出，与整体青年公共安全感指数趋势不同，大学（大专）学历青年群体最不放心的是食品安全和交通安全。其实他们也同样不放心信息安全，但是可能由于交通与吃住是对刚刚踏入社会的他们来说比较重要的事情，所以他们可能就会相对忽视并不是亟待解决的信息安全问题。

在研究中还发现，研究生学历青年群体的食品安全感同大学（大专）学历青年群体一样，都是安全感中最低的，同时，他们还很注重公共卫生安全感。最值得一提的是，小学及以下、初中、高中学历青年和大学（大专）学历以及研究生学历青年群体自然安全感较高，这印证了青年群体可能更关

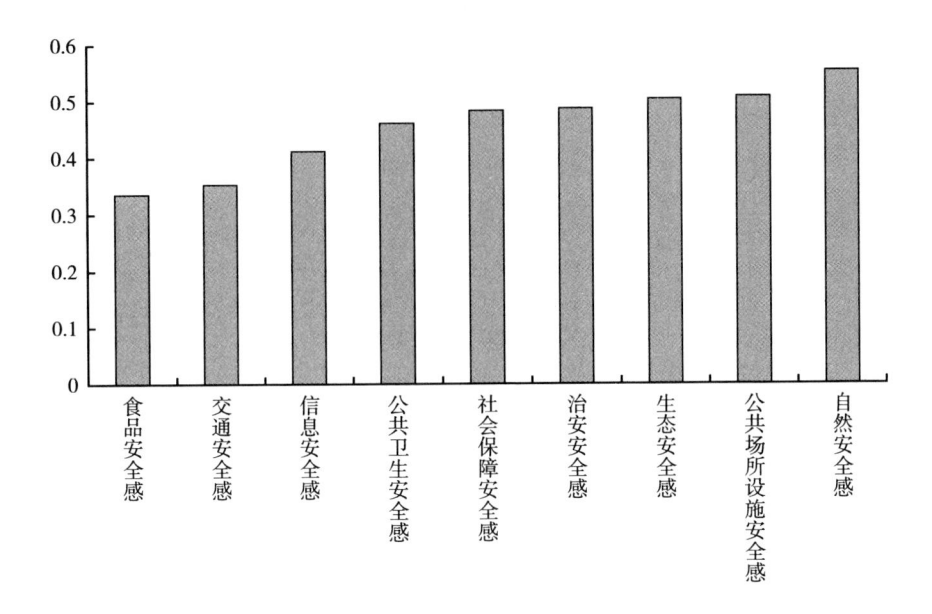

图32　2019年大学（大专）学历青年群体公共安全感指数

心的是个人及周遭的日常生活，虽然他们并不漠视社会及自然，但自然安全事件并不经常发生，因此他们会习惯性地忽视自然安全的重要性。

（四）主要结论

（1）通过对女性公共安全感分析发现，城市居民公共安全感存在显著的性别差异，总体上女性对于公共安全的担心程度要高于男性。通过分析2017~2019年的数据发现，3年内女性对自然安全、生态安全的安全感大致不变，对公共场所设施安全和信息安全的安全感不断上升，而女性公共安全感不断下降的是交通安全感，3年数据表明，女性对治安安全问题越来越担忧。同时，通过分析不同年龄段女性公共安全感差异发现，随着女性年龄的不断提高，其公共安全感指数也不断提高。通过分析不同收入程度女性公共安全感差异发现，在一定收入范围内，随着收入的增加，女性安全感也在不断增加。

（2）低收入群体公共安全感数据显示，2017~2019年，低收入群体整体公共安全感逐年提高，由 2017 年的 0.4480 到 2018 年的 0.4559，再到 2019 年的 0.4929，安全感指数增长速度加快，这也代表着我国的精准扶贫措施起到显著作用，使得人民群众的幸福感、获得感、安全感有所提升。低收入群体的各类安全感指数之中，较高的是自然安全感指数、公共场所设施安全感指数与生态安全感指数。2017～2019 年连续 3 年最低的是信息安全感指数，排在倒数第 2 位的是食品安全感指数，倒数第 3 位的是公共卫生安全感指数。低收入群体公共安全感整体低于其他群体公共安全感并表现出显著差异，公共安全感测评得分最低。不同户口类型的低收入群体公共安全感不同，城市低收入群体公共安全感明显高于农村低收入群体公共安全感，来自本市的城市或农村低收入者公共安全感要高于外市流入群体。

（3）青年群体公共安全感指数显示，青年群体的信息安全感很低，食品安全感及交通、公共卫生安全感也都不高。这启示我们要及时采取措施补足青年群体缺失的安全感。但是，我们也可以看出，青年群体 3 年来的整体安全感不断增加，这标志着我们国家在各个方面的设施不断完善，在不断地给予青年人安全感。最后，民众在某一方面的安全感低并不见得是坏事，至少他们做事前会事先考虑一下是否有风险。相反，越是那种不经常发生、民众不曾经历甚至误以为不可能发生的事，因此民众安全感很高的时候，反而其可能是一个留在民众身边的"定时炸弹"。

四 中国城市公共安全感存在的问题与挑战

2019 年是我国全面建成小康社会的关键时期，"城市公共安全"是总体国家安全观中"社会安全"的重要构成。城市公共安全感是城市公共安全的"晴雨表"，能反映出城市治理能力和发展潜力。提升全国城市公共安全感和推动总体国家安全观在人民群众切身感受上的落实，不仅是习近平总书记提出的"不断增强人民群众获得感、幸福感、安全感"的具体要求，更为打好全面建成小康社会的决胜之战提供良好的助力。大数据和人工智能等技术在城市安全防护上的快速铺开应用，传感器和物联网等技术对城市安全敏感度的强力推动，联合城市安全治理效能的全面升级共同促成了中国城市公共安全水平的提升。据国家统计局数据①，2019年末我国常住人口城镇化率达到60.60%（城镇常住人口达84843万人），比上年增加1.02%，城镇化水平的快速提高与公共安全治理之间的矛盾日趋激烈。对比历年全国城市公共安全感调查，综合典型城市运行管理实践案例，指出当前中国城市公共安全感提升过程中存在的问题和挑战。

（一）全国城市公共安全感指数普遍上升，连续下降城市北方居多

党的十九大报告点明了社会主要矛盾的变化，我国社会矛盾已经转化为"人民日益增长的美好生活需要和不平衡不充分的发展之间的矛盾"。城市公共安全不仅直接关乎美好生活的实现，是人民群众安居乐业最基本的保障，而且能够为发展不平衡不充分难题提供解决方案。建立起城市公共安全感是从心理层面上推进城市安全深度发展，其涉及的自然安全、生态安全、公共卫生安全、食品安全、交通安全、公共场所设施安全、治安安全、社会保障安全和信息安全9个方面，是平衡"人与自然""生态保护、社会发展与经济发展""数字经济与传统经济"等几对重要关系的结合点。

本轮调查结果显示，2019年全国城市公共安全感指数达0.5016，而上年则为0.4783，增幅达4.87%，全国城市公共安全感指数普遍上升。提升城市公共安全感，是各级政府践行党的十九大精神和习近平新时代中国特色社会主义思想的体现。全国主要城市在公共安全上的人力和物力投入，是全国城市公共安全感指数普遍提升的重要原因。总体而言，全国城市安全管理的信息化水平大幅提升，如上海市、成都市和合肥市等大力推动数字化安全管理水平的提升，提出了"科技让城市更安全"的发展路径。利用先进的科技能力，做好城市安全的事前风险管控，确保人力监督和科技监督双管齐

---

① 资料来源：《中华人民共和国2019年国民经济和社会发展统计公报》，国家统计局，http://www.stats.gov.cn/tjsj/zxfb/202002/t20200228_1728913.html，最后检索时间：2020年4月28日。

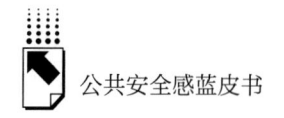

下，落实主管部门和企业主体的责任，深入排查，尽早防护，不断推动城市应急救援能力提升，确保应急人员和物资的快速调配。

综合对比上年调查结果，公共安全感排名上涨的城市有：北京（+18）、呼和浩特（+15）、南宁（+14）、哈尔滨（+13）、成都（+10）、银川（+9）、乌鲁木齐（+6）、武汉（+6）、广州（+5）、福州（+2）、太原（+2）。除了上述城市之外，也有城市排名虽然下降，但是公共安全感指数相对上年仍然有所提升，如海口的公共安全感指数从上年的0.4724上升到0.4737，但排名却下跌了2位。排名下降的原因可能有两个：一是"水涨船高"：在全国主要城市争相提升城市公共安全感的大背景下，进步缓慢会导致排位滞后；二是调查城市数的"扩容"：2019年调查新增了计划单列市，城市总数上升到36个，这也是部分主要城市相对排位下降的原因之一。

尽管如此，不少北方主要城市的公共安全感出现了连续下降。2019年，郑州、兰州、西安、石家庄、沈阳、天津等北方城市的公共安全感表现不佳，且连续多年出现下降的态势。郑州的公共安全感指数和排名连续三年持续下降，是2019年36个调查城市中公共安全感最低的城市，其公共安全感指数从2017年的0.4869（排名第13），到2018年的0.4710（排名第25），再到2019年的0.4661（排名第36）。导致这些城市公共安全感下降的原因很可能非常复杂，但从本轮调查的数据中可找到公共安全感薄弱的单项。从城市基本环境上看，郑州作为长江以北重要的集散中心，总面积达到7446平方公里，人口1035.2万人，城镇人口772.1万人，城镇化率达74.6%[1]，人口密度大，其作为高铁网和高速公路网的重要节点城市，人员流动大，公共安全治理长期存在较大的困难。从全国主要城市公共安全感分项数据可知，郑州在各个单项上的得分均靠后，仅在自然安全感上排名较好，指数为0.5123（排名第25），而在公共卫生安全感（0.4655）、食品安全感（0.4226）、信息安全感（0.4325）上均排倒数第1。虽然政府在这三方面已

---

[1] 资料来源：《2019年郑州市国民经济和社会发展统计公报》，郑州市统计局，http://tjj.zhengzhou.gov.cn/tjgb/3112732.jhtml，最后检索时间：2020年4月28日。

经采取了行动，但显然效果还不尽如人意。交通安全感（0.4839，排名第29）、生态安全感（0.4842，排名第33）、公共场所设施安全感（0.5187，排名第33）、治安安全感（0.4708，排名第33）、社会保障安全感（0.4280，排名第35）等单项也基本处于末位。在这些北方城市中，郑州、西安、天津都是国家中心城市，属于中国城镇体系规划的最高层级，如何扭转其在城市公共安全感上的下降趋势，还需未来进一步调查研究。

（二）多个计划单列市排名领先，超大特大城市安全感指数差异较大

2019年全国城市公共安全感调查首次增加了"计划单列市"的"城市公共安全感"指数调查，除了大连排名滞后（排名第27）之外，厦门、青岛、宁波、深圳的排名依次为第3、第7、第9、第10，四市均位居全国前10。厦门市在打造城市公共安全感上进行了大量投入。厦门的常住人口和流动人口分别为261万人和221万人，但人口密度很大，主要集聚在厦门岛及其周围。2016年，厦门建立了城市公共安全管理平台，推动"上级—市级—基层"城市数据整合，通过数据流管控布局了城市安全信息网络，能够加大对重点人员和企业的管控，尽早找出存在安全风险的隐患，极大地提升了信息和部门的协同能力。随着该管理平台3年多的运行，大数据技术的日趋成熟，尤其是厦门市城市安全治理能力的提升，在安全数据平台建设上稳步推进，保持了数据信息的延续性。青岛市在2016年开始建设"青岛城市公共安全应急指挥系统"，推动安全、地震、海上边防、林业、气象、卫生等多个领域信息的整合，在2017年底就开始做青岛市公共安全体系建设规划，将城市公共安全和智慧城市建设相结合，推动应急产业联盟和智慧城市融合。青岛充分利用中国海洋大学等高校资源，在本轮调查中也取得了较好成绩。宁波和深圳列居全国第9位和第10位。宁波在城市公共安全方面的特色在于培养市民的公共安全素养，早在2013年宁波市政府就开始大力建设公共安全宣传教育基地，推动体验式"安全教育"场馆的建立，以安全监督管理部门为牵头单位，联合市内多家单位共同促进市民安全教育能力提

升。安全教育场馆开设安全主题课程，将多数城市静态的宣传栏、人户安全教育等安全宣传形式，转为动态性强、体验性好的参与式的场馆参观，让科学普及和休闲娱乐相结合，使得公众更加乐于接受安全教育宣传。宁波市作为浙江经济最为活跃的城市之一，积极创新政府管理体制机制，推动地方立法，促进公共安全相关项目法制化进程。深圳市在2013年发布了《深圳市公共安全白皮书》，规范公共安全的责任归属和管理，同时在监测预警方面建立了"专群结合"的安全形势会商制度。自2016年深圳城市公共安全技术研究院成立以来，会聚了大量专家学者和技术人才，在消防安全和安全生产等方面已经建成了专家库，在政策研究、风险评价等方面专业化水平较高。上述这四个城市在本轮调查中表现优异，离不开长期在城市公共安全上的人力、物力和财力的投入。

超大特大城市公共安全感指数差异较大，根据国务院2014年发布的《关于调整城市规模划分标准的通知》，以城区常住人口1000万人和500万人为标准，超过1000万人的为超大城市，目前符合超大城市人口标准的有上海、北京、重庆、广州、深圳和天津6个，500万～1000万人的为特大城市，包括武汉、成都、东莞、南京、杭州、郑州、西安、沈阳、济南和青岛10个。在本轮调查中，超特大城市的城市公共安全感指数存在"梯度"级差异。安全感指数排名靠前（即前1/3）的超特大城市有：青岛（0.4837，排名7）、北京（0.4832，排名8）、深圳（0.4817，排名10）、武汉（0.4814，排名12）；排名居中（即中1/3）的城市包括：成都（0.4811，排名13）、上海（0.4795，排名16）、杭州（0.4780，排名18）、南京（0.4773，排名19）、重庆（0.4749，排名24）；排名靠后（即后1/3）的城市有：广州（0.4745，排名25）、天津（0.4714，排名29）、沈阳（0.4678，排名32）、西安（0.4666，排名34）、郑州（0.4661，排名36）。在超大城市中，北京、深圳处于公共安全感前列，上海、重庆居中，广州、天津最末；2019年，在上述6个超大城市中，仅北京的公共安全感有大幅度提升，比上年进步了18名，广州虽然也提升了5名，但仍然处于中后位置。在特大城市中，青岛、武汉居前，成都、杭州、南京居中，沈阳、西安、郑州居后。特大城市中武汉、成都排名上升,青岛为首次参评城市,其余城市均较上年出现较大幅度的退步。由此可见,超大特大城市在公共安全感指数上的差距开始显现。在同等城市规模的环境下,往往面临的公共安全问题是相似的,但调查发现公共安全感存在明显差异,超大特大城市管理者很可能得从城市治理上找原因,向同等规模的城市管理领先者学习经验,切实为提升本市公众的公共安全感找出优秀的完善方案。

更进一步地推断而言,抛开样本和统计允许范围内的偏差,城市公共安全感的差异很可能受到城市规模和人口密度、城市经济水平、城市治理能力等多个重要因素的影响。在一定程度上,能够统筹协调好城市规模、经济水平和治理能力的城市就有可能在城市公共安全感测度中占优。城市公共安全感的建立并非一朝一夕,却很容易毁于一旦,仅仅一次重特大安全事故或者突发性公共事件就有可能使得原本建立起的公共安全感快速下跌。城市公共安全感虽然与经济水平有一定联系,但并不一定完全相关,即便是在一些经济相对落后地区,也有可能有很高的城市公共安全感,比如乌鲁木齐、拉萨、银川、昆明等城市在近两三年的调查中都处于较好的名次。提升城市公共安全感既要横向对比同类型城市,获取同经济水平和人口规模城市的经验教训,也要纵向对比近年来的排名变化,这样才能有更全面的视角。

(三)分项安全感稳中有变,生态安全感和食品安全感一升一降

在本调查设计中,分项安全感包括自然安全感、生态安全感、交通安全感、治安安全感、公共场所设施安全感、公共卫生安全感、社会保障安全感、食品安全感和信息安全感九个方面。近三年来,不同分项安全感总体的位次基本保持稳定,只有生态安全感和食品安全感发生多次变化。在2019年的调查中:生态安全感上升了4位,出现大幅度攀升;而食品安全感则下降了5位,出现了快速下跌。值得肯定的是,全国主要城市的生态安全感指数均大幅提升,说明近年来城市生态治理已经深入人心,从公众角度已经能够切身感受到所在城市生态环境质量的提高。本轮调查重点调研了公众对空气水源污染、垃圾噪声污染等方面生态安全问题的主观感受。

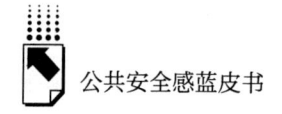

城市生态安全感的提升，是与党的十九大以来全国各市政府重视城市生态环境治理密不可分的。党的十九大报告指出，"加快生态文明体制改革，建设美丽中国"。近年来，全国各市政府在生态环境保护上狠下功夫，建立了高效的绿色创新体系，推动资源和能源节约型社会的建设，如在2019年的厦门城市社区调查中得知，城市垃圾分类成为社区工作者的重要工作，他们向公众推广和宣传采用不同颜色的垃圾桶，提升公众参与城市生态治理的意识，培育青少年积极学习垃圾分类知识等。2019年，厦门的生态安全感指数居全国第一，达到0.5468。边疆地区的省会城市在生态安全感指数上表现良好，拉萨、乌鲁木齐、银川、南宁、呼和浩特、昆明等均位居全国前1/3。各市政府深刻认识到新时代中国特色社会主义的主要矛盾变化，开始关注公众对高品质生态环境的需要。福州、宁波、深圳、济南、海口等城市在推进城市生态环境治理上也加大了公众参与力度。在空气污染、水污染、垃圾污染和噪声污染等的防治方面都做了很多工作。如福州市在2018年获评全国黑臭水体治理示范城市，福州市创新治理模式，采用PPP模式，推动城市治水的能力提升，在实地走访过程中，不少参与调查的市民都认为福州城内的河流近年来明显变清，治理水污染的系统化和专业化水平快速提升，比如晋安河等都收到很好的治理效果。生态安全感的提升较为困难，排名靠前的这些城市在生态问题上认可度明显高于排名靠后的城市。城市生态治理是一项系统工程，将空气、水体、噪音和垃圾治理多方面协同推进才能够使城市生态治理水平整体性提高，将政府、专业化机构、企业、公众等各方面力量都积极调动起来，才能保持城市生态治理的持续性。

相比生态治理的快速推进，食品安全感的排名明显下跌，反映出当前全国主要城市的食品安全感不高，已经开始成为亟须重点关注的一个安全感指标。2019年，城市食品安全感已经跌至分项安全感的倒数第2位，成为近3年调查的分项中涨跌波动最大的单项。食品安全感在2017年和2019年排名相同，仅在2018年上升了5名。调查主要调研了食品安全总体情况、饭店就餐卫生安全、农贸市场购买生鲜卫生安全、食品安全的前景等方面。食品安全感位居全国前列的城市有乌鲁木齐、厦门、福州、北京、青岛、拉萨、南宁、济南、成都、武汉、昆明和宁波，其中东部地区6个、中部地区1个、西部地区5个，中部地区滞后于东西部地区的情况仍然显著。而在排名最末的城市中，中部城市合肥、南昌、郑州均居其中。近3年里食品安全感持续下降的城市包括上海、合肥、西宁、长春、石家庄、沈阳、西安和郑州。从统计数据可知，下降幅度最大的城市是西宁和石家庄，连续两年累积下降名次高达24位，西安、长春、上海、合肥累积下降名次依次为21位、19位、17位和16位。上海从2017年的食品安全感全国第1名下跌到2019年的全国第18名；郑州虽然只下降了10位，但是已经列居全国倒数第1名。

生态安全感的普遍上升和食品安全感的快速下降，反映出全国主要城市政府在城市治理方面缺乏持续性，在一段时期内突击某个单项安全感，却忽视了原有已经积累下的优势。城市公共安全感的持续调查结果再次验证了以绩效考核为导向在城市治理过程中的弊病。在实地走访过程中，不少社区管理者都指出，开展生态安全提升的各类项目是为了完成考核，因此分项公共安全感在某个单年度提升并不意味着该项公共安全感的稳定，很可能是国家短时政策导向所致。目前分项安全感最高项与最低项之差已经开始表现出缩减的趋势，从2017年的0.1256下降到2019年的0.0671。如何维持各个公共安全分项指标的齐头并进，将原有取得的优势保持住，使得各分项的指数更加趋近，应是未来城市管理者在提升城市公共安全感方面努力的方向。

（四）信息安全感连续三年垫底，数字经济背景下信息安全体验堪忧

随着大数据技术的日趋成熟，数字经济在中国高速发展，数据资源已经成为新时代背景下最具价值的资源之一。随着大数据技术的广泛推行，传感器和摄像技术的广泛应用，城市的智慧化和数字化水平快速提高，但随之产生的问题是"谁拥有数据和谁能支配数据"。"在线"已经不再是一个热词，而是公众生活中最普通最平常的部分。近3年调查数据显示，信息安全感一直处于末位，公众普遍认为信息安全感是九项城市公共安全感中最不安全的部分。

信息安全问题主要表现在个人隐私信息被盗取和被非法商用、个人账户密码被盗取、信息犯罪猖獗等方面。数字经济背景下公众信息安全体验堪忧。本轮调查结果表明，昆明、拉萨连续3年排名位居前10，排名上升超过10名以上的城市包括太原、哈尔滨、南宁、北京和呼和浩特，而退步超过15名以上的城市包括贵阳、长沙、西宁、南昌和兰州。综合实地调查、访谈和问卷数据发现：第一，虽然西部城市在数字经济上的发展还相对滞后，但5个西部城市列居信息安全感排名前10；第二，数字经济发达的城市多数居于信息安全感排名中下游，如深圳、上海、杭州、广州、重庆、西安等。超大特大城市在信息安全感方面的表现不尽如人意，数字经济发达的超大城市中仅北京在近3年有明显进步。

在2019年各大城市的访谈材料中，几乎所有受访者在谈及信息安全时都提及个人隐私泄露和个人信息被非法利用的问题，这在当今数字经济背景下日渐凸显。个人信息泄露的方法多样，很多受访者都是无意识地泄露了个人的重要信息，也有部分受访者认为"一些不法商家将个人隐私数据转卖导致骚扰电话、短信和诈骗信息多""比较常见的数据泄露方式包括：社交账号泄露、钓鱼网站泄露和快递单据泄露等"。虽然我国已经步入5G时代，手机、电脑和其他终端设备无缝对接，城市居民的日常工作和生活已经完全离不开网络，但当前城市所提供的信息安全体验仍然较差，而这种体验不仅来自网速和基站的制约，还包括数字化平台对网络用户信息安全的防护不到位。

数字经济背景下，提升信息安全体验不仅是城市智慧化发展的难题，更是未来城市发展的机遇，网络化、智能化和数字化治理手段成为公共安全管理的工具。① 解决信息安全忧虑对数字经济带来的困扰，并享受数字社会带来的快捷服务，成为城市政府管理者的重要任务。从本轮调查走访的城市居民、企业和政府管理者的访谈中，发现了两条提升信息安全感的可行路径。

---

① 黄杨森、王义保：《网络化、智能化、数字化：公共安全管理科技供给创新》，《宁夏社会科学》2019年第1期，第114~121页。

第一，技术性创新路径：信息安全相关企业、高校院所进一步推动技术创新，从技术上锁定居民信息安全困境，建立居民隐私安全的技术性"防护层"，消除技术漏洞，弥补错误和缺失，确保城市居民个人信息使用合乎规范。第二，生态性治理路径：最直接导致信息安全感薄弱的原因是个人信息被盗取和被非法使用，而这背后潜藏的是生态系统性问题，数字经济环境下规范不同利益群体对用户数据的使用显得尤为重要。从立法和行政监管、企业和个人道德责任、规范公开数据开放等，政府可以从不同利益主体角度构建良好的信息安全生态环境。

（五）社会保障安全感稳定靠后，老龄化城市困难日渐显现

2019年是"十三五"时期工作目标的决胜之年，是迈向全面建成小康社会和实现首个百年奋斗目标的攻坚之年，社会保障安全感是小康社会的重要标志。社会保障是与民生联系最为紧密的关键问题。随着城市老龄人口的增多，城市经济活力和竞争力将不断下降，而随之衍生出城市医疗资源紧缺、养老服务资源供给不足、老人友好型设施不健全、老人精神文化需求无法满足等问题。在相当长的一段时间内，中国的老龄人口主要集中于农村地区，农村青壮年人口进城务工经商，大量留守老人仍然在农村生活，成为中国农村社会问题的重要表现。随着中国城市化水平的提高，中国人口结构变化引起城市老龄人口的增多，城市面临老龄化的问题也日渐显现。近3年的调查结果表明，中国主要城市的社会保障安全感虽然位次稳定，但是长期排名靠后，且社会保障安全感相较3年前略有下跌。社会保障安全感调查集中于年老后的经济来源、医疗资源供给等方面。城市社会保障安全感较差的一个突出问题就是老龄化问题。

城市老龄化开始成为中国城市面临的新问题。从本轮调查结果来看，社会保障安全感排名前1/3的城市包括拉萨、乌鲁木齐、青岛、福州、济南、北京、深圳、厦门、宁波、成都、杭州和南宁，以东部发达地区城市居多，中部主要城市无一上榜，西部主要城市有4个。其中前5位城市的社会保障安全感指数均超过0.5。社会保障安全感的好坏很可能与城市养老

和医疗服务的供给能力有关。东部地区相较于中西部地区而言，经济发展水平高，社会保障投入资源多，能够提供更充足的城市养老和医疗服务，对老龄人口的包容度高，且对社会保障安全的重视度高，城市建设关注老年人口需求，社会保障福利管理完善且落实到位。拉萨和乌鲁木齐在城市社会保障安全感的指数居于全国前2位，当地居民能够感受到社会保障带来的安全感，这很可能一方面是与受到国家政策扶持和倾斜有关，另一方面是城市政府管理者的社会保障服务满足了公众的期望。拉萨和乌鲁木齐在新型养老服务和医疗保障等方面的建设基本能够满足当地社会公众的需求，这在调查访谈中也得到了验证。中部主要城市都处于社会保障安全感的中下游。中部主要城市人口密度大，经济发展水平落后于东部省份，能够负担起的养老和医疗资源相对较少，且长期以来中国中西部地区人口存在向东部流动的趋势，尤其是青壮年人口向东部流动，加剧了中西部在社会保障安全上的弱势地位。

尽管东部主要城市的社会保障安全感体验良好，但城市老龄化可能诱发的困难必须提前准备，尤其是北京、上海、广州、深圳等一线城市，尽管外来流入人口能够稀释这些城市的老龄化趋势，但是人口"少子化"现象在"全面二孩"政策接入下并没得到快速逆转，一线城市人口老龄化的趋势日渐显现，二、三线城市老龄化现象不断加剧。低生育率和老龄人口增多，不仅影响城市活力，而且会影响经济走向，一些依赖青年消费群体的产业很可能因此萧条。在城市化不断加快和老龄化不断加剧的过程中，提升社会保障安全感，要结合城市实际，既要从根源上去优化人口结构，提高经济发展质量，又要提升养老服务和医疗服务能力；既要提供"老有所养、老有所依"的基本养老资源，又要培育符合人口结构的新型养老和医疗需求，提升城市居民的社会保障安全感和幸福感。在智慧城市建设环境中，利用新兴科技设计"精准养老"模式或将成为未来城市养老发展的可行方向[1]。

---

[1] 贾妍、蓝志勇、刘润泽：《精准养老：大数据驱动的新型养老模式》，《公共管理学报》2020年第2期，第95~103+171页。

作为超大城市和一线城市，北京、深圳在2019年的社会保障安全感排名中分别居第6位和第7位，且北京连续3年在社会保障安全感上有明显提升。北京2017~2019年的社会保障安全感指数依次为0.4167（排名第30）、0.4566（排名第24）、0.5071（排名第6），是在该项指标上进步最快的城市。深圳虽然是首次纳入调查的城市，但也获得了较好的社会保障安全感指数。根据北京市2019年国民经济和社会发展统计公报数据，北京市2019年60岁及以上的常住人口为371.3万人，占全市总人口的17.24%，常住人口出生率仅为8.12‰，人口自然增长率仅为2.63‰。相比之下，深圳的老龄化人口数量远远低于北京，北京在应对城市老龄化问题上存在较大困难，但社会保障安全感却连年提升。在实地访谈中得知，北京在居家养老和养老保险上投入大量精力，推动居家养老服务体系化和制度化建设，强化社区在居家养老中的作用，形成了"床边、身边和周边"和"市、区、街、居"的城市养老管理体系。以北京为代表的一线超大城市在探索城市社会保障安全上仍然困难重重，能否借助城市群和城市带建设协同化解人口老龄化难题，将成为未来城市管理者可参考的一条路径。

（六）公共卫生安全感仍然较差，卫生防疫形势刻不容缓

"非典"疫情、猪流感、禽流感等多次公共卫生事件严重威胁着全人类的生命安全。公共卫生安全感调查主要涉及公共卫生安全总体满意度、周围发生传染病情况、劣质疫苗和假疫苗情况、抗生素使用情况和疫情发生后的有效控制等方面。公共卫生安全感自2017~2019年都保持稳定，一直处于较差的位置。其间发生了非洲猪瘟和劣质疫苗事件等，全国主要城市都采取了措施应对疫情，但是劣质疫苗这类人为性事件却仍有发生，严重影响了公众对公共卫生安全的信心。尽管自2003年以来我国开始逐步建立起公共卫生应急管理的制度，但是截至2019年仍然存在不少疏漏。

2019年全国城市公共卫生安全感排名中，乌鲁木齐、厦门、拉萨、银川和呼和浩特位居前5，而南昌、石家庄、西安、兰州和郑州排名最末。超大城市中仅有北京位居前10，广州、天津等排名靠后。中部地区城市的

公共安全感多处于中下游。公共卫生安全关系公众最基本的生存权，在决胜全面建成小康社会的过程中，城市管理者应加强对公共卫生安全的重视，尤其是突发性公共卫生事件的应急处置。习近平总书记指出要"构建起强大的公共卫生体系，为维护人民健康提供有力保障"。从突发的新冠肺炎疫情反映出公共卫生应急管理体系仍然存在诸多问题，虽然在我国社会主义制度的明显优势下，全国上下齐心协力共同推动了疫情防控走向胜利，但也必须反思疫情后优化城市公共卫生安全管理和提升城市公共卫生安全感的措施。公共卫生安全关乎全民健康，应长期做好公共卫生应急的储备，建立一套完善的医疗卫生机制遏制传染病扩散，建立以人民安全和国家安全为导向的医疗研究基地。

公共卫生安全感总体表现不佳，随之而来的是卫生防疫形势刻不容缓。恢复公共卫生安全感比建立公共卫生安全感要难。从本轮调查可知，相比上年数据，公共卫生安全感指数上升超过15名的城市包括呼和浩特、哈尔滨、北京和南宁，而大部分城市都出现了排名的下跌，如贵阳、天津和南昌下降均超过20名，西宁、合肥、沈阳、西安、兰州等下降均超过10名。呼和浩特公共卫生安全感的排名波动较大，2017~2019年的指数值和排名依次为：0.5050（排名第11）、0.4662（排名第30）、0.5151（排名第5）。

呼和浩特在公共卫生安全感提升上有什么经验？在实地走访过程中发现，呼和浩特在2019年开始推进公共卫生的信息化建设，确保市民人人都有电子健康卡，实现了"一码通"，即凭借一张二维码就可以在全市医疗机构就诊的服务，实施了"光明行"公益项目，为全市相关患者提供免费医疗服务，推动智慧医疗和智慧城市相结合，加快乡镇和社区卫生站所的建设。自2017年起，呼和浩特市就开始推动"厕所革命"，大力度新建和改善公共卫生间的条件。在出现非洲猪瘟疫情后，快速扑灭疫情，并积极防控，取得了较好的成效，非洲猪瘟疫区的封锁也顺利得以解除。

尽管少数城市在公共卫生安全感上有所进步，但2020年新冠肺炎疫情暴发对城市公共卫生安全造成巨大冲击，卫生防疫仍然是城市管理的重点，建立一套从准备、预防、减缓、响应、恢复、学习和跨阶段监测的"全过程均衡"的公共卫生应急管理制度①,并充分落实到政府公共卫生管理工作中,协同部门合作,保持政府公共卫生数据的公开和透明度,将为应对未来可能发生的公共卫生事件提供良好的基础条件。

(七)治安安全和交通安全稳中有升,但长久保持仍有压力

党的十九大报告指出"加快社会治安防控体系建设"。维持社会安定有序是保障城市正常运行的重要条件。在全面小康社会即将建成之际,建设更高水平的平安中国,成为城市公共安全的重要标准之一。治安安全和交通安全都是平安中国建设的重点。早在20世纪60年代,浙江省诸暨市枫桥镇就创造了依靠人民群众化解矛盾的治安案例,后将此作为依靠群众推动地方治安的典型案例,即"枫桥经验"。本轮调查正是对全国各城市的居民开展的治安安全和交通安全摸底,测度全国主要城市的治安安全和交通安全感指数。在分项安全感中,这两个指数的位次基本和上年持平,仍然列居第四位和第五位。治安安全感的城市排名变化如下:2017~2019年,连续3年列居前十的城市仅有拉萨和济南,而海口和郑州近3年都处于倒数10名;2019年,北京、哈尔滨的治安安全感明显提升,分别上升了15名和22名,而下降最多的则是南昌、沈阳和西宁,其中沈阳排名倒数第1。交通安全感的城市排名变化如下:排名前10的城市为厦门、乌鲁木齐、宁波、银川、拉萨、成都、武汉、北京、深圳、上海;而排名最末10名的城市为天津、贵阳、郑州、石家庄、海口、沈阳、西安、南昌、兰州、长春;近3年排名靠前的城市为南京和拉萨;排名靠后的城市为长春、西安和郑州;2019年,北京、武汉、哈尔滨等城市的交通安全感提升较快。

治安安全感和交通安全感虽然近年来位次稳定,且排名中上,但长久保持仍有压力。第一,随着互联网平台的兴起和移动互联网的普及,中国已经进入数字化时代,信息传播速度极快,网络谣言煽动和诈骗案件正在成为城

---

① 张海波:《应急管理的全过程均衡:一个新议题》,《中国行政管理》2020年第3期,第123~130页。

市治安的新问题。如何防范互联网引发的治安风险，控制网络的"放大效应"，成为社会治安管理的重点。在此过程中，要占领网络舆情的主流阵地，弘扬社会主义核心价值观，传播主流观点。第二，黑恶势力仍有余温，彻底遏制仍需努力。经过多年的"扫黑除恶"斗争，目前城市黑恶势力在城乡接合部仍有残留，仍然对城市郊区和城郊村镇的治安带来很大威胁，甚至拉拢部分管理者，如何持续推进"扫黑除恶"仍然值得关注。第三，随着城市扩张，流动人口带来的不稳定性也对当前城市的治安环境带来不良影响，外来人口管理存在困难。第四，随着城市生活水平的提高，电动车和电动自行车成为城市交通安全的重大隐患，主要存在的问题包括充电隐患、乱停乱放、私自改造隐患、违法行驶等，规范电动车充电和行驶仍有压力。第五，随着城市人口的增多，公共交通工具的安全运行压力很大，超大城市高峰期的公共交通工具严重超载情况非常普遍，特大城市和二、三线城市的公共交通也存在一定程度的超载。第六，城市人口工作生活压力大，心理精神疾病也成为社会治安和交通安全的重要隐患，而心理精神问题的隐蔽性强，不易受到关注，却仍然可能对社会治安和交通安全造成严重后果。

尽管治安安全和交通安全在近年来的城市公共安全感测度中表现较好，但这两方面的保持仍不容易。西安在治安安全感和交通安全感的排名中均连续3年下跌，交通安全感从2017年排名22下降到2019年排名33，治安安全感从2017年排名第8下跌到2019年排名32。从指数上看，西安的交通安全感虽然较3年前略有提高，但是其增速远低于其他城市，因此名次上出现大幅度下滑；其治安安全感指数从2017年的0.5134下跌到2019年的0.4732。虽然在实地走访过程中获知，西安正在建立立体化和信息化社会治安防控体系，并在2019年西安警方启动"飓风行动"，维护城市的治安防控水平和交通管控能力，但是从公众实际体验来看，仍然对西安市的社会治安现状和交通安全现状评价较差。

提升治安安全和交通安全感，树立城市公共安全的信心，不仅需要城市管理者的协同合力，还需要提升市民的安全意识，坚持发展"枫桥经验"，建立群众参与、组织协调的基层治理制度，创新工作方法，将传统的管理思维转换为多主体参与的治理思路，只有这样才能切实推动"平安中国"迈向新高度。

五 提升中国城市公共安全感的对策与建议

"安全"是最基础、最重要的公共产品，也是城市高质量发展的底线和前提，更是衡量城市治理水平和发展质量的一条基准线。"安全感"是城市居民幸福感、获得感的基础与保障。党的十九大指出，"人民美好生活需要日益广泛，不仅对物质文化生活提出了更高要求，而且在民主、法治、公平、正义、安全、环境等方面的要求日益增长"。这反映了新时代人民对于美好生活的内涵关切和品质追求，不止于单单依靠发展所带来的物质水平提升和硬件环境优化。其中，"安全"作为要素指标之一，与"民主、法治、公平、正义、环境"一起，共同构成美好生活的必要保障。对于城市发展来说，所有的安全举措最终都要回归居民安全感，人民群众也只能根据安全感来评判城市安全度。人民群众对城市安全的感受和信心，既来自微观层面关乎民生的各项事务的精细化管理和风险防范，又来源于宏观层面对于体制机制的顶层设计和谋篇布局。基于这个思路，结合本次调研所反映出的实际问题，我们认为提升中国城市安全感应当在以下几方面着力。

（一）夯实物质基础，强化城市公共安全运行保障

从全国范围来看，城市发展的差距表现在东西部城市发展不均衡，西部城市由于地理位置、资源禀赋、政策差异等，在整体上发展滞后于东部城市，城市发展过程中资源的占有程度、发展程度不同导致了不同的城市安全风险，人民群众对于城市安全风险的不同体验导致了对安全感评价的差异。城市安全感的提升，从根本上讲是要夯实物质基础，加快推进城市安全发展的基础保障。

1. 夯实物质基础，构筑公平公正资源分配机制

若要提升城市安全感，首先就是要大力促进城市的经济发展，夯实城

公共安全的物质基础。城市发展不可以唯GDP，但更不可以没有GDP。有了充足的物质基础及合理的资源分配机制，城市才有充分的人财物资源用于城市公共安全管理，才能提升城市的公共安全度。社会保障方面也显示居民收入水平和社会保障需紧密相关，两者呈正相关关系，居民收入越高，在养老、医疗、社会救助等方面的安全感就越高。对于城市居民来说，有了物质基础，也可以通过自身主动的安全消费活动给自己塑造更大的安全感。"不患寡而患不均"，城市居民的安全感不仅来自物质资源充裕，还来自资源的分配机制公平公正。资源分配的公正性和安全感关系更为密切，因为人们对资源分配公平度的感受更为强烈。资源分配的公平度包括两个方面：一是个人资源分配的公平度，即个人在城市安全相关资源配置中的所得感受是否公平；二是地区资源分配的公平度，即个人对本人所在城市在整个国家资源配置中的所得感受是否公平。这方面所影响的主要是社会保障和治安安全等方面的安全感。要想在城市发展中构建公平公正的社会资源分配机制，首先需要做到在城市发展的过程中坚持"共享"的理念，必须促使政府、市场和社会"三驾马车"相互协作，使政府、市场和社会在资源配置过程中能够合成一股力，合力构建社会资源配置的新机制，使三大部门在各自领域间能相互借鉴、相互渗透，形成互补关系。

2. 推进城市公共安全基础保障，强化治理资本

城市公共安全的维护建立在一定的物资储备和保障条件基础上，为此，应当构建由公共安全实物、金融、人力、社会资本等资源要素组成、来源可靠、统一调配的公共安全资源保障体系，为城市公共安全治理提供稳定的资源保障，做到常备不懈、有备无患，确保人民群众的生命财产安全。一是强化城市实物资本。生命线系统、防灾设施系统、环境保护系统以及科教文卫服务性设施等是重要的城市实物资本，强化对已建成的基础设施系统的保障，更新老化的基础设施、减除功能障碍的基础设施，保障其防灾服务的能力。二是强化城市金融资本。救灾资金、保险、福利彩票、捐赠、国际经济援助等是应对风险的主要金融资本。要扩大保险等传统风险转移工具的风险容量，突出其在减低城市风险损失中的杠杆效应，提升保险风险分散和保障

能力。三是强化城市人力资本。有经验的灾害救援队伍、热心的志愿者队伍、有专业技术的研究机构或组织、有高度风险教育程度的公民等都是城市公共安全管理的重要人力资本。人力资本具有强大的、可持续的风险应对能力,当前开发和利用严重不足。四是强化城市社会资本。社会资本服务包括各种社会规范、社会关系、社会信仰、社会信任、社会心理、社会价值、社会文化等。良好的社会资本为应对风险提供强大的社会韧性,一方面,社会中的个体或群体可通过社会资本获得风险管理的资源,提升风险抵御能力;另一方面,社会资本还能为个体或群体提供心理支撑,在风险事故后可以快速实现心理和健康恢复。

(二)强化政府责任,构建高效有力的城市公共安全治理体系

我国目前城市公共安全总体形势平稳,但经济社会背景的深刻变革使得整体的态势更加复杂。城市安全具有公共产品的特征,无法完全由市场解决,也无法完全由社会组织提供,政府作为最重要的公共产品提供主体,必须肩负起治理的主体责任。"上海黄浦区外滩拥挤踩踏事件""8·12天津滨海新区爆炸事故""江苏响水化工厂爆炸事故",这些事故的产生归根到底是由政府的公共安全治理体系不健全导致的,而今,城市公共安全风险的日益"人为化""制度化"要求政府转变过去僵化落后的治理体系与方法,落实政府主体责任,构建高效有力的城市安全治理体系,使政府能够在城市安全治理过程中发挥关键作用,提高人民群众城市生活的安全感、幸福感和获得感。需要指出的是,强化政府责任并不意味着政府大包大揽,而是在确立政府主体责任的前提下,充分利用市场机制和社会组织力量,实现城市公共安全的善治。

1. 汇聚合力,营造城市公共安全治理的良好氛围

城市安全治理的良好氛围主要表现在城市居民对城市公共安全管理体系及治理效果的信任。过去,食品安全、医疗卫生安全事件之所以产生远高于事件本身的恶劣社会影响,均是由于广大城市居民对城市公共危机治理体系的不信任,从而产生了一种极易蔓延的"负面氛围",这种"负面氛围"给

城市公共管理者治理食品安全事件、医疗卫生安全事件、生态安全事件等造成了诸多困难。现在需要居民、企业和社会组织等主体认识到城市公共安全的重要性，承担其相应的责任，共同构建和谐、稳定、安全的城市公共安全环境。从而进一步实现城市公共安全预防的重心下移，发挥基层网络健全机制和广泛动员社会力量的优势，抓紧形成广泛动员的长效机制，把基层作为公共安全主战场，夯实公共安全群防群治的社会基础。

以城市生态安全为例，改革开放以来，我国经济社会发展得到长足的进步，走完了发达国家上百年的发展历程，取得的成绩举世瞩目，却是以能源和资源消耗大、效益低，特别是以生态环境破坏严重作为巨大代价的。随着人民生活水平的提高，人民美好生活需要日益广泛，不仅对物质文化生活提出了更高要求，而且对环境等方面的要求日益增长。"青山就是美丽，蓝天也是幸福"的理念越来越深入人心，从"盼温饱"到"盼环保"，从"求生存"到"求生态"，人民群众期盼更优美的生活环境已成为集体共识。近年来随着污染企业向中西部城市的转移导致中西部城市居民生态安全感骤降，对此，关键是要汇聚合力：政府需要强化环境治理、推进清洁低碳、倡导节能降耗、调整能源结构、扶持新能源；企业需积极履行社会责任，提高能源转化和使用效率，降低污染物及温室气体排放量，并积极延长产业链条，发展高端和高附加值产业，促进企业转型；广大城市居民需树立绿色低碳消费观念，从自身角度节能减排，如选择公共交通出行、自觉进行垃圾分类等。

2.强化预案管理，变被动为主动，变事后处置为事前预防

根据海恩法则与墨菲定律，城市公共风险治理最好的办法就是将着力点和重心前移，在事故的源头上下功夫，采取积极的预防方法、手段和措施，消除人们不希望有的和意外的事件，并及时发现事故征兆，立即消除事故隐患。这就要求政府强化风险意识，凝聚共识，建立以政府为核心的全方位、立体化治理体制，需要从根本上转变政府各机构领导干部以及工作人员应对风险的落后意识，改进工作方法，由原先对风险的"事后处置"向"事前预防"转变，主动应变，将风险应对的关口前移，从而更好地防患于未然，

将在城市范畴内可能发生风险的可能性降到最低限度。实现风险的"事后处置"向"事前预防"几乎适用于治理所有类别的城市公共安全事件。在医疗卫生安全方面,城市公共管理者可以通过深化药品监管组织改革、理顺监督管理体制、整合监管职能等方式构建医疗卫生领域的监督管理体制这一"事前预防"手段,并大力宣传,提高城市居民的医疗卫生安全意识,实现医疗卫生安全的"事前预防"。在对城市居民的医疗卫生知识的培训过程中,应该拓宽其获得专业医疗卫生方面知识的获取渠道,并着重介绍如何分辨真伪医疗卫生知识的方法。在城市食品安全方面,可以通过加强食品源头质量监管,利用现代技术手段进行食品进货索证索票、商品台账登记和食品卫生质量购销档案管理,建立商品标签标识、质量追溯、封存报告、依法销毁等一系列制度,严格市场准入制度来"事前预防",防止突发公共事件的发生。

3. 精细化管理,深度梳理公共安全潜在风险

城,所以盛民也。习近平总书记指出,"城市管理应该像绣花一样精细"。城市公共安全"受益而不觉,失之则难存",是硬责任、硬底线、硬目标,需要从点滴处入手、于细微处下功夫。要进一步贯彻好习近平总书记关于城市管理要像绣花一样精细的指示要求,进一步保障好城市总体运行安全,需要在多个方面下更大的功夫。城市应开展调研活动,把安全隐患排查作为一项重要内容,对全市范围内的潜在风险进行全面梳理,包括高层建筑、轨道交通、核心商圈、建筑工地、特种设备,以及金融安全、信息安全、网络安全、生态安全等,都要建立各自的短、中、长期风险数据库和安全隐患地图。对以往的数据及时更新,对具体变化进行实时掌握。要及时梳理各种风险,全面掌握风险源、风险点、危险源、危机苗头、事故隐患的种类、数量和状况,坚持固定时间全面查、因时因需随机查、敏感区域重点查。确保全面排查每年不少于一次,重点抽查每季度不少于一次,重大活动和重要时期、敏感节点要适时开展重点排查、专项排查。组织专家队伍对专项风险与区域风险进行综合评估,综合分析风险承受能力、控制能力等要素,评估风险的可能性及后果,确定风险等级和风险管理策略,提出相关工

作建议。

4. 整合资源，集中力量突破重点风险源

习近平总书记谈防灾减灾时指出：坚持从源头上防范重大安全风险，把问题解决在萌芽之时。要下好先手棋、打好主动仗。在汇聚合力营造起城市安全治理的良好氛围基础上，整合资源，将更多资源放在公共安全风险的预防上，防患于未然。总结我国各行各业应对处置突发事件的经验教训，早研判显得尤为重要。早研判就是关注风险的敏感性、严重性、关联性。各种风险往往不是孤立的，很可能是相互交织并形成一个风险综合体。随着经济社会的发展，自然灾害、事故灾难、公共卫生事件和社会安全事件等各类风险和突发事件的关联性越来越强，往往是互相影响、互相关联、互相转化的，往往导致一系列次生、衍生事件或产生多个事件的耦合。由于现代城市风险的日趋复杂性和多样性，在应对风险的尝试过程中，无论是对风险的事前预测、事中处置还是事后安置，都不是哪一个政府部门可以单独应对的。这就要求政府无论在哪一个风险应对阶段，都能够依靠高效、良性的风险应对网络来整合资源，整合不同政府部门以及社会力量，从而因时制宜、因地制宜地规避风险，将风险可能带来的影响降到最低。治理风险的资源相对欠缺对城市整合风险治理的能力与效率提出更高的要求。同样，对于超大型城市而言，整合资源的能力也必须摆在相当重要的位置。

（三）构建以政府为核心、多元主体参与的城市公共安全治理模式

学习贯彻习近平总书记关于公共安全工作要"坚持多方参与、合作共享、风险共担"及社会治理工作要"坚持完善党委领导、政府主导、社会协同、公众参与、法治保障的体制机制"的讲话精神，落实国家提出的"构建全民共建共享的社会治理格局""健全公共安全体系"等要求，在深层面、广范围的基础上整合社会力量，整合专业第三方组织、新闻媒体、广大人民群众的力量，构建起以政府为核心、多元主体参与的城市安全治理模式。

1. 优化城市公共安全治理的共治格局

吸收和借鉴国际先进城市和大都市的普遍管理经验，在压缩城市管理层级和行政链条方面先行先试，按照"扁平、精简、高效"的原则，尝试推进城市管理的层级缩减和职能整合改革，大力压缩中间层级及其管理部门，形成"市—社区"的扁平化、高效化的现代城市治理体制，全面提升城市公共安全治理效能。落实党委领导责任、部门监管责任、企业主体责任、社会协同责任、公众参与责任，努力实现公共安全事务公共治理。完善政府与社会通力合作、优势互补的公共安全治理体制，优化政府部门之间的协作机制、政府与社会组织的合作机制。转变管理思维，强化治理理念，牢固树立法治意识和服务意识，在管理中融入服务，以服务促进管理。改进政府治理方式，提高公共安全治理的科技化水平，加强源头治理、动态管理、应急处置和标本兼治。建立健全集公共安全治理信息收集、指挥、决策、执行、调度、反馈、舆情引导等于一体的权责体系和协作机制，确保公共安全治理信息畅达、反应迅速、指挥得当、执行到位、措施科学、保障有力，全面提升城市公共安全治理能力。

2. 在城市公共安全治理过程中引入第三方组织

为百姓提供公共安全环境维持公共安全，政府责无旁贷，必然要发挥主导作用，但公共安全服务的提供者并不只有政府，也不意味着无论什么类型的公共服务都要由政府自己来提供，各种第三方社会组织同样也可以参与公共服务，其有各自擅长的领域和专业性、技术性优势，能改变政府"包打天下"的局面。这类第三方社会组织根植于社会，贴近社区，反应迅速，机制灵活，能为公众提供日渐分化与多样化的公共需求，对日益复杂的社会纠纷与矛盾提供可行的解决方案，有着化解社会难题、追求社会公益的效用。由于政府和市场都存在局限性，政府在矫正市场失灵的过程中又存在局限性，因此第三方的引入，则成为部分政府管理领域的重要举措，城市公共安全治理的过程也不例外。第三方组织独立于第一部门（政府）和第二部门（市场）之外，与其不具有隶属关系，因此第三方组织能够在应对威胁城市公共安全的事件过程中发挥自身专业性、客观性和公平性的优势，提高风险识别能力,更精准地分析风险来源,从而评估风险损失,将不利影响降至最低。例如,在食品安全、水污染、空气污染等领域引入第三方检测机构、监督机构、评估机构,可以保障检测结果的权威性和客观性。在政府和第三方组织的合作过程中,通常表现为政府以"购买"或"半购买"的方式从第三方组织处购买特定的公共服务,并且政府在第三方组织发挥功效的整个过程中都扮演着领导者和综合协调纽带的角色。例如:中国红十字会、中华慈善总会等社会团体有政府与社会的广泛支持,其宗旨之一就是针对公共安全事件展开人道主义救助,可以对之给予更大的支持,赋予其更大的责任;在城市中的重大事项社会稳定风险评估中引入第三方评估机构,可以确保评估的客观性和有效性,提高人民群众的获得感和幸福感。

3. 提升和拓展公民参与城市公共安全治理的意识和渠道

国家治理现代化是以维护人民利益福祉为出发点和落脚点。公民既是社会治理的主体,也是社会治理的受益者。社会处在快速转型时期中,公共安全面临着错综复杂的局面,接受着前所未有的挑战,譬如社会治安、环境污染、生产安全、公共卫生等。普通市民往往是公共安全风险的最先感知者,对公共安全风险的反应十分敏感,且会快速做出反应,因此公民在城市公共安全治理体系中有着特有的优势。具体而言:首先,城市居民公共安全意识的提高是保障公民积极参与城市公共安全治理的基础。而且,随着互联网上的"数字化公民"也越来越多地参与到政治生活中并评判和影响着政府政策,对提高政府公共安全管理水平、加强政府相关职能部门及专门的第三方机构在保障城市公共安全方面的表现,都具有十分重要的作用。在这个过程中,政府应运用制度设计和安排为公民参与治理能力的提升搭建平台,在公民平等获得充分信息的基础上,激发其参与决策和监督的积极性,在食品安全、信息安全、生态安全、交通安全等公共安全领域的治理过程中最大限度地保障居民的知情权、选择权。其次,公民可以在参与和自身利益密切相关的基层社区治理和社会组织的活动中练习表达与沟通、主动参与和监督等,从而提升公民素质、提升参与治理的能力。最后,公民参与治理能力的建设,离不开法律和制度。法制既对社会治理有保障作用,同时也为公民参与社会治理做出程序引导和规范。

4. 鼓励新闻媒体,充分发挥其监督作用

所谓"新闻媒体是无冕之王",可见媒体担负的"第四权力"——社会舆论监督权利,在一个国家的政治、经济、社会生活中的影响力和地位。新闻媒体的舆论监督是发挥其雷达作用,对社会环境进行监测监管。舆论监督的形式多种多样,如电话访谈、记者采访、实况报道、专家评论等,这使得舆论监督具有传播覆盖面大、传播速度快、影响范围广、可信度较高等特点,能引起巨大的社会反响。随着社会的全面进步,人们对舆论监督越来越高度关注。这种高度关注渐渐形成社会压力,并引起政府的重视,能及时有效地回应民众的关注、期待与需求。在应对城市公共安全事件中,我国应该大力鼓励新闻媒体投入舆论监督的工作。以曾经轰动一时的"金华火腿事件""南京冠生园食品安全事故"为例,新闻媒体在公共安全事件中的存在感可以表现在:一方面将经营单位的食品生产销售情况、卫生状况、信誉等级、对涉事公司的行政处罚、食物中毒发生具体情况以及主要奖惩记录,以户为单位归档记录在案,并运用新闻媒体曝光的方式,向社会公布事实状况,从而提高社会公众监督力度,并促使企业自律;另一方面,积极鼓励媒体提供生产者、经营单位存在安全隐患的线索,鼓励对食品安全中存在的有害行为进行曝光,加强媒体对政府部门食品安全的舆论监督力度,进一步推动食品安全管制工作。当然,在充分发挥新闻媒体舆论监督主动性的同时,我们应该注意到媒体的舆论监督是网络时代的"双刃剑"。舆论监督积极的一面是可以引起政府及大众的重视,促使问题快速有效解决;但若对新闻媒体不加以合理的引导,舆论监督也很容易使公共安全事件中的矛盾激化爆发,阻碍安全事故治理的进程,反而带来了负面影响。

(四)建立政府部门间合作机制,提升城市公共安全治理绩效

1. 建立政府部门间合作机制,发挥联动协同效应

在城市公共安全治理中,要改变过去政府单一主体、分灾种、分部门、条块分割的治理模式,在处置城市公共安全事件的过程中,高效的"府际合

作"是应对危机事件的基础,同时这种"府际合作"也是城市公共安全治理网络中最基本的构成部分,只有政府各职能部门、不同地域之间的政府职能部门实现高效率的沟通与合作,才能在应对城市公共安全事件的过程中保障多元主体的参与,才能保证危机应对的高效率,如果没有健全有力的治理主体、目标一致的网络结构、功能互补的主体互动以及可操作的制度化协同机制,城市公共安全治理就会陷入混乱无序,无法实现城市的安全与可持续性发展。以江苏省城市治安管理为例,南京、苏州、扬州等城市已经实现警务平台"110"和政务平台"12345"的联动对接,双方协商划分"紧急"和"非紧急"范围。"110"指挥中心接到有关公共设施、市容等非紧急求助电话,会将报警内容进行受理,然后通过系统内部转给"12345"政务平台;当"12345"政务平台接到属于公安类的紧急求助电话,也会转给警方,由公安机关快速处置。这样的成功经验可以推广到其他城市公共安全领域,使各政府间在食品安全、生态安全、公共卫生安全等方面展开通力合作,以联动的方式解决可能发生或者已经发生的风险。在转型时期,城市公共安全形势复杂多变。面对错综复杂的形势,必须改变旧有的城市安全体系,打破条块分割式模式,增强区域间横向系统交流,在部门间、城市政府之间积极创造伙伴型合作关系,建立起全方位、立体型的整体联动的公共安全体系。首先,以"府际"关系为主导的公共安全治理体系的首要目标,应考虑建立起城市公共安全治理事务部或者是城市安全公共治理委员会作为该体系当中的统筹协调者,从而实现在更高层面整合现有的公共安全管理资源的目标。其次,增强城市政府内部之间的相互合作,重新制定新的城市公共安全治理的流程与条例,优化工作流程,明确责任意识,落实公共安全体系整体联动,推动公共安全治理发展由部门独立管理向多部门联合治理的方向转变。最后,组建区域城市政府公共安全治理委员会,通过科学的数据评估城市安全状况,促进区域城市政府间加强协同治理,推动由单一城市单独管理的治理模式向区域政府间合作治理的模式转变。

2. 建立执行监督反馈机制,提升城市公共安全治理绩效

国家公共安全治理机构改革,其实质是合并分散在各部门有关公共安

全、应急救灾的职能，通过机构合并破除部门分割、联动不力等问题。但同时值得注意的是，机构改革不能瞬间消弭原有的问题，在实践中仍会存在诸多问题。例如，在深圳等特大型城市的机构合并过程中，就存在"受机构合并、职能分离影响，部分行业领域安全监管职责不清，产生了新的职能交叉和监管盲区"等问题。规范性文件从决策层的议事会走向操作层的各地职能部门后并没有得到一以贯之的执行。建立政府部门间合作机制并未对各自部门职能做出具体的规定，为各部门在执行章程任务过程中各行其是提供了自主裁量空间，可能会导致城市安全治理过程中出现积极性不高、消极懈怠、推诿扯皮、敷衍塞责等问题，且合作导致的责任的分散可能致使合作机制效率不高，在执行的过程中未能发挥其重要作用。在城市公共安全治理政府部门间的合作机制执行环节应建立起包含评估、纠偏和惩戒监督三项内容的反馈机制。实施评估是检验其产出和效果最有效的手段，通过实时评估，公共政策制定与实施主体可以第一时间掌握政策执行现状，发现问题，从而启动事前制定的纠偏预案，及时纠正执行偏差，同时对执行失责方实施惩戒。为确保监督反馈机制落到实处，反馈情况应及时、准确地录入政府信息管理系统中并公示，这样有利于在政府与社会之间形成良性互动。执行监督反馈机制是一项系统性工作机制，需要相应的法律法规和组织机构的支撑和保障。而这些正是当前城市公共安全政府部门间合作中所缺失的。

（五）充分发挥治理工具作用，提高城市公共安全管理科技赋能

城市公共安全风险日趋呈现复杂化的特点，并伴随着诸多的并发性风险。这类城市公共安全风险渗透到城市生活的方方面面。城市交通、食品、公共设施、社会保障、生态安全等不一而足。这些错综复杂的城市公共安全风险在给城市公共管理者带来巨大挑战的同时，也大大降低了城市居民的安全感和幸福感。维护和保障城市公共安全离不开有效的治理工具。随着经济社会的日益发展和科学技术的不断进步，城市公共安全治理可用的工具也日益多样，但不同的城市对于公共安全治理工具的要求既有一致性，也有差异性。在信息时代，应当充分利用新技术优势，在城市公共安全治理中构建

"互联网+公共安全"的新模式,把大数据引入城市安全治理中,通过建设智慧城市,实现城市安全治理水平的综合提升。

1. 加强网络信息技术,提升城市防控水平

当前,各个城市都加大了大数据、云计算、物联网等网络信息技术在城市风险治理中的运用,这为城市公共安全治理提供了重要的技术支持。一是应加强城市公共安全领域的数据库和信息系统建设,将城市公共安全治理过程中涉及的相关信息进行系统集成和有效整合,加强公共安全信息的跨界互联共享,消除"信息孤岛"现象,并进而增强政府公共安全决策的科学性,提高多元主体合作共治的效率。二是需建立和完善大数据风险监测预警平台,将交通、能源、通信等重点领域纳入城市风险监测系统,确保城市运行安全。搭建云治理平台,对城市海量信息进行分析研判,加强城市风险筛查、风险识别,形成最优治理方案。加快物联网建设,打造实时风险监测、响应、处置系统。以城市交通安全的治理为例,在处置严重车祸类事件的过程中,交警部门可以依托大数据,在最短时间内调出全国类似车祸事件的处理方法的优缺点和必要的注意事项,从而将错误的处置发生的可能性降到最低,尽可能地最大限度保障人民的生命和财产安全。鼓励发展城市应急产业,大力研发和推广城市适用的风险防控、应急处置、个体防护等技术和产品,为城市风险治理提供坚实的物质和技术支撑。需要指出的是,当前,城市安全治理中的各个部门还停留于各自的数据平台,难以做到数据共享,不能充分发挥大数据的优势。因此下一步工作要大力推进数据共享工作,实现真正的互联互通,全市乃至全国"一张网"。通过互联网技术将数据信息共享、分析,从而有效地融合5G技术、移动互联网、物联网、政府管理等诸多行业和领域,将安全管理信息由传统的文本信息拓展为由音频、视频构成的全方位动态信息框架,有效提升城市公共安全治理的效能和品质。

2. 政府主导,稳步推进智慧城市建设

建设智慧城市已经成为当今世界不可逆转的历史潮流。从"数字城市"到"平安城市"再到如今的"智慧城市",以"绿色、智能、安全"为主题的"智慧城市"建设正如火如荼地进行,迅速在中国大地遍地开花。"智

慧城市"建设与城市公共安全的治理相辅相成。一方面,"智慧城市"的建设给城市公共安全的治理带来了许多新机遇,为其提供了更为广阔的发展空间;另一方面,城市公共安全的治理又助力"智慧城市"的快速建设,为"智慧城市"建设提供了无可替代的政策与设施支持。我国城市建设在下一步的城市建设和规划的过程中,要依托"智慧城市"建设,推进"互联网+公共安全"治理。在城市治安管理中,在相应政策支持下,政府部门可制定社区、出租房屋及政府企业门禁数据计划,然后,根据已完成的门禁数据计划,对没有实施门禁计划的门禁系统进行改造。参照社会治安管理网格化管理及节点控制的要求,对人群重点出入的公共场所增加门禁设备,将其纳入门禁系统中,同时,重点位置人员可采取门卡、身份证、手机App等身份方式进出。这样可以将重点位置出入人员、出入时间、出入地点数据化,在互联网模式下,对出入区域门禁的数据进行整合和分析,从而更好地管理相关人员并促进城市安全提升。除此之外,为了给城市公共安全以及社会管理带来更准确的信息数据,可通过人脸识别、特征识别及轨迹识别等方式来做好大数据的采集与分析。另外,在互联网模式下,相关部门应该做好停车区域与停车时间的数据采集工作,整合现有数据,做好相关记录。积极创新大数据防控模式,准确提供车辆数据。在政府以及相关政策的指导下,相关部门、企业、物业公司等改善停车区域设备,增加人像分析技术、车辆检索功能,更好地管理社区和停车场,并防范公共安全中随时可能出现的问题。在互联网新型"智慧城市"建设指导下,不断完善数据模式,根据相关部门或企业提供的数据信息,完善停车管理模式。除此之外,门禁模式也是城市安全管理的重要模式之一,社区、出租房屋或企业单位可增装视频门禁,对访客进行识别处理,对行为异常的人员提出警告,配合警方布控摸排,加强人员管理。对于可疑人员,居民可实行紧急措施处理,以维护自身及家人的安全。不仅如此,像空间数据挖掘、智能视频分析、视频智能检索等新型智能安防技术的应用,能为社会治安发挥重大作用。基于此,与互联网技术背景下的社区门禁系统相配合,共同致力于提升城市居民安全感与幸福感。

专题报告

Research Reports

B.2
中国城市自然安全感调查报告（2020）

曹惠民　邓婷婷　杨怡文　杨帆杰 *

摘　要： 2019年课题组继续对全国的城市公共安全感进行追踪调查，对调研获得的数据进行了科学的分析，城市自然安全感指数在公共安全感的分领域排名中位居第2，与2018年的调研结果相比，下降1位，但总体来看还是位于所有分领域公共安全感排名的前列。这反映了我国各地政府对自然环境的治理水平和治理能力，同时也反映了居民对城市自然安全的高度评价，而且不同城市自然安全的评价具有正面持续性的一致性评价。通过对问卷进行统计分析，性别、年龄、受教育程度、户口类型和

---

* 曹惠民，管理学博士，中国矿业大学公共管理学院（应急管理学院）副教授，硕士生导师，主要研究方向为政府绩效治理、城市公共安全；邓婷婷，中国矿业大学公共管理学院（应急管理学院）硕士研究生；杨怡文，中国矿业大学公共管理学院（应急管理学院）硕士研究生；杨帆杰，中国矿业大学公共管理学院（应急管理学院）硕士研究生。

月收入5个变量显著地影响了居民城市自然安全感和城市自然安全认知和评价。研究发现，与2018年相比，2019年我国城市居民的自然安全感指数排名虽下降1位，但总体稳定，在所有分领域公共安全感指数中排名较高，地区间差异依然明显。总体而言，东部沿海地区城市居民的自然安全感优于西部欠发达地区，区域中心城市自然安全感方面的"成绩单"亮丽。我国的城市自然安全虽然整体上表现比较好，但是局部地区的城市自然安全治理仍有待加强。

关键词： 城市自然安全　治理能力和水平　指数排名

一 城市自然安全感基本状况

2019年，城市公共安全治理课题组对全国4个直辖市、27个省会城市以及5个计划单列市居民公共安全感指标的主观感受和评价进行调研，在所设置的9项分领域的安全指数排名中，城市自然安全感指数0.5279，位列第2，城市自然安全感的权重为0.1275。城市自然安全感在2019年的排名中位居第2，从数据本身来看，相对于其他分领域的安全指数排名而言，城市居民对于城市自然安全的评价较高，这种良好的评价也间接反映了我国各地政府对于自然环境保护的高度重视，同时也反映了全社会对自然环境的重视和治理手段或措施的强化。研究的主要内容包括：①城市居民对城市自然安全的主观感知；②城市居民对于城市自然安全的整体评价；③城市居民的自然安全意识及相关的行为表现等。与2018年相比，2019年课题组对城市居民进行问卷调研时所采用的具体问题设置基本稳定。在对城市自然安全感进行测量时，从性别、年龄、文化程度、月收入、户口类型等因素，具体分析其对城市自然安全感的影响，了解我国不同地区城市自然安全感的社会评价。

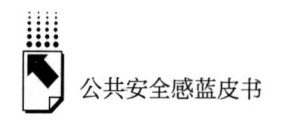

(一)城市自然安全感调查说明

本次城市自然安全感测量在调研问卷中分为两部分内容。第一部分是测量我国城市自然安全感状况,如表1所示,城市自然安全感在城市公共安全感中所占权重为0.1275,较2018年略有减少,这也反映出我国对于自然环境的重视程度有所松懈的社会现实情况。该领域对居民进行的问卷调研,具体分为4个子项,分别测量居民对自然安全总体满意度、自然灾害造成生命财产损失、防范自然灾害的设施缺陷、自然灾害发生时市民能否得到及时有效救助的担忧程度,得分为1~10,分值越高,说明居民对该项内容越不担心,同时意味着居民对该方面的子项认可程度越高,该部分意在测度居民对所居住城市自然安全感状况的认知和主观评价。

表1 2019年全国城市自然安全感状况测量指标

一级指标	权重	二级指标	权重	三级指标 (极为担心—完全不担心:1~10)
自然安全	0.1275	灾害损失	0.0706	自然安全总体满意度
				自然灾害造成生命财产损失
				防范自然灾害的设施缺陷
		灾害救援	0.0569	自然灾害发生时市民能否得到及时有效救助

第二部分是测量城市居民在自然安全方面的意识及其行为倾向。与2018年相比,这部分问题的设置基本不变,具体设置了两个问题。第一个问题:"您所在的社区或单位有没有组织过自然灾害方面的应急演练?"选项为:没有、没印象、偶尔有、经常有,由于"没有、没印象"这两个选项的差别非常小,在分析过程中,将两个问题合并为1个选项;第二个问题:"您是否接受过社会组织(如公益团体)关于自然安全的教育或服务?"选项为:有和没有。通过这两个问题分别测量基层自然安全防范措施的基本情况和居民在自然安全风险防范方面的行为倾向。

（二）城市自然安全感指数排名

1. 城市自然安全感在公共安全感分项指标指数中的排名情况

根据中国城市公共安全感指数与排名（2019）的分析结果①，对影响全国城市公共安全的 9 个领域的一级指标进行公共安全感测算，并做出最后的排名。从表 2、表 3 的相关数据可以看出，城市居民的自然安全感排名第 2。城市自然安全感和公共场所设施安全感一样，2018 年、2019 年连续两年位列综合排名榜的前两位，从最终的排名来看，表现稳定。虽然具体的评价数据略有升降，但是居民评价一致性相对稳定，说明连续两年全国城市居民对于城市自然安全感、公共场所设施安全感的主观评价优于其他 7 个领域的主观评价。城市自然安全这份表现还算抢眼的"成绩单"是政府对自然环境高度重视的结果，同时也是政府、居民对习近平总书记提出的"生态文明观"形成高度认同的重要表现。我国不同地区的自然安全治理水平仍然具有差异性，也会有很多具体的困难和问题，但是连续两年的城市公共安全感排名位居前两位是对政府和社会公众协同保护自然环境、努力提升自然环境治理能力的高度认同。

表 2　全国城市分项公共安全感指数排行榜（2019）

分项指标	指数	排名
公共场所设施安全感	0.5399	1
自然安全感	0.5279	2
生态安全感	0.5115	3
交通安全感	0.5077	4
治安安全感	0.5046	5
公共卫生安全感	0.4958	6
社会保障安全感	0.4820	7
食品安全感	0.4748	8
信息安全感	0.4728	9

① 具体统计分析结果和指数计算过程详见"中国城市公共安全感指数与排名（2019）"部分。

表3　全国城市分项公共安全感指数排名比较（2017~2019）

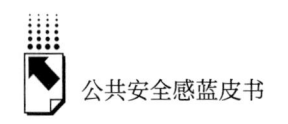

分项指标	2019年			2018年			2017年	
	指数	排名	变化	指数	排名	变化	指数	排名
公共场所设施安全感	0.5399	1	+1	0.4978	2	0	0.4941	2
自然安全感	0.5279	2	-1	0.5089	1	0	0.5091	1
生态安全感	0.5115	3	+4	0.4880	7	-1	0.4840	6
交通安全感	0.5077	4	+1	0.4939	5	-1	0.4917	4
治安安全感	0.5046	5	-1	0.4957	4	-1	0.4934	3
公共卫生安全感	0.4958	6	0	0.4895	6	+1	0.4799	7
社会保障安全感	0.4820	7	+1	0.4782	8	-3	0.4843	5
食品安全感	0.4748	8	-5	0.4972	3	+5	0.4693	8
信息安全感	0.4728	9	0	0.4670	9	0	0.3835	9

从本次调查来看，2019年城市公共安全感九项分项指标指数结果分别为（见表2）：公共场所设施安全感指数0.5399、自然安全感指数0.5279、生态安全感指数0.5115、交通安全感指数0.5077、治安安全感指数0.5046、公共卫生安全感指数0.4958、社会保障安全感指数0.4820、食品安全感指数0.4748、信息安全感指数0.4728。与2018年相比，自然安全感和公共场所设施安全感的排名连续两年占据第1和第2的位置。调查统计结果显示，自然安全感指数排名在2019年位居第2。由此观之，城市居民对城市自然安全感的主观评价较高，反映了社会公众在所有的9个分领域中对自然安全感的主观评价较好。该排名传递出我国自然环境治理的两个积极信号，一是政府高度重视自然安全的治理能力及其有效提升，二是公众对于政府在自然安全治理方面的满意度和获得感比较强，这是我国城市自然安全治理能力稳定提升的重要体现。

2. 城市自然安全感指数排行

与全国自然安全感指数估算原理相同，利用求取的全国自然安全感分项指数，可以得出各城市自然安全感这一分项指标指数。如表4所示，在全国城市自然安全感方面，各城市2019年的公共安全感指数排名由高到低依次是：厦门、乌鲁木齐、济南、拉萨、宁波、北京、上海、青岛、南京、杭州、呼和浩特、福州、银川、深圳、武汉、成都、长沙、重庆、合肥、昆明、南昌、哈尔滨、贵阳、广州、郑州、天津、西宁、大连、长春、西安、沈阳、海口、南宁、太原、兰州、石家庄。城市自然安全感指数越高，排名越靠前，表明该城市居民的自然安全感越高。

表4 2017～2019年全国城市自然安全感指数及排名

城市	2019年			2018年			2017年	
	指数	排名	变化	指数	排名	变化	指数	排名
厦门	0.5780	1	—	—	—	—	—	—
乌鲁木齐	0.5723	2	+10	0.5226	12	+16	0.4754	28
济南	0.5642	3	+6	0.5265	9	+7	0.5125	16
拉萨	0.5619	4	0	0.5496	4	+4	0.5451	8
宁波	0.5551	5	—	—	—	—	—	—
北京	0.5528	6	+14	0.4995	20	-6	0.5157	14
上海	0.5486	7	+4	0.5256	11	-2	0.5343	9
青岛	0.5460	8	—	—	—	—	—	—
南京	0.5443	9	-2	0.5298	7	+8	0.5156	15
杭州	0.5442	10	-4	0.5326	6	-4	0.5814	2
呼和浩特	0.5432	11	+10	0.4969	21	+8	0.4709	29
福州	0.5432	12	+2	0.5139	14	+3	0.5081	17
银川	0.5415	13	-5	0.5273	8	+18	0.4764	26
深圳	0.5414	14	—	—	—	—	—	—
武汉	0.5413	15	+13	0.4718	28	-24	0.5653	4
成都	0.5344	16	+6	0.4933	22	-10	0.5260	12
长沙	0.5317	17	+1	0.5032	18	-15	0.5808	3
重庆	0.5303	18	+1	0.5013	19	-12	0.5453	7
合肥	0.5295	19	-2	0.5068	17	+1	0.5061	18
昆明	0.5256	20	-19	0.5768	1	+18	0.5045	19
南昌	0.5172	21	-18	0.5506	3	+17	0.5023	20
哈尔滨	0.5170	22	+9	0.4570	31	-6	0.4777	25
贵阳	0.5152	23	-21	0.5592	2	+3	0.5598	5
广州	0.5152	24	+5	0.4706	29	-23	0.5580	6

续表

城市	2019年			2018年			2017年	
	指数	排名	变化	指数	排名	变化	指数	排名
郑州	0.5123	25	-10	0.5137	15	+6	0.5001	21
天津	0.5120	26	-13	0.5177	13	+9	0.4999	22
西宁	0.5094	27	-17	0.5260	10	0	0.5330	10
大连	0.5091	28	—	—	—	—	—	—
长春	0.5078	29	-5	0.4813	24	-13	0.5323	11
西安	0.5053	30	-14	0.5076	16	-15	0.5930	1
沈阳	0.5038	31	-26	0.5387	5	+22	0.4761	27
海口	0.5017	32	-5	0.4719	27	-14	0.5219	13
南宁	0.5012	33	-3	0.4607	30	-7	0.4982	23
太原	0.4929	34	-8	0.4743	26	+5	0.4461	31
兰州	0.4845	35	-10	0.4786	25	-1	0.4959	24
石家庄	0.4747	36	-13	0.4886	23	+7	0.4632	30

结合2017~2019年全国城市自然安全感指数及排名（见表4及图1、图2），其中拉萨、杭州排名较高，3年排名均为前10，保持了较高的水平；南宁、太原、兰州、石家庄排名靠后，3年均位居倒数10名。2017~2018年，昆明、南昌、沈阳、银川、乌鲁木齐排名上升幅度较大，名次上升均达到15名以上；广州、武汉、海口、长沙、西安、长春、重庆排名下降幅度较大，名次下降均超过10名。2018~2019年，乌鲁木齐、北京、呼和浩特、武汉排名上升幅度较大，名次上升均达到10名及以上；昆明、南昌、贵阳、西宁、沈阳排名下降幅度较大，名次下降均超过15名。乌鲁木齐、济南、呼和浩特、福州3年排名持续上升；杭州、长春、西安、海口等城市3年排名持续下降；拉萨、合肥、福州等城市3年排名相对稳定，变化幅度不大。

（三）城市自然安全感的描述性统计

本次调查中，城市自然安全感的评价由1个总体评价指标和3个分指标

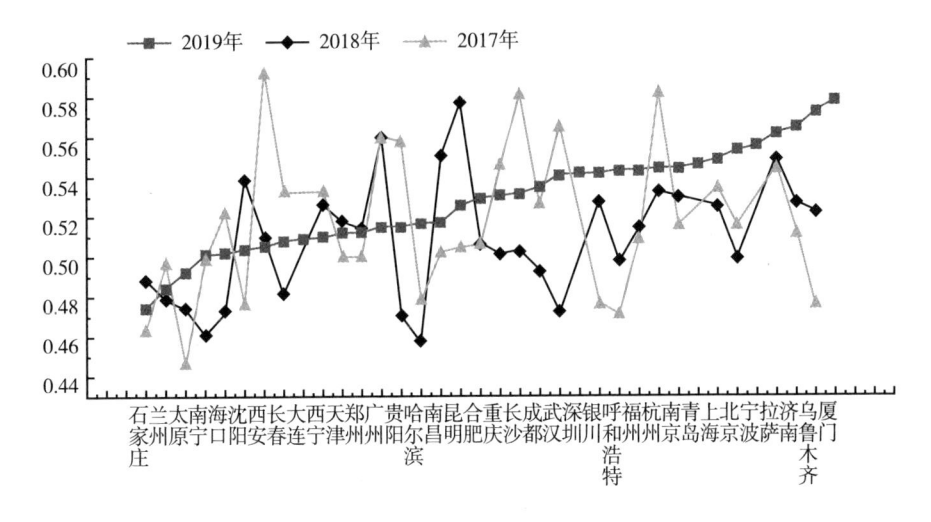

图1 全国城市自然安全感指数（2017～2019）

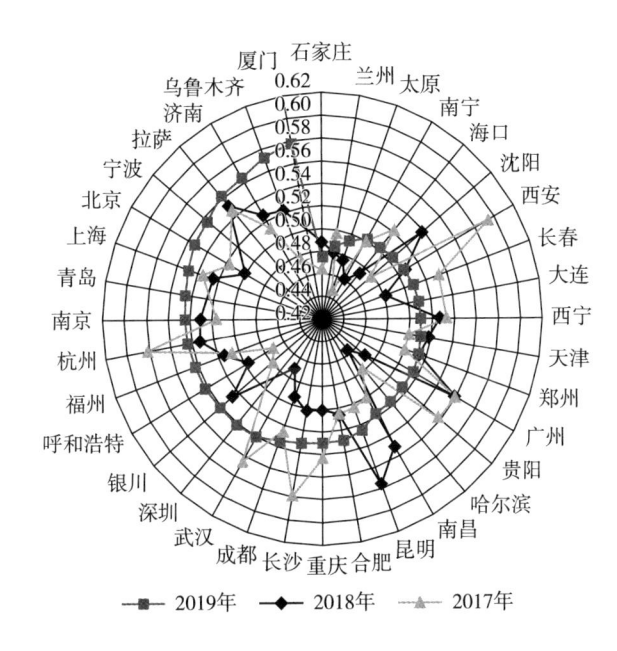

图2 全国城市自然安全感指数（2017～2019）

（NL、NFS 和 RIT）构成。这四道测题分别是："总体来说，您是否担心本市的自然灾害问题？""您是否担心本市自然灾害会给您造成生命财产损失？（如地震、洪涝、干旱、台风、沙暴、雷电、冰雹……)""您是否担心本市防范自然灾害的设施有缺陷?(如房屋抗震能力、排水系统、灾害防御工程……)""假如自然灾害发生时,您是否担心市民难以得到及时有效的救助?"这四个测题均采用10点量表,从1"极为担心"到10"完全不担心"。总自然安全感为这4个指标的均值。描述性统计和相关分析结果如表5所示。从表5中可以看出,所有指标的均值均大于中值5.50,表明我国的自然安全感总体情况较好,多数受访对象对自然安全的总体评价较高。城市居民调查对象对3个分项指标之间以及他们与总体自然安全感的评价都呈显著相关的关系。

表5 2019年自然安全感分项内容的描述性统计和相关分析结果

分项	1	2	3	4
1. 自然灾害造成生命财产损失	1			
2. 防范自然灾害的公共设施缺陷	0.728**	1		
3. 自然灾害发生时市民能否得到及时有效救助	0.652**	0.727**	1	
4. 自然安全总体满意度	0.787**	0.694**	0.623**	1
均值	6.14	5.97	6.03	6.32
标准差	2.708	2.609	2.675	2.701

注:*$0.01 \leqslant p < 0.05$,**$0.001 \leqslant p < 0.01$,***$p < 0.001$,下同。

通过对调研数据的统计分析,我们发现居民的自然安全感的评价总体水平比较高,影响城市居民自然安全感评价的主要是性别、年龄、文化程度、户口类型、收入水平等变量。不同类型的城市居民对自然安全感的主观评价和偏好具有差异性,这种差别甚至影响着他们对于城市自然安全感的总体评价和认知,因此,对不同组别进行描述性统计和独立样本t检验,确定不同类型群体的自然安全担心程度差异,对我们了解全国城市居民对自然安全的担心程度,具有重要的参考价值。

1. 基于性别的自然安全感状况

在自然安全感的评价过程中,不同性别对自然安全感的评价具有比较明显的差异,这与性别差异密切相关,因为性别不同,人们对自然安全的认知不同，主观评价也具有差异性。运用单因素方差分析和独立样本 t 检验了解性别变量与城市自然安全感状况及不同层面担心程度的相关关系，结果如表 6 所示。

表 6　全国城市居民性别与自然安全感状况的关系（2019）

变量	男性		女性		t 检验
	均值	标准差	均值	标准差	
NL	6.33	2.71	5.92	2.68	7.868***
NFS	6.11	2.60	5.80	2.61	6.305***
RIT	6.21	2.65	5.82	2.69	7.631***
TR	6.52	2.70	6.08	2.68	8.446***

注：NL=自然灾害造成生命财产损失，NFS=防范自然灾害的公共设施缺陷，RIT=自然灾害发生时市民能否得到及时有效救助，TR=自然安全总体满意度；* $0.01 \leqslant p < 0.05$，** $0.001 \leqslant p < 0.01$，*** $p < 0.001$。

如表 6 所示，所有相关测题的统计结果都呈现显著性，这表示就性别这一变量而言，对自然灾害造成生命财产损失的担忧程度（简称 NL，下同）、防范自然灾害的公共设施缺陷的担心程度（简称 NFS，下同）、自然灾害发生时市民能否得到及时有效救助（简称 RIT，下同）、自然安全总体满意度（简称 TR，下同）4 个变量检验的 t 统计量均达到显著水平，表示不同性别的城市居民对 NL、NFS、RIT、TR 的担心程度都有显著的不同。指标值最大为 10 分，表示"完全不担心"，最小为 1 分，表示"极为担心"，因此男性居民在 NL（M=6.33）、NFS（M=6.11）、RIT（M=6.21）、TR（M=6.52）方面的安全感显著高于女性居民在 NL（M=5.92）、NFS（M=5.80）、RIT（M=5.82）、TR（M=6.08）方面的安全感。总体来看，男性在这 4 个具体指标上的表现优于女性即他们对于自然安全感的评价高于女性，这与男性和女性自身对于安全感的主观需求和认知程度的差异性密切相关，也符合现实社会生活中男性和女性在安全问题上的现实表现。

2. 基于年龄的自然安全感状况

年龄同样也是一个影响不同城市居民对自然安全感评价水平的一个重要

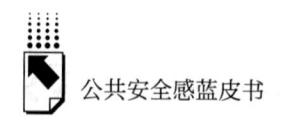

变量。课题组也对此进行了统计分析。运用描述统计和单因素方差分析方法，得出城市居民年龄变量与自然安全感的相关关系，结果如表7所示。

表7 全国城市居民年龄与自然安全感状况的关系（2019）

变量	18~29岁(1)		30~44岁(2)		45~59岁(3)		60岁及以上(4)		F值	事后比较
	均值	标准差	均值	标准差	均值	标准差	均值	标准差		
NL	6.11	2.71	6.09	2.68	6.28	2.70	6.39	2.83	3.74*	1<3,1<4,2<3,2<4
NFS	5.89	2.61	5.93	2.57	6.12	2.61	6.40	2.68	9.30***	1<3,1<4,2<3,2<4,3<4
RIT	5.91	2.70	6.04	2.63	6.25	2.64	6.55	2.71	15.42***	1<2,1<3,1<4,2<3,2<4,3<4
TR	6.28	2.69	6.29	2.66	6.46	2.74	6.52	2.83	3.17*	1<3,1<4,2<3,2<4

注：NL = 自然灾害造成生命财产损失，NFS = 防范自然灾害的公共设施缺陷，RIT = 自然灾害发生时市民能否得到及时有效救助，TR = 自然安全总体满意度；* $0.01 \leq p < 0.05$，** $0.001 \leq p < 0.01$，*** $p < 0.001$。

根据表7所示，NL、NFS、RIT 和 TR 4个变量在不同年龄群体中都呈显著水平。就 NL 而言，45岁以下的人群对于灾害救助及时的评价低于45岁及以上对该问题的评价水平。这与不同年龄段的经济基础和人生态度相关，45岁及以上的人群相对来说经过了长时间财富积累具有一定的经济基础，同时对于生活和灾难的态度比较豁达，而45岁以下的人群经济基础薄弱，同时人生经历较少，在灾害发生时往往担心自己生命和财产的损失情况。就 NFS 而言，45岁以下的人群对于防范自然灾害的设施缺陷的评价低于45岁及以上对该问题的评价水平，45~59岁的人群对于防范自然灾害的设施缺陷的评价低于60岁及以上对该问题的评价水平。这与我国防范自然灾害的基础设施的逐年完善有关，年龄较大的人群在做出评价时会考虑过往时期的基础设施水平，毫无疑问，我国现如今的防范自然灾害的设施水平比以往任何时期都要完善。就 RIT 而言，人群对于灾害救助及时的评价呈现年龄与评级水平呈正相关的关系，即年龄段越高的人群评价水平越高。这与我国现行的灾害救助过程中的优先工作重点相关，现实生活中，面对自然灾害救助时，由于年龄较大的人群的身体素质低于年轻人群，所以在同等条件下，优先将有限的救助资源给予年龄较大的群体。就 TR 而言，不同年龄组存在显著差异，相对而言，45 岁以下的人群对自然灾害安全感的综合评价水平要明显低于 45 岁及以上对该问题的评价水平。这种评价的显著性与其自身的阅历以及国家对于年龄较大的人群的关照体制和制度安排有关联。年龄较大的人群在做出评价时，他们会不自觉地结合自己的阅历将我国以前的自然救助能力与现在的自然灾害治理能力相比较，毫无疑问，现在我国的自然灾害的系统治理能力比历史上任何时期都要好，而这些，45 岁及以上的人群结合对纵向的比较后他们的理解更深刻。

3. 基于文化程度的自然安全感状况

为了解居民的受教育程度对于自然安全感评价的影响，我们对居民的受教育水平和自然安全感之间的关系也做了统计分析。运用描述统计和单因素方差分析方法，得出城市居民受教育程度的变量与自然安全感的关系，结果如表 8 所示。

表 8　全国城市居民文化程度与自然安全感状况的关系（2019）

变量	小学及以下(1)		初中(2)		高中(3)		大学(4)		研究生(5)		F 值	事后比较
	均值	标准差	均值	标准差	均值	标准差	均值	标准差	均值	标准差		
NL	6.02	2.85	6.26	2.82	6.13	2.74	6.12	2.66	6.30	2.73	1.48	
NFS	6.02	2.77	6.21	2.73	6.00	2.63	5.92	2.57	5.82	2.60	3.62 **	2>3,2>4,2>5
RIT	6.05	2.69	6.30	2.79	6.02	2.68	6.00	2.65	5.91	2.66	3.38 **	2>3,2>4,2>5
TR	5.99	2.84	6.35	2.82	6.25	2.72	6.34	2.66	6.48	2.75	2.42 *	1<2,1<4,1<5,3<5

注：NL = 自然灾害造成生命财产损失，NFS = 防范自然灾害的公共设施缺陷，RIT = 自然灾害发生时市民能否得到及时有效救助，TR = 自然安全总体满意度；* $0.01 \leq p < 0.05$，** $0.001 \leq p < 0.01$，*** $p < 0.001$。

如表 8 所示，NL 变量在不同文化程度的群体中不存在显著差异。而 NFS、RIT 和 TR 3 个变量在不同年龄群体中都呈显著水平。就 NFS 和 RIT 2 个变量而言，初中文化程度的人群对于防范自然灾害的公共设施缺陷和自然灾害发生时市民能否得到及时有效救助的评价明显高于高中及以上文化程度的人群的评价水平。这与不同文化程度的人群对于自然灾害的理解程度不同有关,文化程度较高的人群对于自然安全风险的理解程度和认知水平较高。就 TR 而言,小学及以下文化程度的人群对于自然安全总体满意度的评价明显低于初中及以上文化程度的人群的评价水平,高中文化程度的人群明显低于研究生文化程度的人群的评价水平。不同文化程度的人群对于该变量的评价的显著差异的最终原因需要进一步挖掘。

4. 基于户口类型的自然安全感状况

城市居民既包括常住人口,也包括流动人口,由于户口类型不同,他们接受城市公共服务的程度和内容不同,对城市自然安全感的评价也不同,不同户口类型的居民的主观评价具有差异性。为了解居民的户口类型对自然安全感评价的影响,课题组运用描述统计和单因素方差分析法,得出城市居民户口类型与自然安全感的关系。统计结果如表9所示。

表9 全国城市居民户口类型与自然安全感状况的关系 (2019)

变量	本市城市(1)		本市农村(2)		外地城市(3)		外地农村(4)		F 值	事后比较
	均值	标准差	均值	标准差	均值	标准差	均值	标准差		
NL	6.18	2.69	5.93	2.63	6.17	2.71	6.19	2.83	4.07**	1>2,2<3,2<4
NFS	6.04	2.59	5.86	2.57	5.93	2.60	5.90	2.74	2.56	
RIT	6.11	2.66	5.84	2.57	6.03	2.69	5.97	2.79	4.67**	1>2,2<3
TR	6.39	2.71	5.97	2.61	6.39	2.64	6.35	2.84	10.61***	1>2,2<3,2<4

注:NL=自然灾害造成生命财产损失,NFS=防范自然灾害的公共设施缺陷,RIT=自然灾害发生时市民能否得到及时有效救助,TR=自然安全总体满意度; * $0.01 \leq p < 0.05$, ** $0.001 \leq p < 0.01$, *** $p < 0.001$。

根据表9所示,就 NFS 变量而言,不同居民户口类型的人群对于防范自然灾害的公共设施缺陷的评价不存在显著差异。城市居民的户口类型对 NL、RIT 和 TR 3 个变量的分析结果具有显著性差异。就 NL 和 TR 2 个变量而言,本市城市、外地城市户口居民都优于本市农村户口居民的评价,也就是本市农村户口的居民对生命财产安全和总体满意度的评价水平较低;就 RIT 而言,本市城市和外地城市居民的安全感评价均优于本市农村居民,也就是说,城市居民对于安全感的评价较高。

5. 基于收入水平的自然安全感状况

城市居民的月收入水平决定着他们的生活品质，也影响着他们对自然安全感的评价水平。运用描述统计和单因素方差分析方法，得出城市居民月收入水平与城市自然安全感的相关关系，结果如表10所示。

表10 全国城市居民月收入与自然安全感状况的关系（2019）

变量	2000元及以下(1)		2001~3500元(2)		3501~5000元(3)		5001~8000元(4)		8001~12000元(5)		12001元以上(6)		F值	事后比较
	均值	标准差	均值	标准差	均值	标准差	均值	标准差	均值	标准差	均值	标准差		
NL	6.13	2.70	6.07	2.75	6.09	2.68	6.18	2.64	6.47	2.75	6.19	2.92	2.84*	1<5, 2<5, 3<5, 4<5
NFS	5.97	2.61	5.91	2.69	5.97	2.58	6.02	2.54	6.09	2.62	5.72	2.73	1.42	
RIT	5.94	2.68	5.96	2.72	6.06	2.66	6.17	2.56	6.22	2.72	5.96	2.90	2.91*	1<4, 1<5, 2<4, 2<5
TR	6.28	2.68	6.19	2.77	6.23	2.69	6.44	2.61	6.73	2.71	6.49	2.90	6.10***	1<4, 1<5, 2<4, 2<5, 2<6, 3<4, 3<5, 4<5

注：NL = 自然灾害造成生命财产损失，NFS = 防范自然灾害的公共设施缺陷，RIT = 自然灾害发生时市民能否得到及时有效救助，TR = 自然安全总体满意度；* $0.01 \leqslant p < 0.05$，** $0.001 \leqslant p < 0.01$，*** $p < 0.001$。

如表10所示，不同收入水平的居民针对城市自然安全感评价的3个问题（NL、RIT和TR）评价呈显著差异。就NL而言，月收入8000元及以下的人群和8001~12000元的人群之间存在显著差异，收入水平在8000元及以下的居民的担忧程度较高，这也可以得到解释即收入水平低的居民对生命财产可能遭受损失的担忧程度更高。就RIT而言，收入水平和自然安全感的评价存在显著差异，与月收入5001~12000元的居民相比，3500元及以下的居民对救助及时性的担心程度更高。就TR而言，同样存在显著性差异，月收入在5000元及以下的居民对自然安全的总体满意度明显低于5001~8000元的居民的评价水平，同样，月收入8000元及以下的居民对自然安全的总体满意度明显低于8001~12000元的居民的评价水平，月收入2001~3500元的居民对自然安全的总体满意度明显低于12001元以上的评价水平。

二 城市自然安全治理方面的现状与问题

城市自然安全的治理能力和治理体系是我国国家治理体系和治理能力现代化的重要内容。课题组通过对全国进行大规模的样本调研，获取了城市自然灾害安全感评价的第一手数据，城市自然安全感评价的数据和相关的排名，反映和体现了我国城市自然安全治理方面遇到的问题和挑战，也为我国城市自然安全治理能力的提升提供了决策参考。

（一）城市自然安全感的分项指标数据统计及对比

1. 不同城市居民对"自然灾害造成生命财产损失"的安全感及其排名（2019）

课题组结合该测题调研的统计数据进行分析，得出了不同城市居民对"自然灾害造成生命财产损失"的安全感及其排名，详见表11和图3。在对2018~2019年的数据进行分析之后，我们将该分项指标2018年和2019年的数据做了一个纵向的对比，详见表12。

表11 不同城市自然安全感分项指标[①]描述统计结果和排名（2019）

城市	均值	标准差	排名
厦门	7.27	2.05	1
乌鲁木齐	7.17	2.43	2
济南	7.03	2.63	3
拉萨	6.94	2.86	4
宁波	6.70	2.63	5
北京	6.67	2.21	6
银川	6.65	2.29	7
上海	6.61	2.59	8
呼和浩特	6.60	2.65	9
青岛	6.57	2.91	10
南京	6.52	2.82	11
福州	6.46	2.80	12
杭州	6.46	2.72	13
武汉	6.46	2.57	14
成都	6.35	2.74	15

续表

城市	均值	标准差	排名
深圳	6.32	2.72	16
合肥	6.28	2.72	17
长沙	6.25	2.66	18
重庆	6.24	2.81	19
昆明	6.06	2.46	20
南昌	5.99	2.70	21
贵阳	5.96	2.79	22
大连	5.82	2.72	23
广州	5.78	2.87	24
长春	5.75	3.04	25
西宁	5.74	2.81	26
郑州	5.73	3.11	27
天津	5.72	2.44	28
哈尔滨	5.68	2.84	29
海口	5.62	2.77	30
南宁	5.46	2.40	31
沈阳	5.45	2.76	32
西安	5.45	2.91	33
兰州	5.32	3.04	34
太原	5.30	1.49	35
石家庄	4.88	1.79	36

分项指标[①]：不同城市居民对"自然灾害造成生命财产损失"的安全感。

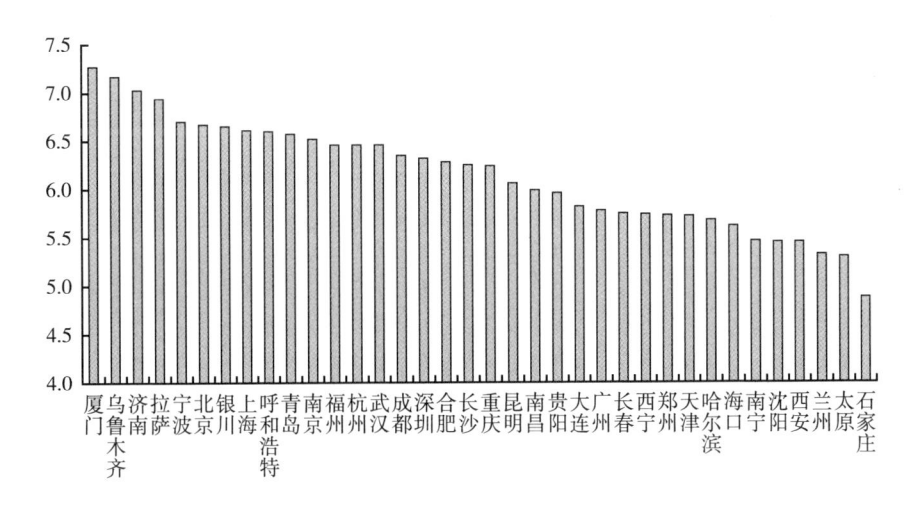

图3 不同城市居民对"自然灾害造成生命财产损失"的安全感排名（2019）

据统计结果，该项指标的全国均值是6.14，居民对该项指标的评价较好。该项指标表现最好和最差的城市分别是厦门和石家庄，其均值分别为7.27和4.88。就该项指标而言：高于中值（5.50）且高于全国均值（6.14）的有厦门、乌鲁木齐、济南、拉萨、宁波、北京、银川、上海、呼和浩特、青岛、南京、福州、杭州、武汉、成都、深圳、合肥、长沙、重庆19个城市；高于中值（5.50）但低于全国均值（6.14）的有昆明、南昌、贵阳、大连、广州、长春、西宁、郑州、天津、哈尔滨、海口11个城市；低于全国均值（6.14）且低于中值（5.50）的有南宁、沈阳、西安、兰州、太原、石家庄6个城市，低于中值的城市中，居民对于该项指标相对于其他城市而言，安全感相对较低。

2. 城市居民对"自然灾害造成生命财产损失"的安全感比较（2018~2019）

为了直观地体现2018年和2019年两年评价的变化情况，我们对连续两年的分项指标的相关数据做了一个初步的对比，通过对比，能够对城市自然安全治理的某些环节和方面做一个纵向比较，进而为城市自然安全治理工作的改进提供决策参考。分项指标[①]的比较数据见表12。

表12　不同城市自然安全感分项指标[①]统计分析结果的比较（2018~2019）

城市	2018年			2019年			t检验	效果量
	均值	标准差	样本数(个)	均值	标准差	样本数(个)		
北京	5.46	3.02	287	6.67	2.21	298	-5.51***	0.46
沈阳	6.62	3.27	332	5.45	2.76	297	4.86***	0.39
成都	5.19	2.78	294	6.35	2.74	300	-5.13***	0.42
福州	5.47	2.54	295	6.46	2.80	296	-4.50***	0.37
广州	4.85	2.56	303	5.78	2.87	299	-4.22***	0.34
贵阳	6.87	2.35	318	5.96	2.79	316	4.44***	0.35
哈尔滨	4.50	2.66	321	5.68	2.84	291	-5.28***	0.43
海口	4.88	2.48	301	5.62	2.77	298	-3.45***	0.28
杭州	6.14	3.01	321	6.46	2.72	301	-1.39	0.11
合肥	5.55	2.80	319	6.28	2.72	299	-3.29**	0.26
呼和浩特	5.78	2.79	308	6.60	2.65	296	-3.69***	0.30
济南	6.16	2.41	300	7.03	2.63	303	-4.25***	0.35

续表

城市	2018年			2019年			t检验	效果量
	均值	标准差	样本数(个)	均值	标准差	样本数(个)		
昆明	7.25	1.82	320	6.06	2.46	306	6.85***	0.55
拉萨	6.76	2.35	300	6.94	2.86	299	-0.84	0.07
兰州	5.09	2.69	314	5.32	3.04	297	-0.98	0.08
南昌	6.67	2.37	298	5.99	2.70	301	3.27**	0.27
南京	6.28	2.97	318	6.52	2.82	299	-1.02	0.08
南宁	4.60	2.84	311	5.46	2.40	300	-4.07***	0.33
上海	6.28	3.08	299	6.61	2.59	297	-1.40	0.11
石家庄	5.32	3.01	314	4.88	1.79	323	2.21*	0.18
太原	5.05	2.68	319	5.30	1.49	294	-1.42	0.11
天津	5.94	2.50	298	5.72	2.44	301	1.07	0.09
乌鲁木齐	6.01	2.83	306	7.17	2.43	301	-5.43***	0.44
武汉	4.90	1.97	315	6.46	2.57	291	-8.36***	0.68
西安	5.92	2.55	299	5.45	2.91	299	2.12*	0.17
西宁	6.17	2.52	307	5.74	2.81	313	2.00*	0.16
银川	6.10	2.99	301	6.65	2.29	296	-2.55*	0.21
长春	4.96	2.87	299	5.75	3.04	299	-3.28**	0.27
长沙	5.53	2.05	302	6.25	2.66	300	-3.70***	0.30
郑州	6.01	2.88	307	5.73	3.11	301	1.15	0.09
重庆	5.55	2.61	298	6.24	2.81	296	-3.10**	0.25
大连	—	—	—	5.82	2.72	294	—	—
宁波	—	—	—	6.70	2.63	297	—	—
青岛	—	—	—	6.57	2.91	305	—	—
厦门	—	—	—	7.27	2.05	300	—	—
深圳	—	—	—	6.32	2.72	300	—	—

分项指标①：不同城市居民对"自然灾害造成生命财产损失"的安全感。

注：*$0.01 \leq p < 0.05$，**$0.001 \leq p < 0.01$，***$p < 0.001$。

该项指标2019年与2018年统计结果的比较结果详见表12。排名上升的有北京、成都、福州、广州、哈尔滨、海口、杭州、合肥、呼和浩特、济南、拉萨、兰州、南京、南宁、上海、太原、乌鲁木齐、武汉、银川、长春、长沙、重庆22个城市，其中武汉为中等效果量，北京、成都、福州、广州、哈尔滨、海口、合肥、呼和浩特、济南、南宁、乌鲁木齐、银川、长春、长沙、重庆 15 个城市为小效果量。排名下降的有沈阳、贵阳、昆明、南昌、石家庄、天津、西安、西宁、郑州 9 个城市，其中昆明为中等效果量，沈阳、贵阳、南昌 3 个城市为小效果量。

3. 不同城市居民对"防范自然灾害的公共设施缺陷"的安全感及其排名（2019）

课题组结合该测题调研的统计数据进行分析，得出了不同城市居民对"防范自然灾害的公共设施缺陷"的安全感及其排名，详见表 13 和图 4。在对 2018~2019 年的数据进行分析之后，我们将该分项指标 2018 年和 2019 年的数据做了一个纵向对比，见表 14。

表 13　不同城市自然安全感分项指标[②]描述统计结果和排名（2019）

城市	均值	标准差	排名
厦门	7.24	2.13	1
乌鲁木齐	6.99	2.36	2
济南	6.75	2.65	3
北京	6.58	2.22	4
拉萨	6.58	2.87	5
上海	6.51	2.48	6
宁波	6.43	2.41	7
呼和浩特	6.41	2.74	8
深圳	6.39	2.61	9
银川	6.35	2.31	10
杭州	6.34	2.48	11
青岛	6.33	2.97	12
福州	6.31	2.72	13
武汉	6.26	2.50	14
成都	6.12	2.54	15
南京	6.09	2.61	16
长沙	6.01	2.52	17
重庆	6.01	2.62	18
昆明	5.97	2.51	19
哈尔滨	5.96	2.69	20
合肥	5.96	2.68	21
贵阳	5.61	2.53	22
郑州	5.59	2.79	23

续表

城市	均值	标准差	排名
大连	5.58	2.52	24
沈阳	5.52	2.72	25
天津	5.52	2.19	26
广州	5.51	2.71	27
南昌	5.51	2.55	28
西安	5.49	2.90	29
西宁	5.48	2.70	30
南宁	5.44	2.35	31
海口	5.39	2.61	32
太原	5.39	1.63	33
长春	5.37	2.98	34
石家庄	5.15	1.89	35
兰州	4.74	2.81	36

分项指标②：不同城市居民对"防范自然灾害的公共设施缺陷"的安全感。

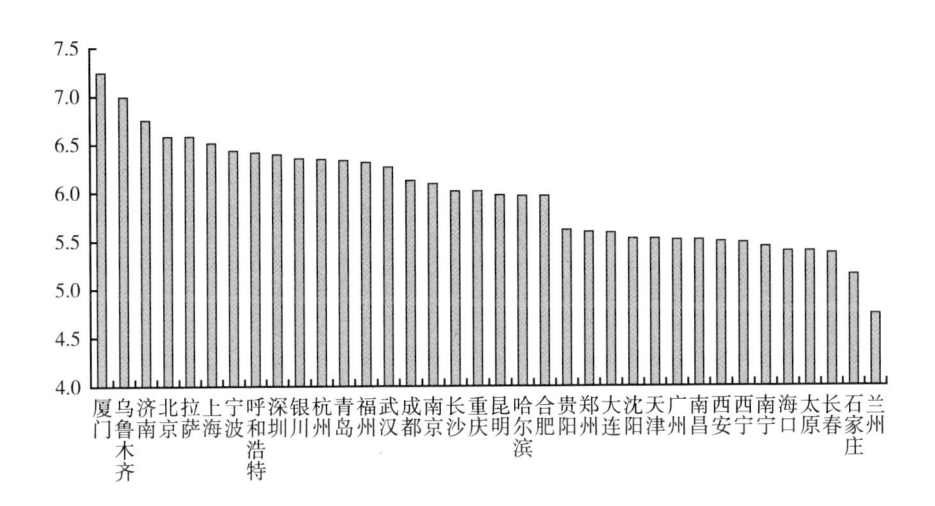

图4 不同城市居民对"防范自然灾害的公共设施的缺陷"的安全感（2019）

据统计结果，该项指标的全国均值是5.97，大于中值5.50的水平，居民对该项指标的评价较好。该项指标表现最好和最差的城市分别是厦门和兰州，其均值分别为7.24和4.74。就该项指标而言：高于中值（5.50）且高于全国均值（5.97）的有厦门、乌鲁木齐、济南、北京、拉萨、上海、宁波、呼和浩特、深圳、银川、杭州、青岛、福州、武汉、成都、南京、长沙、重庆18个城市；等于全国均值（5.97）的是昆明；高于中值（5.50）但低于全国均值（5.97）的有哈尔滨、合肥、贵阳、郑州、大连、沈阳、天津、广州、南昌9个城市；低于全国均值（5.97）且低于中值（5.50）的有西安、西宁、南宁、海口、太原、长春、石家庄、兰州8个城市，在低于中值的城市中，居民对于该项指标相对于其他城市而言，安全感相对较低。

4. 城市居民对"防范自然灾害的公共设施缺陷"的安全感比较（2018~2019）

为了直观地体现2018年和2019年两年评价的变化情况，我们对连续两年的分项指标的相关数据做了一个初步的对比，通过对比，能够对城市自然安全治理的某些环节和方面做一个纵向比较，进而为城市自然安全治理工作的改进提供决策参考。分项指标[②]的比较数据见表14。

表14 不同城市自然安全感分项指标[②]统计分析结果的比较（2018~2019）

城市	2018年			2019年			t检验	效果量
	均值	标准差	样本数(个)	均值	标准差	样本数(个)		
北京	5.29	2.80	287	6.58	2.22	298	-6.16***	0.51
沈阳	5.80	3.33	332	5.52	2.72	297	1.16	0.09
成都	5.36	2.57	294	6.12	2.54	300	-3.62***	0.30
福州	5.94	2.42	295	6.31	2.72	296	-1.75	0.14
广州	4.83	2.63	303	5.51	2.71	299	-3.12**	0.25
贵阳	6.87	2.34	318	5.61	2.53	316	6.51***	0.52
哈尔滨	4.53	2.60	321	5.96	2.69	291	-6.68***	0.54
海口	4.68	2.37	301	5.39	2.61	298	-3.48***	0.28
杭州	6.06	2.93	321	6.34	2.48	301	-1.29	0.10
合肥	5.64	2.60	317	5.96	2.68	299	-1.50	0.12
呼和浩特	4.86	2.62	308	6.41	2.74	296	-7.11***	0.58
济南	5.97	2.47	300	6.75	2.65	303	-3.74***	0.30
昆明	7.30	1.84	320	5.97	2.51	306	7.53***	0.60
拉萨	6.57	2.55	300	6.58	2.87	299	-0.05	0.00
兰州	4.72	2.49	314	4.74	2.81	297	-0.09	0.01

续表

城市	2018年			2019年			t检验	效果量
	均值	标准差	样本数(个)	均值	标准差	样本数(个)		
南昌	6.63	2.30	298	5.51	2.55	301	5.65***	0.46
南京	5.85	2.75	317	6.09	2.61	299	-1.11	0.09
南宁	4.44	2.73	311	5.44	2.35	300	-4.86***	0.39
上海	5.90	2.91	299	6.51	2.48	297	-2.75**	0.23
石家庄	4.88	2.81	313	5.15	1.89	323	-1.42	0.11
太原	4.74	2.36	319	5.39	1.63	294	-4.00***	0.32
天津	5.71	2.57	298	5.52	2.19	301	0.97	0.08
乌鲁木齐	6.04	2.85	305	6.99	2.36	301	-4.47***	0.36
武汉	4.86	1.94	315	6.26	2.50	291	-7.67***	0.63
西安	5.40	2.38	297	5.49	2.90	299	-0.41	0.03
西宁	5.99	2.46	307	5.48	2.70	313	2.46*	0.20
银川	6.01	2.80	301	6.35	2.31	296	-1.62	0.13
长春	4.98	2.67	299	5.37	2.98	299	-1.69	0.14
长沙	5.56	2.05	303	6.01	2.52	300	-2.40*	0.20
郑州	5.49	2.58	305	5.59	2.79	301	-0.46	0.04
重庆	5.29	2.48	298	6.01	2.62	296	-3.44***	0.28
大连	—	—	—	5.58	2.52	294	—	—
宁波	—	—	—	6.43	2.41	297	—	—
青岛	—	—	—	6.33	2.97	305	—	—
厦门	—	—	—	7.24	2.13	300	—	—
深圳	—	—	—	6.39	2.61	300	—	—

分项指标[②]：不同城市居民对"防范自然灾害的公共设施缺陷"的安全感。

注：* $0.01 \leq p < 0.05$，** $0.001 \leq p < 0.01$，*** $p < 0.001$。

该项指标2019年与2018年统计结果的比较结果见表14。排名上升的有北京、成都、福州、广州、哈尔滨、海口、杭州、合肥、呼和浩特、济南、拉萨、兰州、南京、南宁、上海、石家庄、太原、乌鲁木齐、武汉、西安、银川、长春、长沙、郑州、重庆25个城市，其中北京、哈尔滨、呼和浩特、武汉4个城市为中等效果量，成都、广州、海口、济南、南宁、上海、太原、乌鲁木齐、重庆9个城市为小效果量。排名下降的有沈阳、贵阳、昆明、南昌、天津、西宁6个城市，其中昆明、贵阳为中等效果量，南昌为小效果量。

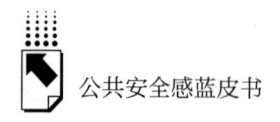

5. 不同城市居民对"自然灾害救助及时性"的安全感及其排名（2019）

课题组结合该测题调研的统计数据进行分析，得出了不同城市居民对"自然灾害救助及时性"的安全感及其排名，见表15和图5。在对2018~2019年的数据进行分析之后，我们将该分项指标2018年和2019年的数据做了一个纵向的对比，详见表16。

表15　不同城市自然安全感分项指标[3]描述统计结果和排名（2019）

城市	均值	标准差	排名
厦门	7.27	2.33	1
乌鲁木齐	7.11	2.45	2
拉萨	6.68	3.04	3
济南	6.67	2.69	4
北京	6.65	2.26	5
宁波	6.59	2.48	6
上海	6.55	2.49	7
深圳	6.51	2.74	8
福州	6.47	2.71	9
武汉	6.38	2.50	10
银川	6.38	2.19	11
哈尔滨	6.35	2.55	12
南京	6.33	2.73	13
青岛	6.33	3.08	14
呼和浩特	6.30	2.64	15
杭州	6.26	2.66	16
成都	6.24	2.72	17
合肥	6.18	2.69	18
昆明	6.09	2.52	19
长沙	6.08	2.61	20
重庆	5.92	2.86	21
广州	5.87	2.79	22
西安	5.74	2.72	23
贵阳	5.63	2.80	24
郑州	5.62	2.84	25
天津	5.53	2.36	26
西宁	5.52	2.78	27

续表

城市	均值	标准差	排名
大连	5.51	2.66	28
长春	5.48	2.97	29
沈阳	5.47	2.59	30
海口	5.47	2.71	31
太原	5.45	1.58	32
南昌	5.44	2.67	33
南宁	5.40	2.50	34
兰州	4.93	2.94	35
石家庄	4.90	1.83	36

分项指标③：不同城市居民对"自然灾害救助及时性"的安全感。

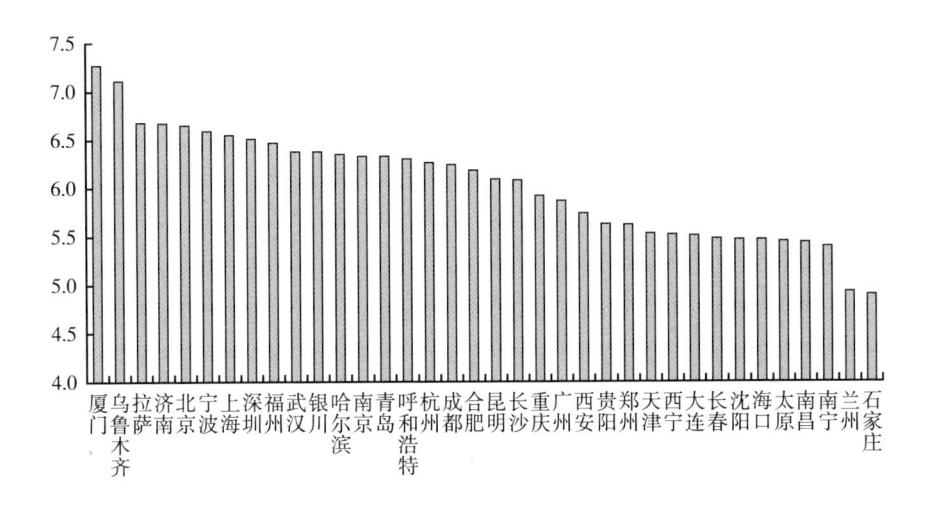

图5 不同城市居民对"自然灾害救助及时性"的安全感排名（2019）

据统计结果，该项指标的全国均值是6.03，居民对该项指标的评价较好。该项指标表现最好和最差的城市分别是厦门和石家庄，其均值分别为7.27和4.90。就该项指标而言：高于中值（5.50）且高于全国均值（6.03）的有厦门、乌鲁木齐、拉萨、济南、北京、宁波、上海、深圳、福州、武汉、银川、哈尔滨、南京、青岛、呼和浩特、杭州、成都、合肥、昆明、长沙20个城市；高于中值（5.50）但低于全国均值（6.03）的有重庆、广州、西安、贵阳、郑州、天津、西宁、大连8个城市；低于全国均值（6.03）且低于中值（5.50）的有长春、沈阳、海口、太原、南昌、南宁、兰州、石家庄8个城市，低于中值的城市中，居民对于该项指标相对于其他城市而言，安全感相对较低。

6. 城市居民对"自然灾害救助及时性"的安全感比较（2018~2019）

为了直观地体现2018年和2019年两年评价的变化情况，我们对连续两年的分项指标的相关数据做了一个初步的对比，通过对比，能够对城市自然安全治理的某些环节和方面做一个纵向比较，进而为城市自然安全治理工作的改进提供决策参考。分项指标③的比较数据见表16。

表16 不同城市自然安全感分项指标③统计分析结果的比较（2018~2019）

城市	2018年			2019年			t检验	效果量
	均值	标准差	样本数（个）	均值	标准差	样本数（个）		
北京	5.53	2.96	285	6.65	2.26	298	-5.12***	0.43
沈阳	6.17	3.36	332	5.47	2.59	297	2.94**	0.23
成都	5.56	2.72	294	6.24	2.72	300	-3.05**	0.25
福州	6.19	2.50	295	6.47	2.71	296	-1.31	0.11
广州	4.76	2.50	303	5.87	2.79	299	-5.14***	0.42
贵阳	6.74	2.35	317	5.63	2.80	316	5.40***	0.43
哈尔滨	4.58	2.75	321	6.35	2.55	291	-8.26***	0.67
海口	4.92	2.39	300	5.47	2.71	298	-2.63**	0.22
杭州	6.18	3.03	321	6.26	2.66	301	-0.35	0.03
合肥	5.80	2.70	316	6.18	2.69	299	-1.75	0.14
呼和浩特	4.87	2.69	308	6.30	2.64	296	-6.60***	0.54
济南	6.27	2.42	300	6.67	2.69	303	-1.92	0.16
昆明	7.33	1.83	320	6.09	2.52	306	7.02***	0.56
拉萨	6.57	2.54	300	6.68	3.04	299	-0.48	0.04
兰州	5.22	2.62	313	4.93	2.94	297	1.28	0.10
南昌	6.63	2.45	298	5.44	2.67	301	5.68***	0.46
南京	6.04	3.00	318	6.33	2.73	299	-1.26	0.10
南宁	4.53	2.78	311	5.40	2.50	300	-4.07***	0.33
上海	6.02	3.04	299	6.55	2.49	297	-2.33*	0.19
石家庄	4.92	2.91	314	4.90	1.83	323	0.10	0.01

续表

城市	2018年			2019年			t检验	效果量
	均值	标准差	样本数（个）	均值	标准差	样本数（个）		
太原	4.69	2.53	319	5.45	1.58	294	-4.49***	0.36
天津	5.86	2.59	297	5.53	2.36	301	1.63	0.13
乌鲁木齐	6.02	2.91	303	7.11	2.45	301	-4.98***	0.41
武汉	4.89	1.97	315	6.38	2.50	291	-8.10***	0.66
西安	5.25	2.42	298	5.74	2.72	299	-2.33*	0.19
西宁	6.08	2.55	306	5.52	2.78	313	2.61**	0.21
银川	5.99	2.95	300	6.38	2.19	296	-1.84	0.15
长春	5.10	2.81	299	5.48	2.97	299	-1.61	0.13
长沙	5.65	2.10	303	6.08	2.61	300	-2.23*	0.18
郑州	5.31	2.75	307	5.62	2.84	301	-1.37	0.11
重庆	5.32	2.60	297	5.92	2.86	296	-2.67**	0.22
大连	—	—	—	5.51	2.66	294	—	—
宁波	—	—	—	6.59	2.48	297	—	—
青岛	—	—	—	6.33	3.08	305	—	—
厦门	—	—	—	7.27	2.33	300	—	—
深圳	—	—	—	6.51	2.74	300	—	—

分项指标③：不同城市居民对"自然灾害救助及时性"的安全感。

注：* $0.01 \leqslant p < 0.05$，** $0.001 \leqslant p < 0.01$，*** $p < 0.001$。

该项指标2019年与2018年统计结果的比较结果详见表16。排名上升的有北京、成都、福州、广州、哈尔滨、海口、杭州、合肥、呼和浩特、济南、拉萨、南京、南宁、上海、太原、乌鲁木齐、武汉、西安、银川、长春、长沙、郑州、重庆23个城市，其中哈尔滨、呼和浩特、武汉3个城市为中等效果量，北京、成都、广州、海口、南宁、太原、乌鲁木齐、重庆8个城市为小效果量。排名下降的有沈阳、贵阳、昆明、兰州、南昌、石家庄、天津、西宁8个城市，其中昆明为中等效果量，沈阳、贵阳、南昌、西宁4个城市为小效果量。

（二）城市自然安全治理的问题

全国城市公共安全感的研究结果表明，相对于其他8个领域的分领域评

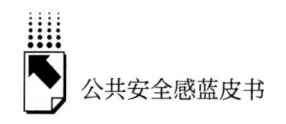

价指标，城市自然安全感的指数 2017 年、2018 年连续两年名列榜首，2019年位于第 2 的位置。虽然 2019 年与前两年相比，排名略有下降，但自然安全感指数为 0.5279，这与前两年相比是明显提高的。这反映了近几年我国各级政府深入贯彻习近平总书记关于提高自然灾害防治能力的重要讲话精神，高度重视自然环境的保护以及自然灾害防治的持续投入，我国自然安全治理体系和治理能力在稳步提升。但是，亮丽的数据背后，我们依然可以发现一些需要改进的空间。我们必须居安思危，弥补短板，认真面对我国自然安全治理方面的问题。

1. 自然安全感指数的地区差异明显，治理水平参差不齐

从 2019 年全国城市公共安全感调研的数据来看，全国不同地区的自然安全感指数的地区差异依然明显。除少部分地区排名相对比较稳定外，多数地区排名都或有升降，这种升降反映出地区对于自然安全治理的重视和投入程度有所变化，同时也与本地区已有的基础条件和特殊的自然环境、资源有关。与 2018 年相比，2019 年的自然安全感排名依然具有明显的地区差异，但是不同地区的具体变化程度呈现多元特征（见表 17）。从表 17 我们可以看到，我国不同地区在某些具体议题上的自然安全感的地区特征很明显，这与我国不同地区的自然环境和现行的自然环境治理的政策及其执行状况密切相关，当然也受当地原有的基础性条件的影响。比如自然环境比较复杂的成都，因其山地较多，与其他地区相比，发生地质灾害的频率更高，这对公众的自然安全感会有一定的负面影响。但 2019 年数据显示，成都自然安全感指数上升了 6 名，这反映出地方政府对自然环境保护和自然灾害治理的重视和投入程度较高。整体来看，地方自然安全感排名的升降反映出不同地区的地方政府自然安全治理投入的升降，投入程度关系不同地区自然安全治理的绩效水平。中西部地区因其自然环境良好，自然资源丰富，本身具有一定天然优势，其自然环境治理水平呈现一个"同等投入、更大绩效"的特征，所以乌鲁木齐、呼和浩特等中西部城市排名上升显著。但是上海、北京、广州、南京、杭州这样的东部城市，由于其已有的基础条件整体比较扎实，同等投入的绩效外显度就不如中西部地区那么明显，从 2019 年的数据也可看

出,上海、南京、杭州、广州等排名有所下降或者上升幅度不是很高。这就要求中西部城市继续加强自然安全治理的投入,更好地发挥其地区自然环境优势,而经济发展较好的东部城市,则一定要在自然安全治理方面投入更多,使城市各领域统筹发展。

表17 自然安全感分项指标的地区排名(2018~2019)

城市	生命财产			防范设施			灾害救助		
	2019年	2018年	变化	2019年	2018年	变化	2019年	2018年	变化
厦门	1	—	—	1	—	—	1	—	—
乌鲁木齐	2	13	+11	2	6	+4	2	11	+9
济南	3	9	+6	3	9	+6	4	5	+1
拉萨	4	3	-1	5	4	-1	3	4	+1
宁波	5	—	—	7	—	—	6	—	—
北京	6	21	+15	4	21	+17	5	18	+13
银川	7	11	+4	10	7	-3	11	13	+2
上海	8	6	-2	6	11	+5	7	12	+5
呼和浩特	9	16	+7	8	24	+16	15	27	+12
青岛	10	—	—	12	—	—	14	—	—
南京	11	7	-4	16	12	-4	13	10	-3
福州	12	20	+8	13	10	-3	9	6	-3
杭州	13	10	-3	11	5	-6	16	7	-9
武汉	14	27	+13	14	25	+11	10	26	+16
成都	15	23	+8	15	19	+4	17	17	+0
深圳	16	—	—	9	—	—	8	—	—
合肥	17	18	+1	21	15	-6	18	15	-3
长沙	18	19	+1	17	16	-1	20	16	-4
重庆	19	17	-2	18	20	+2	21	19	-2
昆明	20	1	-19	19	1	-18	19	1	-18
南昌	21	4	-17	28	3	-25	33	3	-30
贵阳	22	2	-20	22	2	-20	24	2	-22
大连	23	—	—	24	—	—	28	—	—
广州	24	29	+5	27	26	-1	22	28	+6
长春	25	26	+1	34	22	-12	29	23	-6
西宁	26	8	-18	30	8	-22	27	9	-18
郑州	27	12	-15	23	17	-6	25	20	-5
天津	28	14	-14	26	14	-12	26	14	-12

续表

城市	生命财产			防范设施			灾害救助		
	2019年	2018年	变化	2019年	2018年	变化	2019年	2018年	变化
哈尔滨	29	31	+2	20	30	+10	12	30	+18
海口	30	28	-2	32	29	-3	31	25	-6
南宁	31	30	-1	31	31	0	34	31	-3
沈阳	32	5	-27	25	13	-12	30	8	-22
西安	33	15	-18	29	18	-11	23	21	-2
兰州	34	24	-10	36	28	-8	35	22	-13
太原	35	25	-10	33	27	-6	32	29	-3
石家庄	36	22	-14	35	23	-12	36	24	-12

2. 自然安全感结构性特征明显，地区发展不平衡

2019年全国城市自然安全治理的调研数据的分析结果显示，2019年自然安全感的指数排名依然在众领域安全感的指数排名中占据前列，整体表现出较强的稳定性。除少部分城市的自然安全感排名比较稳定外，大多数地区的自然安全感评价数据或多或少都有所变化，而且结构性特征明显。不同地区的自然安全感综合排名必须考虑诸多相关因素的影响，自然安全感的评价内容、测题的实际、评价的实施以及调研者的调研技巧和能力都会对评价结果产生这样那样的影响，但对城市自然安全感影响最大的还是当地政府对自然环境的重视和对自然灾害防治的投入。通过分项指标的数据分析以及两年的数据统计结果对比，我们可以发现，就自然安全感指数而言，这是不同地区"此消彼长"相互耦合的结果。不同地区自然安全感指数的"此消彼长"其实反映的就是不同地区对自然安全感的投入和重视的一个变化和调整的过程。不同地区自然安全感指数结构性特征明显，不同年份、不同城市的自然安全感评价的总体数据和分项数据都呈现明显的结构性变化特征。不同城市自然安全治理水平参差不齐、发展不平衡是制约我国总体自然安全感指数提升的一个重要因素。因此，国家要设法缩小地区之间的治理差距，使各地区自然安全治理水平协调发展。

3. 公众的参与水平需要提高，城市公共安全风险的应急机制需要加强

政府在自然灾害风险预控和公众参与方面的问题依然是制约我国现行自然灾害治理水平的重要影响因素。在课题调研的过程中，课题组设计了一个测题"您所在的社区或单位有没有组织过自然灾害方面的应急演练？"通过这个问题拟了解全国针对自然灾害应急与预控机制的建立情况，同时也能够间接反映社会公众的参与情况。关于该测题不同城市的排名情况见图6，全国不同城市关于该测题的整体评价频率情况详见表18。该测题选项为①没有②没印象③偶尔有④经常有，由于①②选项没有本质差异，在进行统计时，将2个选项合并为1个选项。城市的应急演练及其相关的制度设计是城市自然安全治理的重要组成部分，一方面体现了政府及其相关部门对于城市自然灾害治理的预防和应急机制的设计，应急演练及其相关的制度是

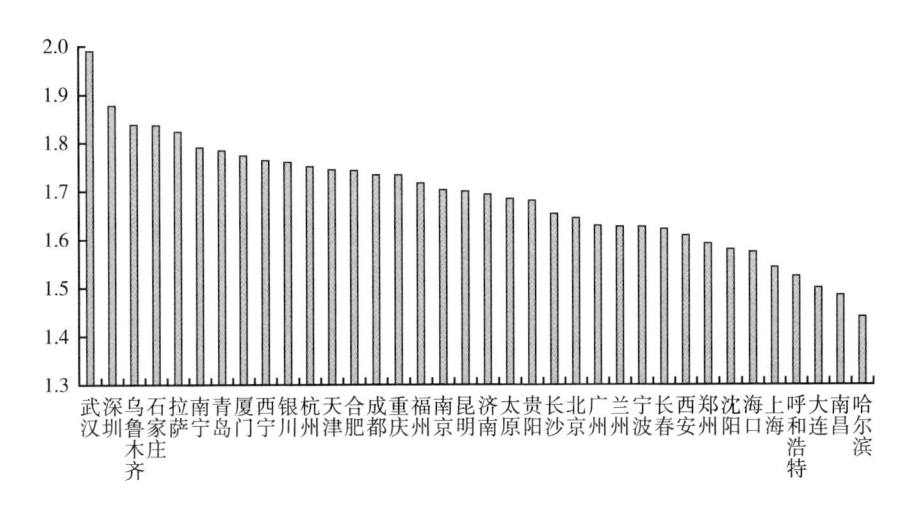

图6 不同城市居民对"灾害应急演练频次"的主观评价（2019）

表18 "灾害应急演练频次"频率（2019）

选项	人数(人)	百分比(%)	有效百分比(%)	累计百分比(%)
1	4634	42.9	42.9	42.9
2	4902	45.4	45.4	88.3
3	1267	11.7	11.7	100.0
合计	10803	100.0	100.0	

危机发生时各主体的行动纲领，应急演练及其相关制度设计的完善程度和执行状况对于政府的自然安全风险预控和危机治理具有重要的作用。另一方面，是有效改进和提升城市居民参与风险治理水平的重要手段，公众的自救和他救能力关系城市自然安全风险预控和危机处置绩效。2019年的统计数据表明，全国绝大多数城市自然灾害应急和治理水平都不乐观，每个城市居民对本地举行自然灾害的总体评价都低于中值2；被调查者所在的社区或单位没有组织过自然灾害方面的应急演练的频率达到42.9%，被调查者所在的社区或单位经常组织自然灾害方面的应急演练的频率仅占11.7%，这表明我国组织或社区目前关于应急演练的实践不足。如果城市以应急演练为核心的风险预控机制缺失或不足的话，那么社会公众参与自然灾害预控的空间和机会就会很少，社会公众在面对自然灾害风险时自救或他救的能力就比较差，这对城市自然安全的治理体系和治理能力的现代化是一个严重的挑战。这就表明，强化以自然灾害的应急演练机制为核心的风险预控机制建设已刻不容缓，应该着重加强风险预控机制建设，引导公众参与应急演练，以提升其自救他救能力，从而在总体上提升城市自然安全感治理绩效。

4. 社会公众接受自然灾害防治的教育不足，城市公共安全的教育和服务亟待加强

政府在自然灾害防治上的教育和服务水平是制约我国现行自然灾害治理水平和社会公众参与自然灾害防治的积极性及能力的重要因素。在课题调研的过程中，课题组设计了一个测题"您是否接受过社会组织（如公益团体）关于公共安全的教育或服务？如果有，有哪些呢？（多选）"在该测题中设置了自然灾害防治的选项，通过这个问题拟了解全国针对自然灾害防治的教育和服务情况。关于该测题不同城市的排名情况见图7，全国不同城市关于该测题的整体评价频率情况见表19。自然灾害防治的教育和服务是城市自然安全治理的重要组成部分，一方面体现了政府对自然灾害防治的重视程度，另一方面，关于自然灾害防治的教育和服务是有效改进和提升城市居民参与风险治理水平的重要手段。2019年的统计数据表明，全国绝大多数城市自然灾害防治的教育和服务水平都不乐观，全国关于该测题的整体均值为

0.3516，小于中值0.5，每个城市居民对本地举行自然灾害防治的教育或培训的总体评价都较低，除青岛和厦门的得分均值超过了中值：青岛0.5148，厦门0.5067，其他城市的得分均值都在0.2~0.5；根据表19可知，64.8%的被调查者没有接受过社会组织（如公益团体）关于公共安全的教育或服务，这表明我国目前关于自然灾害防治的教育和服务水平较低。

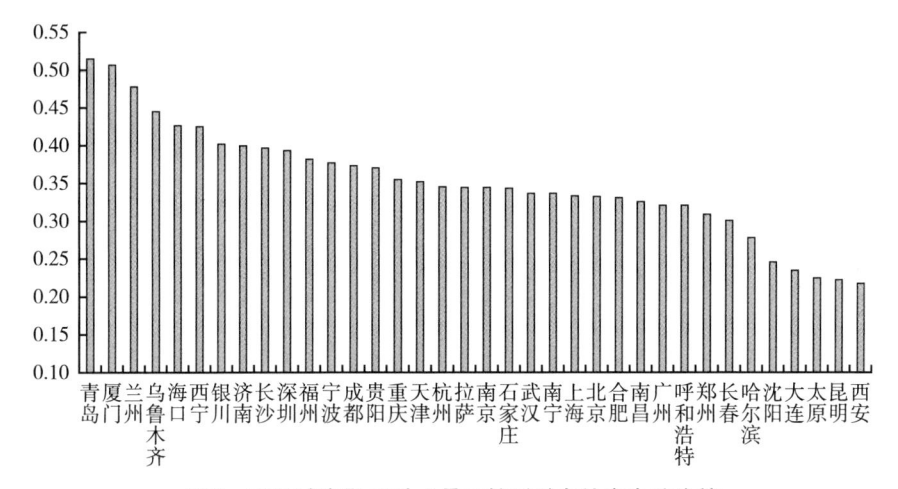

图7 不同城市居民对"是否接受过自然灾害防治的教育或培训"的主观评价（2019）

表19 "自然灾害防治的教育或培训"频率（2019）

选项	人数(人)	百分比(%)	有效百分比(%)	累计百分比(%)
0	7005	64.8	64.8	64.8
1	3798	35.2	35.2	100.0
合计	10803	100.0	100.0	

通过对2018年、2019年两年数据的对比分析，可以看出我国不同地区自然灾害风险的治理水平的地区差异依然比较明显，这反映出地方政府在相关领域的治理体系和治理能力的不同，政府的重视和投入程度、以应急演练为核心的风险预控机制的完善程度和公众的参与水平等因素都是制约我国地方政府灾害治理问题的影响因素。总体来讲，我国不同城市所面对的城市自

然安全的问题和挑战既有客观性质（包括各地区自然环境和自然资源的不同）的，也有主观方面（包括地方政府重视和投入程度、风险预控机制的完善程度和公民参与水平等）的；既有居民的，也有政府的；既有发达地区的，也有中西部欠发达地区的。这些挑战和问题为我们展现了一个城市自然安全的图景，也为我国下一步提升总体自然安全感指数指明了方向。地方政府应该充分认识到自然安全感对于老百姓的幸福感和获得感的重要价值，强化协同治理，为自然安全治理体系和治理能力的提升创造一个良好的治理环境。同时，社会公众也要增强其作为城市主人的责任感，多多参与应急演练及相关教育活动，增强自然安全治理参与水平和自救他救能力。

三 城市自然安全感提升对策建议

城市自然安全感的评价和排名是众多影响因素耦合的结果，既有客观因素的影响，如地区自身的自然环境、自然资源的制约，也有地方政府主观因素的影响，如地方政府在自然灾害治理方面的投入，比如制度建设、公众参与等，这也启示地方政府管理者必须根据不同地区的实际情况，强化城市自然灾害的风险防范和预控体系建设，注重城市自然灾害的协同共治。自然安全风险治理每一环节的工作缺陷都将引起恶性循环，从而削弱整体绩效。因此，各地政府要注重从减灾防灾、预警到应急响应和恢复重建的有效衔接；此外，城市自然灾害的管理和治理必须打破部门界限，充分发动群众，鼓励社会公众的有效参与，重点对灾害风险治理的"碎片化"结构进行调整，从技术层面有效地整合不同政府部门的公共资源，进一步优化当前灾害治理体系，提升灾害治理的能力。

（一）各地区因地制宜，积极推进城市自然灾害的系统治理

通过近几年的调研，我们发现，不同地区自然环境的客观实际情况不同，面对的自然灾害也有较大的差异，这也从侧面反映出我国自然安全治理存在地区性差异的原因。但总体而言，为实现城市自然灾害的风险防控

和预控体系建设，不同地区的城市自然安全治理都需要积极推进系统治理。系统性治理，近年来备受推崇，城市自然灾害治理体系和治理能力的提升，或许"系统性治理"是一把有效之匙，因为它直接切中了问题的要害所在。正如习近平总书记所强调的："治理和管理一字之差，体现的是系统治理、依法治理、源头治理、综合施策。"自然灾害系统性治理的实现，无论是治理观念、价值取向，还是法律法规、政策机制，都需要置于整体性视域下重新优化权力、资源的配置方式，并且要妥善处理好其间纷繁复杂的相关关系。因此，地方政府领导要高度重视地方自然环境治理的整体规划和部署。此外，由于自然环境和社会环境方面存在的客观差异，城市自然生态治理要尊重自然规律，充分发挥各方的积极性、主动性和创造性。地区的结构性的问题需要得到不同地区的高度重视，要充分认识到本地区在自然安全治理方面的现实和差距，从政策设计、基础设施建设和社会公众参与等方面，凝神聚力，强化自然安全治理的系统治理。从风险的教育和培训，到风险的演练、应急处置以及事后恢复，甚至包括心理救援和干预等方面进行全方位的顶层设计，实现地区自然安全治理体系和治理能力的有效改进和提升。在历年的自然安全感排名上，政府应该努力使得该排名实现基本稳定和持续改进，要避免地方工作不力导致排名呈现断崖式下跌的情况出现。

（二）注重对自然灾害的系统研究，注重系统预防和应急体系建设

1. 强调以预防为主，创新完善自然灾害预控体制机制

由于自然灾害的突发性、异常性和复杂性，自然灾害的治理必须把自然灾害防治放在突出重要的位置，进一步提高我国自然灾害防灾减灾能力。自然灾害防治既是专业性、技术性、事务性工作，又是政治性、经济性、社会性工作，以自然灾害的治理为核心的自然安全治理体系和治理能力的强化必须依托于完善的制度体系。我们现行的自然灾害的治理依然是以传统"一案三制"为核心建构起来的制度体系。2006年以来，国家制定了《国家自然灾害救助应急预案》《国家防汛抗旱应急预案》《国家地震应急预案》等

诸多的预案，各个地方也加紧了各类预案的制定，但各级自然资源部门在防治自然灾害上亟待制定的应急预案很多，还不全面、不系统。与此同时，这些预案的执行如何有效地嵌入社会的生产和生活实践中也是一个现实的问题。但现有的各种预案都是以各种类型自然灾害的治理为核心，以各个地域为主体，采取条条为主、块块为辅的方式建立的，希望能在条块之间保持充分的协调，既实现自然灾害应对中的统一领导，又充分发掘各地方政府的主导作用。因此，需要进一步完善相应预案体系，充实预案内容，细化要素分类，增强预案的规范化、体系化和可操作化。

自然灾害防治需要讲究战略和战术。而重要的战略和战术，一方面需要提前制定好自然灾害防治应急预案，另一方面又需要周密部署好自然灾害应急处置。基于此，不同地区的城市要以自然灾害风险的有效治理为核心，强化系统治理的思维，从政策和制度的设计和执行上着手，要强化天气的预报、地方基础设施的改扩建，注重城市更新等。从政策设计、资源保障、部门协同、社会参与等角度去应对自然灾害风险，有效提升城市自然灾害的应急处置能力。

2. 以自然安全风险治理为中心，实现风险治理全过程、多主体的有效衔接

作为公共安全的重要构成，自然安全的治理是其他领域安全治理的重要基础。城市自然安全风险治理作为一个系统工程，它不仅涉及政府、非政府组织及社会公众等利益相关者，也对这些社会生活的参与者提出了重大考验。首先，政府的领导和决策是一个城市应对自然安全风险事件的"主心骨"，这就需要政府提升本身的领导能力和决策水平，提高治理的绩效。政府的决策一方面是政府能力的体现，另一方面是政府应对自然安全事件的态度表现，高质量的政府决策不仅能够有效应对风险，还能够提升政府的公信力。其次，社会组织在自然安全治理过程中是政府角色的重要补充，尤其是一些公益性组织在灾害发生后能够在短时间内实现人力的集结、物资的高效转运。最后，社会公众在自然灾害上的参与能力和救援能力对于风险识别和恢复重建具有重要的推动作用，这有一个重要的前提，即政府能够提供多元化的社会公众参与的渠道，同时加强自然灾害防治的宣传教育力度。为了实

现自然安全治理能力的可持续改进和提升,城市基础设施的科学规划、建设与管理是有效提升城市自然安全感的客观条件。自然安全事件与其他领域的安全事件相比,人为触发因子的作用较少,致灾类型有限,因此,地方政府有必要对本地自然安全风险事件进行规律性研究,并以此为根据,加强防灾、减灾专用设施和城市公共基础设施的科学规划、建设和更新。在自然灾害治理过程中,灾害的应急演练是灾害逃脱的关键,因此,地方政府要根据所辖区域的实际情况制定应急演练教程和培训,将应急演练从形式演练转变为实质演练,督促各部门、组织能够从应急演练的过程和结果中吸取经验教训并进行系统完善。

(三)多措并举,促进社会公众的广泛、高效参与

社会公众在自然灾害事件中的决策和行为是整个城市自然安全风险治理的重要绩效来源。公众的决策和行为一方面来自公众对自然灾害和行为影响的主体认知,另一方面与地方政府的宣传教育及政策行为有关,公众对风险感知程度越高,对政府的行为和决策的期望和要求也就越高。政府除了要进行政策制定和实施,还要在自然灾害治理过程中满足社会公众的需求,其中包括服务需求、参与需求等。社会公众需求的存在需要政府引导社会公众建构一种全员参与的协同治理模式,同时,政府必须强化城市居民自身的风险应急能力,比如根据不同地区的实际情况,因地制宜开展城市自然灾害的应急演练和训练,还要通过宣传教育普及来不断强化社会公众对于自然灾害风险生成规律的认知。要充分利用"国际减灾日"等重要时间节点,加强防灾减灾宣传教育活动,可以在现有的"全国综合减灾示范社区"评选活动的基础上,通过创建本区域范围内的综合减灾示范社区,举办集中防灾减灾宣传教育活动、发放宣传资料、开展防灾减灾的知识竞答活动等能够激发社会公众的积极性和具有实际宣传教育效果的活动形式来普及防灾减灾知识。基层地方政府的工作人员要提高进入基层社区的走访调查的频率,以充分了解社会公众关于自然灾害防治的担忧程度和困难点,从而有助于加强社会动员力量,扩大社会公众参与面。

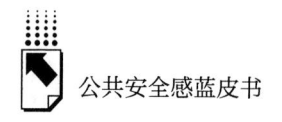

结论

推进国家治理体系和治理能力现代化的要求对于城市自然灾害风险治理提出了具体要求和标准。城市自然安全的治理能力和水平不仅是城市居民的获得感、幸福感和安全感的重要来源，也是其他领域安全风险治理的辅助要素。我国广阔的国土面积决定了我国自然灾害发生的多元化和复杂性，虽然我国目前已经针对自然灾害防治采取了相应的防控措施，自然灾害治理水平也有提高，但是为了实现自然安全风险治理的高效和治理绩效的提升，地方政府还要从体系构建、多元参与、区域均衡治理，以及自然安全风险治理常态化、多层次、全过程等方面去进一步完善，从而能够促进地方政府自然安全风险治理水平和社会公众自然安全感的显著提升。

B.3 中国城市治安安全感调查报告（2020）

韦长伟[*]

摘　要： 良好的治安环境是治理者和社会民众的共同需求和追求。通过问卷调查呈现城市居民的治安安全感，有利于治理者了解居民主观认知和感受到的社会治安状况，发现居民真实的治安需求和对治安服务的满意度，从而进一步提升城市治理者的社会治安服务水平和治安综合治理能力。2019年治安安全感指数得分0.5046，排名第5，连续两年小幅下滑，但是得分相对比较稳定。经测算，对居民治安安全感具有显著影响的主要人口学特征是性别、年龄、文化程度、户口类型、月收入、政治面貌、身份职业。3年的数据分析显示，治安安全感4个分项指标之间以及它们与总体治安安全感之间呈现为显著的相关性，多数城市居民的治安安全感4个分项指标3年间存在显著的变化。研究发现，当前城市治安安全及其治理的问题主要是治安安全感的空间分布不均衡、治安安全感个别指标存在明显的短板、治安风险敏感群体和高危群体突出、治安风险治理的社会参与和居民参与有待加强、治安风险治理的效果认同有待提升。

关键词： 治安安全感　治安安全　治安风险　治安需求

---

[*] 韦长伟，博士，中国矿业大学公共管理学院（应急管理学院）讲师，主要研究方向为风险管理与冲突管理。

安全始终是人类社会永恒的主题之一。治安秩序是人类社会秩序的基本条件，是各类社会组织和居民个体生存和发展的基础。进入新时代，安全感成为居民美好生活的重要标志。对治安的需求，是居民对良好的公共秩序、公共安全以及人身和财产安全的诉求。与此同时，社会治安也是政府社会治理和社会建设的重要内容。因此，良好的治安环境是治理者和社会民众的共同需求和追求。通过问卷调查呈现城市居民的治安安全感，分析不同城市、不同居民治安安全感的现实状况，有利于治理者了解居民主观认知和感受到的社会治安状况，发现居民真实的治安需求和对治安综合治理与服务的满意度，从而进一步提升城市治理者的社会治安服务水平和治安综合治理能力。

一　2019年治安安全感调查说明

与2017年和2018年一样，2019年中国矿业大学全国城市居民公共安全感课题组继续对城市居民的公共安全感进行调查。2019年延续使用了2018年的问卷，对城市居民公共安全各分项的感知及安全意识、安全行为等方面的调查问题设置基本稳定，受调查居民的人口学特征亦保持不变。与此前的调查不同，2019年课题组在4个直辖市和27个省会城市之外，增加了5个计划单列市（副省级城市）。

还有一个变化就是治安安全的权重设置和权重排名。经过两年的全国城市调查，2019年课题组权衡分析后，调整了治安安全的权重（0.0675），居于公共安全9个分项指数的第8位。表1呈现的是2019年度治安安全感的四个具体测量指标。每个指标在问卷中对应一个题目进行实际测量，这四个问题分别是："一个人夜晚出行时，您担心人身安全吗？""陌生人随意进入所居住的小区，您会担心吗？""假如发生暴力冲突事件，您担心会受到伤害吗？""发生治安事件，您担心市民会得不到及时的保护吗？"问卷采用10点量表，1~10表示从"极为担心"到"完全不担心"，即得分越高，安全感越高。

表1　2019年城市治安安全感测量指标

一级指标	权重	二级指标	权重	三级指标 （极为担心—完全不担心：1~10）
治安安全	0.0675	治安安全	0.0675	一个人夜晚出行时的人身安全
				陌生人随意进入所居住小区
				暴力冲突事件造成的伤害
				发生治安事件时能否得到及时保护

二　2019年城市治安安全感的基本状况

2019年的城市治安安全感基本状况主要从两个方面进行介绍：①治安安全感指数3年的变化情况及不同城市治安安全感指数排名的变化情况；②通过治安安全感的描述性统计和差异性检验，呈现2019年居民的总体治安安全感（TSS）、夜晚单独出行担忧（SSN）、陌生人入小区担忧（SWC）、暴力冲突伤害担忧（FV）、及时获得保护担忧（TAP）。

（一）治安安全感指数及排名

1. 治安安全感指数变化情况

课题组对2019年的调查数据进行整理分析，对城市公共安全感分项指数从高到低进行排名（见表2），依次是：公共场所设施安全感、自然安全感、生态安全感、交通安全感、治安安全感、公共卫生安全感、社会保障安全感、食品安全感、信息安全感。其中，治安安全感指数得分0.5046，排名第5。进一步来看，治安安全感指数2017年、2018年和2019年排名分别是第3、第4和第5，连续两年小幅下滑，但是得分相对比较稳定，几乎没有变化。这或许是因为治安安全历来是城市社会建设和社会治理的重点工作，城市政府在社会治安综合治理方面做出了大量卓有成效的工作，也取得了亮丽的成绩。加之直辖市和省会城市（包括2019年调查的副省级城市）特殊的政治经济地位，对治安的要求和重视强于一般城市，投入的各项资源

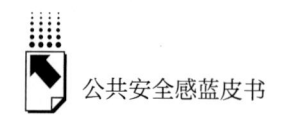

更多。因此，居民已经习惯了良好的城市治安环境，对治安评价的黏性较强。

表2 2017～2019年全国城市分项公共安全感指数及排名

分项指标	2019年			2018年			2017年	
	指数	排名	变化	指数	排名	变化	指数	排名
公共场所设施安全感	0.5399	1	+1	0.4978	2	0	0.4941	2
自然安全感	0.5279	2	-1	0.5089	1	0	0.5091	1
生态安全感	0.5115	3	+4	0.4880	7	-1	0.4840	6
交通安全感	0.5077	4	+1	0.4939	5	-1	0.4917	4
治安安全感	0.5046	5	-1	0.4957	4	-1	0.4934	3
公共卫生安全感	0.4958	6	0	0.4895	6	+1	0.4799	7
社会保障安全感	0.4820	7	+1	0.4782	8	-3	0.4843	5
食品安全感	0.4748	8	-5	0.4972	3	+5	0.4693	8
信息安全感	0.4728	9	0	0.4670	9	0	0.3835	9

2. 城市治安安全感指数排名

与全国治安安全感指数估算原理相同，采用求取的全国治安安全感分项指数，可以得出各城市治安安全感分项指标指数。如表3所示，在全国城市治安安全感方面，各城市2019年的治安安全感指数排名由高到低依次是：乌鲁木齐、拉萨、厦门、深圳、北京、福州、哈尔滨、济南、青岛、银川、呼和浩特、武汉、宁波、上海、昆明、南京、广州、杭州、成都、太原、长沙、合肥、大连、重庆、南宁、长春、贵阳、西宁、兰州、海口、天津、西安、郑州、石家庄、南昌、沈阳。城市治安安全感指数越高，排名越靠前，表明该城市居民的治安安全感越高。

结合2017～2019年城市治安安全感指数及排名，从图1的变化趋势可以发现，多数城市的治安安全感指数排名呈现出较为明显的被动。其中：拉萨、济南排行前列，3年排名均为前10，保持了较高的水平；海口、郑州排名靠后，3年治安安全感指数排名均位居倒数10位。2017～2018年，乌鲁木齐、昆明、福州、西宁、天津、合肥、沈阳、兰州排名上升幅度较大，名次上升均达到10名及以上；石家庄、重庆、西安、哈尔滨、广州排名下降幅度较大，名次下降均达到 10 名以上。2018~2019 年，北京、哈尔滨、呼和浩特排名上升幅度较大，名次上升均达到 15 名以上；贵阳、西宁、天津、南昌、沈阳排名下降幅度较大，名次下降均达到 15 名以上。乌鲁木齐、呼和浩特 3 年排名保持上升；杭州、长沙、海口、西安、郑州、石家庄连续 3 年治安安全感排名持续下降；上海、拉萨等城市 3 年排名相对稳定，变化幅度不大。

表3 2017~2019 年全国城市治安安全感指数及排名

城市	2019 年			2018 年			2017 年	
	指数	排名	变化	指数	排名	变化	指数	排名
乌鲁木齐	0.5792	1	+1	0.5425	2	+22	0.4569	24
拉萨	0.5509	2	-1	0.5523	1	+1	0.5438	2
厦门	0.5430	3	—	—	—	—	—	—
深圳	0.5298	4	—	—	—	—	—	—
北京	0.5286	5	+15	0.4841	20	-7	0.4872	13
福州	0.5268	6	-1	0.5222	5	+15	0.4737	20
哈尔滨	0.5214	7	+22	0.4653	29	-11	0.4748	18
济南	0.5199	8	-5	0.5272	3	+6	0.5126	9
青岛	0.5190	9	—	—	—	—	—	—
银川	0.5168	10	+6	0.4943	16	-1	0.4816	15
呼和浩特	0.5160	11	+15	0.4719	26	+5	0.4323	31
武汉	0.5155	12	+9	0.4835	21	-5	0.4788	16
宁波	0.5133	13	—	—	—	—	—	—
上海	0.5131	14	-1	0.5027	13	-1	0.4996	12
昆明	0.5121	15	-11	0.5255	4	+24	0.4423	28
南京	0.5113	16	-10	0.5159	6	+4	0.5101	10
广州	0.5091	17	+13	0.4613	30	-25	0.5258	5
杭州	0.5080	18	-10	0.5143	8	-4	0.5281	4
成都	0.5070	19	+3	0.4834	22	-16	0.5158	6
太原	0.5059	20	-1	0.4865	19	+4	0.4677	23
长沙	0.5055	21	-6	0.4956	15	-8	0.5155	7
合肥	0.4989	22	-10	0.5062	12	+13	0.4561	25
大连	0.4980	23	—	—	—	—	—	—
重庆	0.4923	24	0	0.4790	24	-23	0.5572	1
南宁	0.4922	25	+6	0.4416	31	-1	0.4405	30
长春	0.4908	26	-8	0.4868	18	+1	0.4741	19
贵阳	0.4886	27	-18	0.5127	9	+2	0.5079	11
西宁	0.4829	28	-21	0.5157	7	+10	0.4765	17

续表

城市	2019年			2018年			2017年	
	指数	排名	变化	指数	排名	变化	指数	排名
兰州	0.4779	29	-12	0.4908	17	+12	0.4412	29
海口	0.4761	30	-2	0.4689	28	-7	0.4720	21
天津	0.4754	31	-20	0.5077	11	+16	0.4425	27
西安	0.4732	32	-5	0.4705	27	-19	0.5134	8
郑州	0.4708	33	-8	0.4722	25	-3	0.4691	22
石家庄	0.4700	34	-11	0.4799	23	-20	0.5417	3
南昌	0.4667	35	-25	0.5081	10	+4	0.4822	14
沈阳	0.4655	36	-22	0.4967	14	+12	0.4532	26

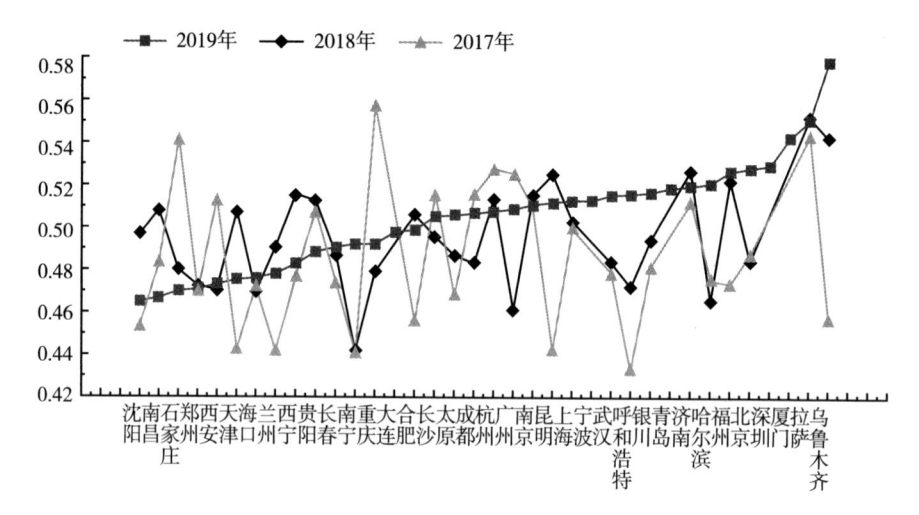

图1　全国城市治安安全感指数（2017~2019）

（二）治安安全感的描述性统计和差异性检验

2019年的城市治安安全感调查依然主要围绕总体治安安全感（TSS）、夜晚单独出行担忧（SSN）、陌生人入小区担忧（SWC）、暴力冲突伤害担忧（FV）、及时获得保护担忧（TAP）五个指标进行。经测算，本次调查结果显示，居民的治安安全感整体较高，显著影响居民治安安全感评价的主要人口学特征是性别、年龄、文化程度、户口类型、月收入、政治面貌、身份职业。此外，民族变量与治安安全感及其4个分项安全感存在显著性，但汉族占90%，剩余其他10个民族选项比重过小。与之同理，在宗教信仰变量上，"无宗教信仰"占89.6%，其他6个选项样本量过小，而且宗教信仰与治安安全感及4个分项安全感之间并不存在显著性。所以，本报告并不分析民族和宗教信仰变量的影响。

1. 基于性别的治安安全感状况

在治安安全感的调查中，性别具有较为明显的差异。性别的不同，居民对治安安全的认知和感触不同，主观评价相应地也具有明显的差异性。运用单因素方差分析和独立样本t检验，居民治安安全感的性别差异性检验结果如表4所示。从表4可知，就性别这一变量而言，在总体治安安全感（TSS）、夜晚单独出行担忧（SSN）、陌生人入小区担忧（SWC）、暴力冲突伤害担忧（FV）、及时获得保护担忧（TAP）5个因变量的检验均达到显著性水平。总体来看，男性居民在治安安全感5个指标上的主观评价得分均显著高于女性居民。该结果说明，本年度调查中男性和女性对治安安全的主观需求和认知程度的差异性明显，也符合现实社会中不同性别居民在治安问题上的表现。

表4 2019年治安安全感的性别差异性检验结果

变量	男性		女性		t检验
	均值	标准差	均值	标准差	
TSS	6.29	2.55	5.71	2.58	11.63***
SSN	6.35	2.61	4.99	2.76	26.36***
SWC	5.83	2.53	4.93	2.62	18.12***
FV	5.91	2.55	5.19	2.62	14.49***
TAP	6.03	2.55	5.40	2.60	12.70***

注：$*p<0.05$，$**p<0.01$，$***p<0.001$。

2. 基于年龄的治安安全感状况

年龄在一定程度上意味着不同群体人生阅历、知识经验、心智成熟等方面的差异，因此也是影响居民治安安全感的一个重要变量。运用描述统计和单因素方差分析方法，居民治安安全感的年龄差异性检验结果F值如表5所示。就年龄这一变量而言，在总体治安安全感（TSS）、夜晚单独出行担忧

(SSN)、陌生人入小区担忧（SWC）、暴力冲突伤害担忧（FV）、及时获得保护担忧（TAP）五个因变量的检验均达到显著性水平。从表5可知以下结果：①18~29岁受访群体在治安安全感5个指标的主观评价得分最低，均显著低于其他年龄段的群体；②60岁及以上受访群体在治安安全感5个指标的主观评价得分最高，除在陌生人入小区担忧（SWC）的得分（M=5.98）略低于6外，其他4个指标得分均高于6；③随着年龄的增加，居民在治安安全感5个指标的主观评价得分都呈现递增的趋势，即年龄越大，居民的治安安全感得分越高。现实生活中，随着年龄的增加，居民的人生阅历、知识经验增加，心智也越来越成熟，在对治安问题做出评价时，相应会综合考虑各种因素，对比不同历史时期、不同城市，评价结果也更加客观。

表5 2019年治安安全感的年龄差异性检验结果

变量	18~29岁(1)		30~44岁(2)		45~59岁(3)		60岁及以上(4)		F值	事后比较
	均值	标准差	均值	标准差	均值	标准差	均值	标准差		
TSS	5.83	2.61	6.15	2.48	6.28	2.55	6.44	2.72	23.49***	2,3,4>1
SSN	5.50	2.86	5.87	2.62	6.04	2.64	6.32	2.76	31.67***	2,3,4>1
SWC	5.21	2.66	5.53	2.48	5.75	2.56	5.98	2.70	32.32**	2,3,4>1
FV	5.31	2.65	5.72	2.50	5.98	2.54	6.26	2.62	49.74***	2,3,4>1
TAP	5.50	2.63	5.86	2.52	6.11	2.48	6.31	2.64	39.11***	2,3,4>1

注：*$p<0.05$，**$p<0.01$，***$p<0.001$。

3. 基于文化程度的治安安全感状况

居民的文化程度从某种意义上反映了居民对社会事务和社会问题的认知、分析解释、接受等方面的能力。运用描述统计和单因素方差分析方法，居民治安安全感的文化程度差异性检验结果F值如表6所示。就文化程度变量来看，不同群体在总体治安安全感（TSS）、夜晚单独出行担忧（SSN）、陌生人入小区担忧（SWC）、暴力冲突伤害担忧（FV）、及时获得保护担忧（TAP）5个因变量的检验均达到显著性水平。从表6可知以下结果：①初中学历群体的总体治安安全感明显高于大学学历群体；②在夜晚单独出行担忧方面，小学及以下学历群体显著高于大学及以上学历群体，初中学历群体明显高于高中和大学学历群体，高中学历群体明显高于大学学历群体；③在陌生人入小区担忧方面，初中及以下学历群体明显高于大学及以上学历群体，高中学历群体明显高于大学学历群体；④在暴力冲突伤害担忧方面，小学及以下学历群体明显高于大学及以上学历群体，初中学历群体明显高于高中及以上学历群体；⑤在及时获得保护担忧方面，小学及以下学历群体明显高于大学学历群体，初中学历群体明显高于高中及以上学历群体。从该调查结果可知，并非文化程度越高，治安安全感越高。总体来看，大学学历群体的治安安全感相对最差，研究生学历群体的治安安全感相对其他群体也不高，反而是小学及以下学历群体的安全感较为突出，该群体的得分大都在6以上。该结果可能是出于以下原因：①大学学历群体无论在媒体报道还是现实生活中，经常成为治安问题的受害对象和敏感群体，自我防护意识、经验和能力相对较弱；②文化程度越高，居民的治安需求越强烈，对治安问题越敏感，对治安安全服务和治理的要求越高，预期和现实的反差效应越明显，相应的治安安全感评价可能较低；③相对而言，政府向学历较低的居民提供的治安安全教育、服务和保障资源较多，学历较低群体的受重视程度、被保护程度更高，所以该群体的治安安全感也就更高。

表6 2019年治安安全感的文化程度差异性检验结果

变量	小学及以下(1)		初中(2)		高中(3)		大学(4)		研究生(5)		F值	事后比较
	均值	标准差	均值	标准差	均值	标准差	均值	标准差	均值	标准差		
TSS	6.21	2.71	6.21	2.70	6.08	2.59	5.94	2.55	6.14	2.54	4.10**	2>4
SSN	6.17	2.69	6.10	2.81	5.79	2.70	5.60	2.78	5.83	2.74	10.98***	1>4,5 2>3,4 3>4
SWC	5.93	2.60	5.82	2.68	5.59	2.60	5.26	2.59	5.35	2.59	18.63***	1,2>4,5 3>4
FV	6.06	2.61	5.98	2.64	5.69	2.60	5.44	2.60	5.49	2.56	15.06***	1>4,5 2>3,4,5
TAP	6.09	2.61	6.08	2.71	5.78	2.57	5.64	2.57	5.70	2.56	8.57***	1>4 2>3,4,5

注：$*p<0.05$，$**p<0.01$，$***p<0.001$。

4. 基于户口类型的治安安全感状况

户口类型不同，居民享受的城市安全服务的内容、方式和程度等不同，对治安安全感的评价可能也会存在差异。运用描述统计和单因素方差分析方法，居民治安安全感的户口类型差异性检验结果如表7所示。不同户口类型的群体在总体治安安全感（TSS）、夜晚单独出行担忧（SSN）、陌生人入小区担忧（SWC）、暴力冲突伤害担忧（FV）、及时获得保护担忧（TAP）五个因变量的检验均达到显著性水平。从表7可知以下结果：①在总体治安安全感和夜晚单独出行担忧两个指标上，本市城市户口的居民明显高于本市农村户口的居民；②在陌生人入小区担忧指标上，本市城市户口的居民明显高于外地农村户口的居民；③在暴力冲突伤害担忧和及时获得保护担忧指标上，本市城市户口的居民明显高于其他3个群体；④在治安安全感五个指标上，城市户口居民的得分高于农村户口居民。

表7 2019年治安安全感的户口类型差异性检验结果

变量	本市城市（1）		本市农村（2）		外地城市（3）		外地农村（4）		F值	事后比较
	均值	标准差	均值	标准差	均值	标准差	均值	标准差		
TSS	6.10	2.57	5.85	2.46	6.02	2.61	5.96	2.69	4.51**	1>2
SSN	5.82	2.73	5.58	2.68	5.69	2.81	5.64	2.92	4.18**	1>2
SWC	5.51	2.59	5.35	2.53	5.41	2.62	5.24	2.71	4.84**	1>4
FV	5.72	2.58	5.47	2.50	5.47	2.62	5.37	2.73	11.07***	1>2,3,4
TAP	5.86	2.57	5.65	2.45	5.64	2.61	5.57	2.77	7.63***	1>2,3,4

注：* $p<0.05$，** $p<0.01$，*** $p<0.001$。

5. 基于月收入的治安安全感状况

收入水平从一定意义上反映了居民的生活质量和社会地位，亦影响着居民的治安需求和安全感评价。运用描述统计和单因素方差分析方法，居民治安安全感的月收入差异性检验结果如表8所示。不同月收入水平的群体在总体治安安全感（TSS）、夜晚单独出行担忧（SSN）、陌生人入小区担忧（SWC）、暴力冲突伤害担忧（FV）、及时获得保护担忧（TAP）五个因变量的检验均达到显著性水平。从表8可知以下结果：①月收入2000元及以下居民的总体治安安全感明显低于3500元以上的居民；②相对月收入在2000元以上的群体，月收入2000元及以下的居民对夜晚单独出行、陌生人入小区和暴力冲突伤害的担忧明显更高；③月收入2001~3500元和3501~5000元的两个群体的总体治安安全感明显低于月收入8001~12000元的群体，在暴力冲突伤害和及时获得保护方面的担忧程度也明显高于月收入8001~12000元的群体，与此同时，他们对夜晚单独出行的担忧明显高于月收入5000元以上的群体；④在及时获得保护指标上，相比月收入3501~12000元的群体，月收入2000元及以下群体的担忧程度更为明显，月收入8001~12000元群体的安全感要相对高于月收入12001元以上的群体。总体而言，月收入越高，居民的治安安全感相应越高，但当月收入超过12001元时，居民的治安安全感出现了小幅下滑。月收入2000元及以下群体的治安安全感无疑是最低的，因此需要更多的治安服务和治安资源投入。

表8　2019年治安安全感的月收入差异性检验结果

变量	2000元及以下（1）		2001~3500元（2）		3501~5000元（3）		5001~8000元（4）		8001~12000元（5）		12001元以上（6）		F值	事后比较
	均值	标准差	均值	标准差	均值	标准差	均值	标准差	均值	标准差	均值	标准差		
TSS	5.80	2.61	5.97	2.64	6.03	2.53	6.20	2.51	6.52	2.51	6.22	2.70	12.73***	1<3,4,5,6 2,3<5
SSN	5.40	2.85	5.70	2.80	5.72	2.69	5.96	2.64	6.32	2.67	6.24	2.84	21.70***	1<2,3,4,5,6 2,3<4,5,6 4<5
SWC	5.11	2.66	5.44	2.65	5.53	2.55	5.61	2.50	5.71	2.63	5.57	2.66	14.04***	1<2,3,4,5,6
FV	5.26	2.63	5.63	2.65	5.60	2.58	5.80	2.51	6.01	2.56	5.74	2.68	16.51***	1<2,3,4,5,6 2,3<5
TAP	5.48	2.64	5.69	2.60	5.82	2.55	5.92	2.50	6.20	2.59	5.68	2.70	13.58***	1<3,4,5 2,3<5 5>6

注：* $p<0.05$，** $p<0.01$，*** $p<0.001$。

6. 基于政治面貌的治安安全感状况

不同政治面貌的居民，由于政治认知和政治态度的不同，相应的治安安全感或许存在差异。运用描述统计和单因素方差分析方法，居民治安安全感的政治面貌差异性检验结果如表9所示。不同政治面貌的群体在总体治安安全感（TSS）、夜晚单独出行担忧（SSN）、陌生人入小区担忧（SWC）、暴力冲突伤害担忧（FV）、及时获得保护担忧（TAP）五个因变量的检验均达到显著性水平。由表9可知以下结果：①中共党员和群众的总体治安安全感明显高于共青团员，在及时获得保护方面的担忧程度亦明显低于共青团员；②中共党员和群众在夜晚单独出行、陌生人入小区和暴力冲突伤害等方面的担忧程度明显低于民主党派和共青团员。

表9 2019年治安安全感的政治面貌差异性检验结果

变量	中共党员(1)		民主党派(2)		共青团员(3)		群众(4)		F值	事后比较
	均值	标准差	均值	标准差	均值	标准差	均值	标准差		
TSS	6.19	2.56	5.59	2.34	5.78	2.61	6.14	2.56	17.19***	1,4>3
SSN	5.92	2.74	4.98	2.61	5.37	2.87	5.90	2.69	32.34***	1,4>2,3
SWC	5.52	2.57	4.74	2.37	5.08	2.63	5.61	2.59	32.84***	1,4>2,3
FV	5.74	2.61	4.93	2.27	5.19	2.62	5.78	2.58	41.04***	1,4>2,3
TAP	5.94	2.59	5.44	2.45	5.41	2.61	5.88	2.57	27.66***	1,4>3

注：* $p<0.05$，** $p<0.01$，*** $p<0.001$。

7. 基于身份职业的治安安全感状况

不同身份职业的居民，由于职业的差异，可能造成安全感体验和评价结果的不同。运用描述统计和单因素方差分析方法，居民治安安全感的身份职业差异性检验结果如表10所示。不同身份职业的群体在总体治安安全感（TSS）、夜晚单独出行担忧（SSN）、陌生人入小区担忧（SWC）、暴力冲突伤害担忧（FV）、及时获得保护担忧（TAP）五个因变量的检验均达到显著性水平。从表10可知以下结果：①在本次调查的身份职业分类中，学生明显是治安安全感最差的群体。②离退休人员的治安安全感比较突出，在夜晚单独出行方面，该群体的安全感明显高于事业单位人员、公司职员和其他群体；在陌生人入小区和暴力冲突伤害指标上，该群体的安全感也明显高于事业单位人员、公司职员、自由职业者和其他群体；在及时获得保护指标上，该群体的安全感也明显高于事业单位人员、公司职员和其他群体。③在及时获得保护指标上，公务员和进城务工人员的担忧程度明显低于公司职员和其他群体。

表10 2019年治安安全感的身份职业差异性检验结果

变量	身份职业	均值	标准差	F值	事后比较
TSS	公务员(1)	6.49	2.44	10.53***	1,2,3,4,6,7,8>5
	事业单位人员(2)	6.11	2.55		
	公司职员(3)	6.07	2.45		
	进城务工人员(4)	6.21	2.60		
	学生(5)	5.73	2.58		
	自由职业者(6)	6.15	2.57		
	离退休人员(7)	6.41	2.72		
	其他(8)	6.04	2.80		
SSN	公务员(1)	6.19	2.59	17.01***	1,2,3,4,6,7,8>5 2,3<7 7>8
	事业单位人员(2)	5.81	2.72		
	公司职员(3)	5.83	2.65		
	进城务工人员(4)	6.01	2.58		
	学生(5)	5.33	2.84		
	自由职业者(6)	5.93	2.72		
	离退休人员(7)	6.27	2.73		
	其他(8)	5.69	2.94		
SWC	公务员(1)	5.79	2.49	17.22***	1,2,3,4,6,7,8>5 2,3,6,8<7
	事业单位人员(2)	5.44	2.61		
	公司职员(3)	5.48	2.51		
	进城务工人员(4)	5.77	2.46		
	学生(5)	5.07	2.61		
	自由职业者(6)	5.62	2.58		
	离退休人员(7)	6.02	2.69		
	其他(8)	5.37	2.76		
FV	公务员(1)	6.01	2.42	20.34***	1,2,3,4,6,7,8>5 2,3,6,8<7
	事业单位人员(2)	5.67	2.63		
	公司职员(3)	5.62	2.52		
	进城务工人员(4)	5.89	2.50		
	学生(5)	5.18	2.59		
	自由职业者(6)	5.78	2.58		
	离退休人员(7)	6.21	2.62		
	其他(8)	5.59	2.76		

续表

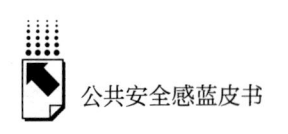

变量	身份职业	均值	标准差	F 值	事后比较
TAP	公务员(1)	6.23	2.46	15.93***	1,2,3,4,6,7,8>5 1>3,8 7>2,3,8 4>3,8
	事业单位人员(2)	5.84	2.56		
	公司职员(3)	5.73	2.52		
	进城务工人员(4)	6.14	2.47		
	学生(5)	5.41	2.59		
	自由职业者(6)	5.90	2.54		
	离退休人员(7)	6.26	2.65		
	其他(8)	5.70	2.77		

注：$*p<0.05$，$**p<0.01$，$***p<0.001$。

三 2017～2019年城市治安安全感状况

2017～2019年城市居民治安安全感的测量都采用了4个分项指标：晚间单独出行担忧、陌生人入小区担忧、暴力冲突伤害担忧和及时获得保护担忧。每个指标在问卷中的测量问题一致，问卷都是采用10点量表，总体治安安全感为4个分项指标的均值。所以，依此可以分析3年的治安安全感状况。根据表11，可以得知治安安全感的描述性统计和相关分析结果，4个分项指标之间以及它们与总体治安安全感之间呈现为显著的相关性。

表11 2017～2019年治安安全感的描述性统计和相关分析结果

统计项目	1	2	3	4	5
1. 晚间单独出行担忧	1				
2. 陌生人入小区担忧	0.728**	1			
3. 暴力冲突伤害担忧	0.693**	0.737**	1		
4. 及时获得保护担忧	0.651**	0.681**	0.769**	1	
5. 总体治安安全感	0.872**	0.889**	0.903**	0.875**	1
均值	5.52	5.29	5.41	5.54	5.44
标准差	2.74	2.61	2.62	2.61	2.34

注：$*p<0.05$，$**p<0.01$，$***p<0.001$。

（一）不同年份城市治安安全感的总体状况

根据表12可知，从整体上看，城市居民的治安安全感在2017~2019年连续3年呈现了较为稳定的小幅度增长势头。城市居民的总体治安安全感从2017年的均值5.348达到2019年的均值6.024，说明居民对3年来工作生活的城市治安状态和治安服务表示了较高的认同和满意。与此同时，城市的晚间单独出行担忧和陌生人入小区担忧两个指标的得分都呈现为小幅上升，亦说明城市政府部门的夜晚治安安全服务和保障取得了一定成效，小区物业和安保服务以及治安巡逻的加强也让居民感到小区越来越安全。当然，也应该注意到2018年城市居民对暴力冲突伤害和及时获得保护的担忧高于2017年和2019年。

表12 2017~2019年不同年份城市治安安全感总体状况

年份	治安安全感分项	样本数（个）	均值	标准差
2017	总体治安安全感	9237	5.348	2.2826
	晚间单独出行担忧	9255	5.322	2.7054
	陌生人入小区担忧	9258	5.173	2.5937
	暴力冲突伤害担忧	9255	5.439	2.5987
	及时获得保护担忧	9241	5.460	2.5820
2018	总体治安安全感	9527	5.675	2.5853
	晚间单独出行担忧	9527	5.485	2.7235
	陌生人入小区担忧	9527	5.250	2.6166
	暴力冲突伤害担忧	9527	5.199	2.6308
	及时获得保护担忧	9527	5.390	2.6340
2019	总体治安安全感	10803	6.024	2.5823
	晚间单独出行担忧	10803	5.728	2.7670
	陌生人入小区担忧	10803	5.421	2.6078
	暴力冲突伤害担忧	10803	5.578	2.6065
	及时获得保护担忧	10803	5.740	2.5920

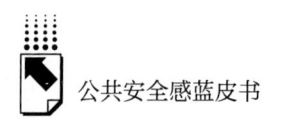

（二）不同城市治安安全感的分项指标及排名

1. 不同城市的晚间单独出行担忧

不同城市居民的晚间单独出行担忧如表13和图2所示。夜晚治安安全感最高的城市是拉萨，其均值为6.740；最低的城市是南宁，其均值为4.747。得分高于6的城市有9个，分别是拉萨、厦门、深圳、乌鲁木齐、杭州、上海、宁波、南京和青岛。得分低于5的城市只有3个，分别是石家庄、郑州和南宁。居民夜晚治安安全感的全国均值是5.584，达到或超过该值的城市有16个，低于该值的城市有20个。

表13 2017~2019年不同城市的晚间单独出行担忧状况

城市名称	样本数（个）	均值	标准差	排名
拉萨	896	6.740	2.8521	1
厦门	300	6.597	2.2159	2
深圳	300	6.523	2.8712	3
乌鲁木齐	899	6.385	3.0005	4
杭州	919	6.146	2.7925	5
上海	902	6.143	2.7695	6
宁波	297	6.138	2.6543	7
南京	918	6.048	2.6153	8
青岛	305	6.000	3.0131	9
济南	898	5.861	2.8319	10
福州	889	5.844	2.6388	11
昆明	926	5.779	2.5293	12
合肥	917	5.735	2.5870	13
武汉	902	5.603	2.4413	14
北京	884	5.601	2.7248	15
大连	294	5.592	2.7019	16
西宁	917	5.546	2.5300	17
成都	894	5.512	2.6673	18
长沙	902	5.472	2.5417	19
广州	898	5.438	2.5835	20
贵阳	937	5.420	2.7843	21

续表

城市名称	样本数(个)	均值	标准差	排名
重庆	893	5.372	2.7391	22
长春	898	5.364	2.9200	23
天津	899	5.318	2.6865	24
银川	897	5.300	2.7013	25
南昌	899	5.259	2.9127	26
呼和浩特	904	5.227	2.8430	27
哈尔滨	912	5.133	2.5764	28
海口	901	5.102	2.7642	29
沈阳	927	5.095	2.9318	30
太原	912	5.084	2.2927	31
兰州	910	5.080	2.6570	32
西安	898	5.030	2.6409	33
石家庄	935	4.909	2.3999	34
郑州	901	4.870	2.8087	35
南宁	905	4.747	2.7597	36

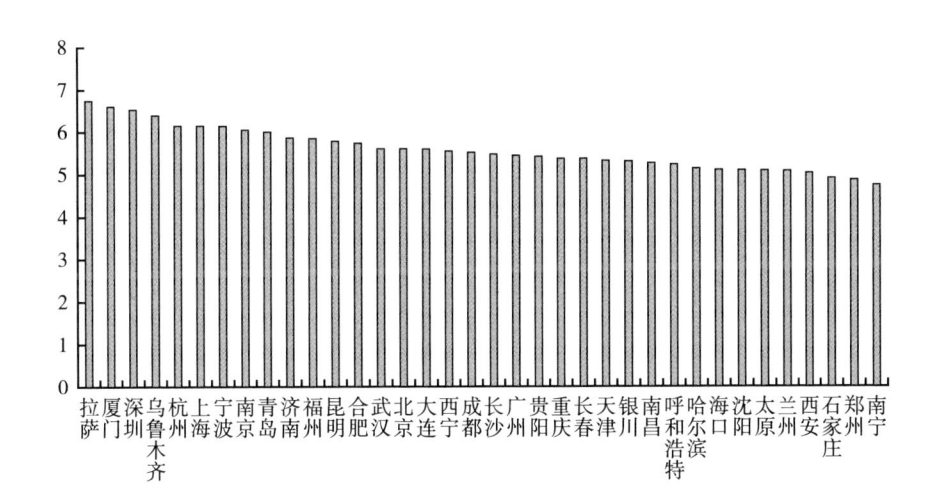

图2 2017~2019年不同城市的晚间单独出行担忧状况

2. 不同城市的陌生人入小区担忧

小区是居民生活居住的核心区域之一，对小区治安环境和状况的认知和评价影响着居民总体的治安安全感。不同城市居民的陌生人入小区担忧如表14和图3所示。小区治安安全感最高的城市依然是拉萨，其均值为6.405；最低的城市依然是南宁，其均值为4.507。得分高于6的只有拉萨、厦门和乌鲁木齐3个城市；相反，得分低于5的城市有8个，分别是呼和浩特、南昌、海口、西安、沈阳、郑州、石家庄和南宁。小区治安安全感的全国均值为5.334，达到或超过该均值的城市有15个，低于该均值的城市有21个。

表14　2017~2019年不同城市的陌生人入小区担忧状况

城市名称	样本数(个)	均值	标准差	排名
拉萨	898	6.405	2.7253	1
厦门	300	6.327	2.1249	2
乌鲁木齐	899	6.150	2.8916	3
深圳	300	5.963	2.8003	4
杭州	920	5.880	2.6752	5
青岛	305	5.764	2.9070	6
昆明	926	5.660	2.4997	7
济南	899	5.648	2.6682	8
上海	900	5.590	2.6714	9
宁波	297	5.582	2.5786	10
福州	889	5.539	2.5222	11
西宁	914	5.531	2.4409	12
南京	918	5.503	2.5114	13
武汉	905	5.446	2.2840	14
合肥	917	5.400	2.4867	15
北京	884	5.309	2.5842	16
贵阳	937	5.251	2.6866	17
银川	897	5.236	2.6045	18
大连	294	5.228	2.4213	19
成都	894	5.195	2.6128	20
长沙	902	5.145	2.3661	21
重庆	893	5.135	2.5501	22
兰州	909	5.132	2.5834	23
哈尔滨	912	5.107	2.4783	24
太原	913	5.099	2.1943	25
长春	898	5.082	2.8062	26
广州	898	5.082	2.4408	27
天津	899	5.069	2.5956	28

续表

城市名称	样本数(个)	均值	标准差	排名
呼和浩特	904	4.979	2.7273	29
南昌	898	4.943	2.7538	30
海口	902	4.917	2.6183	31
西安	898	4.890	2.4870	32
沈阳	929	4.868	2.7246	33
郑州	901	4.782	2.6359	34
石家庄	935	4.668	2.2706	35
南宁	904	4.507	2.6135	36

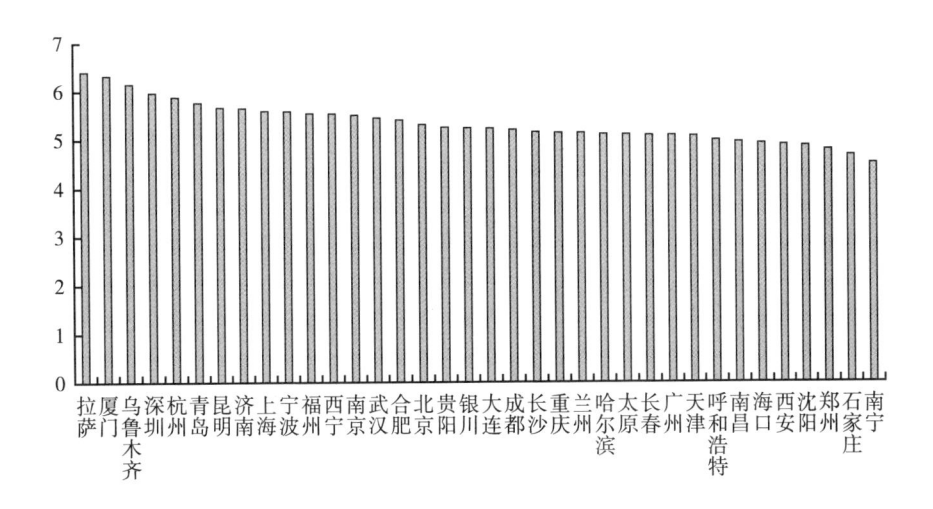

图 3　2017~2019 年不同城市的陌生人入小区担忧状况

3. 不同城市的暴力冲突伤害担忧

不同城市居民的暴力冲突伤害担忧如表 15 和图 4 所示。对暴力冲突伤害担忧最低的城市是厦门，其均值为 6.527；对暴力冲突伤害担忧最高的城市是南宁，其均值为 4.664。在所有城市中，得分超过 6 的有厦门、拉萨、深圳、乌鲁木齐和济南；得分低于 5 的有太原、沈阳、郑州、石家庄和南宁。暴力冲突伤害担忧的全国均值为 5.465，高于该均值的城市有 16 个，低于该均值的城市有 20 个。

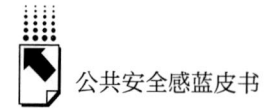

表15 2017~2019年不同城市的暴力冲突伤害担忧状况

城市名称	样本数(个)	均值	标准差	排名
厦门	300	6.527	2.2073	1
拉萨	895	6.526	2.7091	2
深圳	300	6.100	2.6331	3
乌鲁木齐	899	6.040	3.0604	4
济南	899	6.012	2.6902	5
青岛	305	5.990	2.9430	6
杭州	920	5.942	2.7081	7
上海	902	5.871	2.6965	8
福州	888	5.777	2.5077	9
昆明	926	5.732	2.4696	10
宁波	297	5.663	2.5284	11
武汉	904	5.631	2.3182	12
南京	918	5.578	2.5613	13
大连	294	5.565	2.4719	14
西宁	918	5.520	2.4305	15
长沙	900	5.498	2.3647	16
北京	884	5.433	2.6243	17
成都	894	5.403	2.5404	18
合肥	917	5.379	2.4822	19
重庆	893	5.346	2.6181	20
贵阳	936	5.284	2.6477	21
长春	898	5.269	2.7949	22
银川	897	5.246	2.5797	23
哈尔滨	911	5.222	2.5030	24
天津	899	5.212	2.5897	25
南昌	898	5.200	2.7935	26
广州	898	5.135	2.4378	27
西安	898	5.111	2.4474	28
兰州	911	5.108	2.5310	29
呼和浩特	904	5.102	2.7507	30
海口	901	5.099	2.5816	31
太原	913	4.989	2.2419	32
沈阳	928	4.974	2.7190	33
郑州	901	4.919	2.6897	34
石家庄	935	4.687	2.2335	35
南宁	904	4.664	2.6354	36

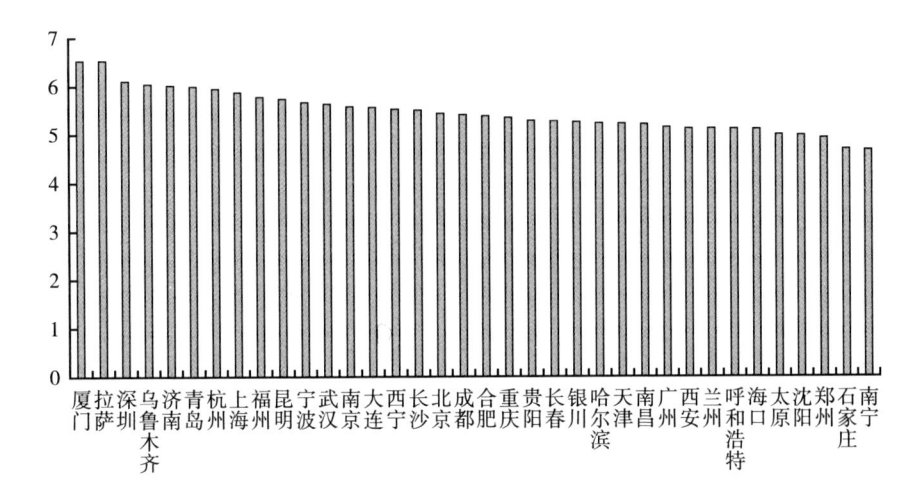

图 4　2017~2019 年不同城市的暴力冲突伤害担忧状况

4. 不同城市的及时获得保护担忧

及时获得保护反映了居民受到治安问题或治安事件威胁伤害后,能否得到有效救助、恢复和修复的程度。不同城市居民的及时获得保护担忧如表 16 和图 5 所示。对能够获得及时保护担忧程度最低的城市是厦门,其均值为 6.75;担忧程度最高的城市是石家庄,其均值为 4.72。所有城市中,均值达到或超过 6 的城市分别是厦门、拉萨、深圳、乌鲁木齐、杭州、青岛和济南;均值低于 5 的城市分别是南宁和石家庄。及时获得保护担忧的全国均值为 5.59,达到或高于该值的城市有 15 个,低于该值的城市有 21 个。

表 16　2017~2019 年不同城市的及时获得保护担忧状况

城市名称	样本数(个)	均值	标准差	排名
厦门	300	6.75	2.282	1
拉萨	895	6.68	2.720	2
深圳	300	6.34	2.646	3
乌鲁木齐	899	6.26	2.995	4
杭州	920	6.17	2.676	5
青岛	305	6.11	2.986	6

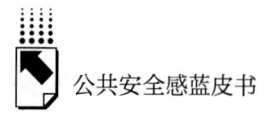

续表

城市名称	样本数(个)	均值	标准差	排名
济南	899	6.00	2.742	7
上海	901	5.96	2.648	8
宁波	297	5.94	2.432	9
福州	888	5.93	2.522	10
南京	918	5.80	2.493	11
武汉	903	5.76	2.297	12
昆明	926	5.71	2.462	13
成都	894	5.67	2.511	14
西宁	914	5.64	2.403	15
北京	883	5.57	2.596	16
长沙	900	5.57	2.325	17
合肥	917	5.50	2.437	18
长春	898	5.49	2.807	19
重庆	893	5.47	2.520	20
大连	294	5.43	2.490	21
银川	897	5.42	2.605	22
贵阳	937	5.41	2.684	23
南昌	899	5.38	2.737	24
哈尔滨	912	5.38	2.566	25
兰州	909	5.33	2.471	26
天津	898	5.31	2.617	27
西安	898	5.26	2.376	28
广州	896	5.25	2.432	29
海口	899	5.17	2.587	30
呼和浩特	904	5.15	2.719	31
郑州	901	5.05	2.586	32
太原	913	5.05	2.323	33
沈阳	926	5.01	2.738	34
南宁	903	4.73	2.620	35
石家庄	935	4.72	2.284	36

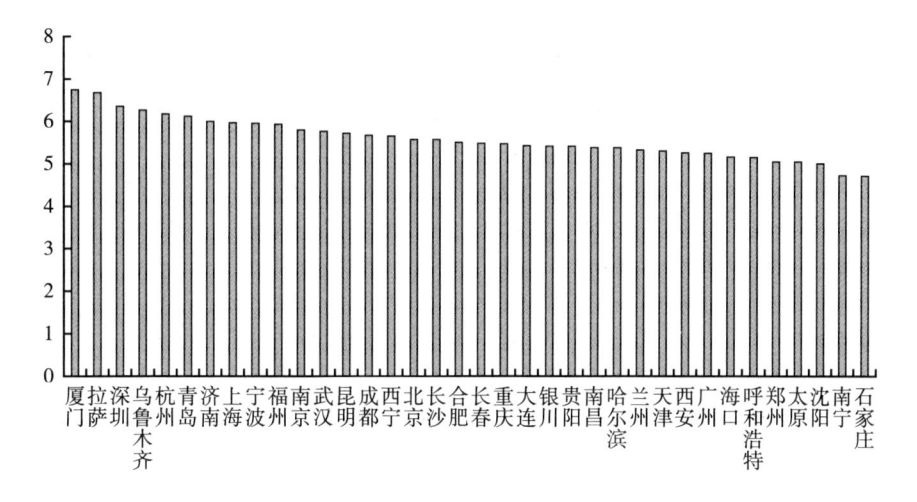

图5 2017～2019年不同城市的及时获得保护担忧状况

四 2017～2019年城市治安安全感对比

(一) 2017～2019年不同城市的晚间单独出行担忧对比

2017～2019年不同城市的晚间单独出行担忧对比如表17所示。由表17可知：乌鲁木齐市2017～2019年的晚间单独出行担忧有非常显著的变化，其效果量0.167（偏$\eta^2 \geq 0.138$）为大效果量；广州市3年的晚间单独出行担忧有显著变化，其效果量0.069（$0.059 \leq $偏$\eta^2 < 0.138$）为中等效果量；太原、福州、银川、北京、南宁、哈尔滨、呼和浩特、沈阳、昆明、贵阳、拉萨、武汉、西宁、海口、西安、天津、南京、成都、石家庄、重庆、长沙、上海、济南23个城市3年的晚间单独出行担忧有显著变化，其效果量为小效果量（$0.01 \leq $偏$\eta^2 < 0.059$）；杭州、合肥、南昌、郑州、长春、兰州6个城市3年的晚间单独出行担忧没有显著差异。

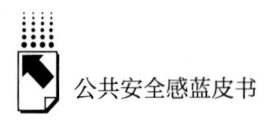

表17 2017～2019年不同城市的晚间单独出行担忧状况对比

城市	2017年(1) 均值	2017年(1) 标准差	2018年(2) 均值	2018年(2) 标准差	2019年(3) 均值	2019年(3) 标准差	F值	事后比较	偏η^2
北京	5.42	2.70	5.04	2.91	6.32	2.40	17.86***	1,2<3	0.039
沈阳	4.91	2.88	5.75	3.10	4.54	2.64	14.64***	1,3<2	0.031
成都	5.59	2.63	5.08	2.61	5.86	2.72	6.65***	2<3	0.015
福州	5.07	2.62	6.03	2.38	6.44	2.72	22.26***	1<2,3	0.048
广州	5.62	2.06	4.54	2.43	6.16	2.92	33.00***	1>2 1,2<3	0.069
贵阳	4.93	2.61	6.03	2.80	5.28	2.83	13.05***	1,3<2	0.027
哈尔滨	5.17	2.47	4.55	2.58	5.73	2.55	16.53***	1>2 3>1,2	0.035
海口	5.58	2.82	4.67	2.39	5.05	2.99	8.29***	1>2	0.018
杭州	6.54	2.53	5.97	2.98	5.95	2.80	4.30*	1>2,3	0.009
合肥	5.37	2.48	5.91	2.58	5.91	2.67	4.34*	1<2,3	0.009
呼和浩特	4.73	2.93	5.04	2.87	5.93	2.59	14.78***	1,2<3	0.032
济南	5.47	3.11	6.01	2.44	6.10	2.88	4.33*	1<3	0.010
昆明	5.17	2.76	6.11	2.14	6.03	2.57	13.42***	1<2,3	0.028
拉萨	6.10	3.00	7.17	2.54	6.94	2.90	11.91***	1<2,3	0.026
兰州	5.09	2.48	5.13	2.66	5.02	2.83	0.13		0.000
南昌	5.25	3.00	5.61	2.63	4.92	3.05	4.28*	2>3	0.009
南京	5.63	2.23	6.45	2.75	6.04	2.76	7.56***	1<2	0.016
南宁	4.79	2.96	4.08	2.74	5.40	2.40	18.16***	3>1,2 1>2	0.039
上海	6.55	2.59	5.97	3.03	5.90	2.63	5.08**	1>2,3	0.011
石家庄	4.53	2.20	5.23	2.92	4.95	1.93	6.65***	2>1	0.014
太原	4.36	2.31	5.32	2.54	5.57	1.74	24.23***	1<2,3	0.051
天津	5.22	2.95	5.80	2.53	4.95	2.49	7.91***	2>1,3	0.017
乌鲁木齐	4.67	2.93	6.85	2.91	7.57	2.34	89.87***	1<2,3 2<3	0.167
武汉	5.82	2.60	5.07	1.96	5.95	2.64	11.89***	2<1,3	0.026
西安	5.53	2.45	4.80	2.50	4.76	2.88	8.21***	1>2,3	0.018
西宁	5.67	2.22	5.97	2.38	5.02	2.85	11.75***	1,2>3	0.025
银川	4.57	2.71	5.41	2.95	5.93	2.21	20.24***	3>1,2 2>1	0.043
长春	5.57	2.83	5.21	2.81	5.31	3.11	1.20		0.003
长沙	5.10	2.74	5.51	2.15	5.80	2.66	5.69**	1<3	0.012
郑州	5.18	2.60	4.68	2.66	4.76	3.12	2.79		0.006
重庆	5.76	2.64	4.99	2.45	5.36	3.05	6.01**	1>2	0.013

注：*p<0.05，**p<0.01，***p<0.001。

（二）2017~2019年不同城市的陌生人入小区担忧对比

2017~2019年不同城市的陌生人入小区担忧对比如表18所示。由表18可知：乌鲁木齐市2017~2019年的陌生人入小区担忧有非常显著的变化，其效果量0.159（偏$\eta^2 \geq 0.138$）为大效果量；太原市3年的陌生人入小区担忧有显著变化，其效果量0.060（$0.059 \leq$偏$\eta^2 < 0.138$）为中等效果量；北京、哈尔滨、南宁、广州、呼和浩特、昆明、西安、银川、济南、福州、杭州、贵阳、重庆、西宁、海口、拉萨、天津、武汉、南昌、郑州、沈阳、成都、上海23个城市3年的陌生人入小区担忧有显著变化，其效果量为小效果量（$0.01 \leq$偏$\eta^2 < 0.059$）；长沙、兰州、石家庄、长春、南京、合肥6个城市3年的陌生人入小区担忧没有显著差异。

表18 2017~2019年不同城市的陌生人入小区担忧对比

城市	2017年(1)		2018年(2)		2019年(3)		F值	事后比较	偏η^2
	均值	标准差	均值	标准差	均值	标准差			
北京	4.99	2.56	4.77	2.68	6.14	2.30	25.33***	1,2<3	0.054
沈阳	4.88	2.68	5.17	2.95	4.52	2.46	4.54*	2>3	0.010
成都	5.37	2.55	4.82	2.49	5.39	2.76	4.47*	1,3>2	0.010
福州	4.98	2.56	5.71	2.24	5.93	2.66	11.75***	1<2,3	0.026
广州	5.45	1.98	4.41	2.40	5.40	2.74	18.09***	1,3>2	0.039
贵阳	4.88	2.50	5.81	2.75	5.05	2.71	10.78***	2>1,3	0.023
哈尔滨	4.94	2.35	4.53	2.53	5.91	2.35	25.92***	3>1,2	0.054
海口	5.45	2.81	4.61	2.23	4.68	2.71	9.78***	1>2,3	0.021
杭州	6.48	2.50	5.69	2.89	5.48	2.50	11.96***	1>2,3	0.025
合肥	5.44	2.43	5.43	2.50	5.33	2.53	0.19		0.000
呼和浩特	4.61	2.84	4.64	2.66	5.71	2.54	16.18***	3>1,2	0.035
济南	5.06	2.83	6.19	2.42	5.69	2.63	13.86***	1<2,3	0.030
昆明	5.10	2.75	6.22	2.04	5.63	2.55	16.05***	1<2,3 2>3	0.034
拉萨	5.89	2.85	6.85	2.46	6.47	2.77	9.54***	1<2,3	0.021
兰州	5.19	2.49	5.31	2.59	4.88	2.66	2.24		0.005

续表

城市	2017年(1) 均值	标准差	2018年(2) 均值	标准差	2019年(3) 均值	标准差	F值	事后比较	偏 η^2
南昌	4.98	2.88	5.35	2.55	4.50	2.76	7.22***	2>3	0.016
南京	5.46	2.21	5.60	2.75	5.44	2.53	0.36		0.001
南宁	4.48	2.79	3.83	2.51	5.23	2.34	22.78***	3>1,2 1>2	0.048
上海	5.95	2.58	5.30	2.90	5.52	2.49	4.72**	1>2	0.010
石家庄	4.54	2.16	4.73	2.72	4.73	1.86	0.73		0.002
太原	4.45	2.20	5.09	2.43	5.78	1.65	28.90***	1<2,3 2<3	0.060
天津	4.80	2.80	5.56	2.48	4.85	2.42	8.15***	2>1,3	0.018
乌鲁木齐	4.53	2.75	6.59	2.83	7.26	2.36	84.70***	3>1,2 2>1	0.159
武汉	5.63	2.37	5.03	1.97	5.71	2.45	8.33***	2<1,3	0.018
西安	5.52	2.28	4.63	2.39	4.52	2.66	15.09***	1>2,3	0.033
西宁	5.67	2.21	5.89	2.40	5.04	2.61	10.26***	1,2>3	0.022
银川	4.71	2.62	5.15	2.85	5.86	2.16	15.26***	3>1,2	0.033
长春	5.24	2.80	5.08	2.72	4.93	2.89	0.89		0.002
长沙	4.88	2.50	5.29	2.08	5.26	2.48	2.77		0.006
郑州	5.18	2.51	4.77	2.54	4.41	2.80	6.46**	1>3	0.014
重庆	5.61	2.52	4.65	2.25	5.14	2.78	10.68***	1>2	0.023

注：*p<0.05，**p<0.01，***p<0.001。

（三）2017~2019年不同城市的暴力冲突伤害担忧对比

2017~2019年不同城市的暴力冲突伤害担忧对比如表19所示。由表19可知：乌鲁木齐市2017~2019年的暴力冲突伤害担忧有非常显著的变化，其效果量0.160（偏 $\eta^2 \geq 0.138$）为大效果量；南宁、太原、哈尔滨、西安、广州、呼和浩特、上海、北京、海口、杭州、重庆、武汉、福州、成都、南昌、银川、西宁、郑州、昆明19个城市3年的暴力冲突伤害担忧有显著的变化，其效果量为小效果量（$0.01 \leq$ 偏 $\eta^2 < 0.059$）；济南、长春、贵阳、天津、兰州、沈阳、南京、长沙、合肥、拉萨、石家庄11个城市3年的暴力冲突伤害担忧没有显著差异。

表 19　2017～2019 年不同城市的暴力冲突伤害担忧对比

城市	2017 年（1）		2018 年（2）		2019 年（3）		F 值	事后比较	偏 η^2
	均值	标准差	均值	标准差	均值	标准差			
北京	5.19	2.56	4.94	2.83	6.15	2.32	18.16***	3>1,2	0.040
沈阳	4.96	2.59	5.17	3.07	4.77	2.41	1.77		0.004
成都	5.77	2.55	4.83	2.43	5.60	2.54	11.76***	2<1,3	0.026
福州	5.18	2.51	6.06	2.39	6.09	2.52	13.07***	1<2,3	0.029
广州	5.43	1.90	4.37	2.44	5.62	2.72	23.93***	2<1,3	0.051
贵阳	5.03	2.47	5.58	2.77	5.22	2.67	3.52*	1<2	0.007
哈尔滨	5.17	2.40	4.58	2.51	5.98	2.40	25.27***	3>1,2　1>2	0.053
海口	5.81	2.71	4.62	2.22	4.86	2.64	18.83***	1>2,3	0.040
杭州	6.71	2.42	5.59	2.93	5.56	2.57	18.62***	1>2,3	0.039
合肥	5.39	2.32	5.44	2.55	5.30	2.57	0.23		0.001
呼和浩特	4.95	2.88	4.47	2.52	5.91	2.66	22.49***	3>1,2	0.048
济南	5.69	2.88	6.30	2.36	6.05	2.78	3.95*	1<2	0.009
昆明	5.39	2.70	6.01	2.02	5.77	2.63	5.03**	1<2	0.011
拉萨	6.41	2.86	6.57	2.57	6.61	2.69	0.46		0.001
兰州	5.38	2.30	5.06	2.51	4.88	2.75	2.93		0.006
南昌	5.45	2.82	5.59	2.67	4.57	2.79	12.07***	1,2>3	0.026
南京	5.58	2.23	5.42	2.84	5.74	2.56	1.2		0.003
南宁	4.97	2.81	3.80	2.47	5.26	2.39	27.66***	1,3>2	0.058
上海	6.55	2.45	5.21	2.92	5.84	2.54	19.53***	1>2,3　3>2	0.042
石家庄	4.66	2.11	4.67	2.72	4.72	1.78	0.07		0.000
太原	4.41	2.26	4.88	2.53	5.69	1.62	26.16***	1<2　3>1,2	0.054
天津	5.25	2.85	5.46	2.51	4.92	2.36	3.32*	2>3	0.007
乌鲁木齐	4.39	2.96	6.29	2.99	7.38	2.44	85.60***	1<2　3>1,2	0.160
武汉	6.04	2.45	5.08	1.83	5.80	2.53	14.75***	2<1,3	0.032
西安	5.87	2.20	4.53	2.40	4.93	2.55	24.95***	1>2,3	0.053
西宁	5.70	2.11	5.76	2.43	5.11	2.66	6.80***	1,2>3	0.015
银川	4.82	2.58	5.15	2.83	5.78	2.20	10.75***	3>1,2	0.023
长春	5.60	2.82	5.03	2.68	5.18	2.86	3.45*	1>2	0.008
长沙	5.47	2.59	5.37	2.02	5.65	2.46	1.11		0.002
郑州	5.35	2.60	4.59	2.53	4.83	2.88	6.32**	1>2	0.014
重庆	5.97	2.61	4.77	2.34	5.30	2.76	16.34***	1>2,3　2<3	0.035

注：*p<0.05，**p<0.01，***p<0.001。

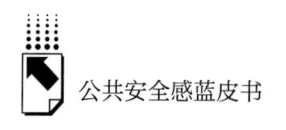

（四）2017～2019年不同城市的及时获得保护担忧对比

2017～2019年不同城市的及时获得保护担忧对比如表20所示。由表20可知：乌鲁木齐市2017～2019年的及时获得保护担忧有非常显著的变化，其效果量0.168（偏$\eta^2 \geq 0.138$）为大效果量；哈尔滨市3年的及时获得保护担忧有显著变化，其效果量0.090（$0.059 \leq$ 偏$\eta^2 < 0.138$）为中等效果量；南宁、西安、广州、呼和浩特、武汉、银川、福州、海口、南昌、成都、北京、重庆、太原、昆明、杭州、西宁、上海、天津、济南19个城市3年的及时获得保护担忧有显著的变化，其效果量为小效果量（$0.01 \leq$ 偏$\eta^2 < 0.059$）；贵阳、沈阳、拉萨、长沙、郑州、兰州、合肥、长春、南京、石家庄10个城市3年的及时获得保护担忧没有显著的差异。

表20　2017～2019年不同城市的及时获得保护担忧对比

城市	2017年（1）		2018年（2）		2019年（3）		F值	事后比较	偏η^2
	均值	标准差	均值	标准差	均值	标准差			
北京	5.44	2.58	5.08	2.79	6.17	2.29	14.02***	3>1,2	0.031
沈阳	4.85	2.50	5.33	3.12	4.81	2.48	3.67*	2>3	0.008
成都	6.10	2.51	5.04	2.40	5.86	2.50	15.02***	1>2,3　3>2	0.033
福州	5.24	2.46	6.39	2.44	6.16	2.53	18.01***	1<2,3	0.039
广州	5.55	1.92	4.48	2.35	5.74	2.76	24.68***	1,3>2	0.052
贵阳	5.14	2.47	5.74	2.83	5.35	2.70	4.13*	1<2	0.009
哈尔滨	5.17	2.41	4.60	2.57	6.45	2.36	45.09***	3>1,2　1>2	0.090
海口	5.80	2.74	4.60	2.18	5.10	2.67	16.86***	1>2,3	0.036
杭州	6.79	2.37	5.93	2.95	5.81	2.56	12.18***	1>2,3	0.026
合肥	5.41	2.29	5.71	2.49	5.38	2.51	1.69		0.004
呼和浩特	4.88	2.85	4.58	2.52	6.02	2.57	24.44***	3>1,2	0.051
济南	5.48	2.90	6.38	2.41	6.12	2.82	8.76***	1<2,3	0.019
昆明	5.18	2.72	6.16	2.04	5.76	2.50	12.74***	1<2,3	0.027
拉萨	6.40	2.84	6.69	2.65	6.96	2.65	3.22*	1<3	0.007
兰州	5.55	2.24	5.35	2.42	5.07	2.72	2.80		0.006

续表

城市	2017年(1) 均值	2017年(1) 标准差	2018年(2) 均值	2018年(2) 标准差	2019年(3) 均值	2019年(3) 标准差	F值	事后比较	偏η^2
南昌	5.36	2.79	6.01	2.45	4.79	2.82	15.53***	2>1,3 1>3	0.034
南京	5.66	2.16	5.82	2.76	5.90	2.50	0.71		0.002
南宁	4.95	2.82	3.89	2.50	5.37	2.31	27.34***	2<1,3	0.057
上海	6.37	2.48	5.46	2.86	6.04	2.52	9.26***	2<1,3	0.020
石家庄	4.61	2.13	4.87	2.75	4.68	1.89	1.03		0.002
太原	4.53	2.30	5.09	2.63	5.53	1.84	14.27***	1<2,3	0.030
天津	5.27	2.84	5.78	2.50	4.88	2.41	9.04***	2>1,3	0.020
乌鲁木齐	4.57	2.90	6.64	2.91	7.51	2.36	90.22***	1<2,3 2<3	0.168
武汉	6.19	2.34	5.09	1.85	6.06	2.52	22.20***	2<1,3	0.047
西安	5.99	2.12	4.60	2.29	5.18	2.50	27.30***	1>2,3 3>2	0.057
西宁	5.85	2.11	5.94	2.32	5.16	2.66	9.81***	1,2>3	0.021
银川	4.75	2.60	5.43	2.85	6.08	2.14	20.19***	1<2,3 2<3	0.043
长春	5.44	2.81	5.31	2.76	5.71	2.85	1.56		0.003
长沙	5.45	2.50	5.41	2.05	5.84	2.40	3.16*	2<3	0.007
郑州	5.26	2.57	4.75	2.49	5.16	2.68	3.34*	1>2	0.007
重庆	6.01	2.61	4.93	2.33	5.46	2.50	14.12***	1>2,3 2<3	0.031

注：* $p<0.05$，** $p<0.01$，*** $p<0.001$。

五 城市治安安全感存在的主要问题

在前文数据分析和问卷调查的基础上，本部分报告分析指出当前城市治安安全及其治理的问题主要表现在治安安全感的空间分布不均衡、治安安全感个别指标存在明显的短板、治安风险敏感群体和高危群体突出、治安风险治理的社会参与和居民参与有待加强、治安风险治理的效果有待提升等方面。

（一）治安安全感的空间分布呈现"中间聚集、两头突出"

从图6和图7可以发现，不同城市在治安安全感4个分项指数的得分和排名都相对平稳，基本没有出现比较大的波动。这意味着以4个主观评价指标来衡量居民对所在城市提供的治安服务和治安保障，得到的结果是较为客观的。从图8、图9、图10和图11可以看到，不同城市在晚间单独出行担忧、陌生人入小区担忧、暴力冲突伤害担忧和及时获得保护担忧4个分项指标上的均值得分和全国均值的交叉走势。由图8至图11可知，4幅图所示的走势大致相当，多数城市在4个指标上的均值得分接近全国均值，或围绕着全国均值上下小幅波动，明显高于或低于全国均值的城市数量相差无几，且居于两头的城市相对比较固定。

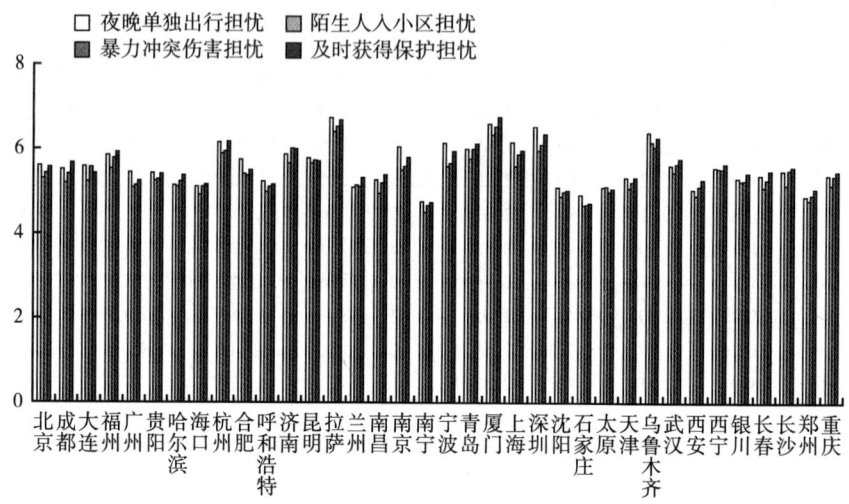

图6 2017~2019年不同城市治安安全感分项指数得分

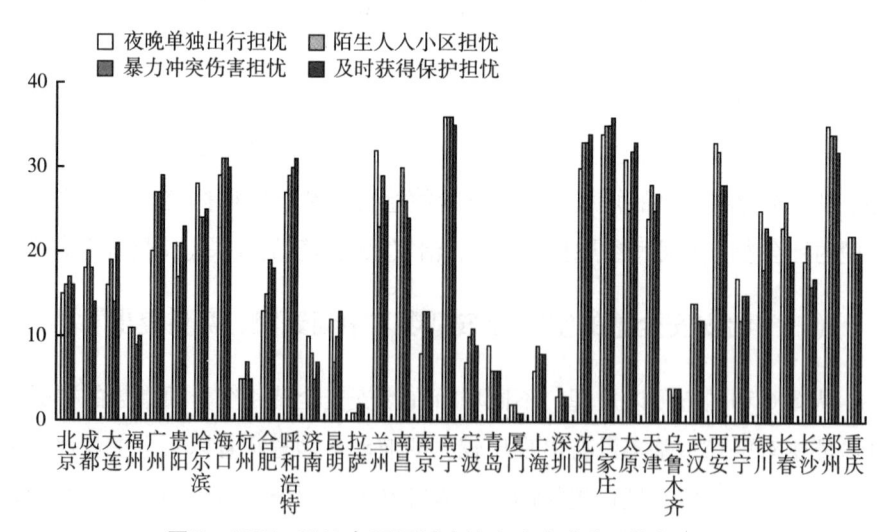

图7 2017~2019年不同城市治安安全感分项指数排名

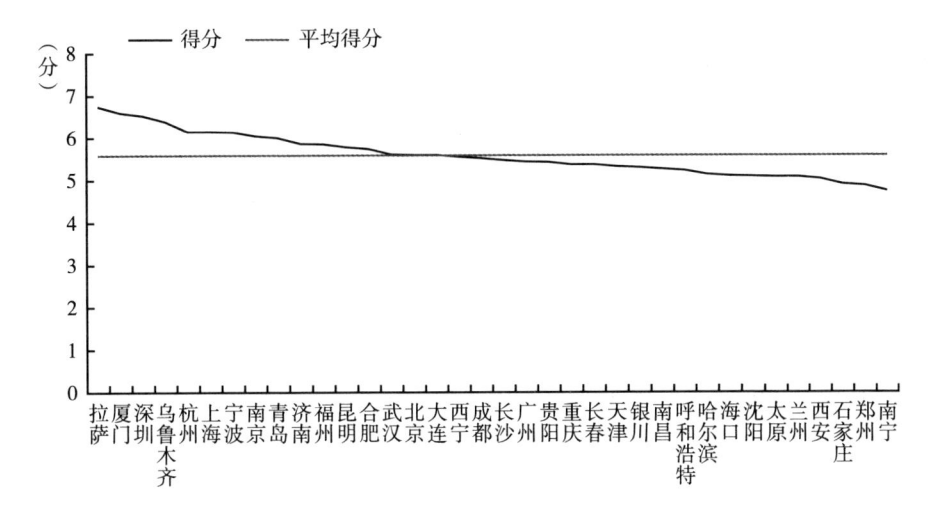

图8 2017~2019年不同城市的晚间单独出行担忧与全国均值对比

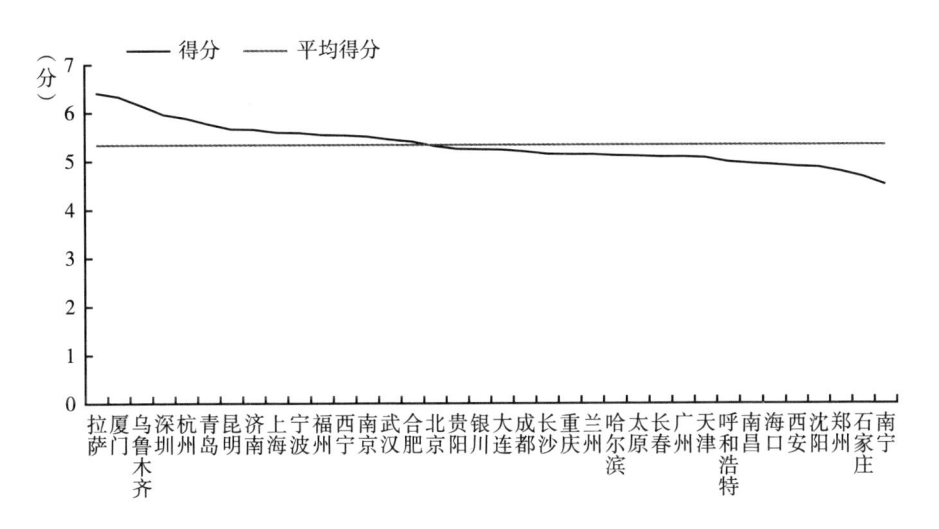

图9 2017~2019年不同城市的陌生人入小区担忧与全国均值对比

（二）治安安全感整体稳中向好，个别指标存在明显的短板

从近3年的调查来看，相对其他8个分项安全感，治安安全感是居民公共安全感的长板，对居民整体的公共安全感形成较为明显的正向拉动效应。

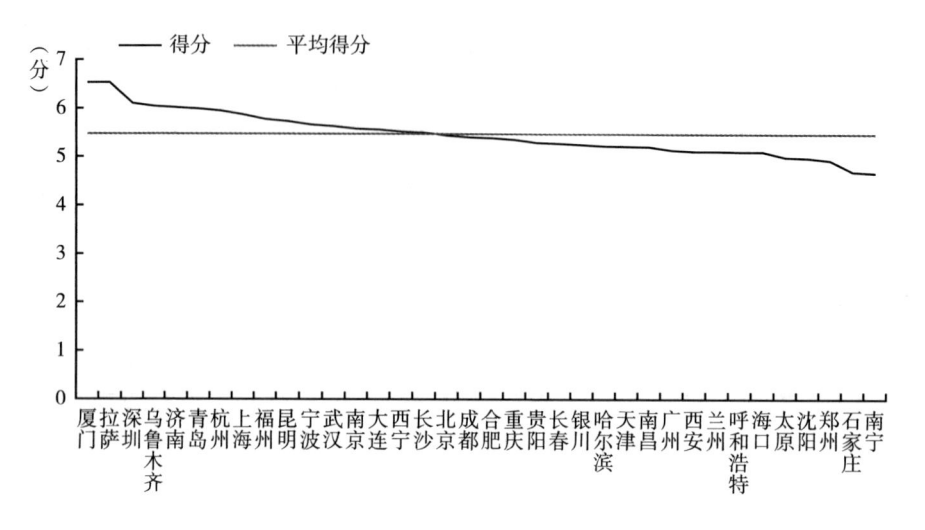

图10 2017～2019年不同城市的暴力冲突伤害担忧与全国均值对比

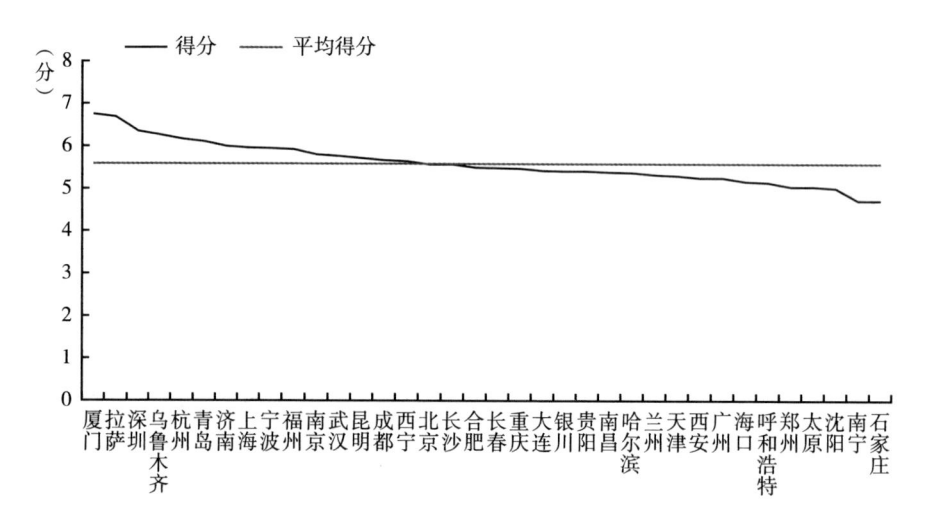

图11 2017～2019年不同城市的及时获得保护担忧与全国均值对比

从2017年、2018年和2019年的调查结果看（见图12），3年来受访居民的总体治安安全感稳步提高，说明居民对所在城市的总体治安环境和治安状况比较满意，对政府部门和其他主体提供的治安安全服务和治安安全保障较为认可，形成了较为良好的治安安全体验和评价。进一步看治安安全感的

4个分项指标，也大致呈现了稳中向好的趋势，尤其是2019年4个分项指标的得分均值较高，相对2017年的得分均值提升较为明显。

值得注意的是，相对于治安安全感的其他3个分项指标，居民对陌生人入小区担忧的得分偏低，3年的得分均值分别为5.173、5.250和5.421，得分低于5分的城市数量明显更多。大多数小区采取的是以门禁为直接表现形式的出入式管理，因此调查中受访者以回答"陌生人随意进入所居住的小区，您会担心吗？"来获取居民的小区治安安全感。小区是居民日常生活的核心区域之一，是居民对社会治安状况感受最直观、最直接的参照点，因此居民对自身居住环境的治安需求和敏感性更高。此外，居民对暴力冲突伤害和及时获得保护的担忧在2018年的调查中出现小幅下滑，形成了一个小凹槽，说明居民在这个分项指标的体验和评价上可能存在波动。

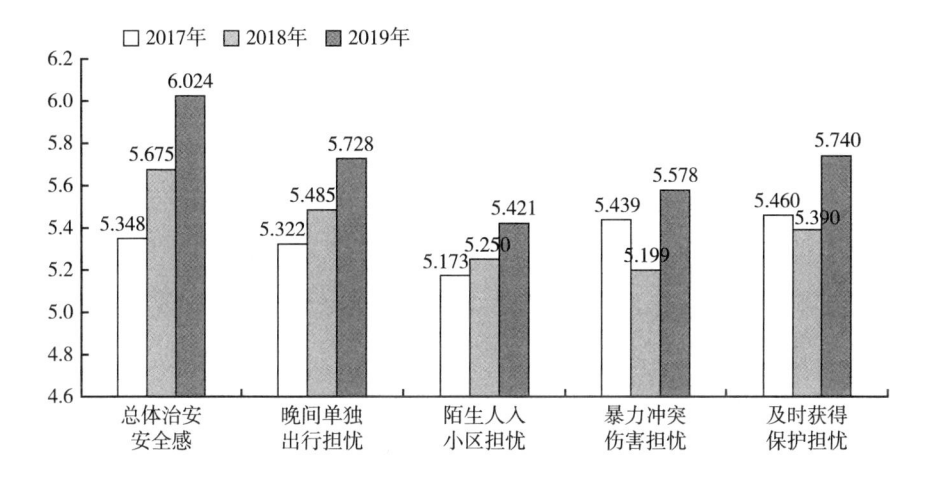

图12 2017~2019年城市治安安全感分项指数得分

（三）治安风险敏感群体和高危群体突出

从近3年的调查结果和数据分析可以看出，全国城市的治安风险敏感群体和高危群体比较突出。治安风险敏感群体，亦可称为治安风险脆弱群体，简而言之，是容易受到治安风险和治安问题伤害和侵犯的那些群体。以受访者的人口学特征,对3年的调查结果进行分析得出,相对其他群体,女性群体、18~29岁群体、农村居民、低收入群体(月收入2000元及以下)和共青团员的治安安全感得分偏低,治安安全感较差,是治安安全风险的敏感群体,对治安安全的需求更强烈。

表21 2018~2019年主要影响治安安全的群体

选项	2018年		2019年	
	样本数(个)	百分比(%)	样本数(个)	百分比(%)
社会闲散人员、无业人员	4387	46.0	4857	45.0
问题少年	1634	17.2	1771	16.4
流动人员	1301	13.7	1453	13.4
有心理疾病人员	1693	17.8	1856	17.2
其他人群	506	5.3	866	8.0
合计	9521	100.0	10803	100.0

此外,影响治安安全的群体也比较突出,他们是治安安全高危群体。根据表21的调查结果,受访居民认为影响治安安全、造成治安安全风险和不稳定的主要群体首选是社会闲散人员和无业人员,两年的占比分别达到46.0%和45.0%,且比重远远高于其他群体。有恒产、有恒业是人立身社会的基本存在逻辑。社会闲散人员和无业人员闲散于社会,增加了社会不稳定因素,极易产生治安安全风险。

有心理疾病人员被认为是影响治安安全的次要群体,两年的占比分别为17.8%和17.2%。当前我国社会矛盾增多,竞争激烈,生活工作节奏快、压力大,加之各种风险危机,造成心理疾病患者增多,容易产生治安安全问题,对社会造成危害。2017年第十次全国心理卫生学术会议上的公开数据显示,我国患有严重精神和心理障碍疾病的人多达1600万名,患有不同程度心理疾病而需要专业心理人员干预的人员数量高达1.9亿人。

第三类影响治安安全的群体是问题少年,两年的占比分别为17.2%和16.4%。2020年6月发布的《未成年人检察工作白皮书(2014~2019)》披露,未成年人犯罪连续多年下降趋于平稳后有所回升。未成年人走向犯罪之前已经暴露出很多不良行为和治安违法行为。

第四类是流动人口。快速的城市化必然带来人口的大量流动，流动人口对社会经济发展有着双重作用。由于庞大的人口基数，我国流动人口的规模保守估计在2亿人以上，长期以来是城市治安管理的重点和难点。大城市优质资源集中、发展机会多、城市建设对人口的需求大，往往成为外来流动人口的集聚地。统计数据显示，2019年各大城市人口流动量较大，排在前8名的城市有上海、广州、深圳、北京、苏州、天津、杭州、成都。

（四）治安风险治理的社会参与和居民参与有待加强

本次调查以居民是否接受过治安安全教育和培训来考察城市治安风险治理中的社会参与和居民参与情况。从近3年的调查结果来看，总体上，居民接受公共安全相关教育和培训的机会和占比都不高。针对治安安全教育和培训，问卷设计了"你是否接受过一些关于治安安全的教育培训？"问题，选项为"没有""接受"。从调查数据（见表22）来看，2017年（17.1%）、2018年（20.6%）和2019年（25.0%），虽然接受治安安全教育和培训的居民数量呈现小幅上升的趋势，但是结果仍不尽理想。仅有1/5左右的居民曾参与过一定形式的治安安全教育和培训，也就是说，大多数居民在过去3年没有接受过任何治安安全有关的教育和培训。这明显与我国各城市长年以来持续开展的平安城市建设、安全城市建设不相称。

表22　2017~2019年居民接受治安安全教育和培训情况

选项	2017年		2018年		2019年	
	样本数（个）	百分比（%）	样本数（个）	百分比（%）	样本数（个）	百分比（%）
没有接受	7267	78.4	3384	35.5	8086	74.8
接受	1587	17.1	1963	20.6	2703	25.0
合计	8854	95.5	5347	56.1	10789	99.8
系统缺失	419	4.5	4180	43.9	14	0.1
样本总数	9273	100.0	9527	100.0	10803	99.99

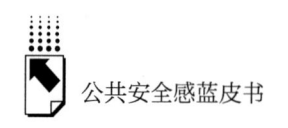

（五）治安风险的治理效果认同有待提升

本调查以四个问题来呈现城市治安服务供给侧和需求侧之间的契合性，分别是："请问您居住地周围的巡逻（包括警察、联防、治保等人员）次数？""您经常路过的主要街面（社区）是否有各类视频监控设施？""您所在小区发生的或您听说的治安问题能不能得到及时的解决？""您对本市政府解决公共安全问题有信心吗？"

由表23可知，2018年和2019年两年居民在被问及居住地周围巡逻次数的时候，明确持有肯定态度的比例分别是21.1%和22.6%，明确持有负面态度的比例分别是24.9%和23.1%。回答"较高，见过几次"的比例分别是41.0%和42.8%，"几次"对于"过去一年"来讲，其实频次是很微弱的，因此治安巡逻的可见性是比较差的。从居民主观的需求和感知到的效果来看，对居住地治安巡逻在过去两年持有相对负面态度的比例都是65.9%。

表23 2018~2019年居住地周围的巡逻（包括警察、联防、治保等人员）情况

选项	2018年		2019年	
	样本数(个)	百分比(%)	样本数(个)	百分比(%)
很高,经常见巡逻	2011	21.1	2438	22.6
较高,见过几次	3904	41.0	4623	42.8
较低,基本碰不着	2086	21.9	2273	21.0
很低,治安也很差	289	3.0	225	2.1
不是很清楚	1234	13.0	1244	11.5
合计	9524	100.0	10803	100.0

由表24可知，2018年和2019年两年居民在被问及经常路过的主要街面（社区）各类视频监控设施的时候，明确持有肯定态度的比例分别是41.1%和48.8%，回答"有，但很少"的比例分别是39.4%和33.5%，回答"没见过"的比例分别是9.7%和7.2%，回答"没注意"的比例分别是9.8%和10.5%。随着城市的快速发展，社会管理的压力不断增大，视频监控系统成为

城市治安管理不可或缺的重要手段,在维护城市治安秩序和治安安全方面发挥着非常重要的作用,是治安风险源头预防遏制和后期处理的重要工具。全覆盖、无死角、全天候、高清度无疑是城市治安监控视频系统建设的方向。因此,从调查结果来看,居民当前"看到的"视频监控仍然不符合需求和预期。

表24 2018~2019年经常路过的主要街面(社区)是否有各类视频监控设施

选项	2018年		2019年	
	样本数(个)	百分比(%)	样本数(个)	百分比(%)
很多	3916	41.1	5268	48.8
有,但很少	3752	39.4	3624	33.5
没见过	919	9.7	777	7.2
没注意	931	9.8	1134	10.5
合计	9518	100.0	10803	100.0

注:2018年统计中有极少量缺失项。

由表25可知,2018年和2019年两年居民在被问及治安问题能不能得到及时解决时,回答"能及时得到有效解决"的比例分别为24.1%和22.9%。但是回答"反映了,没有处理""处理了,但反复性强"的比例分别为43.9%和36.1%,也就是四成左右的居民认为治安问题的解决效果并不好。此外,回答"不清楚"的比例分别是31.9%和41.0%,也就是说,这些居民对解决结果并不了解,很难想象在多媒体和自媒体高度发展的今天,仍有如此多的居民不知情。

表25 2018~2019年治安问题能否得到及时解决

选项	2018年		2019年	
	样本数(个)	百分比(%)	样本数(个)	百分比(%)
能及时得到有效解决	2298	24.1	2477	22.9
反映了,没有处理	2609	27.4	2130	19.7
处理了,但反复性强	1574	16.5	1771	16.4
不清楚	3036	31.9	4425	41.0
合计	9517	99.9	10803	100.0

注:2018年统计中有极少量缺失项。

由表26可知，2017～2019年居民在被问及对本市政府解决公共安全问题的信心时，回答有信心的（包括"比较有信心"和"非常有信心"）比例分别为40.1%、40.2%和46.4%。回答没有信心的（"完全没信心"和"没信心"）比例分别为12.9%、15.5%和10.1%。回答"信心一般"的比例分别为47.0%、44.3%和43.4%。虽然明确表示缺乏信心的比例相对很低，但是持中间态度的居民多于有信心的居民。也就是说，这些居民对政府解决公共安全问题态度模糊，观点不明朗，信心的有无、高低取决于政府解决公共安全问题的实际效果。

表26　2017～2019年对本市政府解决公共安全问题的信心

选项	2017年		2018年		2019年	
	样本数（个）	百分比（%）	样本数（个）	百分比（%）	样本数（个）	百分比（%）
完全没信心	233	2.5	381	4.0	262	2.4
没信心	963	10.4	1090	11.5	837	7.7
信心一般	4349	47.0	4210	44.3	4685	43.4
比较有信心	3252	35.1	3166	33.2	4139	38.3
非常有信心	463	5.0	667	7.0	880	8.1
合计	9260	100.0	9514	100.0	10803	99.9

注：2017年和2018年统计中有极少量缺失项。

六　增强居民治安安全感的对策

（一）殊途同归，因地制宜完善治安风险治理体系和能力

治安安全是一个多因素、多层次、多系统耦合作用的结果。对全国城市居民的公共安全感调查（治安安全感作为其中一项）已经持续了3年，从调查结果中不难发现，每个城市由于经济社会发展水平、区域位置、治理能力、居民主观认知判断等主客观因素的不同，治安安全感的差异性也存在较为显著的地区性差异和城市间的差异。治安安全作为公共安全的基本盘，良好的社会治安是安全城市的基本特征，良好的治安秩序是公共安全

和城市健康发展的基本保障。市域社会治理是国家治理在城市层面的体现和落实，城市治安的维护与治理是城市治理体系和能力的基本内容，各地城市应因地制宜，充分发挥不同城市的特点和优势，完善治安风险治理体系和治理能力。

第一，从单方独舞到多元参与，激发多元主体活力，倡导多元主体共治。社会治安无疑是公共事务，治安安全是公共产品，需要政府、社会、市场的多方参与，共同构建起一个治安治理的联合体。第二，自治、法治、德治多种治理方式相融合。自治是从过去的政府中心到社会中心、民众中心，充分挖掘和激发社会和民众的治理智慧，改变过去依赖政府的"等、靠、要"，转向社会内部挖潜。法治是现代社会和现代文明的轴心，没有法治，就没有善治。依法治理要始终贯穿于治安治理之中，法治是规范治安治理的兜底和保障。城市政府要依法行政，市场主体、社会和民众要依法行为，治安问题的解决不能违背法律的要求。发挥德治的作用，引领和规范民众有序生活，形成风清气正的社会环境。第三，打造城市治安的多层治理体系。以市、区、街道、居委会、社区等为基础组织架构，统筹各层次、各条线、各种类的治安治理资源和力量，创新治安治理的多层体系。

（二）靶向聚焦，针对薄弱环节和问题补齐短板定向发力

有的放矢才能事半功倍，只有精准研判才能做到精准发力、精准施治。回顾前文可知，2017~2019年城市治安安全感存在明显的薄弱环节和短板。各地城市政府应该对本辖区的具体治安情况和现有资源进行系统性的分析，据此有针对性地安排治安服务工作、分配治安治理资源、落实治安保障措施。第一，针对居民对陌生人入小区担忧程度相对高于其他指标的特点，从物的角度，应该有效利用大数据、物联网、视频监控系统等软硬件资源，全力打造居民小区及周边治安防控和治安治理的物质体系，实现对居民小区治安风险和治安问题的动态掌控和精准治理；从人的角度，应该充分动员和发挥群防群治中基层一线网格员、治安信息员、单位巡逻员、物业工作人员、群众等人力资源，强化基层一线的治安巡逻，提高街面的见警率和管事率。

第二，居民对暴力冲突伤害担忧和及时获得保护担忧存在明显起伏波动，说明居民对暴力伤害和及时保护的需求具有直观性和即时性，这就要求各地城市对突发的重大暴力犯罪、重大治安事件以及重大治安灾害事故及时采取有效的紧急处置措施，阻遏危害和伤害升级，尽可能降低损失，有效保护居民的人身和财产安全。

（三）精准施治，面向重点群体提供治安服务和治安保障

针对治安风险敏感群体提供精准的治安服务和治安保障。三年的调查发现，女性群体、18~29岁群体、农村居民、低收入群体和共青团员是治安风险的敏感群体，容易受治安风险的威胁与伤害。精准研判、重点关注这些群体是城市治安治理的重要方面和重要任务，也是当前城市治安治理中应当重视的问题。因此，加强对治安风险脆弱群体的关怀，从细处着眼，对各类脆弱群体开展治安安全服务、培训，实施伤害心理干预，提高脆弱群体的安全防范意识和能力，保障脆弱群体的安全，以提升其治安安全感。

从前文分析中，可以明确发现当前城市治安的高危群体，他们具有相对更高的治安风险，对城市治安秩序和治安安全可能造成现实的危害或者形成潜在的威胁，需要治安防护主体重点关注。将治安工作的重心集中在治安的高危群体上，可以精准聚焦，减少治安工作的盲目性，提高治安服务和治理的效率，有效弥补治安治理资源和条件不足的问题。第一，针对社会闲散人员和无业人员，要完善治安防范机制，全面排查形成清单；开展法制宣传和心理引导，增强其法治观念；加强就业指导和培训，创造就业机会，使其工作有着落。第二，针对心理疾病患者，充分发挥社会工作者、志愿者、心理咨询师等专业人士的作用，及时进行心理干预，减少患者的忧郁、恐慌、自闭、焦虑、仇恨等负面情绪与心理，通过负面能量的宣泄排解，改善患者的认知和态度，促进其个性健康。第三，针对问题少年，将家庭监护、学校教育、政府矫正和司法惩戒各方面有机协调统一起来，引导适当的家庭教育、学校教育、社会关爱，培养其健全的人格、积极的人生态度。第四，针对流动人口，在当前形势下各城市政府要进行有效的政策引导，合理平衡人口的

流动，变过去的预防控制式管理为更全面的服务式管理，将治安防控与民生服务深度融合。

（四）共建共治，有效调动社会和居民的积极参与

进入新时代，城市治安形势发生了新变化，产生了很多新问题、新现象、新挑战，打造共建共治社会治安防控体系势在必行，必须有效激发社会的活力，调动社会和居民参与治安防控，达到共建治安防线、共治治安风险隐患、共享平安成果。

第一，积极引领，树立优秀典范。我国治安防控带有善于总结、典型引路和示范推广的特色，"枫桥经验"从诞生到现在已经接近60年，已然成为我国最具典型、最具知名度的基层社会治理品牌。几十年来，全国各地不断继承和发展"枫桥经验"，它树立了相信群众、发动和依靠群众来解决基层问题的典范。新时代推进共建共治的治安防控体系，需要传承和推广新时代的"枫桥经验"。

第二，加强守望相助，促进邻里平安和谐。从文化传承角度看，我们有着"远亲不如近邻"的良好文化基础；从实践操作层面看，"朝阳群众""西城大妈"等已经成为亮丽的群众自治名片；从人际关系角度看，社区是一个熟人社会，邻里之间人熟、地熟、情况熟。这些都有助于推动邻里社区加强守望相助，形成基层治安防控的合力。

第三，强化治安教育宣传和培训。依托融媒体，加强动员，联通居民个人、家庭、社区、学校、行业等社会子单元，将法律知识、治安新闻、热点案例、亮点示范、技能培训等进行推荐，积极引导城市居民提升治安意识，增强自我保护能力，形成人人参与治安防控的强大氛围。

（五）增加认同，有效矫正治安服务供给侧和需求侧偏差

第一，社会治安服务供给和治安综合治理要以居民需求为导向。党和政府工作的价值取向和出发点就是以人民为中心，不断实现人民对美好生活的向往。在城市社会治安领域具体体现为以居民实际的治安安全需求为导向，

找到治安治理的出发点和着力点，按需提供治安服务，提升居民的治安安全感。居民对治安秩序和治安安全的需要就是城市治安服务供给的导向，治安服务和治安综合治理就是要围绕居民之所需、所想、所急进行安排，居民需不需要、居民满不满意就是考核城市治安服务供给和治安综合治理是否有效的标准。

第二，丰富政府与社会、居民沟通的渠道和方式，形成有效的治安服务信息供给。通过近三年的调查，可以很明显地看到，即使政府在治安安全服务和保障方面做了大量的工作和努力，但依然有相当多的居民不清楚、不了解，这意味着政府与社会、居民之间的沟通出现了问题，没有实现双方之间信息的有效传递，出现了各说各话的现象，因此政府的治安服务供给和居民的治安服务需求出现了偏差。为了矫正这一偏差，也为了实现双向的互通互联，必须构建起全方位、多层次、多形式的沟通渠道和方式，增加彼此间的信任，提升居民对政府治安治理的信心。

第三，构建有效的治安服务需求偏好表达和服务供给机制，增强供给侧和需求侧之间的匹配。当前我国城市治安服务供给中存在政府绝对主导、市场供给不足、社会参与较少的现状，导致了治安服务需求旺盛与供给远远不足、治安供给的单一化与需求的多样性复杂性之间的矛盾。有效的治安服务需求偏好表达机制一定是居民的需求能够进行表达、可以以多种渠道和方式表达、表达能够进行整合、表达的结果进入决策，因此这样的机制能够客观地反映居民的治安服务需求和要求，从而使得治安服务供给的决策与治安服务需求相吻合，从而增加治安服务供需双侧的匹配。基于治安的公共品属性，它的供给一定是多样化、多主体、彼此合作协同的机制。

B.4 中国城市食品安全感调查报告（2020）

陈世民[*]

摘　要： "民以食为天，食以安为先。"近几年我国频发的食品安全事件让人们心有余悸、谈吃色变。2019年课题组继续对全国的城市公共安全感进行调查。2019年全国食品安全感仍较低，均值为5.22，低于中值，在公共安全感各分项指标中排名倒数第2；2017年的总食品安全感显著低于2018年，而2018年的总食品安全感又显著低于2019年，但这些差异的效果量均为微效果量（偏$\eta^2 < 0.01$）。63.8%的受调查者在过去1年内至少发生过1起食品安全事故。不同城市的食品安全事故违法信息透明度、消费者食品安全维权容易度的均值均低于中值。仅有28.2%的居民接受过食品安全教育培训。未来需要加强企业食品安全的自身建设，减少食品安全事故数量；加强食品安全的政府规制，实现多渠道的食品安全公共监督，有效提升城市食品安全感。

关键词： 城市　食品监管与治理　食品安全感　排名

"民以食为天，食以安为先。"近几年我国频发的食品安全事件让人们心有余悸、谈吃色变，如2006年11月"苏丹红"事件、2008年三鹿奶粉

---

[*] 陈世民，中国矿业大学公共管理学院（应急管理学院）副教授，主要研究方向为安全心理、积极心理学。

事件、2010年2月海南"毒豇豆"事件、2011年4月上海"染色馒头"事件、2014年上海福喜使用"过期肉"事件等。这显示出我国食品安全形势严峻,卫生指标超标、超量食品添加剂、食品包装不规范等问题层出不穷,造成的负面社会影响呈现传播速度快、范围广、危害大的趋势,给人们的食品安全感造成很大影响。本课题组对全国各大城市的食品安全连续进行了3年(2017年、2018年和2019年)的调查。本文通过分析2019年的数据,并对比2017年、2018年和2019年3年的数据来揭示我国城市居民的食品安全感状况。

一 城市食品安全感的基本状况

城市食品安全感的基本状况从以下4个方面来进行介绍:①与其他城市公共安全感分项指标相比,2019年城市食品安全感指数及排名;②2019年不同城市食品安全感的各项指标及其排名;③2019年城市食品安全感的差异性检验;④2017年、2018年和2019年食品安全感对比。

(一)2019年城市食品安全感指数及排名

课题组对2019年的全国调研数据进行了收集整理,对全国城市公共安全感分项指标指数由高到低进行排名,排名顺序依次为:公共场所设施安全感、自然安全感、生态安全感、交通安全感、治安安全感、公共卫生安全感、社会保障安全感、食品安全感、信息安全感(见表1)。食品安全感在公共安全感各分项指标中排名第8、倒数第2,仅高于信息安全感。

表1 2019年全国城市公共安全感分项指标指数及排名

分项指标	指数	排名
公共场所设施安全感	0.5399	1
自然安全感	0.5279	2
生态安全感	0.5115	3
交通安全感	0.5077	4

续表

分项指标	指数	排名
治安安全感	0.5046	5
公共卫生安全感	0.4958	6
社会保障安全感	0.482	7
食品安全感	0.4748	8
信息安全感	0.4728	9

（二）2019年城市食品安全感各项指标及其排名

食品安全感的测量采用3个指标：餐馆食品安全感、菜市场食品安全感、未来食品安全感。每个指标均采用一个测题来测量，这样共有3道题。这3道测题分别是："在本市饭店就餐时，您担心饭菜不干净吗？""您担心在农贸市场购买的生鲜食品不卫生吗？""您担心本市食品安全会越来越糟糕吗？"采用10点量表，从1"极为担心"到10"完全不担心"。总食品安全感为这3个指标的均值。描述性统计和相关分析结果如表2所示。除了未来食品安全感外，其余所有指标的均值均小于中值5.50，表明我国的食品安全感有待提高。

表2　2019年食品安全感的描述性统计和相关分析结果

变量	1	2	3	4
1. 餐馆食品安全感	1			
2. 菜市场食品安全感	0.804**	1		
3. 未来食品安全感	0.599**	0.613**	1	
4. 总食品安全感	0.908**	0.913**	0.832**	1
均值	5.01	5.14	5.53	5.22
标准差	2.58	2.57	2.52	2.26

注：$*p<0.05$，$**p<0.01$，$***p<0.001$，下同。

1. 不同城市的餐馆食品安全感

不同城市的餐馆食品安全感的结果如表3和图1所示。餐馆食品安全感最高的是乌鲁木齐，其均值为 5.98；最低的是郑州，其均值为 4.07。餐馆食品安全感均值高于中值（5.50）的城市有：乌鲁木齐、福州、厦门、北京、青岛、南宁、济南、成都 8 个城市；餐馆食品安全感均值低于中值、高于全国均值（5.01）的城市有：拉萨、武汉、昆明、深圳、宁波、银川、太原 7 个城市；餐馆食品安全感均值低于全国均值的城市有：杭州、呼和浩特、重庆、哈尔滨、贵阳、上海、海口、南京、天津、长沙、大连、西宁、合肥、广州、石家庄、南昌、沈阳、兰州、长春、西安、郑州 21 个城市。

表3 2019 年不同城市的餐馆食品安全感指数及排名

城市	均值	标准差	排名
乌鲁木齐	5.98	2.69	1
福州	5.79	2.66	2
厦门	5.78	2.35	3
北京	5.64	2.52	4
青岛	5.56	2.76	5
南宁	5.56	2.21	6
济南	5.54	2.55	7
成都	5.52	2.55	8
拉萨	5.49	2.83	9
武汉	5.45	2.49	10
昆明	5.41	2.44	11
深圳	5.22	2.64	12
宁波	5.21	2.49	13
银川	5.16	2.36	14
太原	5.04	2.05	15
杭州	5.00	2.66	16
呼和浩特	5.00	2.64	17
重庆	5.00	2.66	18
哈尔滨	4.94	2.66	19
贵阳	4.93	2.78	20
上海	4.92	2.57	21
海口	4.89	2.67	22
南京	4.82	2.50	23

续表

城市	均值	标准差	排名
天津	4.79	2.29	24
长沙	4.71	2.44	25
大连	4.71	2.42	26
西宁	4.66	2.53	27
合肥	4.65	2.47	28
广州	4.62	2.71	29
石家庄	4.58	1.90	30
南昌	4.49	2.58	31
沈阳	4.47	2.55	32
兰州	4.38	2.71	33
长春	4.26	2.65	34
西安	4.14	2.61	35
郑州	4.07	2.67	36

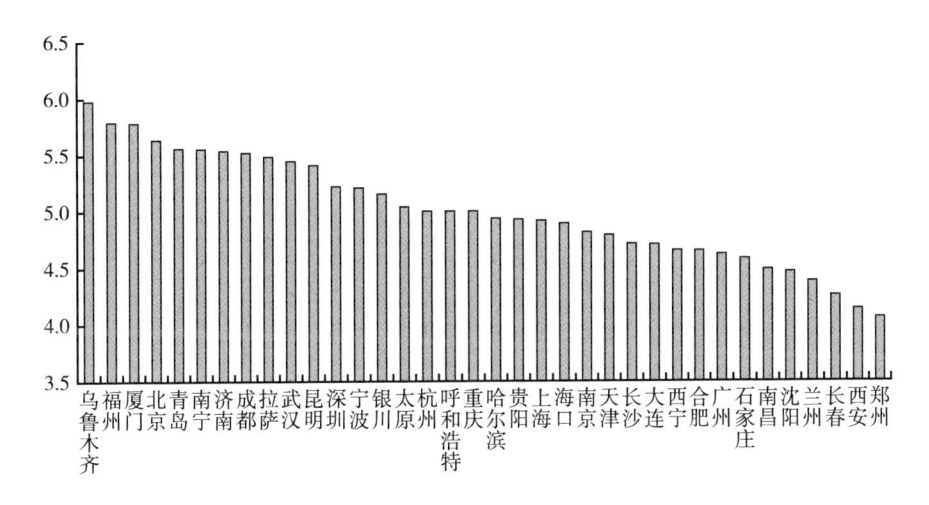

图1 2019年不同城市的餐馆食品安全感指数

2. 不同城市的菜市场食品安全感

计算不同城市的菜市场食品安全感，结果如表4和图2所示。菜市场食品安全感最高的是乌鲁木齐，其均值为6.14，最低的是郑州，其均值为4.12。菜市场食品安全感高于中值（5.50）的城市有：乌鲁木齐、福州、北京、厦门、青岛、成都、武汉、拉萨、济南、昆明、南宁 11 个城市；菜市场食品安全感低于中值、高于或等于全国均值（5.14）的城市有：宁波、深圳、哈尔滨、呼和浩特、长沙、广州 6 个城市；菜市场食品安全感低于全国均值的城市有银川、海口、贵阳、重庆、杭州、上海、南京、太原、合肥、天津、西宁、大连、南昌、长春、兰州、沈阳、西安、石家庄、郑州 19 个城市。

表4　2019年不同城市的菜市场食品安全感指数及排名

城市	均值	标准差	排名
乌鲁木齐	6.14	2.60	1
福州	5.82	2.68	2
北京	5.81	2.44	3
厦门	5.75	2.43	4
青岛	5.74	2.81	5
成都	5.65	2.57	6
武汉	5.65	2.48	7
拉萨	5.60	2.79	8
济南	5.59	2.61	9
昆明	5.54	2.52	10
南宁	5.54	2.12	11
宁波	5.49	2.52	12
深圳	5.48	2.61	13
哈尔滨	5.27	2.54	14
呼和浩特	5.21	2.60	15
长沙	5.16	2.47	16
广州	5.14	2.62	17
银川	5.13	2.35	18
海口	5.10	2.63	19
贵阳	5.09	2.64	20
重庆	5.09	2.63	21
杭州	5.05	2.68	22
上海	4.99	2.52	23
南京	4.96	2.49	24
太原	4.90	2.04	25

续表

城市	均值	标准差	排名
合肥	4.86	2.48	26
天津	4.81	2.22	27
西宁	4.80	2.55	28
大连	4.66	2.39	29
南昌	4.65	2.62	30
长春	4.59	2.76	31
兰州	4.49	2.62	32
沈阳	4.43	2.53	33
西安	4.35	2.64	34
石家庄	4.29	1.83	35
郑州	4.12	2.64	36

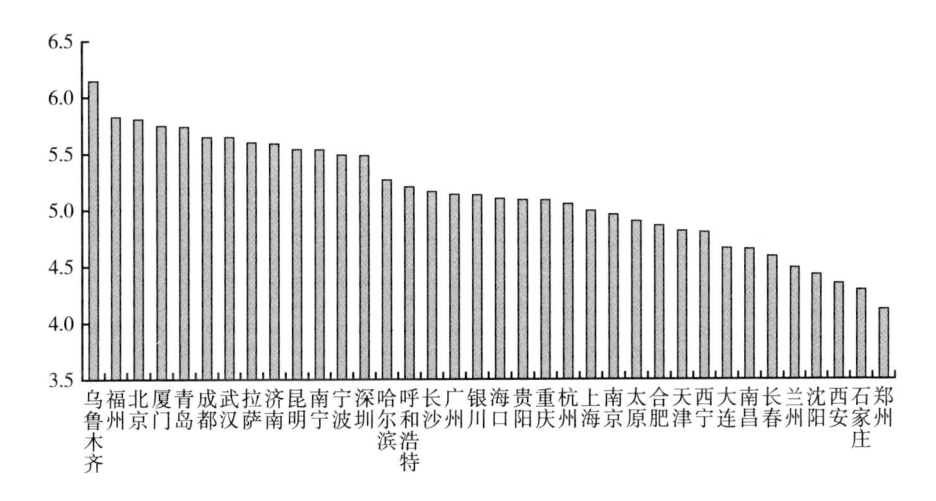

图 2 2019 年不同城市的菜市场食品安全感指数

3. 不同城市的预期的未来食品安全感

计算不同城市的预期的未来食品安全感，结果如表 5 和图 3 所示。预期的未来食品安全感高于或等于全国均值（5.53）的城市有：厦门、乌鲁木齐、北京、拉萨、宁波、福州、成都、济南、青岛、深圳、银川、杭州、哈尔滨、南宁、昆明、上海、武汉、长沙 18 个城市；预期的未来食品安全感低于全国均值、高于中值（5.50）的城市有：南京、天津2个城市；其余16个城市包括广州、合肥、太原、呼和浩特、海口、重庆、南昌、西宁、贵阳、长春、沈阳、大连、郑州、兰州、石家庄和西安的预期的未来食品安全感均低于中值。

表5　2019年不同城市的预期的未来食品安全感指数及排名

城市	均值	标准差	排名
厦门	6.59	2.17	1
乌鲁木齐	6.31	2.42	2
北京	6.26	2.39	3
拉萨	6.17	2.71	4
宁波	6.11	2.34	5
福州	6.06	2.56	6
成都	6.06	2.55	7
济南	5.98	2.70	8
青岛	5.87	2.91	9
深圳	5.84	2.63	10
银川	5.81	2.04	11
杭州	5.81	2.65	12
哈尔滨	5.74	2.53	13
南宁	5.65	2.24	14
昆明	5.63	2.41	15
上海	5.60	2.60	16
武汉	5.56	2.48	17
长沙	5.53	2.37	18
南京	5.52	2.49	19
天津	5.52	2.22	20
广州	5.46	2.62	21
合肥	5.37	2.53	22
太原	5.37	1.77	23
呼和浩特	5.29	2.48	24
海口	5.21	2.56	25
重庆	5.20	2.57	26
南昌	5.14	2.71	27
西宁	5.12	2.57	28

中国城市食品安全感调查报告（2020）

续表

城市	均值	标准差	排名
贵阳	5.10	2.54	29
长春	5.06	2.81	30
沈阳	5.01	2.42	31
大连	4.99	2.37	32
郑州	4.85	2.55	33
兰州	4.82	2.56	34
石家庄	4.77	2.11	35
西安	4.75	2.40	36

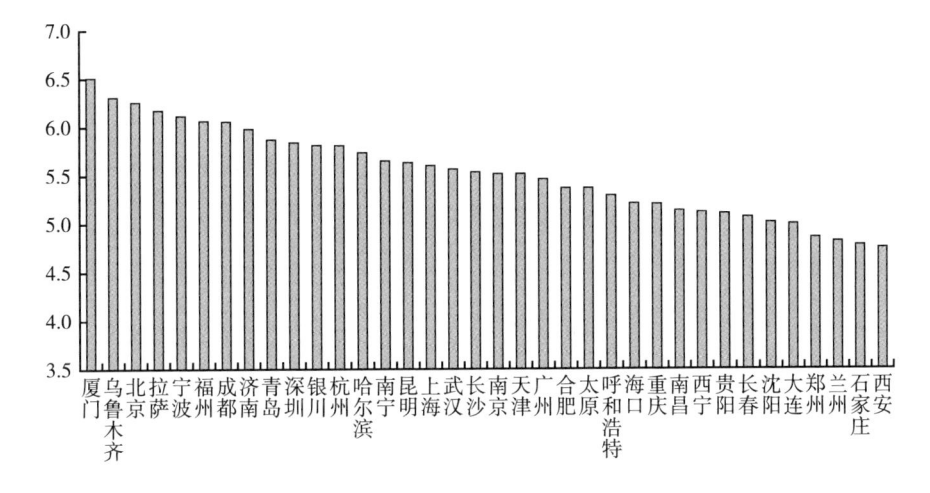

图3 2019年不同城市的预期的未来食品安全感指数

4. 不同城市的总食品安全感

计算不同城市的总食品安全感，结果如表6和图4所示。总食品安全感高于中值（5.50）的城市有：乌鲁木齐、厦门、北京、福州、拉萨、成都、青岛、济南、宁波、南宁、武汉、昆明、深圳13个城市；总食品安全感低于中值、高于全国均值（5.22）的城市有：银川、哈尔滨、杭州3个城市；其余20个城市包括上海、呼和浩特、长沙、太原、重庆、南京、广州、海口、贵阳、天津、合肥、西宁、大连、南昌、长春、沈阳、兰州、石家庄、西安、郑州的总食品安全感均低于全国均值。

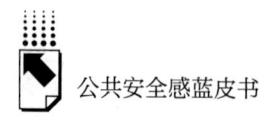

表6 2019年不同城市的总食品安全感指数及排名

城市	均值	标准差	排名
乌鲁木齐	6.14	2.35	1
厦门	6.04	2.10	2
北京	5.90	2.22	3
福州	5.89	2.42	4
拉萨	5.75	2.49	5
成都	5.74	2.12	6
青岛	5.72	2.58	7
济南	5.70	2.35	8
宁波	5.60	2.14	9
南宁	5.58	1.98	10
武汉	5.55	2.22	11
昆明	5.53	2.14	12
深圳	5.51	2.38	13
银川	5.37	1.90	14
哈尔滨	5.31	1.99	15
杭州	5.29	2.38	16
上海	5.17	2.38	17
呼和浩特	5.17	2.24	18
长沙	5.14	2.18	19
太原	5.10	1.42	20
重庆	5.10	2.38	21
南京	5.10	2.26	22
广州	5.07	2.37	23
海口	5.07	2.42	24
贵阳	5.04	2.39	25
天津	5.04	2.00	26
合肥	4.96	2.15	27
西宁	4.86	2.27	28
大连	4.79	1.94	29
南昌	4.76	2.41	30
长春	4.64	2.40	31
沈阳	4.64	2.05	32
兰州	4.56	2.41	33
石家庄	4.55	1.42	34
西安	4.41	2.19	35
郑州	4.35	2.27	36

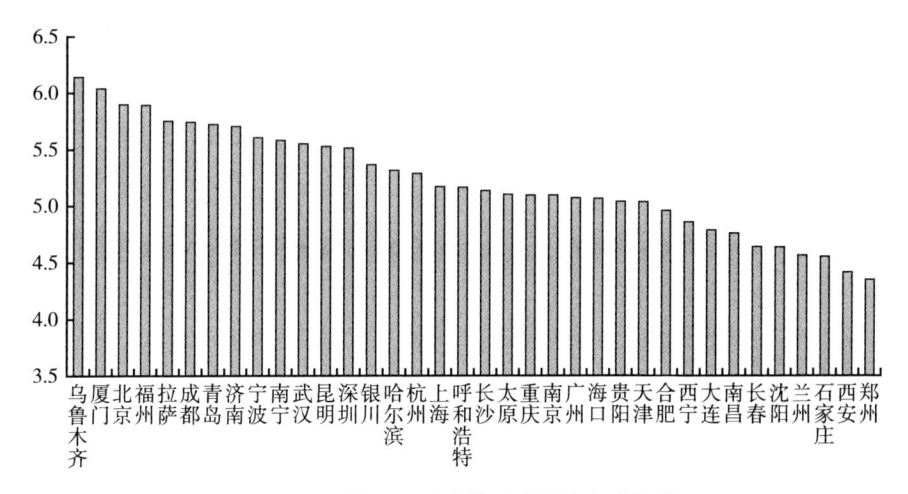

图 4 2019 年不同城市的总食品安全感指数

（三）2019年城市食品安全感的差异性检验

1. 性别差异性检验

城市食品安全感的性别差异性检验结果，如表 7 所示。男性的餐馆食品安全感、菜市场食品安全感、未来食品安全感、总食品安全感均显著高于女性，但其效果量均为微效果量（d＜0.20）。

表 7 2019 年食品安全感的性别差异性检验结果

变量	男性		女性		t	d
	均值	标准差	均值	标准差		
餐馆食品安全感	5.13	2.58	4.86	2.58	5.43***	0.11
菜市场食品安全感	5.27	2.57	4.97	2.56	6.08***	0.12
未来食品安全感	5.71	2.53	5.32	2.50	8.03***	0.16
总食品安全感	5.37	2.25	5.05	2.26	7.36***	0.14

注：t 指检验的统计指数；d 指检验的效果量。

2. 年龄差异性检验

餐馆食品安全感、菜市场食品安全感、未来食品安全感和总食品安全感的年龄差异性检验结果如表 8 所示。①18～29 岁和 30～44 岁被试的餐馆食品

213

安全感显著低于45～59岁的被试；②30～44岁被试的菜市场食品安全感显著低于45～59岁被试；③18～29岁和30～44岁被试的未来食品安全感显著低于45～59岁被试；18～29岁被试的未来食品安全感显著低于60岁及以上被试；④18～29岁和30～44岁被试的总食品安全感显著低于45～59岁被试；⑤所有差异的效果量均为微效果量（偏$\eta^2 < 0.01$）。从这些调查可看出，总体上，年轻人的食品安全感低于中年人。这可能有两方面原因：一是年轻人相对中年人在外面餐馆就餐次数更多，接触不安全食品的概率更高；二是年轻人的经济状况相对中年人较差，不像中年人对食品安全那样注重，他们可能更多到一些较便宜、卫生状况较差的餐馆就餐，购买一些价格较低、卫生状况较差的食品，因此食品安全感较低。

3. 文化程度差异性检验

餐馆食品安全感、菜市场食品安全感、未来食品安全感和总食品安全感的文化程度差异性检验结果如表9所示。①小学和初中学历被试的餐馆食品安全感显著高于大学（大专）和研究生学历被试，小学学历被试的餐馆食品安全感显著高于高中（中职、中专）学历被试；②小学和初中学历被试的菜市场食品安全感显著高于大学（大专）和研究生学历被试，初中学历被试的菜市场食品安全感显著高于高中（中职、中专）学历被试；③初中学历被试的未来食品安全感显著高于高中（中职、中专）学历和大学（大专）学历被试；④小学和初中学历被试的总食品安全感显著高于大学（大专）和研究生学历被试，初中学历被试的总食品安全感显著高于高中（中职、中专）学历被试；⑤所有差异的效果量均为微效果量（偏$\eta^2 < 0.01$）。从这些调查可看出，总体上，低学历被试的食品安全感高于高学历被试。这可能是由于高学历被试获得更多的食品安全知识，食品安全意识更强，其食品安全感更低。

4. 个人月收入差异性检验

餐馆食品安全感、菜市场食品安全感、未来食品安全感和总食品安全感的个人月收入差异性检验结果如表10所示。月收入8001～12000元被试的未来食品安全感显著高于月收入12001元以上被试，其效果量为微效果量

表8 2019年食品安全感的年龄差异性检验结果

变量	18~29岁(1)		30~44岁(2)		45~59岁(3)		60岁及以上(4)		F值	事后比较	偏η²
	均值	标准差	均值	标准差	均值	标准差	均值	标准差			
餐馆食品安全感	4.96	2.58	4.97	2.55	5.21	2.61	5.14	2.73	4.56**	1<3,2<3	0.001
菜市场食品安全感	5.12	2.56	5.05	2.53	5.31	2.57	5.18	2.76	3.62*	2<3	0.001
未来食品安全感	5.43	2.53	5.52	2.50	5.80	2.44	5.81	2.65	11.26***	1<3,2<3,1<4	0.003
总食品安全感	5.17	2.28	5.18	2.23	5.44	2.22	5.38	2.36	7.05***	1<3,2<3	0.002

表9 2019年食品安全感的文化程度差异性检验结果

变量	小学(1)		初中(2)		高中(中职、中专)(3)		大学(大专)(4)		研究生(5)		F	事后比较	偏η²
	均值	标准差	均值	标准差	均值	标准差	均值	标准差	均值	标准差			
餐馆食品安全感	5.58	2.72	5.28	2.77	5.03	2.61	4.96	2.52	4.70	2.58	10.52***	1>3>5 1>4,2>4 2>5	0.004
菜市场食品安全感	5.54	2.70	5.45	2.76	5.10	2.59	5.09	2.51	5.01	2.54	7.22***	1>4,1>5 2>3,2>4 2>5	0.003
未来食品安全感	5.69	2.46	5.83	2.63	5.51	2.53	5.48	2.50	5.47	2.54	4.96**	2>3,2>4	0.002
总食品安全感	5.60	2.32	5.52	2.36	5.21	2.27	5.17	2.22	5.06	2.32	8.78***	1>4,1>5 2>3,2>4 2>5	0.003

表 10 2019 年食品安全感的个人月收入差异性检验结果

变量	2000 元及以下(1)		2001~3500 元(2)		3501~5000 元(3)		5001~8000 元(4)		8001~12000 元(5)		12001 元以上(6)		F 值	事后比较	偏 η^2
	均值	标准差	均值	标准差	均值	标准差	均值	标准差	均值	标准差	均值	标准差			
餐馆食品安全感	5.01	2.57	5.10	2.62	5.02	2.56	4.96	2.58	5.02	2.63	4.72	2.64	1.66		
菜市场食品安全感	5.19	2.57	5.17	2.60	5.09	2.56	5.06	2.52	5.27	2.62	4.91	2.63	1.97		
未来食品安全感	5.47	2.50	5.44	2.57	5.57	2.50	5.63	2.48	5.75	2.60	5.25	2.60	3.70**	5>6	0.002
总食品安全感	5.23	2.26	5.24	2.29	5.23	2.23	5.22	2.22	5.35	2.33	4.96	2.40	1.60		

(偏 η^2 <0.01)。不同收入水平的被试的餐馆食品安全感、菜市场食品安全感和总食品安全感均不存在显著差异。

（四）2017年、2018年和2019年的食品安全感对比

1. 2017年、2018年和2019年不同城市的餐馆食品安全感对比

2017年、2018年和2019年不同城市的餐馆食品安全感对比如表11所示。福州、广州、南宁和乌鲁木齐4个城市2017年、2018年和2019年3年的餐馆食品安全感有显著变化，其效果量为中等效果量（0.059≤偏 η^2 < 0.138）；北京、成都、贵阳、哈尔滨、杭州、呼和浩特、济南、昆明、上海、太原、天津、武汉、西安、西宁、银川、郑州16个城市2017年、2018年和2019年3年的餐馆食品安全感有显著变化，其效果量为小效果量（0.01≤偏 η^2 <0.059）；沈阳、海口、合肥、拉萨、兰州、南昌、南京、石家庄、长春、长沙、重庆11个城市2017年、2018年和2019年3年的餐馆食品安全感则没有显著差异。

表11 2017年、2018年和2019年不同城市的餐馆食品安全感对比

城市	2017年(1)		2018年(2)		2019年(3)		F值	事后比较	偏 η^2
	均值	标准差	均值	标准差	均值	标准差			
北京	4.84	2.57	4.36	2.64	5.64	2.52	18.35***	1<3,2<3	0.040
沈阳	4.30	2.36	4.41	3.01	4.47	2.55	0.32		0.001
成都	4.82	2.43	4.56	2.39	5.52	2.55	12.29***	1<3,2<3	0.027
福州	4.32	2.45	5.63	2.53	5.79	2.66	29.70***	1<2<3	0.063
广州	5.42	1.84	3.95	2.27	4.62	2.71	30.45***	2<3<1	0.064
贵阳	4.60	2.41	5.75	2.78	4.93	2.78	15.51***	1<2,3<2	0.032
哈尔滨	4.53	2.26	4.27	2.68	4.94	2.66	5.40**	2<3	0.012
海口	4.96	2.77	4.51	2.23	4.89	2.67	2.75		0.006
杭州	5.65	2.48	5.17	2.87	5.00	2.66	4.72**	1>3	0.010
合肥	4.97	2.25	4.99	2.70	4.65	2.47	1.8		0.004
呼和浩特	3.96	2.63	3.75	2.43	5.00	2.64	20.60***	1<3,2<3	0.044
济南	4.38	2.64	5.78	2.56	5.54	2.55	24.97***	1<2,1<3	0.053
昆明	4.56	2.59	5.98	2.03	5.41	2.44	28.31***	1<3<2	0.058
拉萨	5.50	3.04	5.52	2.58	5.49	2.83	0.01		0.000

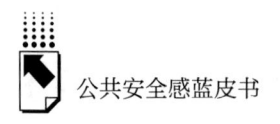

续表

城市	2017年(1) 均值	标准差	2018年(2) 均值	标准差	2019年(3) 均值	标准差	F值	事后比较	偏η^2
兰州	4.73	2.39	4.81	2.59	4.38	2.71	2.29		0.005
南昌	4.34	2.63	4.85	2.48	4.49	2.58	3.17		0.007
南京	5.28	2.15	5.23	2.79	4.82	2.50	3.07		0.007
南宁	4.31	2.73	3.79	2.44	5.56	2.21	41.27***	2<1<3	0.084
上海	5.68	2.57	5.22	2.82	4.92	2.57	6.25**	1>3	0.014
石家庄	4.58	1.92	4.42	2.72	4.58	1.90	0.57		0.001
太原	4.39	2.17	4.45	2.55	5.04	2.05	7.48**	1<3,2<3	0.016
天津	4.31	2.73	5.06	2.47	4.79	2.29	7.01**	1<2	0.015
乌鲁木齐	4.10	2.63	4.79	2.71	5.98	2.69	37.41***	1<2<3	0.077
武汉	5.26	2.40	4.66	1.97	5.45	2.49	9.95***	2<1,2<3	0.022
西安	4.64	2.32	4.66	2.23	4.14	2.61	4.50*	1>3,2>3	0.010
西宁	5.18	2.28	5.64	2.55	4.66	2.53	12.51***	3<1,3<2	0.027
银川	4.27	2.47	4.82	2.58	5.16	2.36	9.83***	1<2,1<3	0.022
长春	4.85	2.79	4.76	2.91	4.26	2.65	3.92*	1>3	0.009
长沙	4.54	2.60	4.98	2.08	4.71	2.44	2.72		0.006
郑州	4.83	2.54	4.17	2.45	4.07	2.67	7.78***	1>2,1>3	0.017
重庆	5.16	2.61	4.80	2.28	5.00	2.66	1.58		0.004

2. 2017年、2018年和2019年不同城市的菜市场食品安全感对比

2017年、2018年和2019年不同城市的菜市场食品安全感对比如表12所示。福州、广州、南宁和乌鲁木齐4个城市2017年、2018年和2019年3年的菜市场食品安全感有显著变化，其效果量为中等效果量（0.059≤偏η^2<0.138）；北京、成都、贵阳、哈尔滨、杭州、呼和浩特、济南、昆明、兰州、南昌、南京、天津、武汉、西安、西宁、银川、长春、郑州18个城市2017年、2018年和2019年3年的菜市场食品安全感有显著变化，其效果量为小效果量（0.01≤偏η^2<0.059）；沈阳、海口、合肥、拉萨、上海、石家庄、太原、长沙、重庆9个城市2017年、2018年和2019年3年的菜市场食品安全感则没有显著差异。

表12 2017年、2018年和2019年不同城市的菜市场食品安全感对比

城市	2017年(1)		2018年(2)		2019年(3)		F值	事后比较	偏 η^2
	均值	标准差	均值	标准差	均值	标准差			
北京	4.73	2.52	4.48	2.65	5.81	2.44	22.77***	1<3,2<3	0.049
沈阳	4.41	2.40	4.76	3.05	4.43	2.53	1.724		0.004
成都	5.02	2.46	4.82	2.40	5.65	2.57	9.01***	1<3,2<3	0.020
福州	4.43	2.35	6.11	2.40	5.82	2.68	39.03***	1<2,1<3	0.081
广州	5.50	1.82	4.10	2.31	5.14	2.62	30.66***	2<1,2<3	0.064
贵阳	4.58	2.35	5.84	2.74	5.09	2.64	18.55***	1<3<2	0.038
哈尔滨	4.67	2.31	4.36	2.68	5.27	2.54	10.27***	1<3,2<3	0.022
海口	5.22	2.65	4.82	2.25	5.10	2.63	1.99		0.004
杭州	5.77	2.47	5.23	2.89	5.05	2.68	5.684**	1>2,1>3	0.012
合肥	5.18	2.21	5.16	2.64	4.86	2.48	1.6		0.003
呼和浩特	4.09	2.68	4.02	2.52	5.21	2.60	19.61***	1<3,2<3	0.042
济南	4.64	2.68	5.73	2.59	5.59	2.61	15.16***	1<2,1<3	0.033
昆明	4.72	2.61	6.03	2.12	5.54	2.52	23.08***	1<3<2	0.048
拉萨	5.56	2.84	5.71	2.50	5.60	2.79	0.24		0.001
兰州	4.72	2.40	5.15	2.52	4.49	2.62	5.48**	2>3	0.012
南昌	4.53	2.65	5.52	2.33	4.65	2.62	13.41***	1<2,3<2	0.029
南京	5.25	2.23	5.62	2.65	4.96	2.49	5.63**	2>3	0.012
南宁	4.55	2.79	3.88	2.54	5.54	2.12	33.90***	2<1<3	0.070
上海	5.58	2.58	5.34	2.71	4.99	2.52	3.81		0.008
石家庄	4.63	1.95	4.46	2.71	4.29	1.83	1.85		0.004
太原	4.47	2.30	4.54	2.46	4.90	2.04	3.07		0.007
天津	4.45	2.79	5.20	2.59	4.81	2.22	6.45**	1<2	0.014
乌鲁木齐	4.03	2.57	4.98	2.67	6.14	2.60	48.51***	1<2<3	0.098
武汉	5.48	2.43	4.69	2.01	5.65	2.48	14.97***	2<1,2<3	0.032
西安	4.94	2.38	4.64	2.16	4.35	2.64	4.61*	1>3	0.010
西宁	5.18	2.33	5.62	2.55	4.80	2.55	8.51***	2>3	0.018
银川	4.50	2.46	4.84	2.58	5.13	2.35	4.86**	1<3	0.011
长春	5.25	2.83	4.74	2.83	4.59	2.76	4.56*	1>3	0.010
长沙	4.71	2.60	4.89	2.11	5.16	2.47	2.71		0.006
郑州	4.79	2.55	4.24	2.47	4.12	2.64	5.87**	1>2,1>3	0.013
重庆	5.14	2.57	4.79	2.24	5.09	2.63	1.76		0.004

3. 2017年、2018年和2019年不同城市的未来食品安全感对比

2017年、2018年和2019年不同城市的未来食品安全感对比如表13所示。福州、广州和乌鲁木齐3个城市2017年、2018年和2019年3年的未来食品安全感有显著变化，其效果量为中等效果量（0.059≤偏η^2<0.138）；北京、成都、贵阳、哈尔滨、呼和浩特、济南、昆明、兰州、南昌、南京、南宁、太原、天津、武汉、西安、西宁、银川、长沙18个城市2017年、2018年和2019年3年的未来食品安全感有显著变化，其效果量为小效果量（0.01≤偏η^2<0.059）；沈阳、海口、杭州、合肥、拉萨、上海、石家庄、长春、郑州、重庆10个城市2017年、2018年和2019年3年的未来食品安全感则没有显著差异。

表13 2017年、2018年和2019年不同城市的未来食品安全感对比

城市	2017年(1)		2018年(2)		2019年(3)		F值	事后比较	偏η^2
	均值	标准差	均值	标准差	均值	标准差			
北京	4.96	2.63	4.85	2.91	6.26	2.39	25.61***	1<3,2<3	0.055
沈阳	4.46	2.44	4.89	3.33	5.01	2.42	3.29*		0.007
成都	5.38	2.45	5.13	2.51	6.06	2.55	10.90***	1<3,2<3	0.024
福州	4.67	2.44	6.57	2.49	6.06	2.56	45.86***	1<3<2	0.094
广州	5.74	1.83	4.24	2.53	5.46	2.62	34.42***	2<1,2<3	0.071
贵阳	4.85	2.45	6.08	2.62	5.10	2.54	20.51***	1<2,3<2	0.042
哈尔滨	4.79	2.39	4.50	2.78	5.74	2.53	18.90***	1<3,2<3	0.040
海口	5.34	2.69	5.01	2.32	5.21	2.56	1.36		0.003
杭州	6.09	2.44	5.87	2.96	5.81	2.65	0.89		0.002
合肥	5.23	2.24	5.32	2.57	5.37	2.53	0.25		0.001
呼和浩特	4.29	2.78	4.55	2.76	5.29	2.48	11.23***	1<3,2<3	0.024
济南	4.90	2.86	6.12	2.40	5.98	2.70	18.61***	1<2,1<3	0.040
昆明	4.98	2.62	6.10	2.04	5.63	2.41	17.60***	1<2,1<3	0.037
拉萨	5.75	2.95	6.04	2.53	6.17	2.71	1.83		0.004
兰州	4.95	2.37	5.62	2.47	4.82	2.56	9.26***	1<2,3<2	0.020
南昌	4.58	2.65	5.76	2.49	5.14	2.71	15.18***	1<3<2	0.033
南京	5.16	2.34	5.93	2.88	5.52	2.49	6.84**	1<2	0.015
南宁	4.73	2.76	4.22	2.74	5.65	2.24	23.74***	1<3,2<3	0.050
上海	6.04	2.58	5.54	2.78	5.60	2.60	3.16		0.007

续表

城市	2017年(1)		2018年(2)		2019年(3)		F值	事后比较	偏η^2
	均值	标准差	均值	标准差	均值	标准差			
石家庄	4.53	1.95	4.82	2.91	4.77	2.11	1.31		0.003
太原	4.58	2.28	4.72	2.61	5.37	1.77	10.21***	1<3,2<3	0.022
天津	4.73	2.83	5.49	2.58	5.52	2.22	9.06***	1<2,1<3	0.020
乌鲁木齐	4.23	2.60	5.61	2.83	6.31	2.42	47.65***	1<2<3	0.096
武汉	5.51	2.31	4.85	2.07	5.56	2.48	9.26***	2<1<3	0.020
西安	5.36	2.20	4.77	2.41	4.75	2.40	6.53**	1>2,1>3	0.014
西宁	5.23	2.21	6.02	2.56	5.12	2.57	12.21***	1<2,3<2	0.026
银川	4.41	2.53	5.47	2.70	5.81	2.04	26.85***	1<2,1<3	0.057
长春	5.05	2.94	4.80	2.93	5.06	2.81	0.78		0.002
长沙	4.91	2.59	5.17	2.07	5.53	2.37	5.32**	1<3	0.012
郑州	4.98	2.58	4.72	2.62	4.85	2.55	0.74		0.002
重庆	5.44	2.64	5.15	2.31	5.20	2.57	1.15		0.003

4. 2017年、2018年和2019年不同城市的总食品安全感对比

2017年、2018年和2019年不同城市的总食品安全感对比如表14所示。福州、广州、南宁和乌鲁木齐4个城市2017年、2018年和2019年3年的总食品安全感有显著变化，其效果量为中等效果量（0.059≤偏η^2<0.138）；北京、成都、贵阳、哈尔滨、呼和浩特、济南、昆明、兰州、南昌、上海、太原、天津、武汉、西安、西宁、银川、郑州17个城市2017年、2018年和2019年3年的总食品安全感有显著变化，其效果量为小效果量（0.01≤偏η^2<0.059）；沈阳、海口、杭州、合肥、拉萨、南京、石家庄、长春、长沙、重庆10个城市2017年、2018年和2019年3年的总食品安全感则没有显著差异。

表14 2017年、2018年和2019年不同城市的总食品安全感对比

城市	2017年(1)		2018年(2)		2019年(3)		F值	事后比较	偏η^2
	均值	标准差	均值	标准差	均值	标准差			
北京	4.86	2.38	4.56	2.42	5.90	2.22	26.52***	1<3,2<3	0.057
沈阳	4.39	2.17	4.69	2.76	4.64	2.05	1.41		0.003
成都	5.07	2.24	4.84	2.17	5.74	2.12	13.84***	1<3,2<3	0.030

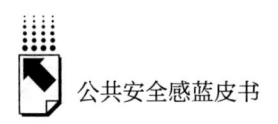

续表

城市	2017年(1)		2018年(2)		2019年(3)		F值	事后比较	偏η^2
	均值	标准差	均值	标准差	均值	标准差			
福州	4.47	2.18	6.10	2.27	5.89	2.42	44.43***	1<2,1<3	0.091
广州	5.55	1.55	4.10	2.22	5.07	2.37	38.14***	2<3<1	0.079
贵阳	4.68	2.22	5.89	2.53	5.04	2.39	21.25***	1<2,3<2	0.044
哈尔滨	4.66	2.12	4.37	2.51	5.31	1.99	14.18***	1<3,2<3	0.030
海口	5.17	2.53	4.78	2.07	5.07	2.42	2.24		0.005
杭州	5.83	2.30	5.42	2.70	5.29	2.38	3.95*	1>3	0.009
合肥	5.13	1.92	5.16	2.35	4.96	2.15	0.73		0.002
呼和浩特	4.11	2.40	4.11	2.23	5.17	2.24	21.25***	1<3,2<3	0.045
济南	4.64	2.32	5.88	2.35	5.70	2.35	24.32***	1<2,1<3	0.052
昆明	4.75	2.36	6.04	1.94	5.53	2.14	27.88***	1<3<2	0.057
拉萨	5.61	2.55	5.75	2.33	5.75	2.49	0.35		0.001
兰州	4.80	2.12	5.19	2.30	4.56	2.41	5.93**	2>3	0.013
南昌	4.49	2.36	5.38	2.19	4.76	2.41	11.56***	1<2,3<2	0.025
南京	5.23	1.87	5.59	2.53	5.10	2.26	4.09*	2>3	0.009
南宁	4.53	2.52	3.96	2.37	5.58	1.98	38.72***	2<1<3	0.079
上海	5.76	2.35	5.37	2.52	5.17	2.38	4.71**	1>3	0.010
石家庄	4.58	1.74	4.57	2.54	4.55	1.42	0.03		0.000
太原	4.48	2.06	4.57	2.34	5.10	1.42	8.57***	1<3,2<3	0.019
天津	4.50	2.51	5.25	2.36	5.04	2.00	8.57***	1<2,1<3	0.019
乌鲁木齐	4.12	2.43	5.13	2.46	6.14	2.35	51.86***	1<2<3	0.104
武汉	5.41	2.18	4.73	1.78	5.55	2.22	13.82***	2<1,2<3	0.030
西安	4.98	2.03	4.69	2.03	4.41	2.19	5.58**	1>3	0.012
西宁	5.20	2.05	5.76	2.37	4.86	2.27	12.80***	1<2,3<2	0.027
银川	4.39	2.14	5.05	2.35	5.37	1.90	16.10***	1<2,1<3	0.035
长春	5.05	2.59	4.77	2.69	4.64	2.40	2.02		0.005
长沙	4.73	2.43	5.01	1.75	5.14	2.18	2.91		0.006
郑州	4.86	2.30	4.37	2.29	4.35	2.27	4.82**	1>2,1>3	0.011
重庆	5.25	2.31	4.91	2.02	5.10	2.38	1.71		0.004

5. 2017年、2018年和2019年全国食品安全感对比

2017年、2018年和2019年全国餐馆食品安全感、菜市场食品安全感、未来食品安全感和总食品安全感的差异性检验结果如表15所示。2017年和

2018年的餐馆食品安全感显著低于2019年；2017年的菜市场食品安全感、未来食品安全感和总食品安全感显著低于2018年，而2018年的菜市场食品安全感、未来食品安全感和总食品安全感又显著低于2019年，但这些差异的效果量均为微效果量（偏η^2<0.01）。

表15 2017年、2018年和2019年全国食品安全感差异性检验结果

变量	2017年(1)		2018年(2)		2019年(3)		F值	事后比较	偏η^2
	均值	标准差	均值	标准差	均值	标准差			
餐馆食品安全感	4.75	2.52	4.83	2.60	5.01	2.58	27.09***	1<3,2<3	0.002
菜市场食品安全感	4.86	2.52	4.98	2.59	5.14	2.57	28.72***	1<2<3	0.002
未来食品安全感	5.03	2.56	5.29	2.69	5.53	2.52	93.16***	1<2<3	0.006
总食品安全感	4.88	2.29	5.03	2.40	5.22	2.26	55.65***	1<2<3	0.004

二 城市食品安全感存在的问题

在调查全国城市食品安全感状况的基础上，本调查通过调查消费者亲身经历的食品安全问题数量、食品事故违法信息公开程度、消费者维权容易度、食品安全教育等方面来探讨与食品安全相关的行为问题，其表现为以下几个方面。

（一）经历的食品安全事故数量较多

亲身经历食品安全事故数量有1道测题，即"在过去一年内，你发生过多少起因食品质量问题而身体不适的事故（如拉肚子、肚痛甚至上医院）?"选项为：0、1~2次、3~4次、5次及以上。计算不同食品安全事故数量的人数与百分比，结果如表16所示。只有36.2%的受调查居民在过去1年内自身没有发生过食品安全事故，其余63.8%的受调查居民在过去1年内至少发生过1起食品安全事故。

表16　2019年不同城市的食品安全事故数量的人数与百分比

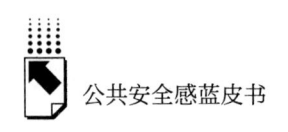

食品安全事故数量	人数(人)	百分比(%)
0	3912	36.2
1~2次	4849	44.9
3~4次	1575	14.6
5次及以上	467	4.3

（二）食品安全事故违法信息透明度低

食品安全事故违法信息公开程度有1道测题，即"你认为目前的食品安全事故违法信息公开程度"。选项为非常不透明、比较不透明、比较透明、非常透明，分别记为1、2、3、4分。根据描述性统计结果，2019年，食品安全事故违法信息公开程度的全国均值是2.29，标准差为0.67。计算不同城市的食品安全事故违法信息公开程度，如表17所示。全国所有城市的食品安全事故违法信息公开程度均低于中值2.50。其中，高于或等于均值的城市有海口、成都、太原、拉萨、天津、武汉、呼和浩特、银川、乌鲁木齐、西宁、石家庄、青岛、福州、南宁、宁波、杭州、厦门17个城市，其余19个城市包括重庆、济南、深圳、哈尔滨、郑州、南京、北京、长春、合肥、西安、贵阳、长沙、广州、昆明、兰州、上海、沈阳、大连、南昌的食品安全事故违法信息公开程度均低于全国均值。

表17　2019年不同城市的食品安全事故违法信息公开程度及排名

城市	均值	标准差	排名
海口	2.47	0.64	1
成都	2.45	0.82	2
太原	2.43	0.74	3
拉萨	2.43	0.66	4
天津	2.43	0.68	5
武汉	2.42	0.71	6
呼和浩特	2.39	0.69	7
银川	2.39	0.69	8

续表

城市	均值	标准差	排名
乌鲁木齐	2.37	0.67	9
西宁	2.36	0.65	10
石家庄	2.35	0.72	11
青岛	2.35	0.72	12
福州	2.32	0.65	13
南宁	2.32	0.69	14
宁波	2.32	0.62	15
杭州	2.32	0.66	16
厦门	2.29	0.64	17
重庆	2.28	0.63	18
济南	2.26	0.64	19
深圳	2.25	0.60	20
哈尔滨	2.25	0.66	21
郑州	2.25	0.63	22
南京	2.23	0.61	23
北京	2.23	0.69	24
长春	2.22	0.66	25
合肥	2.21	0.62	26
西安	2.21	0.66	27
贵阳	2.21	0.62	28
长沙	2.19	0.59	29
广州	2.18	0.62	30
昆明	2.18	0.66	31
兰州	2.18	0.64	32
上海	2.18	0.66	33
沈阳	2.17	0.59	34
大连	2.16	0.69	35
南昌	2.08	0.62	36

食品安全事故违法信息公开程度对公众的食品安全感具有重要影响。食品安全事故违法信息公开程度低，则容易存在"暗箱操作"、权钱交易，公众对食品安全风险感就会提高；相反，如果公开程度高，发生食品安全事故的企业就会受到舆论谴责、失去顾客，其违法成本就会提高，就会努

力去提升食品安全，对其他企业也会起到警戒作用，因此，公众对食品安全风险感会降低。

（三）食品安全事故维权难度不小

消费者维权容易度有 1 道测题，即"当出现食品安全事件时，你认为消费者维权容易度"。选项为非常麻烦、比较麻烦、比较容易、非常容易，分别记为 1、2、3、4 分。根据描述性统计结果，2019 年消费者维权容易度的均值是 2.18，标准差为 0.70。计算不同城市的消费者维权容易度，如表 18 所示。不同城市的消费者维权容易度均值低于中值 2.50。高于或等于全国均值的城市有石家庄、乌鲁木齐、天津、武汉、太原、拉萨、呼和浩特、银川、南宁、青岛、海口、宁波、合肥、成都、西安、西宁、杭州、北京、济南 19 个城市，其余 17 个城市包括福州、昆明、厦门、重庆、哈尔滨、兰州、深圳、贵阳、沈阳、南京、郑州、上海、长春、大连、长沙、广州、南昌的消费者维权容易度均低于全国均值。

表 18　2019 年不同城市的消费者维权容易度及排名

城市	均值	标准差	排名
石家庄	2.42	0.74	1
乌鲁木齐	2.41	0.69	2
天津	2.40	0.73	3
武汉	2.38	0.76	4
太原	2.35	0.74	5
拉萨	2.33	0.79	6
呼和浩特	2.31	0.69	7
银川	2.30	0.64	8
南宁	2.29	0.63	9
青岛	2.28	0.76	10
海口	2.25	0.62	11
宁波	2.24	0.69	12
合肥	2.24	0.69	13
成都	2.22	0.74	14

续表

城市	均值	标准差	排名
西安	2.21	0.67	15
西宁	2.20	0.69	16
杭州	2.20	0.67	17
北京	2.20	0.76	18
济南	2.18	0.72	19
福州	2.16	0.66	20
昆明	2.15	0.74	21
厦门	2.14	0.64	22
重庆	2.13	0.71	23
哈尔滨	2.12	0.70	24
兰州	2.08	0.64	25
深圳	2.08	0.66	26
贵阳	2.08	0.70	27
沈阳	2.07	0.69	28
南京	2.07	0.66	29
郑州	2.07	0.60	30
上海	2.07	0.67	31
长春	2.06	0.72	32
大连	2.03	0.72	33
长沙	2.01	0.63	34
广州	1.98	0.62	35
南昌	1.93	0.59	36

这些调查数据反映了当前消费者维权的难度。当消费者遇到食品质量问题，要求维护自己合法权益时，需要权威部门进行鉴定不但要经过烦琐的程序，还要垫付高额的鉴定费用，仅农药残留检测项目就有几百项之多，收费则视消费者申请检测的项目而定，如鉴定结果不理想，消费者甚至会赔钱。此外，食品维权还存在"取证难""检测难""责任认定难"。因而，消费者在自身利益受到侵害时大都选择了沉默，这也在一定程度上加重了食品企业的侥幸心理，使它们更加胆大妄为。这些都会严重损害公众的食品安全感。

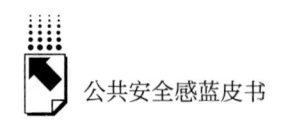

(四)食品安全教育培训偏少

食品安全教育培训有1道测题,即"你是否接受过一些关于食品安全的教育培训?"选项为"没有""有"。计算接受过食品安全教育培训的居民的人数和百分比,结果如表19所示。仅有28.2%的居民接受过食品安全教育培训,71.8%的居民尚未接受过食品安全教育培训。

表19 2019年不同城市接受过食品安全教育培训的居民的人数和百分比

选项	人数(人)	百分比(%)
没有	7752	71.8
有	3051	28.2

从以上调查数据可以看出,目前我国居民接受食品安全教育培训率很低。食品安全教育培训率低,一方面不利于提高公众的食品安全知识和意识,形成一种"全民皆兵"的形势,有效地打击食品安全违法行为;另一方面,则会间接助长食品安全违法者利用公众在食品安全知识方面的欠缺进行食品安全违法活动的行为。

(五)2017年、2018年和2019年的食品安全问题对比

2017年的调查问卷中,身边食品安全事故数量测题的反应项是:0、1次、2次、3次、4次及以上,而2018年和2019年的调查问卷中,则被改为0、1~2次、3~4次、5次及以上,两者反应方式不同,无法进行对比,故不进行对比。下面对2017年、2018年和2019年的食品安全事故违法信息透明度和消费者维权容易度进行对比。

1. 2017年、2018年和2019年不同城市的食品安全事故违法信息透明度对比

2017年、2018年和2019年不同城市的食品安全事故违法信息透明度对比如表20所示。成都、福州、广州、海口、合肥、呼和浩特、济南、南昌、南宁、上海、石家庄、太原、天津、乌鲁木齐、武汉、西安、西宁、银川、郑州19个城市2017年、2018年和2019年3年的食品安全事故违法信息透

明度有显著变化,其效果量为小效果量($0.01 \leq$ 偏$\eta^2 < 0.059$);北京、沈阳、贵阳、哈尔滨、杭州、昆明、拉萨、兰州、南京、长春、长沙、重庆12个城市2017年、2018年和2019年3年的食品安全事故违法信息透明度则没有显著差异。

表20 2017年、2018年和2019年不同城市的食品安全事故违法信息透明度对比

城市	2017年(1)		2018年(2)		2019年(3)		F值	事后比较	偏η^2
	均值	标准差	均值	标准差	均值	标准差			
北京	2.24	0.71	2.20	0.70	2.23	0.69	0.19		0.000
沈阳	2.19	0.66	2.20	0.70	2.17	0.59	0.21		0.000
成都	2.17	0.63	2.22	0.69	2.45	0.82	13.15***	1<3,2<3	0.029
福州	2.10	0.63	2.15	0.75	2.32	0.65	9.06***	1<3,2<3	0.020
广州	2.46	0.64	2.17	0.70	2.18	0.62	18.32***	1>2,1>3	0.039
贵阳	2.20	0.67	2.23	0.71	2.21	0.62	0.16		0.000
哈尔滨	2.19	0.65	2.22	0.75	2.25	0.66	0.57		0.001
海口	2.23	0.65	2.22	0.62	2.47	0.64	14.48***	1<3,2<3	0.031
杭州	2.23	0.62	2.25	0.74	2.32	0.66	1.53		0.003
合肥	2.15	0.68	2.03	0.72	2.21	0.62	6.05**	2<3	0.013
呼和浩特	2.23	0.72	2.19	0.66	2.39	0.69	6.75**	1<3,2<3	0.015
济南	2.17	0.69	2.43	0.75	2.26	0.64	10.76***	1<2,3<2	0.023
昆明	2.19	0.72	2.29	0.65	2.18	0.66	2.71		0.006
拉萨	2.43	0.76	2.29	0.76	2.43	0.66	3.49		0.008
兰州	2.15	0.63	2.19	0.56	2.18	0.64	0.31		0.001
南昌	2.15	0.68	1.96	0.57	2.08	0.62	6.96**	1>2	0.015
南京	2.23	0.72	2.25	0.67	2.23	0.61	0.05		0.000
南宁	2.12	0.68	2.11	0.74	2.32	0.69	8.82***	1<3,2<3	0.019
上海	2.36	0.74	2.20	0.65	2.18	0.66	6.65**	1>2,1>3	0.015
石家庄	2.30	0.64	2.08	0.71	2.35	0.72	13.75***	1>2,3>2	0.029
太原	2.30	0.74	2.07	0.66	2.43	0.74	19.52***	1>2,3>2	0.041
天津	2.10	0.70	2.26	0.70	2.43	0.68	16.19***	1<2<3	0.035
乌鲁木齐	2.09	0.75	2.35	0.69	2.37	0.67	14.40***	1<2,1<3	0.031
武汉	2.34	0.67	2.24	0.71	2.42	0.71	5.60**	2<3	0.012
西安	2.09	0.63	2.29	0.60	2.21	0.66	8.07***	1<2,1<3	0.018
西宁	2.21	0.63	2.12	0.56	2.36	0.65	11.91***	1<3,2<3	0.025
银川	2.18	0.76	2.21	0.62	2.39	0.69	7.40**	1<3,2<3	0.016

续表

城市	2017年(1)		2018年(2)		2019年(3)		F值	事后比较	偏η²
	均值	标准差	均值	标准差	均值	标准差			
长春	2.17	0.71	2.32	0.68	2.22	0.66	3.82*	1<2	0.008
长沙	2.30	0.69	2.29	0.70	2.19	0.59	2.33		0.005
郑州	2.09	0.68	2.12	0.64	2.25	0.63	5.05**	1<3	0.011
重庆	2.20	0.65	2.21	0.63	2.28	0.63	1.43		0.003

2. 2017年、2018年和2019年不同城市的消费者维权容易度对比

2017年、2018年和2019年不同城市的消费者维权容易度对比如表21所示。广州的消费者维权容易度有显著变化，其效果量为中等效果量（偏$\eta^2 \geq 0.059$）；北京、哈尔滨、合肥、呼和浩特、昆明、拉萨、南宁、上海、石家庄、太原、天津、乌鲁木齐、西安、银川、长沙15个城市2017年、2018年和2019年3年的消费者维权容易度有显著变化，其效果量为小效果量（$0.01 \leq$偏$\eta^2 < 0.059$）；沈阳、成都、福州、贵阳、海口、杭州、济南、兰州、南昌、南京、武汉、西宁、长春、郑州、重庆15个城市2017年、2018年和2019年3年的消费者维权容易度则没有显著差异。

表21 2017年、2018年和2019年不同城市的消费者维权容易度对比

城市	2017年(1)		2018年(2)		2019年(3)		F值	事后比较	偏η²
	均值	标准差	均值	标准差	均值	标准差			
北京	2.03	0.78	2.01	0.65	2.20	0.76	5.66**	1<3,2<3	0.013
沈阳	2.03	0.71	1.99	0.73	2.07	0.69	1.07		0.002
成都	2.25	0.67	2.14	0.75	2.22	0.74	1.74		0.004
福州	2.05	0.67	2.16	0.73	2.16	0.66	2.3		0.005
广州	2.47	0.71	2.06	0.80	1.98	0.62	40.15***	1>2,1>3	0.082
贵阳	2.06	0.70	2.15	0.73	2.08	0.70	1.27		0.003
哈尔滨	2.01	0.67	2.31	0.82	2.12	0.70	13.44***	1<2,3<2	0.029
海口	2.20	0.70	2.27	0.78	2.25	0.62	0.84		0.002
杭州	2.28	0.68	2.17	0.83	2.20	0.67	2.07		0.005
合肥	2.13	0.64	2.01	0.79	2.24	0.69	7.92***	2<3	0.017

续表

城市	2017年(1) 均值	标准差	2018年(2) 均值	标准差	2019年(3) 均值	标准差	F值	事后比较	偏η²
呼和浩特	2.16	0.74	1.94	0.70	2.31	0.69	21.91***	2<1<3	0.046
济南	2.10	0.74	2.24	0.72	2.18	0.72	2.97		0.007
昆明	2.01	0.78	2.35	0.62	2.15	0.74	17.43***	1<2,3<2	0.036
拉萨	2.41	0.76	2.20	0.73	2.33	0.79	6.18**	1>2	0.014
兰州	2.08	0.76	2.14	0.64	2.08	0.64	0.83		0.002
南昌	1.97	0.67	1.97	0.64	1.93	0.59	0.45		0.001
南京	2.15	0.65	2.03	0.71	2.07	0.66	2.52		0.006
南宁	1.95	0.69	1.95	0.78	2.29	0.63	23.78***	1<3,2<3	0.050
上海	2.24	0.71	2.00	0.71	2.07	0.67	9.65***	1>2,1>3	0.021
石家庄	2.26	0.67	2.00	0.77	2.42	0.74	26.15***	2<1<3	0.053
太原	2.23	0.75	2.03	0.75	2.35	0.74	14.34***	2<1<3	0.031
天津	2.09	0.76	2.29	0.74	2.40	0.73	12.71***	1<2,1<3	0.028
乌鲁木齐	1.96	0.83	2.17	0.70	2.41	0.69	26.92***	1<2<3	0.057
武汉	2.25	0.73	2.37	0.74	2.38	0.76	2.89		0.006
西安	2.04	0.68	2.08	0.67	2.21	0.67	5.23**	1<3	0.012
西宁	2.18	0.66	2.11	0.62	2.20	0.69	1.54		0.003
银川	2.12	0.73	2.14	0.65	2.30	0.64	6.37**	1<3,2<3	0.014
长春	2.15	0.78	2.24	0.77	2.06	0.72	4.10*	2>3	0.009
长沙	2.11	0.66	2.18	0.67	2.01	0.63	5.24**	2>3	0.012
郑州	2.10	0.72	2.06	0.69	2.07	0.60	0.19		0.000
重庆	2.10	0.75	2.11	0.66	2.13	0.71	0.12		0.000

3. 2017年、2018年和2019年全国食品安全事故违法信息透明度和消费者维权容易度对比

2017年、2018年和2019年全国食品安全事故违法信息透明度和消费者维权容易度对比如表22所示。2017年和2018年全国食品安全事故违法信息透明度和消费者维权容易度均显著低于2019年,但其效果量为微效果量(偏η^2<0.01)。

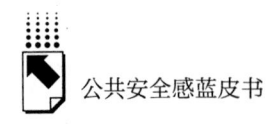

表22　2017年、2018年和2019年不同城市的食品安全问题对比

变量	2017年(1)		2018年(2)		2019年(3)		F值	事后比较	偏η²
	均值	标准差	均值	标准差	均值	标准差			
食品安全事故违法信息透明度	2.21	0.69	2.21	0.69	2.29	0.67	46.95***	1<3,2<3	0.003
消费者维权容易度	2.14	0.73	2.13	0.73	2.18	0.70	20.16***	1<3,2<3	0.001

三　提升城市食品安全感的对策与建议

城市食品卫生安全问题的治理是一个系统工程，在我国不同地区，它的具体表现具有较大的差异。因此不同地区在城市食品安全治理的过程中，要充分考虑本地区的实际情况，找准食品安全问题的"七寸"，在借鉴其他国家和地区做法的基础上，构建符合我国各地实际情况的食品安全监管的政策和制度设计，在完善法律保障的前提下，形成以政府管制为主、企业自律为辅、公众与第三部门积极参与的主体机制，实现对食品安全"从农田到餐桌"的全过程管制，有效提升我国食品安全治理能力，促进食品安全治理体系的现代化。

（一）政府管制

1. 健全强化地方性条例制度

在国家层面上，在我国食品安全方面存在相关性最大的两部现行法规：一部是在2006年实施的《中华人民共和国农产品质量安全法》，这部法律主要对食用农产品的质量安全是否达标以及加工生产条件、生产环境质量、包装是否合格等进行了一系列的规定；另一部法规是在2015年修订的《中华人民共和国食品安全法》，这部法律所针对的是食品安全风险评估、相关国家标准、生产经营者是否有资格进行产品的生产、食品安全信息的公布等,对这些方面的规定是在较为宏观的角度进行的,对于食品安全的细节方面还需要地方法规进一步分解执行。

各城市应牵头各主要职能部门对当地食品安全监管工作实际进行充分调研,梳理出当地食品安全监管中迫切需要地方性法规加以明确指导的重点领域和突出共性问题,例如食品生产加工小作坊、食品流动摊贩、农家乐餐饮服务、地方特色食品等方面的管理等,以此为基础,充分征询食品安全相关专家、各利益相关方的意见与建议。当前,省政府、国务院各部门有关食品安全监管的各类法规、规章正在根据新修订的《中华人民共和国食品安全法》进行修订和清理,各城市应及时根据新修订的法规规章,修订完善自身的实施方案、管理办法或者制度,尤其是要进一步强化诸如食品安全风险评估预测、消费风险预警等前置预警机制方面的建设,通过有效完善的配套制度建设,提升依法行政水平,有效避免监管盲区,降低行政履职风险。

2. 强化执法力量建设

执法力量薄弱,对于监管中发现的违法行为处置不力、打击不够也是影响城市食品安全的原因之一。法律法规如果离开了有力的执行,便相当于失去了立法的现实意义。为促进法规和标准的执行,各级部门应层层监督,对监管不力的部门或个人进行举报,制定相应的奖罚制度,对表现良好的食品摊贩和监管人员可给予适当的奖励,激发其工作热情。此外,食品摊贩也应遵纪守法,积极配合监管部门的管理工作,创造安全和谐的食品摊贩经营环境,不影响城市其他群体的生活。

3. 建立食品安全问题的问责机制

食品安全问题,有时与相关部门和主体的不作为或作为不当密切相关。要明确监管部门的职责,明确监管人员的职责,上级监管机构要定期抽查,食品监管机构和食品监管人员要积极作为,要把好食品关,并对市场上的食品质量负责,食品监管人员的联系方式要让消费者知晓,便于消费者投诉和提建议、意见,严肃监管问责,对那些不作为、监管不力的食品监管人员实行严肃问责,保证消费者入口的食品是放心的。

基于此,要逐步根据国家的相关法律,在食品安全监管的制度设计中引入问责机制,在所有的食品安全问题发生或事件爆发后,都要第一时间追究相关部门和主体的责任,要督促建立相关责任主体的问责机制,明确问责的条件、时机以及方式。相关被问责的主体有义务就相关食品安全问题发生的原因、过程和结果向社会公众做出准确的解释和回应,如果触犯国家相关法律的,要依法追究其刑事和民事责任。问责机制的建立,使得地方相关政府部门的责任人能够切实承担起自己应有的责任,为从根本上解决和回应食品安全问题提供一个制度保障。

4. 强化从业人员准入制度

当前,对于食品行业从业人员的素质要求普遍偏低,特别是在食品经营与餐饮服务行业,对于从业人员的要求仅仅局限于对人员身体健康方面,对于从业人员在食品安全法规掌握程度、加工操作环节相关规定掌握程度等方面并没有做强制性的要求,因此必须进一步建立完善从业人员的准入制度。一是要完善健康准入制度。对于食品行业的从业者、食品生产经营单位严格落实岗前预防性健康检查,确保从业人员参加岗前身体检查,体检合格后持有效的身体健康证才能上岗;同时,建议政府监管部门建立大数据系统对食品行业从业人员的健康状况进行档案管理,在此系统中重点掌握输入食品行业从业人员的责任单位、健康证持证和证件有效期限情况,及时发布相关信息预警,督促各食品生产经营单位及时了解更新自身从业人员的健康状况、证件到期情况,有效避免从业人员证件过期、无证上岗情况的发生。二是要建立食品安全知识考核制度。建议对于食品行业特别是食品经营及餐饮行业从业人员,全面开展岗前食品安全知识考核,考试内容应当根据各城市具体情况区别考核,主要内容应当包括一般性食品安全法律法规、食品经营场所设置规定、操作人员基本操作规范等,相关人员经考试合格后才能上岗工作,这样可以在一定程度上提升食品行业从业人员的法律意识和业务素养。

5. 提高食品安全问题的违法成本,约束企业的不当行为

可以通过加大对相关企业违法行为的惩罚,提高违法成本,有效约束企业的行为,保障食品安全。首先,可以将相关企业的食品安全问题在网络上进行公布。目前我国的食品安全违法行为和相关信息在网络上也可以找到,

但是信息获取的成本同样很大。例如，在江苏省食品药品监督管理局官网的公告通告上，可查到江苏省食品药品监管局每次食品安全监督抽检信息通告，但这些信息是以 Excel 文件形式通告的，缺乏"搜索"功能，要查询违法企业或不安全食品的信息非常不方便，一般人不可能打开那么多文件一个一个查询，这其实也就降低了食品企业的违法成本。因此，可设计一个搜索功能，方便公众查询企业违法信息。其次，为了严格执法，应加大对食品安全违法问题的处罚力度。2019 年修订的《中华人民共和国食品安全法》为有效约束食品企业的违法行为、为食品安全问题治理提供了法律依据。关键要严格执法，要根据不同的情节对企业的相关违法行为实施严格的管制，严厉惩罚涉事企业和相关人员。食品安全问题的相关责任和主体的惩罚要以"能够有效约束企业和相关人员的行为"作为严格执法的重要目的。要强调执法本身的有效性，要充分体现法律的震慑作用，促进我国食品安全治理的法治化。

6. 加强食品安全教育与食品安全知识的宣传

我国国民的食品安全教育与食品安全知识更新滞后，普及食品安全知识十分必要。可从食品摊贩、百姓、监管人员这三方面入手。报纸、网络、讲座等均是有效的宣传手段。可考虑在不同社区居委会定期开展食品摊贩食品安全知识培训讲座，对食品摊贩进行教育。每年进行一次食品安全知识考核，根据考核成绩对食品摊贩进行适当的奖罚，树立食品摊贩标兵，督促、引导食品摊贩对食品安全知识的学习。要进行食品安全知识的教育与宣传，使得食品摊贩充分认识到食品安全的重要性，了解食品摊贩监管的相关法规，掌握不同食品处理技术，端正生产经营食品的态度，做良心食品；使得消费者正确区分食品品质的好坏，了解食品的不同加工方式可能带来的安全隐患，减少食品安全事件的发生，正确引导消费者对摊贩食品的购买；使得监管部门明确自己的责任，认真履行职责，成为保障人民食品安全的卫士。

（二）企业自律

从整个食品供应链来看，食品企业（包括餐饮企业）是食品安全问题管控的一个关键关口。它们是保障食品质量安全的第一责任人，因此食品企业自身的风险管控措施就显得尤为重要。食品企业应该充分意识到社会公众对于食品安全的关切，要在政府对食品安全问题高度重视并强化相关政策和法律的背景下，主动调整自身生产流程的管理和控制，要切实对人民的生命和健康负责，有效履行应担负的社会责任。公众的关切和国家对食品安全监管的"红线"应该成为食品企业食品安全监管的两个重要决策和管理依据。企业要加强行业自律和完善企业自身的质量监管流程，严把质量关，通过加强管理和相关技术的改进有效提升产品质量，不断提升产品质量保障体系的系统运行能力，实现食品品质的自检零差错。随着人工智能、大数据、云计算等信息技术进入食品生产领域，可以借助于技术的改进有效提升产品和服务的品质。

此外，发生食品安全事件后，企业应及时采取果断措施，勇于承担责任，积极采取相关措施和手段不断改进食品质量以挽回企业的声誉，而不是各种推卸责任、遮遮掩掩，那样只会让社会公众更加质疑企业自身对于产品质量的态度，甚至导致企业陷入严重的舆论危机，致使企业的运行陷入困境。当年，三鹿集团面对最初暴露出来的奶粉问题，不是积极改进产品质量，而是拿钱与当事人私了，找百度删帖，导致问题越来越严重，最终变得不可收拾，致使企业破产，也对整个社会造成了极其恶劣的影响。在自媒体高度发达的今天，食品企业的决策层和管理者要高度重视国家的食品安全"红线"和民众对食品安全的关切，有效提升应对食品安全事件危机的响应能力和服务能力。

（三）公众与第三部门积极参与

1. 鼓励社会公众参与、拓宽投诉渠道

公众的参与是食品安全问题有效治理的重要社会条件。现实生活中政府和相关执法部门可能由于信息不对称，没有办法第一时间掌握相关的信息。基于此，国家应该鼓励社会公众参与食品安全治理体系建设。要建立我国食品安全问题的投诉平台，降低食品安全问题投诉的难度，拓宽食品安全问题

投诉的渠道。让社会公众有效参与到食品安全治理体系中，通过政府和其他相关部门的协同合作，使公众成为食品安全问题投诉和举报的主力军，为政府和相关执法部门提供第一手的信息资源。各级食品药品监督管理部门应当畅通"12331"电话、网络、信件、走访等投诉举报渠道，建立健全一体化投诉举报信息管理系统，实现全国食品药品投诉举报信息互联互通。在拓宽投诉渠道、降低投诉难度的同时，政府及其相关执法部门要通过其他途径和措施保障投诉的效果。同时，要建立一个以解决投诉问题为核心的食品安全促进和保障机制。在具体的举报方式上，今后要加强电话、微信这种随手拍、随手举报的机制，为社会公众广泛深入的参与创造条件。

2. 加快推进食品行业协会建设

食品具有公共属性，因此，食品安全问题不仅是政府层面的问题，而且是一个涉及政府、公众、企业等各个群体的社会性问题。要想从根本上优化当前食品安全形势，不仅需要政府部门完善法律法规，改进监管体制、提高监管效率，也需要食品生产经营企业加强自我约束，形成企业自律。因此，必须进一步规范诸如食品生产行业协会、餐饮行业协会等食品行业协会的建设与运作，使其走上规范运营、制度化运行的道路，充分发挥其应有的作用：一是做好政策宣传，及时向内部成员单位传达最新的方针政策、法律规范，督促成员企业进行贯彻落实，引导企业自觉守法经营；二是做好成员企业的服务工作，在企业内部管理、从业人员培训、信息咨询、技术更新方面做好帮扶，引导本地企业深化规范化、标准化建设，提升全区食品行业的标准化程度。

相关的行业协会要积极发挥自身行业企业的指导性和约束性作用。要利用行业内的相关制度和规定，推动行业协会会员能够切实贯彻和执行国家的相关法律，严守行业底线，切实担负起他们对食品安全应该担负的公共责任。要强化对于协会会员的风险和安全教育，通过建立和执行行业标准，明确行业内的安全底线；要组织和实施基于食品安全风险防控和系统治理的相关专业培训；建立并保持行业会员与政府机构之间的良好合作关系，强化彼此的信息交流与共享，为食品安全问题的系统治理提供数据支持；加强与政

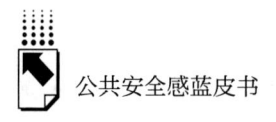

府的沟通，消除不良影响，妥善处理善后工作和促进各类食品行业协会发挥约束、监管等作用，进一步推动食品安全管理工作。

3. 加强新闻宣传与媒体监督

现代社会，网络媒体扮演着重要角色，要推动相关媒体机构积极参与到食品安全问题治理的体系中，要充分发挥其在舆论监督方面的优势和特长，利用相关的媒介和平台，对存在食品安全问题的企业和相关主体施加舆论压力，督促相关问题的解决，促进食品安全治理能力和治理体系的现代化。一方面，新闻媒体通过揭露食品行业及食品生产经营单位的一些违规违法现象，及时为政府部门提供相关的线索与信息，为监管部门更加快速、准确地进行执法提供参考，而且能够帮助政府监管部门完善法律法规，完善工作方法与工作机制，进一步填补法律与机制的"空白"；另一方面，媒体对于食品行业乱象的曝光与揭露，能够为社会公众提供一定程度的风险提示和消费预警，引导消费者在一定程度上规避食品消费的安全风险。同时，新闻媒体利用自身的传播速度、影响广度方面的优势，有助于宣传食品安全的相关法律法规，帮助社会公众进一步培养和提高自身的食品安全意识，鼓励公众更好地运用媒体手段发现和揭露存在的食品安全问题，运用法律手段维护和保障自身的合法权益。

B.5 中国城市交通安全感调查报告（2020）

张 辉 韩利欣*

摘　要： 随着现代化建设的蓬勃发展，交通日益呈现多样化和便捷化的发展态势，给人类生活带来了诸多便利的同时也附加产生了各种安全隐患，给生活与社会运转带来困扰。无疑，交通安全感是影响城市居民公共安全感的重要因素。重视交通安全、明确交通问题、排除交通隐患不仅有利于保护生命，为人们的生活保驾护航，更有利于构建文明和谐的社会，建设交通强国。交通安全感是居民对城市交通满意度的体现，是衡量城市交通建设的重要指标。2019年全国城市调查数据显示，全国城市交通安全感指数较高，排名第4，较2018年上升1位，但也面临着不同区域城市间和不同人群间差异大的挑战。对此，应当加强宣传教育，完善交通安全建设；着重加强驾驶员管理，提高不同职业群体交通安全感；完善交通设施和法律制度建设，减少城乡差异；加强道路安全治理，降低交通意外事故发生的风险。同时还要建立起各个主体对于交通安全建设的责任意识，以切实促进城市居民生态安全感有效提升。

关键词： 交通安全感　城市交通　城市居民

---

* 张辉，中国矿业大学公共管理学院（应急管理学院）讲师，主要研究方向为城市公共安全和电子政务；韩利欣，中国矿业大学公共管理学院（应急管理学院）本科生，主要研究方向为城市公共安全。

习近平总书记在十九届中央国家安全委员会第一次会议上强调，要加强党对国家安全工作的集中统一领导，正确把握当前国家安全形势，全面贯彻落实总体国家安全观，努力开创新时代国家安全工作新局面，为实现"两个一百年"奋斗目标、实现中华民族伟大复兴的中国梦提供牢靠安全保障[1]。交通安全是国家安全的重要组成部分，与人们的生活安全息息相关。2019年9月中共中央、国务院印发了《交通强国建设纲要》，发展目标是从2021年到21世纪中叶，全面建成人民满意、保障有力、世界前列的交通强国。基础设施规模质量、技术装备、科技创新能力、智能化与绿色化水平位居世界前列，交通安全水平、治理能力、文明程度、国际竞争力及影响力达到国际先进水平，全面服务和保障社会主义现代化强国建设，人民享有美好交通服务[2]。目前，我国城市交通安全总体发展稳中向好，但也有道路安全事故频繁发生，如2018年重庆公交坠江事故、2019年无锡高架桥侧翻事件。近年来，我国交通安全事故的比例逐渐增加，并且呈现恶化的趋势，造成了不少人员伤亡和经济损失[3]。这在一定程度上会阻碍我国现代化城市的建设与发展。我国城市交通网络亟待改善，交通安全工作仍有较大发展空间。本文通过对全国36个城市（4个直辖市、27个省会城市和5个计划单列市）的调研数据进行定量分析，试图描绘当前全国城市交通安全感的基本状况，发现现存的问题与挑战，并提出相应的对策建议，以期提升全国城市交通安全感的整体水平。

---

[1] 《习近平主持召开十九届中央国家安全委员会第一次会议并发表重要讲话》，新华社，http://www.gov.cn/xinwen/2018-04/17/content_5283445.htm，最后检索时间：2020年4月28日。
[2] 《中共中央 国务院印发〈交通强国建设纲要〉》，新华社，http://www.gov.cn/zhengce/2019-09/19/content_5431432.htm，最后检索时间：2020年4月18日。
[3] 周娟：《道路交通安全设施对交通安全的影响探讨》，《科技风》2020年第16期，第118~127页。

一 我国城市交通安全感基本状况

随着经济社会的发展，我国交通已经取得较大的成就，在人们出行更方便的同时，一些交通问题也浮现出来，了解公众对交通的安全感、研究相关影响因素及不同条件下的交通安全感，从而为中国城市交通安全建设给出一定的建议。本文依据全国城市公共安全感调查的相关数据，予以解读和分析。

（一）中国城市交通安全感测量指标与指数排行

1. 评价体系建构、指标选取与资料来源

此次调查问卷中对交通安全感的测度包括两部分内容。一是交通安全满意度调查，分为城市交通安全总体的满意度、交通秩序的满意度、交通基础设施的满意度和交通事故救援的满意度；二是影响交通安全感受的两个因素的测量：行人遵守交通秩序问题和驾驶员安全驾驶问题。本文首先通过计算城市公共安全分项指数，测量交通安全指数及其排名。通过对已有研究、官方的政策文本、通行标准的分析，从32个问题中提取16个公因子用于衡量城市公共安全的总体状况。经过计算筛选，交通安全层面设计公因子只有一个，即"交通安全"，而交通安全二级指标的权重为0.0654（见表1）。同时我们将其维度同样命名为"交通安全"。

表1 2019年城市交通安全指标

一级指标	权重	二级指标	具体问题的赋分情况 （极为担心—完全不担心：1~10分）
交通安全	0.0654	交通安全	交通安全总体评价 市内出行遭受交通意外伤害 市内公共交通系统事故状况 发生交通事故时伤者能否得到及时救助

本文的研究数据来自中国工程院咨询研究项目子课题组、江苏省公共安全创新研究中心、中国矿业大学城市公共安全管理智库于2019年7~8月开展的全国城市公共安全感调查。此次调查以"城市公共安全感"为主题，调查范围涵盖全国36个城市（4个直辖市、27个省会城市和5个计划单列市），共组织19个调查小组（19位教师、19名硕士生和140余名本科生）分赴目标城市进行大规模问卷调查。

2. 中国城市交通安全感指数排行

（1）中国城市交通安全感指数及排名

本项研究首先通过计算全国4个直辖市、27个省会城市和5个计划单列市居民公共安全分项指数，测量交通安全指数及其排名。数据分析从城市公共安全所有层面进行满意度测量的32个问题中提取出16个公因子用于衡量城市公共安全的总体状况。对16个公因子得分用"min – max 标准化"方法指数化，可以分别计算出城市公共安全感9项分项指标指数：公共场所设施安全感指数0.5399、自然安全感指数0.5279、生态安全感指数0.5115、交通安全感指数0.5077、治安安全感指数0.5046、公共卫生安全感指数0.4958、社会保障安全感指数0.4820、食品安全感指数0.4748、信息安全感指数0.4728，如表2所示。

表2　2018~2019年全国城市分项公共安全感指数及排名

分项指标	2019年			2018年		
	指数	排名	变化	指数	排名	变化
公共场所设施安全感	0.5399	1	+1	0.4978	2	0
自然安全感	0.5279	2	-1	0.5089	1	0
生态安全感	0.5115	3	+4	0.4880	7	-1
交通安全感	0.5077	4	+1	0.4939	5	-1
治安安全感	0.5046	5	-1	0.4957	4	-1
公共卫生安全感	0.4958	6	0	0.4895	6	+1
社会保障安全感	0.4820	7	+1	0.4782	8	-3
食品安全感	0.4748	8	-5	0.4972	3	+5
信息安全感	0.4728	9	0	0.4670	9	0

根据前文统计分析，对影响全国城市居民公共安全感的9个专项指标进行计算和排名。从表2中可以看出，2019年的全国城市公共安全感指标排名与2018年的相比，有所变化。交通安全感指标上升1名，为第4名。党的十九大以来我国开启奋力建设交通强国建设新征程，从2019年调查结果可以看出城市居民交通安全感有所提升，对交通安全治理水平和能力有所认可，我国交通安全建设有所加强。

在应用因子分析法的数据分析中，各样本的因子权重与相应的标准化后的因子得分相乘可以得到每个样本的交通安全感指数，再对每一个样本的交通安全感指数进行加权平均可以计算出全国36个城市样本的交通安全感这一分项指标指数。对2019年各城市的交通安全感指数按由高到低的顺序进行排名，排名第1到第36的城市分别是（见表3、图1、图2）：厦门、乌鲁木齐、宁波、银川、拉萨、成都、武汉、北京、深圳、上海、济南、福州、青岛、南京、昆明、哈尔滨、呼和浩特、杭州、广州、太原、长沙、合肥、南宁、重庆、大连、西宁、天津、贵阳、郑州、石家庄、海口、沈阳、西安、南昌、兰州、长春。城市交通安全感指数越高，排名越靠前，表明该城市居民的交通安全感越高。

表3 2017～2019年全国城市交通安全感指数及排名

城市	2019年			2018年			2017年	
	指数	排名	变化	指数	排名	变化	指数	排名
厦门	0.5573	1	—	—	—	—	—	—
乌鲁木齐	0.5565	2	+2	0.5209	4	+9	0.5033	13
银川	0.5313	4	+12	0.4962	16	+8	0.4598	24
宁波	0.5313	3	—	—	—	—	—	—
拉萨	0.5290	5	-2	0.5221	3	+8	0.5185	11
成都	0.5252	6	+12	0.4923	18	-15	0.5497	3
武汉	0.5249	7	+13	0.4917	20	-13	0.5310	7
北京	0.5244	8	+16	0.4767	24	-16	0.5278	8
深圳	0.5241	10	+1	0.5086	11	-7	0.5495	4
上海	0.5241	9	—	—	—	—	—	—
济南	0.5217	11	-6	0.5182	5	+22	0.4502	27
福州	0.5215	12	-3	0.5115	9	+17	0.4505	26

续表

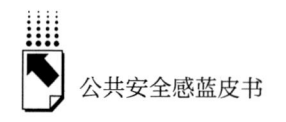

城市	2019年			2018年			2017年	
	指数	排名	变化	指数	排名	变化	指数	排名
青岛	0.5162	13	—	—	—	—	—	—
南京	0.5152	14	-8	0.5165	6	-5	0.5565	1
昆明	0.5146	15	-14	0.5330	1	+27	0.4362	28
哈尔滨	0.5139	16	+13	0.4557	29	-13	0.4816	16
呼和浩特	0.5136	17	+8	0.4690	25	-2	0.4611	23
杭州	0.5106	18	-11	0.5160	7	-5	0.5548	2
广州	0.5105	19	+9	0.4566	28	-23	0.5415	5
太原	0.5102	20	-1	0.4921	19	+12	0.3942	31
长沙	0.5100	21	-6	0.4994	15	-3	0.5056	12
合肥	0.5044	22	-14	0.5140	8	+2	0.5209	10
南宁	0.5018	23	+8	0.4414	31	-10	0.4684	21
重庆	0.4973	24	-3	0.4888	21	-12	0.5242	9
大连	0.4957	25	—	—	—	—	—	—
西宁	0.4926	26	-24	0.5296	2	+4	0.5376	6
天津	0.4905	27	-17	0.5101	10	+8	0.4775	18
贵阳	0.4855	28	-16	0.5077	12	+7	0.4753	19
郑州	0.4839	29	+1	0.4483	30	-5	0.4522	25
石家庄	0.4825	30	-8	0.4881	22	-5	0.4776	17
海口	0.4818	31	-4	0.4656	27	-13	0.4974	14
沈阳	0.4813	32	-15	0.4933	17	+13	0.4260	30
西安	0.4800	33	-10	0.4768	23	-1	0.4643	22
南昌	0.4758	34	-20	0.4995	14	+1	0.4845	15
兰州	0.4717	35	-22	0.5003	13	+7	0.4702	20
长春	0.4686	36	-10	0.4681	26	+3	0.4320	29

结合2017~2019年城市交通安全感指数及排名，其中：拉萨、南京排行前列，3年排名均为前15，保持了较高的水平；长春、西安、郑州排名靠后，3年排名均位居倒数15名。2017~2018年，昆明、济南、福州、沈阳、太原排名上升幅度较大，名次上升超过10名；成都、武汉、重庆、北京、海口、广州、哈尔滨、南宁下降幅度较大，名次下降达到10名及以上。2018~2019年，银川、成都、武汉、北京排名上升幅度较大，名次上升超过10名；西宁、天津、贵阳、沈阳、南昌、兰州下降幅度较大，名次下降达到15名及以上。乌鲁木齐、银川3年排名持续上升；杭州、长沙、海

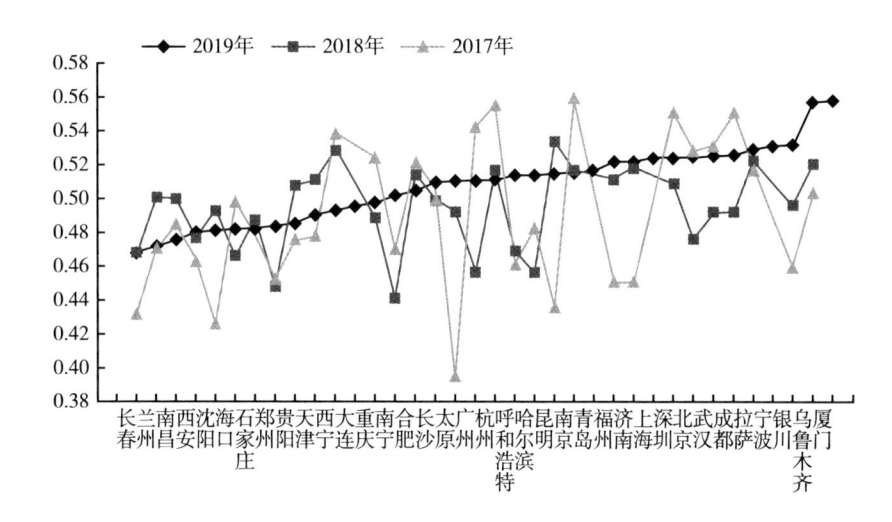

图 1　2017～2019 年全国城市交通安全感指数

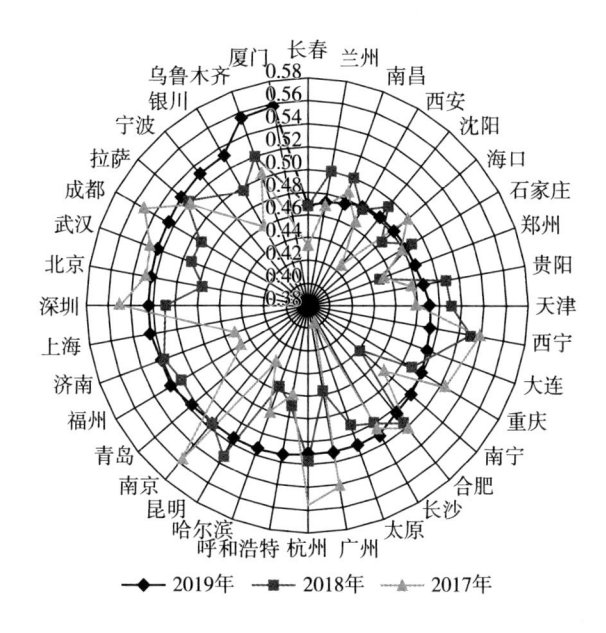

图 2　2017～2019 年全国城市交通安全感指数

口等城市 3 年排名均为下降。上海等城市近 3 年排名相对稳定，变化幅度不大。

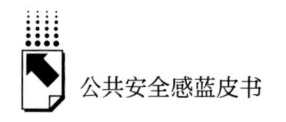

(2) 交通安全感指数与全国城市公共安全感指数对比

全国各城市的公共安全感总体排名与交通安全单项安全感排名有所差异，图3和图4分别是2019年全国城市公共安全感指数与交通安全感指数和全国城市公共安全感指数排名与交通安全感指数排名的对比。

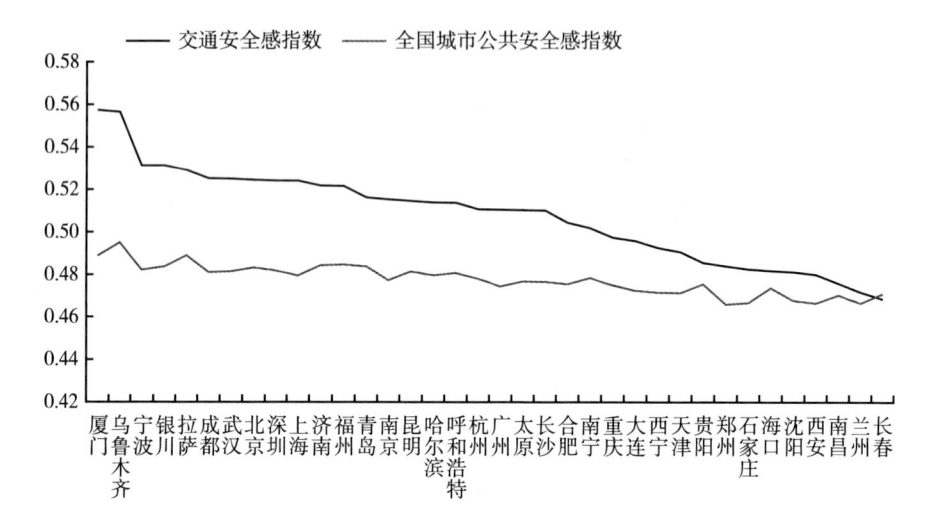

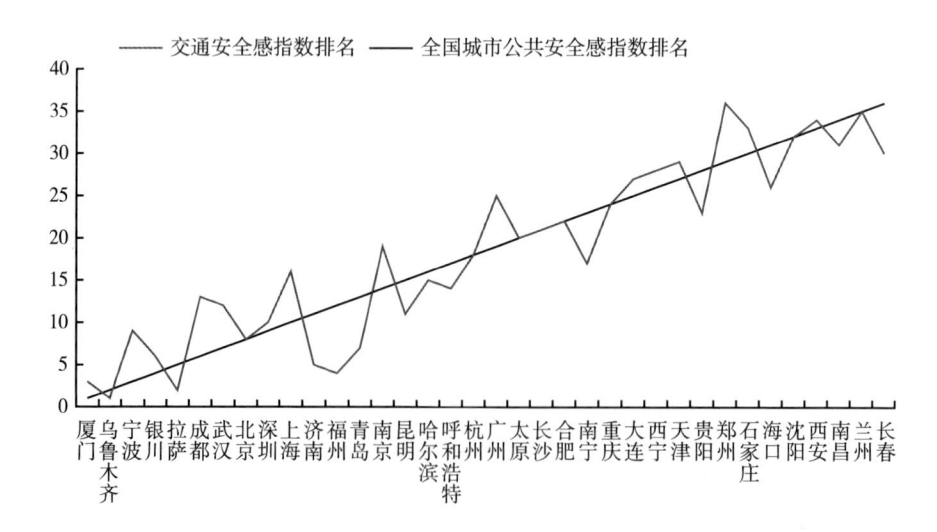

图3 2019年全国城市公共安全感指数与交通安全感指数比较

图4 2019年全国城市公共安全感指数排名与交通安全感指数排名比较

图3是全国城市公共安全感指数与交通安全感指数的对比,从图3可以看出,除长春交通安全感指数略微低于全国城市公共安全感指数外,其余35个城市即厦门、乌鲁木齐、宁波、银川、拉萨、成都、武汉、北京、深圳、上海、济南、福州、青岛、南京、昆明、哈尔滨、呼和浩特、杭州、广州、太原、长沙、合肥、南宁、重庆、大连、西宁、天津、贵阳、郑州、石家庄、海口、沈阳、西安、南昌、兰州的交通安全感指数均高于全国城市公共安全感指数,由此可以看出,全国城市的交通安全感较高。对比2018年:昆明、西宁、拉萨、乌鲁木齐、济南、南京、杭州、合肥、福州、天津、上海、贵阳、兰州、南昌、长沙、银川、沈阳、成都、太原的交通安全感指数明显高于全国城市公共安全感指数;长春、海口、广州、哈尔滨、郑州、南宁相对低于全国城市公共安全感指数;武汉、重庆、石家庄、西安、北京、呼和浩特这6个城市的交通安全感指数与全国城市公共安全感指数大致持平。我们可以发现在4个直辖市和27个省会城市中,交通安全感指数明显高于全国城市公共安全感指数的城市数量显著增加,无明显低于全国城市公共安全感指数的城市,说明2019年在我国总体国家安全观的建设下,我国城市交通安全建设质量显著提高。

图4是2019年全国城市公共安全感指数排名与交通安全感指数排名比较,从图4可以看出:厦门、宁波、银川、成都、武汉、上海、南京、广州、大连、西宁、天津、郑州、石家庄的交通安全感指数排名高于全国城市公共安全感指数排名;拉萨、济南、福州、青岛、昆明、呼和浩特、南宁、贵阳、海口、南昌、长春的交通安全感指数排名低于全国城市公共安全感指数排名;乌鲁木齐、北京、深圳、哈尔滨、杭州、太原、长沙、合肥、重庆、沈阳、西安、兰州的交通安全感指数排名与全国城市公共安全感指数排名基本持平。对比2018年,西宁、乌鲁木齐、南京、杭州、合肥、上海、兰州、成都、太原、石家庄、北京、呼和浩特、广州这13个城市交通安全感指数排名高于城市公共安全感指数排名,相对的,福州、贵阳、南昌、长沙、武汉、西安、长春、海口、郑州9个城市的交通安全感指数排名低于城市公共安全感指数排名。昆明、拉萨、济南、天津、银川、沈阳、重庆、哈尔滨和南宁9个

城市的交通安全感指数排名和城市公共安全感指数排名基本一致。我们发现在4个直辖市和27个省会城市的同期比较中，各个城市交通安全感指数排名与其全国公共安全感指数排名的差别微小，此排名也基本符合我国城市交通安全感指数与全国城市公共安全感指数的比较，故而综上我们可以认为从居民的主观感受出发，我国城市安全建设继续呈现显著提高的发展态势。

（二）我国城市居民交通安全感描述统计

1. 中国城市居民交通总体安全感描述统计

在对调查所得样本数据中有关交通的专项数据进行整理之后，首先需要对全国城市居民交通安全总体满意度进行描述性统计，以了解居民的态度和感受。运用SPSS 21.0软件对数据进行分析，所得结果如表4所示。

表4　2019年全国城市居民交通安全满意度描述统计量

	样本数（个）	全距	极小值	极大值	和	均值		标准差	方差
	统计量	统计量	统计量	统计量	统计量	统计量	标准误	统计量	统计量
交通安全	10803	9.00	1.00	10.00	61491.25	5.6921	0.02175	2.26098	5.112
有效样本数（列表状态）	10803								

统计结果显示，2019年全国城市居民交通安全满意度均值为5.6921，处于中等偏上水平。标准差计算显示样本数据呈现的结果较为离散，即被调查者的意见并不太一致，意见差距较大，这也从侧面反映出我国的交通安全建设仍存在努力的空间。

2. 中国城市居民交通安全感描述统计

在描述全国城市居民的总体交通安全满意度状况的基础上，基于城市特性，有必要分别描述此次调研的全国36个城市居民对交通安全的不同感受，了解全国交通安全基本状况的城市差异，并分析出下一步努力的方向。表5为2019年全国城市居民交通安全满意度的统计。

表5　2019年全国城市居民交通安全满意度

城市	均值	样本数（个）	标准差
北京	6.0881	298	2.01708
沈阳	5.0480	297	2.02987
成都	6.1217	300	1.98073
大连	5.4090	294	2.09430
福州	6.0279	296	2.34716
广州	5.7559	299	2.30083
贵阳	5.1693	316	2.31708
哈尔滨	5.8677	291	2.03940
海口	5.0713	298	2.45613
杭州	5.7542	301	2.34951
合肥	5.6246	299	2.14407
呼和浩特	5.8328	296	2.38807
济南	6.0256	303	2.43491
昆明	5.8554	306	2.08058
拉萨	6.2191	299	2.40466
兰州	4.8215	297	2.28624
南昌	4.9244	301	2.29499
南京	5.8721	299	2.33403
南宁	5.5483	300	2.04735
宁波	6.2601	297	2.14879
青岛	5.8984	305	2.62522
厦门	6.8933	300	2.00633
上海	6.0842	297	2.24466
深圳	6.0883	300	2.37482
石家庄	5.0720	323	1.47338
太原	5.7483	294	1.35285
天津	5.2575	301	1.85802
乌鲁木齐	6.8729	301	2.22520
武汉	6.1100	291	2.23682
西安	5.0301	299	2.34045
西宁	5.3219	313	2.25259
银川	6.2483	296	1.81566
长春	4.7692	299	2.45544
长沙	5.7517	300	2.31840
郑州	5.1287	301	2.41062
重庆	5.4392	296	2.28678
总计	5.6921	10803	2.26098

统计结果显示，北京、沈阳、成都、大连、福州、广州、贵阳、哈尔滨、海口、杭州、合肥、呼和浩特、济南、昆明、拉萨、南京、南宁、宁波、青岛、厦门、上海、深圳、石家庄、太原、天津、乌鲁木齐、武汉、西安、西宁、银川、长沙、郑州、重庆的城市居民交通安全满意度较高，其中，北京、成都、福州、济南、拉萨、宁波、厦门、上海、深圳、乌鲁木齐、武汉、银川这 12 个城市的交通安全满意度达到 6.0 以上，只有南昌、兰州、长春这 3 个城市的交通安全满意度相对较低。总体而言，我国城市居民交通安全满意度较高，尤其是经济发达地区，例如北京、上海、深圳等地。交通建设与经济发展密切相关：良好的交通建设、完备的交通基础设施、有保障的交通安全指数会为一个地区奠定雄厚的硬件基础，这将大大促进经济的发展，提高地区综合实力；反之，经济的发展也为交通建设奠定经济基础，进而提高城市居民交通安全满意度。

3. 我国城市居民交通安全感组间描述

如前文所述，根据对基础数据的均值和方差描述，全国城市居民在交通安全各层面的意见趋于离散。在一般情况下，性别、政治面貌、年龄、户口类型、宗教、文化程度、身份职业、个人月收入等变量会对不同群体的交通及其带来的安全程度有不同的心理感受。因此，本文对不同组别进行单因素方差检验，确定不同群体的交通安全满意度，对于了解全国城市居民交通安全满意度的不同群体状况，发现不同群体中存在的问题，进而提出有针对性、可行性的建议具有重要意义。

（1）性别与交通安全感相关状况

由于男女的生理与心理特征的差异，男性和女性往往会对某一事物产生不同的看法。尤其是这些年来女性驾驶员不断增多，因此性别对交通安全的看法差异也许会有所改变，导致"性别"变量下的交通安全满意度呈现不同特点。故而，了解性别这一变量对城市居民交通安全感的影响程度尤为必要。我们根据调查数据分析全国城市居民性别与交通安全满意度相关关系（去除掉在调研结果显示性别不明的居民问卷），结果如表 6 所示。

表6 2019年全国城市居民性别与交通安全满意度关系

性别	均值	样本数(个)	标准差	均值的标准误
男性	5.8670	5852	2.22246	0.02905
女性	5.4853	4951	2.28873	0.03253
总计	5.6921	10803	2.26098	0.02175

结果显示,性别因素与交通安全满意度的相关关系不显著。这说明,男性城市居民和女性城市居民对交通安全的满意度差异性不大,对交通安全的满意度较为一致。

(2) 年龄与交通安全感相关状况

人口结构与交通安全满意度存在一定的关系,不同年龄阶层的社会成员拥有不同的社会阅历与经验,可能对交通安全的主观感受有所差异。运用描述统计和单因素方差分析了解全国城市居民年龄变量与交通总体满意度及不同层面满意度的相关关系,结果如表7、表8所示。

表7 2019年全国城市居民年龄与交通安全满意度关系

年龄	均值	样本数(个)	标准差	均值的标准误
18~29岁	5.4673	5591	2.28427	0.03055
30~44岁	5.8476	3014	2.17008	0.03953
45~59岁	6.0314	1577	2.22637	0.05606
60岁及以上	6.0986	621	2.34586	0.09414
总计	5.6921	10803	2.26098	0.02175

表8 2019年全国城市居民年龄与交通安全满意度单因素方差分析

	平方和	df	均方	F值	显著性
组间	639.583	3	213.194	42.181	0.000
组内	54580.767	10799	5.054		
总数	55220.350	10802			

由表7我们可以得知,不同年龄层的交通安全满意度不同,随着年龄的增长,交通安全满意度的均值也呈现增长趋势,18~29岁城市居民的交通

安全满意度最低，60岁及以上城市居民的交通安全满意度最高。年龄与交通安全满意度两者是正相关的关系。表8数据显示，年龄的总体均值存在显著差异，组间方差远大于组内方差，这也印证了表7的统计结果，不同年龄层的交通安全满意度存在显著差异。

首先，这可能是60岁及以上的城市居民见证了中国自改革开放以来的蓬勃发展，经历了由落后的交通过渡为便捷、多样、发达的交通，因此交通安全满意度也提升较快，对城市交通网络信任度较高。其次，由于老年人大多出行不便，出门较少，相对于年轻人来说交通安全满意度会有所差别。最后，随着交通方式的多样与速度的快捷，年轻人对于交通的体验次数多，对于不同的交通方式可能有着不同的安全满意度，同样随着互联网的发展，年轻人尤其是18~29岁的年轻人更容易接收到其他各地的交通信息，这也会影响交通安全满意度。而30~59岁的人社会阅历丰富，相对来说，相比18~29岁的人可能更为理性、客观，所以其交通安全满意度处于中间水平。生理因素与心理因素共同造成了此结果差异。

（3）文化程度与交通安全感相关状况

我们推测，文化程度也与交通安全满意度相关。一般认为，文化程度越高，受教育水平越高，其整体素质就会越高，看待问题会更加全面，分析问题也会更加理性、客观与透彻。对不同文化程度的人，如对小学及以下、初中、高中（中职、中专）、大学（大专）及研究生学历人群，进行单因素方差分析以更好地了解文化程度与交通安全感及不同方面之间的相关关系，结果如表9、表10所示。

表9 2019年全国城市居民文化程度与交通安全满意度关系

文化程度	均值	样本数（个）	标准差	均值的标准误
小学及以下	5.8538	318	2.24325	0.12580
初中	5.9550	1128	2.35388	0.07009
高中（中职、中专）	5.7696	2576	2.24932	0.04432
大学（大专）	5.6135	6021	2.24241	0.02890
研究生	5.5938	760	2.27705	0.08260
总计	5.6921	10803	2.26098	0.02175

表10 2019年全国城市居民文化程度与交通安全满意度单因素方差分析

	平方和	df	均方	F值	显著性
组间	146.324	4	36.581	7.172	0.000
组内	55074.026	10798	5.100		
总数	55220.350	10802			

从表9我们可以看出，不同文化程度的城市居民的交通安全满意度有所差异，但是，总体来说差异不大，均值为5.5~6.0，说明就文化程度这一方面而言，城市居民的交通安全满意度较高。整体上，文化程度与交通安全满意度呈负相关，即相对来说城市居民的文化程度越高，其交通安全满意度越低。从表9我们可以看出，对交通安全最担心的城市居民的文化程度为"研究生"，而最不担心的则是"初中"文化程度。这可能是由于交通基础设施与交通事故的发生令不同文化程度的群体有不同的主观感受，由此产生了差异。例如，一起交通事故的发生会使得文化程度较高的人联想许多，出行时防备多方面，由此反映出其交通安全满意度较低。表10显示，不同文化程度居民间的交通安全满意度没有显著差异，与表9展示情况相符。相对于2018年来说，就文化程度这一层次而言，我国城市居民交通安全满意度整体上有所提升，在一定程度上说明我国城市的交通建设有所发展，给予了居民更多的交通安全感、信任感与幸福感，党的十九大提出的建设交通强国指日可待。

（4）户口类型与交通安全感相关状况

针对不同地区的户口类型，本次调查也有涉及。户口类型在一定意义上代表着不同环境下的人群，这与交通安全感也会存在一定相关关系，户口类型细分为本市城市、本市农村、外地城市和外地农村，在一定意义上，不同户口类型的人群代表着不同的经济基础。从数据中分析户口类型的不同与交通安全感之间的相关关系，结果如表11、表12所示。

如表11所示，本市城市、本市农村、外地城市、外地农村这4种户口类型的交通安全满意度均值差别不大，为5.5~5.8，居民的交通安全满意

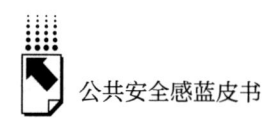

表 11　2019 年全国城市居民户口类型与交通安全满意度关系

户口类型	均值	样本数（个）	标准差	均值的标准误
本市城市	5.7753	5234	2.27575	0.03146
本市农村	5.6163	1640	2.10734	0.05204
外地城市	5.6689	2370	2.23900	0.04599
外地农村	5.5276	1559	2.38667	0.06045
总计	5.6921	10803	2.26098	0.02175

表 12　2019 年全国城市居民户口类型与交通安全满意度单因素方差分析

	平方和	df	均方	F 值	显著性
组间	89.097	3	29.699	5.817	0.001
组内	55131.254	10799	5.105		
总数	55220.351	10802			

度处于中等偏上的程度，其中，户口类型为本市城市的居民交通安全满意度最高，户口类型为外地农村的居民交通安全满意度最低。这可能是因为本市城市的居民对城市的交通网络、交通基础设施、交通事故救援等了解得较为清楚，因此认为本市交通有较好的安全保障。而外地农村的居民则对本市交通了解较少，对交通规则等掌握得不好，城市中的交通网络比农村更为复杂，双重因素导致其认为城市交通安全感较差。但总体来说，2019 年 4 种户口类型的居民交通安全感高于 2018 年的交通安全感（见表 13），这也从户口类型的角度反映了我国城市交通建设的进步。

表 13　2018 年全国城市居民户口类型与交通安全满意度关系

户口类型	均值	样本数（个）	标准差	均值的标准误
本市城市	5.475	5183	2.5393	0.0353
本市农村	5.111	1472	2.4178	0.0630
外地城市	5.347	1628	2.5574	0.0634
外地农村	5.182	1104	2.7023	0.0813
总计	5.361	9387	2.5473	0.0263

随着现代化建设的发展、城市化的深层次推进,越来越多的农村人口涌入城市寻得更好的发展,在合理实施相关规定的同时,政府部门也应考虑到农村人口流入城市会带来的负面效应,从而实施相关办法尽可能将负面影响降至最小化,以促进城市化健康发展。如外地农村居民的交通安全感较低,政府可以适当采取措施提高其交通安全感,如针对农村户口居民的交通安全知识普及与教育、提高农村户口居民的交通安全意识等。交通安全作为公共安全的重要组成部分,政府部门一定要予以高度重视,将风险与威胁控制在极小程度内,努力将交通事故发生时的损失降到最低,维护居民生命安全,疏通城市"经脉",为建设文明和谐的社会、建设交通强国做出贡献。

(5) 身份职业与交通安全感相关状况

身份职业与交通安全满意度密切相关。不同职业和处于不同社会阶层的人对交通安全及其不同方面的看法是存在区别的。对本次调查中反映不同职业与交通安全满意度之间关系的数据进行分析,结果如表14、表15所示。

表14 2019年全国城市居民身份职业与交通安全满意度关系

身份职业	均值	样本数(个)	标准差	均值的标准误
公务员	6.0161	358	2.06552	0.10917
事业单位人员	5.7992	1068	2.27178	0.06952
公司职员	5.7135	2394	2.19954	0.04495
进城务工人员	6.0235	564	2.18179	0.09187
学生	5.4658	3133	2.22865	0.03982
自由职业者	5.7819	1511	2.24125	0.05766
离退休人员	6.1484	645	2.32663	0.09161
其他	5.5239	1130	2.46393	0.07330
总计	5.6921	10803	2.26098	0.02175

表15 2018年全国城市居民身份职业与交通安全满意度关系

身份职业	均值	样本数(个)	标准差	均值的标准误
公务员	5.631	325	2.6561	0.1473
事业单位人员	5.471	1186	2.5536	0.0742
公司职员	5.315	2420	2.4781	0.0504
进城务工人员	5.517	499	2.3706	0.1061

续表

身份职业	均值	样本数(个)	标准差	均值的标准误
学生	5.176	1826	2.5187	0.0589
自由职业者	5.360	1347	2.6170	0.0713
离退休人员	5.662	699	2.7047	0.1023
其他	5.300	1075	2.5701	0.0784
总计	5.360	9377	2.5475	0.0263

由表14我们可以得知，不同身份职业的居民交通安全感存在显著差异。就身份职业这一方面，均值为5.4～6.2，再次说明城市交通安全感处于中等偏上水平。其中，学生的交通安全感最低，离退休人员的交通安全感最高，这和上文有关年龄对交通安全感的影响程度相符合。与2018年相比，不同身份职业对交通安全的直观感受趋向一致，整体均值有所上升，说明身份职业对城市交通安全感的影响较稳定，我国城市交通建设稳中向好。

（6）收入水平与交通安全满意度

一般来说，收入水平与交通安全满意度有着紧密的关系。通过将收入水平细分为6个层次，利用单因素方差分析和描述统计来表现收入水平与交通安全满意度及其不同方面之间的关系，结果如表16、表17、表18所示。

表16　2019年全国城市居民收入水平与交通安全感关系

个人月收入	均值	样本数(个)	标准差	均值的标准误
2000元及以下	5.4960	3134	2.26522	0.04046
2001～3500元	5.6764	1913	2.33253	0.05333
3501～5000元	5.7251	2655	2.22403	0.04316
5001～8000元	5.8881	1935	2.15611	0.04902
8001～12000元	5.9907	750	2.31053	0.08437
12001元以上	5.5793	416	2.38191	0.11678
总计	5.6921	10803	2.26098	0.02175

表17 2019年全国城市居民收入水平与交通安全感的描述

个人月收入	样本数（个）	均值	标准差	标准误	均值的95%置信区间		极小值	极大值
					下限	上限		
2000元及以下	3134	5.4960	2.26522	0.04046	5.4167	5.5753	1.00	10.00
2001~3500元	1913	5.6764	2.33253	0.05333	5.5718	5.7810	1.00	10.00
3501~5000元	2655	5.7251	2.22403	0.04316	5.6405	5.8098	1.00	10.00
5001~8000元	1935	5.8881	2.15611	0.04902	5.7920	5.9842	1.00	10.00
8001~12000元	750	5.9907	2.31053	0.08437	5.8250	6.1563	1.00	10.00
12001元以上	416	5.5793	2.38191	0.11678	5.3498	5.8089	1.00	10.00
总数	10803	5.6921	2.26098	0.02175	5.6494	5.7347	1.00	10.00

表18 2019年全国城市居民收入水平与交通安全感不同方面单因素方差分析

	平方和	df	均方	F值	显著性
组间	270.366	5	54.073	10.625	0.000
组内	54949.985	10797	5.089		
总数	55220.351	10802			

由表16、表17可知，不同收入水平下的城市交通安全感存在差异。在"个人月收入"的不同划分中，月收入为8001~12000元的城市居民的交通安全感最高，其次是5001~8000元，交通安全感最低的居民个人月收入处于2000元及以下。总体上随着收入的增长，交通安全感满意度越高。造成这种现象的原因可能是月收入较高的居民对交通基础设施、交通事故救援、交通系统等了解较多，对城市的交通安全给予了充分的关注与信任，而月收入12001元以上的居民交通安全感较低可能是因为其对城市的交通有着较高的要求。

4. 我国城市居民交通安全感分项指标数据统计

（1）不同城市居民对"交通安全总体评价"的安全感

通过了解城市居民对"交通安全总体评价"的基本情况，我们可以判断该城市居民对该城市交通安全的总体满意度，了解城市居民"交通安全总体评价"的差距。经过对相关数据的统计分析，得出不同城市居民对"交通安全总体评价"的安全感及其排名情况，具体情况如表19所示。

表19　2019年交通安全感分项指标"交通安全总体评价"统计结果和排名

城市	均值	样本数(个)	标准差	均值的标准误	排名
乌鲁木齐	6.867	301	2.3893	0.1377	1
厦门	6.837	300	2.0715	0.1196	2
银川	6.466	296	2.0549	0.1194	3
宁波	6.394	297	2.3358	0.1355	4
北京	6.245	298	2.1828	0.1264	5
深圳	6.177	300	2.5705	0.1484	6
上海	6.145	297	2.3801	0.1381	7
拉萨	6.117	299	2.8087	0.1624	8
成都	6.117	300	2.4705	0.1426	9
济南	6.102	303	2.6268	0.1509	10
武汉	6.093	291	2.4428	0.1432	11
南京	6.037	299	2.6283	0.1520	12
福州	5.946	296	2.4805	0.1442	13
青岛	5.905	305	2.7817	0.1593	14
呼和浩特	5.895	296	2.7120	0.1576	15
杭州	5.864	301	2.6504	0.1528	16
昆明	5.807	306	2.2497	0.1286	17
广州	5.796	299	2.5161	0.1455	18
太原	5.718	294	1.5229	0.0888	19
长沙	5.677	300	2.4451	0.1412	20
南宁	5.607	300	2.1666	0.1251	21
哈尔滨	5.598	291	2.5216	0.1478	22
天津	5.542	301	2.0516	0.1183	23
重庆	5.503	296	2.5445	0.1479	24
合肥	5.465	299	2.3304	0.1348	25
西宁	5.415	313	2.5596	0.1447	26
大连	5.293	294	2.3994	0.1399	27
石家庄	5.167	323	1.8288	0.1018	28
沈阳	5.108	297	2.4430	0.1418	29
海口	5.077	298	2.5513	0.1478	30
郑州	5.043	301	2.8251	0.1628	31
贵阳	4.972	316	2.5861	0.1455	32
西安	4.900	299	2.6704	0.1544	33
南昌	4.880	301	2.4642	0.1420	34
兰州	4.778	297	2.5544	0.1482	35
长春	4.642	299	2.7966	0.1617	36
总计	5.697	10803	2.5071	0.0241	

统计结果显示，交通安全总体评价全国均值为5.697，说明居民交通安全总体评价较为满意。从表19我们可以看出，交通安全总体评价排名第1的是乌鲁木齐，均值为6.867，排名第36的是长春，其均值为4.642。在36个城市中：高于全国均值的城市为乌鲁木齐、厦门、银川、宁波、北京、深圳、上海、拉萨、成都、济南、武汉、南京、福州、青岛、呼和浩特、杭州、昆明、广州、太原；低于全国均值的城市有长沙、南宁、哈尔滨、天津、重庆、合肥、西宁、大连、石家庄、沈阳、海口、郑州、贵阳、西安、南昌、兰州、长春，就该项指标而言，这些城市的居民交通安全总体评价满意度较低。

（2）不同城市居民对"市内出行遭受交通意外伤害"的安全感

"市内出行遭受交通意外伤害"是衡量一个城市交通安全的重要指标。对统计数据进行分析，得出了不同城市居民对"市内出行遭受交通意外伤害"的安全感及其排名情况，具体情况如表20所示。

表20 2019年交通安全感分项指标"市内出行遭受交通意外伤害"统计结果和排名

城市	均值	样本数（个）	标准差	均值的标准误	排名
厦门	6.770	300	2.134	0.123	1
乌鲁木齐	6.694	301	2.498	0.144	2
银川	6.078	296	2.099	0.122	3
宁波	5.976	297	2.399	0.139	4
济南	5.891	303	2.669	0.153	5
武汉	5.890	291	2.551	0.150	6
北京	5.883	298	2.230	0.129	7
上海	5.882	297	2.440	0.142	8
福州	5.882	296	2.570	0.149	9
拉萨	5.856	299	2.760	0.160	10
深圳	5.853	300	2.623	0.151	11
昆明	5.820	306	2.352	0.134	12
成都	5.777	300	2.509	0.145	13
太原	5.752	294	1.582	0.092	14
青岛	5.738	305	2.830	0.162	15
呼和浩特	5.649	296	2.640	0.153	16

续表

城市	均值	样本数(个)	标准差	均值的标准误	排名
长沙	5.567	300	2.530	0.146	17
南京	5.548	299	2.520	0.146	18
杭州	5.542	301	2.577	0.149	19
哈尔滨	5.478	291	2.458	0.144	20
广州	5.448	299	2.558	0.148	21
合肥	5.398	299	2.429	0.140	22
南宁	5.337	300	2.201	0.127	23
重庆	5.287	296	2.499	0.145	24
大连	5.207	294	2.510	0.146	25
西宁	5.096	313	2.470	0.140	26
天津	5.090	301	2.066	0.119	27
石家庄	5.006	323	1.913	0.106	28
贵阳	4.978	316	2.534	0.143	29
沈阳	4.886	297	2.331	0.135	30
西安	4.856	299	2.668	0.154	31
海口	4.836	298	2.709	0.157	32
郑州	4.741	301	2.865	0.165	33
兰州	4.650	297	2.489	0.144	34
南昌	4.575	301	2.412	0.139	35
长春	4.365	299	2.715	0.157	36
总计	5.478	10803	2.522	0.024	

统计结果显示,"市内出行遭受交通意外伤害"分项指标总体均值为5.478,低于"交通安全总体评价"总体均值。据表20,该分项指标均值最高的城市为厦门,均值最低的城市为长春,与"交通安全总体评价"分项指标统计结果相差不大。高于总体均值的有19个城市,在这些城市中大多数为经济较发达城市,如北京、上海、深圳等,这可能是因为经济较发达城市相应的交通网络更为发达、交通秩序维护情况较佳,居民出行遭受交通意外伤害的可能性相对较小,因此,其均值较高。

(3) 不同城市居民对"市内公共交通系统事故状况"的安全感

"市内公共交通系统事故状况"反映了一个城市交通基础设施的基本状

况。对统计数据进行分析，得出了不同城市居民对"市内公共交通系统事故状况"的安全感及其排名情况，具体情况如表21所示。

表21 2019年交通安全感分项指标"市内公共交通系统事故状况"统计结果和排名

城市	均值	样本数（个）	标准差	均值的标准误	排名
乌鲁木齐	6.967	301	2.351	0.135	1
厦门	6.960	300	2.124	0.123	2
拉萨	6.498	299	2.752	0.159	3
宁波	6.391	297	2.389	0.139	4
成都	6.337	300	2.519	0.145	5
银川	6.334	296	2.089	0.121	6
武汉	6.296	291	2.511	0.147	7
上海	6.256	297	2.458	0.143	8
福州	6.213	296	2.651	0.154	9
北京	6.168	298	2.309	0.134	10
深圳	6.150	300	2.579	0.149	11
哈尔滨	6.148	291	2.264	0.133	12
广州	6.124	299	2.768	0.160	13
济南	6.102	303	2.731	0.157	14
南京	5.993	299	2.671	0.154	15
青岛	5.990	305	2.880	0.165	16
昆明	5.977	306	2.259	0.129	17
长沙	5.953	300	2.519	0.145	18
杭州	5.944	301	2.564	0.148	19
呼和浩特	5.936	296	2.575	0.150	20
合肥	5.779	299	2.534	0.147	21
太原	5.772	294	1.656	0.097	22
南宁	5.677	300	2.182	0.126	23
大连	5.609	294	2.526	0.147	24
西宁	5.482	313	2.668	0.151	25
重庆	5.426	296	2.658	0.155	26
郑州	5.425	301	2.663	0.153	27
天津	5.316	301	2.127	0.123	28
南昌	5.302	301	2.690	0.155	29
贵阳	5.301	316	2.553	0.144	30
沈阳	5.232	297	2.501	0.145	31

续表

城市	均值	样本数（个）	标准差	均值的标准误	排名
西安	5.181	299	2.783	0.161	32
石家庄	5.155	323	1.864	0.104	33
海口	5.151	298	2.753	0.159	34
兰州	5.047	297	2.681	0.156	35
长春	4.906	299	2.876	0.166	36
总计	5.844	10803	2.554	0.025	

统计结果显示，"市内公共交通系统事故状况"分项指标总体均值为5.844，说明居民对此项指标安全感满意度较好。高于总体均值的城市有20个，分别为乌鲁木齐、厦门、拉萨、宁波、成都、银川、武汉、上海、福州、北京、深圳、哈尔滨、广州、济南、南京、青岛、昆明、长沙、杭州、呼和浩特，"市内公共交通系统事故状况"安全满意度最好的城市为乌鲁木齐，其次为厦门，两个城市的均值都超过了6.9，在一定程度上可以说明这两个城市的交通基础设施相对完备，城市居民的交通安全满意度较高，为居民提供了安全感、幸福感与获得感。

（4）不同城市居民对"发生交通事故时伤者能否得到及时救助"的安全感

"发生交通事故时伤者能否得到及时救助"代表着一个城市事故救援的速度与水平，关乎居民的生命安全，是衡量居民交通安全感的一个极为重要的指标。具体情况见表22。

表22 2019年交通安全感分项指标"发生交通事故时伤者能否得到及时救助"统计结果和排名

城市	均值	样本数（个）	标准差	均值的标准误	排名
厦门	7.007	300	2.293	0.132	1
乌鲁木齐	6.963	301	2.393	0.138	2
拉萨	6.405	299	2.844	0.164	3
宁波	6.279	297	2.521	0.146	4
成都	6.257	300	2.592	0.150	5

续表

城市	均值	样本数(个)	标准差	均值的标准误	排名
哈尔滨	6.247	291	2.287	0.134	6
深圳	6.173	300	2.583	0.149	7
武汉	6.162	291	2.495	0.146	8
银川	6.115	296	2.157	0.125	9
福州	6.071	296	2.664	0.155	10
北京	6.057	298	2.340	0.136	11
上海	6.054	297	2.487	0.144	12
济南	6.007	303	2.642	0.152	13
青岛	5.961	305	2.946	0.169	14
南京	5.910	299	2.679	0.155	15
合肥	5.856	299	2.568	0.148	16
呼和浩特	5.851	296	2.650	0.154	17
昆明	5.817	306	2.376	0.136	18
长沙	5.810	300	2.675	0.154	19
太原	5.752	294	1.688	0.098	20
杭州	5.668	301	2.716	0.157	21
广州	5.656	299	2.732	0.158	22
南宁	5.573	300	2.290	0.132	23
重庆	5.541	296	2.640	0.153	24
大连	5.527	294	2.537	0.148	25
贵阳	5.427	316	2.782	0.156	26
郑州	5.306	301	2.732	0.157	27
西宁	5.294	313	2.632	0.149	28
海口	5.221	298	2.701	0.156	29
西安	5.184	299	2.653	0.153	30
长春	5.164	299	2.889	0.167	31
天津	5.083	301	2.149	0.124	32
沈阳	4.966	297	2.478	0.144	33
石家庄	4.960	323	1.785	0.099	34
南昌	4.940	301	2.725	0.157	35
兰州	4.811	297	2.685	0.156	36
总计	5.749	10803	2.592	0.025	

统计结果显示，该项指标的总体均值为5.749，居民对该项指标的评价较好。该项指标均值最高和最低的城市分别为厦门、兰州，其均值分别为

7.007、4.811。就该项指标而言，高于总体均值的城市有 20 个，分别为厦门、乌鲁木齐、拉萨、宁波、成都、哈尔滨、深圳、武汉、银川、福州、北京、上海、济南、青岛、南京、合肥、呼和浩特、昆明、长沙、太原，居民该项指标相对于其他城市而言，相对较高，说明安全感相对较高。

（5）我国城市居民交通安全感分项指标相关分析

通过相关分析，我们可以了解到交通安全总体评价、市内出行遭受交通意外伤害、市内公共交通系统事故状况与发生交通事故时伤者能否得到及时救助分项指标与交通安全的相关程度，从而对这 4 个分项指标有整体上的把握，从多个角度分析城市居民的交通安全感及其影响因素。根据统计数据，交通安全感与其分项指标的相关分析如下（见表23）。

表23 2019年交通安全感与其分项指标的相关分析

分项指标	交通安全总体评价	市内出行遭受交通意外伤害	市内公共交通系统事故状况	发生交通事故时伤者能否得到及时救助	交通安全
交通安全总体评价	1				
市内出行遭受交通意外伤害	0.751**	1			
市内公共交通系统事故状况	0.713**	0.753**	1		
发生交通事故时伤者能否得到及时救助	0.659**	0.702**	0.744**	1	
交通安全	0.877**	0.901**	0.903**	0.875**	1
均值	5.697	5.478	5.844	5.749	5.6921
标准差	2.5071	2.5218	2.5537	2.5922	2.26098

注：＊$p<0.05$，＊＊$p<0.01$，＊＊＊$p<0.001$。

表23 数据显示，以上 4 个分项指标与交通安全均为高度正相关，其中，市内公共交通系统事故状况与交通安全的相关系数达到 0.903，说明城市居民对此高度重视。此外，4 个分项指标之间也是呈正相关，市内出行遭受交通意外伤害与市内公共交通系统事故状况的相关度最高，为 0.753，高度相关。

二 我国城市交通安全感存在的问题与挑战

随着城市化的持续推进和人们生活质量的不断提高，城市交通网络越来越发达，交通方式日益多样化、便捷化。而城市交通建设情况的多样化带来的是城市交通现状的差异化以及仍存在大量可以改善的问题。交通安全日益受到人们的重视。为更好地促进中国城市交通建设并且丰富关于交通安全领域的相关研究，有必要结合已有数据分析其存在的客观问题，进而提出具有建设性的建议和意见，以期为我国交通安全建设在理论层面添砖加瓦，推动交通强国的建设。

（一）我国城市交通安全建设仍待加强

新中国成立尤其是改革开放以来，随着我国现代化建设的高速发展，交通工具在人们的生活中扮演的角色越来越重要。人们远距离的旅行越来越多地依赖于飞机、高铁和普通的列车；在中短距离的出行和日常工作中，私家车扮演着越来越重要的角色。除此以外，在城市交通体系中，轨道交通、公共汽车、出租车、摩托车、电动自行车、自行车、共享单车等各种交通工具以及行人，共同构成了城市交通的亮丽风景，可谓交通便是一个城市的明信片。通畅、安全的交通网络不仅是经济发展的必要支撑，也是居民安心出行的重要保证。随着经济的发展，不同规模的城市均逐渐暴露出交通堵塞、交通事故频发等问题。我们通过此次调研后的数据比对发现，我国2019年城市居民交通安全感在公共安全感分项指标中位列第4，较2018年上升1位，但是，深入各城市具体情况而言，交通安全建设仍待加强。

结合2017~2019年城市交通安全感指数及排名，其中乌鲁木齐、拉萨、南京排行前列，3年排名均为前15，保持了较高的水平；长春、西安、郑州排名靠后，3年排名均位居倒数15名。2017~2018年，昆明、济南、福州、沈阳、太原排名上升幅度较大，名次上升超过10名；成都、武汉、重庆、北京、海口、广州、哈尔滨、南宁下降幅度较大，名次下降达到10名及以上。2018~2019年，银川、成都、武汉、北京排名上升幅度较大，名次上升超过10名；西宁、天津、贵阳、沈阳、南昌、兰州下降幅度较大，名次下降达到15名及以上。上海等城市近3年排名相对稳定，变化幅度不大。乌鲁木齐、银川3年排名持续上升；杭州、长沙、海口等城市3年排名均为下降。这说明就具体城市而言，我国城市居民交通安全感变动较大，反映出我国城市交通建设仍需改善。

（二）不同身份职业的城市居民的交通安全感差异较大

虽然我国经济高速发展，但在一定程度上我国的软件配套设施及服务行业的发展并不完善，由此带来各个职业对于城市安全感的体验也有较大的差距。在2019年的调查中，离退休人员的交通安全感评价仍然较高，我们推测有以下原因。

第一，离退休人员年龄较大，见证了中国自改革开放以来的高速发展，经历了交通方式的转变，相比于过去，如今的交通更加多样、快捷、安全，所以其交通安全感较高。第二，离退休人员由于行动不便等出行较少，对交通需求的情况也较少，与此同时他们对出行的路段也比较熟悉，故而交通安全的体验度会较高。第三，我们注意到离退休人员是老年群体，因此他们平时出行会受到更多的关怀和照顾，对于交通敏感度和交通危险程度也并不是很在意。第四，我们注意到除离退休人员外，其他职业人群更多的本身就是一个驾驶员或者本身就为政府部门的交通建设者。当自身参与到交通中，作为一个驾驶员更能体会到驾驶的危险，更了解交通安全相关领域，对交通有更高的要求与需求，能亲身感受到交通运行中存在的问题，往往对交通安全存在高于他人的担忧与顾虑，有着较低的交通安全感。同时参与交通建设的政府机关退休人员，会对交通建设近些年的变化感到满意，因此会提高交通安全的满意度。第五，对于其他职业，我们可以推测到，驾驶员数量的急剧增加导致交通堵塞及交通基础设施不完善等问题逐渐暴露，与此相矛盾的是人们却对交通需求的要求越来越高，因而人们交通安全的体验感越来越差。

(三)城市户口居民交通安全感高于农村户口居民

户口类型在一定意义上代表着不同环境下的人群,我们将户口类型细分为本市城市、本市农村、外地城市和外地农村四类。一般情况下,城市与农村有着较大的差异,如生活习惯、出行方式等,而这种差异往往会带来交通安全感的不同。我们认为有以下三个方面原因。

第一,近年来城市务工人员大量进入,在我们调研的时候发现,大量进入城市的农村务工人员,对城市的交通网络、交通系统以及交通设施等并不熟悉,对其有着较大的陌生感,故而交通安全感较低。第二,城市和农村的交通基础设施建设存在巨大差异,许多偏远山区高速公路近些年才建成,而城市的交通设施较为完善,因此两者之间的差距也是显而易见的。第三,由于城市人口和农村人口两者存在巨大的认知层面差异,城市人口的交通意识较为健全和完善,他们对交通危险的感知程度也比农村人口要高,当他们意识到危险来临的时候,会躲避交通危险。然而在复杂的交通环境下,农村户口的居民的综合交通意识较为淡薄,往往不能及时规避风险。因此,城市户口的居民的交通安全感要高于农村户口的居民。

(四)城市居民对市内出行遭受交通意外伤害较惶恐

从前文中的数据分析中我们不难发现,在2019年全国城市公共安全感调查中,相比较而言城市居民对"市内出行遭受交通意外伤害"最为担心。这可能是因为:第一,交通意外事故属于潜在的不可控因素,并且意外事故导致的伤害在直观上也会给人们带来巨大冲击,大多数情况下,居民在出行时不能提前感知交通意外伤害的到来,对此有较大的不确定性。第二,近年来,随着经济的发展,道路网络越来越复杂,道路上的车辆也是越来越多,这在无形之中会给交通事故带来风险源,道路交通事故频发且造成了巨大危害,给相关主体带来巨大损失,居民受此影响,心理压力较大。第三,部分驾驶者自身驾驶技术不到位,不遵守交通规则,从而增加了发生交通意外事故的概率,这将对其他居民生命财产带来极大威胁。第四,出行时若不幸遭

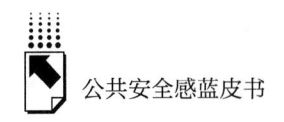

遇交通意外伤害，救援是否及时、到位也是十分重要的影响因素。不同的城市基础设施配备水平不一，居民素质水平高低不一。例如遇到一些交通意外事故时，许多居民因为存有怕"被碰瓷"的心理而会选择回避，从而不及时拨打救助电话，救援不到位。这也是导致城市居民对市内出行遭受交通意外伤害较惶恐的原因。

三　提升我国城市交通安全感的对策

随着全国各省市经济的快速发展和城乡间人口流动越来越频繁，各城市市区人口和城市务工人员急剧增加，这必然导致出行车辆的急剧增加。根据相关部门的数据，2019 年，全国机动车保有量达 3.48 亿辆，其中汽车保有量达 2.6 亿辆；机动车驾驶人达 4.35 亿人，其中汽车驾驶人 3.97 亿人。与 2018 年相比，全国机动车保有量增加 2098 万辆（扣除报废注销量，下同），其中新注册登记（上牌）机动车 3214 万辆，与 2018 年相比增加 42 万辆，增长 1.32%；全国机动车驾驶人数量增加 2637 万人，增长 6.45%[①]。全国机动车保有量的增加一方面代表着经济的发展和人们生活质量的提高，另一方面这对我国交通安全是一个极大的挑战，不仅要求政府在交通管理和交通管制上有所作为，还要求进行与之相关的经济、文化、法律、制度等多方面的全面协调治理。

（一）加强宣传教育，完善交通安全建设

中西部与东部经济发达地区的经济差距较大，而中西部不可能在短时间达到经济发达地区的交通基础设施能力。因此，交通安全宣传和教育的作用就凸显出来。交通安全宣传教育是道路交通安全管理的重要组成部分、普及道路交通安全法律法规的重要途径、预防和控制道路交通事故的治本之策、

---

① 资料来源：https://baijiahao.baidu.com/s?id=16551707111939103 23&wfr=spider&for=pc，公安部交通管理局网站，最后检索时间：2020 年 4 月 20 日。

推动和促进道路交通安全综合治理的有效措施、做好道路交通安全管理工作的前提和保障①。强化交通安全的宣传教育，可有效促进交通安全建设。

在交通安全宣传方面，要更新宣传教育形式，寓教于乐，潜移默化地提高广大群众的交通安全意识和交通法制观念。通过开展文艺汇演、征文比赛、摄影等活动，广泛调动社会参与积极性。要利用一切新闻媒介和宣传手段对全社会进行交通安全教育和交通法规宣传，加强和提高人们的交通安全意识和交通法制观念。建立以政府为主导、多部门联动、全民参与的交通安全宣传机制，制定交通安全宣传和教育计划，根据不同群体，定期开展交通安全宣传教育活动，尤其是加强对机动车驾驶人、农民、自主经营者、外来务工者等重点群体交通安全宣传教育②。这样有利于中西部地区公民树立良好的交通意识和法制观念，从而在交通实践中产生良好的教化效果。

在交通安全教育方面，要针对不同主体制定相应的教育方案，针对学生就应该从课堂抓起，加强交通安全意识及交通安全标准的课堂教育。同时应该在学生心目中树立起交通安全从自身做起的良好规范行为意识，并让学生逐步扩散至家庭，使每个家庭都认识到交通安全的重要性。针对企业及事业单位公职人员，应该树立交通安全从自身做起的意识，并且自己要监督他人。同时企业也应该建立起培训员工交通安全意识的责任，进一步为政府减轻安全教育的压力。社区也应该在自己的所辖范围内，针对辖区内居民进行交通安全的培训。一方面在社区范围内进行培训方便居民理解，另一方面也减轻了政府一定的负担。加强交通安全教育是每个主体的责任，并不是政府独自的责任，每个主体都要牢固树立起交通安全关系自身的重要意识，从而进一步减少交通安全风险的隐患存在，切实提高城市居民交通安全感。

同时，道路交通安全宣传模式需要不断创新和优化。一方面，要重视新媒体在宣传教育方面的积极作用，通过公众喜闻乐见的形式（如"三微一

---

① 汪益纯、陈川：《我国交通安全宣传教育的问题分析与建议》，《道路交通与安全》2009年第4期，第12~16页。
② 戴帅：《我国城市道路交通安全问题及对策》，《综合运输》2015年第7期，第9~12、21页。

端"、报纸杂志等）传达交通安全理念，提高公众的接受度；另一方面，要重视同新闻媒体建立紧密联系，通过在媒体上发布具有热议性、讨论性的话题，提升公众参与度，鼓励并支持公众发表个人意见，尤其是针对交通不文明行为、违法行为等问题，从道德层面的谴责进行积极的自我反省与教育宣传，同时也唤起更多人对于文明交通、安全交通的理解与支持[①]。只有通过不断地转变与创新，交通安全宣传教育才能使居民始终保持认可与接受，在全国范围内掀起重视交通安全的热潮，有效提高全国居民交通安全意识，缩小地区差异，完善交通安全建设，提高城市交通安全满意度，推动城市公共安全治理。

（二）着重加强驾驶员管理，提高不同职业群体交通安全感

离退休人员和其他职业人员城市交通安全感差异很大，部分原因是其他职业人员中的很大一部分是道路交通的参与者、驾驶员。而驾驶员往往是交通事故中的主导因素，起决定作用，所以必须加强对驾驶员的管理。

在驾驶员培训考证期间，管理部门不但要授之以驾驶技术、业务技能，加强对驾驶技术能力的考核，更应该重视对新驾驶员的安全知识和法律法规的教育。严格驾驶员培训、考试各环节，驾驶员培训要传授技能、传播法律、传递文明，驾驶员考试要严格标准、严格考试、严格颁发驾驶证，使越来越多的驾驶人成为合格的司机、越来越多的道路交通参与者成为文明的使者。同时，更应该注重对驾驶员高度责任感和安全意识的培养，坚决杜绝驾驶员超速行驶、无证驾驶、酒后驾驶和疲劳驾驶等违法现象。培养驾驶员的公德和社会责任意识，避免出现危害行人、道路驾驶的情况。

驾驶员除了要有熟练的驾驶技能，还应具备良好的心理素质。可以对驾驶员定时定期开展心理测试和心理辅导等活动，提高驾驶员的心理素质，杜绝出现"路怒症"，因一人的过错而酿成大祸。同时，注重对驾驶员及时克服在驾驶车辆过程中常常出现的麻痹、急躁、紧张、刺激等心理的培训，使其在行车过程中遇到问题能适时地采取措施，需要立即决定时，应当机立

---

① 陈多：《论道路交通安全宣传优化途径》，《交通企业管理》2019年第4期，第87~89页。

断、毫不犹豫。在无法避免事故发生时，应以最小损失为前提进行处理。总之，驾驶员整体素质亟须提高。

同时，还应该加强对车辆的管理，控制机动车数量。机动车总量应该与一定时期经济发展水平和道路交通通行能力保持一定的比例，借鉴北京、上海、香港和新加坡等国内外的经验，制定地方法规，采取限制车牌、提高机动车使用费用、提高车辆单位时间内通行费用等措施以有效抑制机动车数量过快增长的势头，缓解城市交通堵塞[①]。加快制定安全标准，提升机动车辆安全性能。要制定与发达国家或地区相同甚至更高的安全标准，加强对机动车生产厂商的监督检查，责令其重视安全问题。

此外，驾驶员应该加强自身管理，养成良好的驾驶习惯，做到"开车不喝酒，酒后不开车"、"宁停三分，不抢一秒"和开车前对车辆进行检查等。同时，在道路上驾驶的时候不能心急，保持安全车速和车距，通过人行横道、学校区域和公交车站时注意减速，礼让行人，不要鸣笛催促或强行超车。驾驶员在驾车之前，要对车辆的制动、转向和灯光等系统进行检查，保证车辆的安全性能，在遇到紧急情况时，不会因为车辆性能问题而导致事故的发生。最后，还应该避免疲劳驾驶、不系安全带、超速行驶或走应急车道等不良驾驶行为的发生[②]。

加强驾驶员管理，提高不同职业群体交通安全感，需要政府、驾驶员、相关培训机构等多方主体共同合作，重视驾驶员在出行中的关键作用，减少因不同身份职业而带来的驾驶员技术、心理等方面的差异，预防交通安全事故，提高居民整体的交通安全感，促进交通强国建设。

（三）完善交通设施和法律制度建设，减少城乡差异

从城市、农村户口群体对交通安全有不同的感受，可以看出城市和农村

[①] 李先波、周定平、欧三任：《道路交通安全综合治理对策研究——以湖南省为例》，《湖南社会科学》2015年第1期，第111~115页。
[②] 李晖：《基于驾驶员认知特性的事故预防对策研究》，《汽车与驾驶维修》（维修版）2018年第9期，第74~75页。

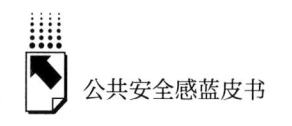

交通基础设施和制度方面现今存在的差距。因此,要缩小城市和农村的交通安全感差距,必须促进全国交通设施和制度的建设,减少城市和农村的差异,缩小差距。

各级政府应加大交警经费投入,改善车辆、通信等基础装备,增加科技管理装备等。只有采用科学手段进行交通管理才是解决交通安全问题的出路。比如,在交通要道及十字路口设置电子警察,从时间上实现了全天候24小时对道路的监管。建立高效、实用的交通信号控制系统,充分发挥科学技术对交通流量的有效调节作用,提高现有道路的通行能力;建立闭路电视监视系统和闯红灯拍照及违章检测系统,作为交通控制管理、疏导交通的辅助手段;建立交通信息采集诱导系统、地理信息系统和卫星定位系统。以信息化推动交通安全管理现代化,加快建设运输车辆数据库、从业人员数据库、违章处罚信息系统等,及时掌握第一手运输信息数据。

通过对道路基础设施的规划,采用交通信号线控和面控、规划路网结构、加固和加宽路面和路基等手段,增加主要干道道路通行能力,合理控制非机动车车流和行人人流,突出"以人为本""公交优先"的思想,进行公共交通和停车管理专项规划,避免车辆乱停乱放,节约土地占用,以有效缓解行车难、乘车难、停车难和行路难等问题。加强对危险路段、事故多发地段的排查整治,根据实际需要,加大资金投入,科学分析,该改造的改造,该完善的完善,加快在危险路段和事故多发地段安装波形防护栏的步伐,把道路危险性降低到最小限度。做好交通标志、标线、交通信号及可变信息牌的设置工作,如有损坏应及时补上,充分发挥交通安全设施约束、管理、服务和诱导的功能。完善警告警示等交通设施设置,确保交通设施设置的合理性和科学性。

加强全国交通法治建设,缩小地区法治化差距。2020年2月12日公安部部务会议通过了《公安部关于修改〈道路交通安全违法行为处理程序规定〉的决定》。健全道路交通安全的法律法规,对于道路交通的规划设计、治理主体、法定职责、交通教育等诸多领域都有重要作用。从中央来说,要建立以《中华人民共和国道路交通安全法》为基本法,以中央和地方政府制定的行政法规和规章为配套的道路交通安全法规体系,以此来解决各个地区不同的问题,提高应对不同地区交通问题的能力;对于各个地方政府而言,要制定适合本地区实际的交通安全法规,使交通安全问题真正做到有法可依,依此来加强针对性和有效性。同时,在执法时,要加强监督,真正做到有法必依、执法必严,严格按照法律法规的规定处理交通安全问题。各级政府应该保障交警经费的支出,通过改善车辆、通信等基础装备,用最新的设备来缓解交警警力不足的压力。但是,要解决繁重的交通管理任务问题,最根本的还是要充实警力,才能保障人民群众的出行安全[①]。同时要加强对路面的管理,把有限的警力合理充分地部署在各个路段上,加大警力的机动性,改善工作效率。在经费允许的情况下,可以设置智能交通警察,这样可以对道路进行24小时监控,不仅提高了交警队伍的科技含量,更减轻了交警的压力。

(四)加强道路安全治理,降低交通意外事故发生的风险

道路质量是影响机动车行驶与行人安全通行的重要因素,近年来,许多交通意外事故的发生原因大都是道路质量不过关,如2019年无锡高架桥坍塌事件,就有高架道路的质量原因。道路质量不合格将对人民生命财产构成极大威胁,严重影响城市居民交通安全感。

对此,首先应明确相关管理部门和人员的职责,强化道路施工现场管理。各项责任落实到个人,明确工作任务,时刻监督运输经营者不断优化、改进安全生产责任制,有效落实各项安全措施,严格按照《中华人民共和国道路交通安全法》中的规定执行,避免人为因素影响交通安全。其次要完善安全防范措施,加强运输行业管理、整顿运输秩序。定期进行交通运输方面的检查,对存在的安全隐患及时消除,避免交通事故的发生。将先进的技术手段运用到管理之中,加强驾驶员的动态化管理,对夜间行驶车辆超

---

① 周裕林:《浅谈当前交通安全存在的主要问题及预防措施》,《黑龙江交通科技》2013年第5期,第151~152页。

速、超载等行为进行实时监控，保证驾驶员的生命安全。建立健全相关车辆管理制度，定期对车辆进行检测，一旦发现不符合标准的车辆，要责令停止交通运输工作。同时要加大资金的投入，不断提高车辆的技术情况，做好车辆检修工作，及时发现存在的安全隐患。最后，对车辆超载的现象严格控制，交通道路管理的相关部门和人员应该从各个角度对其管理和监控，主要是对道路交通收费，以及混乱搭建站卡和罚款的现象进行科学的管理。不管是对个人还是对单位企业，都要按照国家的规定和标准精心监控和管理。对超载运输的情况进行制止，将安全事故的发生概率降到最低[1]。加强道路安全治理，需要在时间与空间两个维度加强管理。道路质量要到位，工作人员需负责，行驶车辆应合格，遵守《道路交通安全法》及相关法律法规，从源头降低交通意外事故发生的风险，提高全国城市居民的交通安全感。

交通安全与每个人都息息相关。我们应该注重以人为本，通过科学化、合理化的社会调查方式，透明化、公开化的政府工作方式，不断解决现实中存在的交通安全问题。不同的人群可能会有不同的关注点，应听取不同人群的意见，以问题为导向，多途径、高效率、高质量促进交通环境的改善，提高城市居民的交通安全感。同时，交通安全感是一个主观性较强的感受，因此可以通过不定期的调查和访问，了解本地区城市居民的交通安全感受，满足公众参与公共交通事务的意愿，使得不同群体的诉求和呼声被倾听到，从而及时、准确地针对公众的需求，解决交通管理上存在的问题，提高公众的交通安全感，完善交通安全建设，助力交通强国目标的实现。

---

[1] 高亮：《道路交通运输安全管理存在的问题及建议》，《时代汽车》2019年第21期，第85~86页。

B.6 中国城市公共卫生安全感调查报告（2020）

汪超 时如义[*]

摘　要： 人民健康是社会文明进步的基础，有了全民健康，才有健康中国，国家安全和社会稳定才能得到保障。而城市公共卫生安全与人民健康息息相关，新冠肺炎疫情的暴发有力地证实了这一点。关切城市公共卫生安全问题，切实提高城市居民公共卫生安全感非常重要。本次调查发现：城市居民公共卫生安全感总体评价水平不高；东中西部地区城市居民公共卫生安全感存在差异；农村户籍居民较城市户籍居民公共卫生安全感偏低；城市公共卫生应急防控能力有待提升；城市居民公共卫生安全意识不强。对此，应加大城市公共卫生有效投入，提高公共卫生服务保障能力；理顺公共卫生协调保障机制，缩小公共卫生服务供给差异；健全公共卫生应急管理体系，提升城市公共卫生应急防控能力；加强公共卫生安全宣传教育，提高城市居民公共卫生安全意识。

关键词： 城市　公共卫生安全　安全感

---

[*] 汪超，博士，中国矿业大学公共管理学院（应急管理学院）副教授，主要研究方向为基层治理与应急管理；时如义，博士，中国矿业大学公共管理学院（应急管理学院）讲师，主要研究方向为公共安全与应急管理。

健康是促进人全面发展的必然要求，人民健康是经济社会发展的基础条件，是民族昌盛和国家富强的重要标志，健康也是广大人民群众的共同追求。2016年10月中共中央、国务院印发《"健康中国2030"规划纲要》，提出强化覆盖全民的公共卫生服务、提供优质高效的医疗服务、健全医疗保障体系、完善药品供应保障体系、保障食品药品安全等战略要求①。2020年5月习近平总书记在参加十三届全国人大三次会议内蒙古代表团审议时强调，人民至上、生命至上，保护人民生命安全和身体健康可以不惜一切代价。2020年6月习近平总书记主持召开专家学者座谈会并发表重要讲话，强调人民安全是国家安全的基石，要时刻防范卫生健康领域重大风险，只有构建起强大的公共卫生体系，健全预警响应机制，全面提升防控和救治能力，才能切实为维护人民健康提供有力保障。

自2003年"非典"疫情以后，我国公共卫生体系建设得到不断发展。党的十八大以来，我国卫生健康事业取得新的显著成绩，医疗卫生服务水平大幅提高，居民主要健康指标总体优于中高收入国家平均水平。然而2019年底暴发的新冠肺炎疫情，成为新中国成立以来我国遭遇的传播速度最快、感染范围最广、防控难度最大的一次重大突发公共卫生事件。据国家卫生健康委员会疫情通报以及百度疫情实时大数据报告统计，截至2020年8月12日，全国新冠肺炎疫情累计确诊89526例、累计治愈83083例、累计死亡4704例；全球新冠肺炎疫情累计确诊20735993例、累计治愈13635912例、累计死亡742798例。在党中央领导下，国务院统筹协调，各地区各部门履职尽责，社会各方面全力支持，采取了最严格、最全面、最彻底的防控举措，国内疫情在较短时间内得到有效控制，全国疫情防控阻击战取得重大战略成果。

目前全世界所公认的"公共卫生"定义出自耶鲁大学公共卫生系的创立者查尔斯·温斯洛（Charles-Edward Amory Winslow）教授，他在1920年发表的《公共卫生的处女地》（The Untilled Fields of Public Health）一文中

---

① 中共中央、国务院：《"健康中国2030"规划纲要》，中国政府网，http://www.gov.cn/zhengce/2016-10/25/content_5124174.htm，2016年10月25日。

提道：公共卫生，是全社会的公私机构、大小社群以及所有人，通过有组织的努力和有根据的选择，来预防疾病、延长寿命并促进健康的科学与技术。公共卫生具体包括对重大疾病尤其是传染病（如结核病、艾滋病、SARS、新冠肺炎等）的预防、监控和治疗，对食品、药品、公共环境卫生的监督管制，以及相关的卫生宣传、健康教育、免疫接种等。相对于公共卫生而言，公共卫生安全旨在保障公众健康，是为维护社会公众健康所采取的社会集体行动。浙江大学公共卫生学院陈坤教授认为，公共卫生安全的范畴广泛，几乎关于公共健康相关的领域都可以被纳入公共卫生安全的研究范畴[1]。本章所涉及的公共卫生安全是指与医疗、药品、环境卫生服务相关的公众健康保障问题，主要探讨如何提升城市公共卫生服务的质量、如何提升城市公共卫生应急防控能力，以及如何减少和避免对公众健康与生命安全的威胁。

安全感常被用来表示对安全状态的认知和期待。有学者认为，安全感就是人们基于特定时期的社会治安状况，对公共安全、公共秩序及自身的人身、财产安全产生的信心、安全和自由[2]。安全感的概念可以从心理学、社会学、犯罪学、公共安全、公共管理学等多个学科领域来界定，本文涉及的安全感概念主要从公共管理学科展开。随着城市化进程的日益加快，城市规模的扩大与安全发展的要求不平衡的问题凸显，城市安全风险的复杂性加剧，公众对城市公共安全的需求更加迫切。安全发展是现代城市文明的重要标志，安全感作为公众对城市安全感知的"晴雨表"，成为衡量城市公共安全状况和评价政府对城市公共安全治理成效的一项重要指标[3]。城市公共卫生安全感是城市居民对于疾病传播、环境卫生等方面威胁的反应和感受，反映了被调查城市居民对公共卫生服务和公众健康安全的期待和信心。筑牢公共卫生安全防护网，有效提高城市居民公共卫生安全感，对推进社会风险治

---

[1] 陈坤：《公共卫生安全》，浙江大学出版社，2007，第15~28页。
[2] 罗文进、王小锋：《安全感概念界定、形成过程和改善途径》，《江苏警官学院学报》2004年第5期，第5~9页。
[3] 周俊山、尹银：《城市化对居民安全感的影响》，《城市发展研究》2020年第4期，第14~20页。

理、构建和谐社会、满足人民日益增长的对美好生活的向往有着举足轻重的作用。

一 中国城市公共卫生安全感总体状况

（一）城市公共卫生安全感指数排名

在本次全国调查中，公共卫生安全感部分为5个题项，见表1。按照10点量表形式，被调查者按照担心程度等级从1（极为担心）到10（完全不担心）进行打分。

表1　2019年全国城市公共卫生安全感调查题项

指标	变量名	题项
公共卫生安全	x_{10}	总体上,您担心本市的公共卫生安全问题吗?
	x_{11}	您担心周围会发生传染性疾病吗(艾滋病、结核病、狂犬病、乙肝、SARS、禽流感……)?
	x_{12}	您担心孩子会接种假疫苗或劣质疫苗吗?
	x_{13}	您担心抗生素滥用吗(包括对人、牲畜)?
	x_{14}	疫情发生时,您担心得不到及时有效控制吗?

对比2017年和2018年城市公共卫生安全感调查，2019年调查增加了5个城市：1个一线城市（深圳）、2个新一线城市（宁波、青岛）、2个二线城市（厦门、大连）。对2019年被调查城市的公共卫生安全感指数按照由高到低进行排序，如表2所示，排名第1到第36的城市分别是：乌鲁木齐、厦门、拉萨、银川、呼和浩特、济南、哈尔滨、福州、北京、宁波、昆明、青岛、武汉、深圳、南宁、成都、上海、太原、南京、杭州、海口、长沙、贵阳、重庆、长春、大连、西宁、广州、天津、合肥、沈阳、南昌、石家庄、西安、兰州、郑州。城市公共卫生安全感指数越高，排名越靠前，表明该城市居民的公共卫生安全感越高。

表 2　全国城市公共卫生安全感指数及排名（2017～2019 年）

城市	2019 年			2018 年			2017 年	
	指数	排名	变化	指数	排名	变化	指数	排名
乌鲁木齐	0.5395	1	+7	0.5035	8	+22	0.4270	30
厦门	0.5285	2	—	—	—	—	—	—
拉萨	0.5218	3	+3	0.5091	6	+4	0.5055	10
银川	0.5160	4	+8	0.4941	12	+11	0.4593	23
呼和浩特	0.5151	5	+25	0.4662	30	-19	0.5050	11
济南	0.5144	6	-3	0.5198	3	+4	0.5132	7
哈尔滨	0.5137	7	+18	0.4708	25	-4	0.4633	21
福州	0.5134	8	-7	0.5258	1	+13	0.4907	14
北京	0.5088	9	+17	0.4707	26	-4	0.4598	22
宁波	0.5073	10	—	—	—	—	—	—
昆明	0.5062	11	-7	0.5158	4	+15	0.4782	19
青岛	0.5058	12	—	—	—	—	—	—
武汉	0.5050	13	+9	0.4792	22	-9	0.5017	13
深圳	0.5046	14	—	—	—	—	—	—
南宁	0.5042	15	+16	0.4549	31	-19	0.5036	12
成都	0.5023	16	+3	0.4813	19	-10	0.5093	9
上海	0.5010	17	-6	0.4946	11	-9	0.5669	2
太原	0.4939	18	+6	0.4739	24	+3	0.4462	27
南京	0.4936	19	-9	0.4983	10	+15	0.4552	25
杭州	0.4932	20	-6	0.4927	14	-13	0.5946	1
海口	0.4886	21	-1	0.4813	20	-4	0.4883	16
长沙	0.4879	22	-9	0.4936	13	+11	0.4559	24
贵阳	0.4872	23	-21	0.5215	2	+16	0.4820	18
重庆	0.4848	24	-3	0.4810	21	-13	0.5116	8
长春	0.4837	25	-7	0.4823	18	-1	0.4832	17
大连	0.4824	26	—	—	—	—	—	—
西宁	0.4819	27	-18	0.5021	9	-3	0.5342	6
广州	0.4802	28	-1	0.4693	27	-23	0.5444	4
天津	0.4790	29	-22	0.5074	7	+21	0.4392	28
合肥	0.4782	30	-15	0.4905	15	-12	0.5525	3
沈阳	0.4780	31	-15	0.4889	16	+13	0.4332	29
南昌	0.4754	32	-27	0.5097	5	+10	0.4895	15
石家庄	0.4711	33	-5	0.4682	28	-2	0.4531	26
西安	0.4699	34	-11	0.4755	23	-18	0.5367	5
兰州	0.4686	35	-18	0.4863	17	+14	0.4260	31
郑州	0.4655	36	-7	0.4678	29	-9	0.4703	20

结合2017~2019年城市公共卫生安全感指数及排名，其中：拉萨、济南排行前列，3年排名均为前10，保持了较高的水平；石家庄排名靠后，3年排名均位居倒数15位。2017~2018年，乌鲁木齐、昆明、南京、贵阳等城市排名上升幅度较大，名次上升达到15名及以上；杭州、合肥、重庆、西安、广州、呼和浩特、南宁等城市下降幅度较大，名次下降达到10名以上。2018~2019年，呼和浩特、哈尔滨、北京、南宁排名上升幅度较大，名次上升超过10名；贵阳、西宁、天津、合肥、沈阳、南昌、兰州等城市下降幅度较大，名次下降达到15名及以上。乌鲁木齐、拉萨、银川、太原等城市3年排名持续上升；重庆、上海、杭州等城市3年排名持续下降。海口、拉萨等城市近3年排名相对稳定，变化幅度不大。

对比2017年和2018年调查数据，2019年各被调查城市公共安全感差异较小。如表3所示，2019年城市公共卫生安全感指数的极差（0.0704）小于2017年和2018年指数的极差（0.1686和0.0709），2019年城市公共卫生安全感指数的标准差（0.0740）远小于2017年指数的标准差（0.1686），2019年各被调查城市公共卫生安全感指数的离散程度低于2017年和2018年指数的离散程度，表明2017~2019年城市居民公共卫生安全感差异有收敛趋势。

表3　城市公共卫生安全感指数离散程度（2017~2019年）

离散程度	2019年	2018年	2017年
最大值	0.5359	0.5258	0.5946
最小值	0.4655	0.4549	0.4260
极差	0.0704	0.0709	0.1686
标准差	0.0740	0.0709	0.1686

对比不同城市公共卫生安全感指数，根据图1和图2，2017年城市居民公共卫生安全感指数差异较大，指数排在最前的城市是杭州，排在最后的城市是兰州。2018年城市公共卫生安全感排名最靠前的城市是福州（安全感指数为0.5258），排名最后的城市为南宁（安全感指数为0.4549）。而2019

年城市公共卫生安全感排名最靠前的城市是乌鲁木齐，排在最后的城市是郑州。2017~2019年杭州排名从第1名下降到第20名；乌鲁木齐排名提升最大，从倒数第2名提高到第1名；福州升降起伏，由2017年的第14名提高到2018年的第1名。

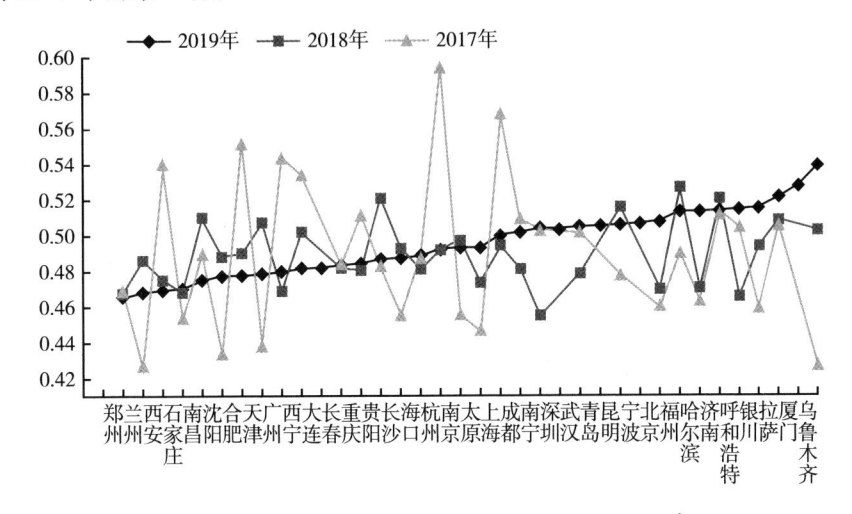

图1　全国城市公共卫生安全感指数（2017~2019年）

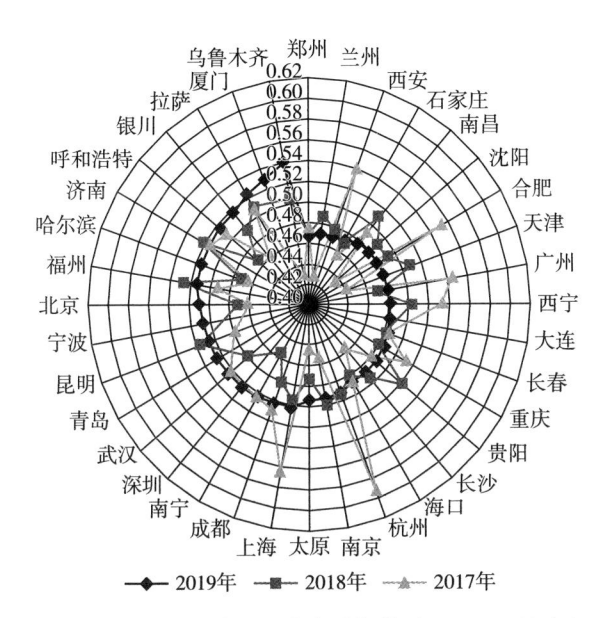

图2　全国城市公共卫生安全感指数（2017~2019年）

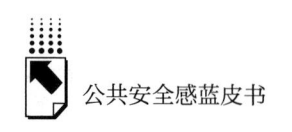

（二）城市公共卫生安全感描述性分析

为了便于分析，依据模糊评价原理，利用语义学标度将安全感分为四个评价等级：不担心、有点担心、比较担心、忧虑（见表4）。下面基于性别、年龄、户口类型、身份职业和收入水平，对城市公共卫生安全感进行描述性统计分析。

表4 城市公共卫生安全感评价定量分级标准

评价值	评语	定级
xi＞7.5	不担心	A
5.5＜xi≤7.5	有点担心	B
3.5＜xi≤5.5	比较担心	C
xi≤3.5	忧虑	D

1. 基于性别的城市公共卫生安全感状况

由于男女生理、心理的差异，性别对于城市公共卫生安全感有显著的影响。2019年调查数据显示（见表5），无论是总体公共卫生安全感测评，还是传染性疾病、劣质疫苗、抗生素滥用、疫情控制4项具体的安全感测评，男性的安全感均高于女性，而双方对于总体公共卫生安全问题并不是很担心（B级"有点担心"）。值得注意的是，不论男性还是女性，对抗生素滥用的担心程度最高，对劣质疫苗和抗生素滥用的担心程度高于对传染性疾病和疫情控制的担心程度，这与近几年频频出现的抗生素滥用和假疫苗事件有关。

表5 基于性别的城市公共卫生安全感状况（2019年）

题项	性别	平均值	定级
（三）-10 总体上,您担心本市的公共卫生安全问题吗？	男	5.826	B
	女	5.539	B
	总计	5.694	B
（三）-11 您担心周围会发生传染性疾病吗（艾滋病、结核病、狂犬病、乙肝、SARS、禽流感……）？	男	5.594	B
	女	5.274	C
	总计	5.448	C

续表

题项	性别	平均值	定级
（三）-12 您担心孩子会接种假疫苗或劣质疫苗吗？	男	5.280	C
	女	4.896	C
	总计	5.104	C
（三）-13 您担心抗生素滥用吗（包括对人、牲畜）？	男	5.203	C
	女	4.878	C
	总计	5.054	C
（三）-14 疫情发生时，您担心得不到及时有效控制吗？	男	5.600	B
	女	5.178	C
	总计	5.407	C

对比2017~2019年调查数据（见表6），可以发现：不同性别的公共卫生安全感差异在逐年缩小，2017年、2018年男性和女性的公共卫生安全感变化均不大，而2019年男性和女性的公共卫生安全感均有较大提高，男性公共卫生安全感已提高至B级（"有点担心"）。

表6 基于性别的城市公共卫生安全感对比（2017~2019年）

性别	2017年		2018年		2019年	
	均值	定级	均值	定级	均值	定级
男	5.271	C	5.262	C	5.528	B
女	4.844	C	4.898	C	5.187	C
男女之差	0.427		0.364		0.341	

2.基于年龄的城市公共卫生安全感状况

将被调查对象以年龄为划分依据，分为4个年龄组：青年（18~29岁）、中青年（30~44岁）、中年（45~59岁）和老年（60岁及以上），采用方差分析方法（ANOVA）对不同年龄段居民的公共卫生安全感进行比较分析，结果见表7。

2019年被调查对象中，青年（18~29岁）人群的比例最高，占51.8%，老年（60岁及以上）组比例较少，占5.7%。方差检验结果表明，4个年龄段公共卫生安全感存在显著差异，老年（60岁及以上）组最高，其次是中年

（45～59岁）组。老年组与中年组对于公共卫生安全问题"有点担心"，而青年（18～29岁）与中青年（30～44岁）组仍为"比较担心"，老年人公共卫生安全感最高，青年人公共卫生安全感最低。随着经济的发展、生活水平的提高，青年一代对于公共卫生有着更高的要求；而老年人见证了几十年来中国公共卫生事业的发展，感受到明显的变化，对于目前公共卫生安全评价较高。

表7　不同年龄组城市公共卫生安全感方差检验（2019年）

年龄	样本数（个）	比例(%)	均值	定级	标准差	方差分析	
						F值	P值
青年(18～29岁)	5591	51.8	5.219	C	2.3590	29.819	0
中青年(30～44岁)	3014	27.9	5.366	C	2.2912		
中年(45～59岁)	1577	14.6	5.729	B	2.3022		
老年(60岁及以上)	621	5.7	5.873	B	2.3961		

对比2017～2019年调查数据（见表8），2017年、2018年各年龄组对公共卫生安全感的评价状况为"比较担心"，而2019年中年（45～59岁）与老年（60岁及以上）组的公共卫生安全感的状况为"有点担心"。2017～2019年中青年（30～44岁）组的公共卫生安全感呈上升趋势，青年（18～29岁）与老年（60岁及以上）组公共卫生安全感在2018年有小幅下降，而在2019年则显著提高。

表8　不同年龄组城市公共卫生安全感对比（2017～2019年）

年龄	2017年		2018年		2019年	
	均值	定级	均值	定级	均值	定级
青年(18～29岁)	4.974	C	4.972	C	5.219	C
中青年(30～44岁)	4.952	C	5.096	C	5.366	C
中年(45～59岁)	5.268	C	5.240	C	5.729	B
老年(60岁及以上)	5.622	C	5.438	C	5.873	B

3. 基于户口类型的城市公共卫生安全感状况

将居民户口类型分为本市城市、本市农村、外地城市、外地农村四种类型，四组人群公共卫生安全感状况的测评结果，如表9和图3所示。调查数据显示：本市城市居民占比最高（占比48.4%），其次是外地城市（占比21.9%），本市农村与外地农村居民占比较低。本市城市居民的公共卫生安全感得分最高，外地农村居民得分最低，但都处于C级，即评价为"比较担心"。总体上，城市居民（包括本市与外市）的公共卫生安全感要高于农村进城居民（包括本市与外市），两两分组的方差检验结果也可以验证这一点。

表9 不同户口类型城市居民公共卫生安全感方差检验（2019年）

户口类型	样本数（个）	比例（%）	均值	定级	标准差	方差分析 F值	方差分析 P值
本市城市	5234	48.4	5.448	C	2.3406	5.798	0.001
本市农村	1640	15.2	5.318	C	2.2175		
外地城市	2370	21.9	5.371	C	2.3436		
外地农村	1559	14.4	5.175	C	2.4682		

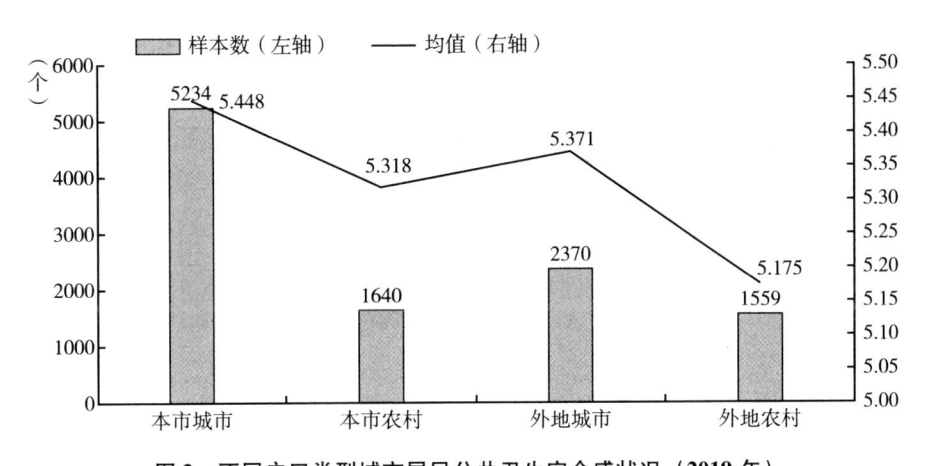

图3 不同户口类型城市居民公共卫生安全感状况（2019年）

由表10可知，2017~2019年户口类型为本市城市、本市农村、外地农村的城市居民公共卫生安全感逐年提高，但仍处在"比较担心"的状态，户口类型为外地城市的城市居民在2018年的公共卫生安全感有小幅下降，属于正常波动。总体来看，2017~2019年不同户口类型的城市居民的公共卫生安全感呈上升趋势。

表10　不同户口类型城市居民公共卫生安全感对比（2017～2019年）

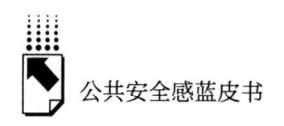

户口类型	2017年		2018年		2019年	
	均值	定级	均值	定级	均值	定级
本市城市	5.0830	C	5.142	C	5.448	C
本市农村	4.998	C	5.058	C	5.318	C
外地城市	5.187	C	5.102	C	5.371	C
外地农村	4.878	C	4.904	C	5.175	C

4. 基于身份职业的城市公共卫生安全感状况

将城市居民身份职业划分为8种类型，分别是公务员、事业单位人员、公司职员、进城务工人员、学生、自由职业者、离退休人员、其他。2019年调查数据显示：学生在所有被调查者中比例最高（占比29.0%），其次为公司职员（占比22.2%），公务员比例最低（占比3.3%），进城务工人员比例也相对较低（占比5.2%），不同身份职业城市居民公共卫生安全感测评结果如表11、图4所示。统计结果表明，不同身份职业对于城市居民公共卫生安全感影响显著，公务员、离退休人员和进城务工人员的公共卫生安全感较高，对公共卫生安全感评价定级为B（"有点担心"），其中公务员群体得分最高（均值为5.9），而学生等其他群体对城市公共卫生安全感仍处于C级（"比较担心"）状态。

表11　不同身份职业城市居民公共卫生安全感方差检验（2019年）

身份职业	样本数（个）	比例（%）	均值	定级	标准差	方差分析	
						F值	P值
公务员	358	3.3	5.900	B	2.1246	12.282	0
事业单位人员	1068	9.9	5.340	C	2.3463		
公司职员	2394	22.2	5.342	C	2.3000		
进城务工人员	564	5.2	5.748	B	2.3247		
学生	3133	29.0	5.209	C	2.3157		
自由职业者	1511	14.0	5.421	C	2.3321		
离退休人员	645	6.0	5.882	B	2.3677		
其他	1130	10.5	5.204	C	2.4991		

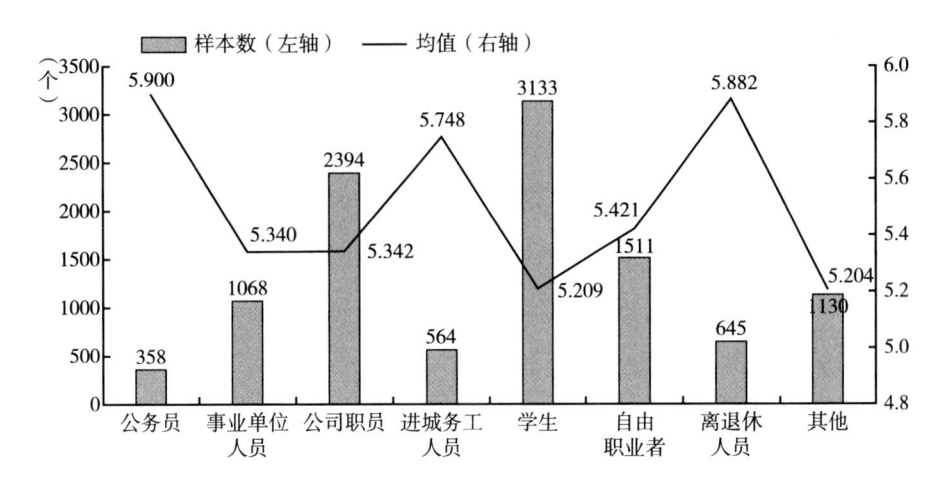

图 4　不同身份职业城市居民公共卫生安全感状况（2019 年）

由表 12 可知，对比 2017～2019 年相关统计数据，2017 年公共卫生安全感评价为 B 级（"有点担心"）的为离退休人员，2018 年全部为 C 级（"比较担心"），而 2019 年公务员、进城务工人员和离退休人员公共卫生安全感评价均为 B 级，公司职员、进城务工人员、离退休人员的城市公共卫生安全感在 2018 年略微下降，而在 2019 年均大幅提高。总体来看，3 年来不同身份职业城市居民的公共卫生安全感呈现上升趋势。

表 12　不同身份职业城市居民公共卫生安全感对比（2017～2019 年）

身份职业	2017 年		2018 年		2019 年	
	均值	定级	均值	定级	均值	定级
公务员	5.044	C	5.476	C	5.900	B
事业单位人员	4.865	C	5.074	C	5.340	C
公司职员	5.008	C	4.988	C	5.342	C
进城务工人员	5.337	C	5.274	C	5.748	B
学生	5.044	C	5.092	C	5.209	C
自由职业者	5.041	C	5.084	C	5.421	C
离退休人员	5.536	B	5.456	C	5.882	B
其他	5.033	C	4.902	C	5.204	C

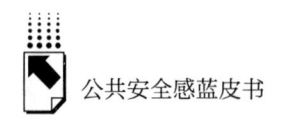

5. 基于收入水平的城市公共卫生安全感状况

城市居民收入水平由低到高分为6组，分别测算不同收入水平居民公共卫生安全感得分情况，并进行组间方差检验，结果如表13所示。接受调查的城市居民中，大部分居民个人月收入在5000元及以下（占比71.3%），有29%的居民个人月收入在2000元及以下，只有3.9%的居民个人月收入在12001元以上。月收入在12001元以上的城市居民（高收入人群）对于公共卫生安全感的评分最低，月收入5001~8000元的城市居民公共卫生安全感评分最高，月收入2001~5000元的城市居民公共卫生安全感评分比较高，总结发现中高收入城市居民的公共卫生安全感较高，因而扩大中等收入比重对于提高居民公共卫生安全感的意义重大。分组比较方差检验表明，不同收入群体间公共卫生安全感差别较大。

表13　不同收入水平城市居民公共卫生安全感方差检验（2019年）

个人月收入	样本数（个）	比例（%）	均值	定级	标准差	方差分析 F值	方差分析 P值
2000元及以下	3134	29.0	5.289	C	2.3557	4.130	0.001
2001~3500元	1913	17.7	5.429	C	2.3999		
3501~5000元	2655	24.6	5.418	C	2.3211		
5001~8000元	1935	17.9	5.448	C	2.2849		
8001~12000元	750	6.9	5.432	C	2.3352		
12001元以上	416	3.9	4.974	C	2.3725		

由表14可知，2017~2019年不同收入水平城市居民公共卫生安全感评价均为C级（"比较担心"），不同收入群体的城市公共卫生安全感得分呈逐年上升趋势。对比2018年，2019年月收入2001~3500元的城市居民的公共卫生安全感评分增长幅度最大，而月收入12001元以上的城市居民的公共卫生安全感评分增长幅度最小。

表14 不同收入水平城市居民公共卫生安全感对比（2017~2019年）

个人月收入	2017年		2018年		2019年	
	均值	定级	均值	定级	均值	定级
2000元及以下	5.001	C	5.014	C	5.289	C
2001~3500元	5.039	C	5.006	C	5.429	C
3501~5000元	5.103	C	5.108	C	5.418	C
5001~8000元	5.076	C	5.248	C	5.448	C
8001~12000元	—	—	5.308	C	5.432	C
12001元以上	—	—	4.912	C	4.974	C

注：2017年个人月收入最后两段的统计口径为8001~12000元、12001元以上，与2018年和2019年的统计口径有所不同。

综上，基于不同性别、年龄、户口类型、身份职业及收入水平等统计变量，对城市居民公共卫生安全感进行描述性统计，2019年调查结果显示，城市居民公共卫生安全感存在显著的性别差异：男性安全感测评得分明显高于女性得分；老年组的城市公共卫生安全感得分最高，其次是中年组，青年组和中青年组最低；不同户口类型的群体对于城市公共卫生安全感受不同，本市城市居民的安全感得分最高，外地农村的居民得分最低，城市居民的公共卫生安全感要高于农村居民；不同身份职业群体对于城市公共卫生安全感受存在明显差异，公务员、离退休人员、进城务工人员公共卫生安全感得分较高，其他群体得分较低；不同收入群体间城市公共卫生安全感差别较大。

对比3年调查结果：2017~2019年城市居民公共卫生安全感状况总体不断向好，女性的公共卫生安全感普遍低于男性，但不同性别之间的公共卫生安全感的差距正在逐渐缩小；2018年接受调查居民各年龄段的公共卫生安全感较2017年有所降低，2019年则有显著提高；不同户口类型的城市居民的公共卫生安全感总体呈不断上升趋势，城市居民的公共卫生安全感要显著高于农村进城居民；不同身份职业城市居民的公共卫生安全感总体呈上升趋势，公务员、离退休人员和进城务工人员公共卫生安全感较高，而学生等其他群体对公共卫生安全感评价较低；不同收入群体间公共卫生安全感总体呈逐年上升趋势。

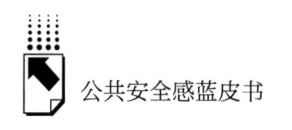

二 城市公共卫生安全感存在的问题与挑战

本部分基于上文对城市公共卫生安全感调查数据统计分析，尽可能客观地描述我国城市公共卫生安全感存在的问题与挑战。基于2019年全国36个城市公共卫生安全感的10803例调查数据分析，可以发现：我国城市公共卫生安全感总体评价有所上升但仍处于较低水平，中部城市相较于东、西部城市公共卫生安全感差异明显，农村户口居民较城市户口居民公共卫生安全感偏低，城市公共卫生应急防控能力有待提升，城市居民公共卫生安全意识有待提高。

（一）城市公共卫生安全感总体评价有所上升但水平不高

结合2017~2019年全国城市分项公共安全感指数及排名（如表15所示），2019年城市公共卫生安全感指数为0.4958，排在第6位，排名与2018年持平，较2017年上升1名，城市公共卫生安全感具体指数呈逐年上升趋势，这表明城市居民对公共卫生安全方面的担忧有所下降，然而城市公共卫生安全感总体评价仍处于较低水平。

表15　城市公共安全感分项指数及排名（2017~2019年）

分项指标	2019年			2018年			2017年	
	指数	排名	变化	指数	排名	变化	指数	排名
公共场所设施安全感	0.5399	1	+1	0.4978	2	0	0.4941	2
自然安全感	0.5279	2	-1	0.5089	1	0	0.5091	1
生态安全感	0.5115	3	+4	0.4880	7	-1	0.4840	6
交通安全感	0.5077	4	+1	0.4939	5	-1	0.4917	4
治安安全感	0.5046	5	-1	0.4957	4	-1	0.4934	3
公共卫生安全感	0.4958	6	0	0.4895	6	+1	0.4799	7
社会保障安全感	0.4820	7	+1	0.4782	8	-3	0.4843	5
食品安全感	0.4748	8	-5	0.4972	3	+5	0.4693	8
信息安全感	0.4728	9	0	0.4670	9	0	0.3835	9

基于2019年调查数据，对全国城市公共卫生安全感各题项得分进行统计，继而评价城市公共卫生安全总体状况，结果如表16所示。2019年样本

统计数据显示：全国城市公共卫生安全感评价得分均值为 5.34，与 2018 年得分均值 5.09 相比有了一定提升，且各题项得分均在一定程度上高于 2018 年各题项得分；各题项得分为 5.05～5.69，除 X_{10} 题项（公共卫生安全问题总体评价）得分定级在 B 级（"有点担心"）外，其余题项评价得分均处于 C 级（"比较担心"）。这表明 2019 年城市居民对公共卫生安全的评价仍处在比较担心的状态，然而较 2018 年有所好转。从各题项得分的比较来看，城市居民对卫生防治方面评价不高，其中对抗生素的滥用评价得分最低。

表 16　城市公共安全感评价定量分级情况（2018～2019 年）

题项	2019 年			2018 年		
	均值	评语	定级	均值	评语	定级
x_{10}	5.69	有点担心	B	5.46	比较担心	C
x_{11}	5.45	比较担心	C	5.22	比较担心	C
x_{12}	5.10	比较担心	C	4.81	比较担心	C
x_{13}	5.05	比较担心	C	4.81	比较担心	C
x_{14}	5.41	比较担心	C	5.14	比较担心	C
S	5.34	比较担心	C	5.09	比较担心	C

注：S 表示城市公共卫生安全感总体评价。

采用模糊评判的方法，根据 5 个调查题项得分，将 2019 年 36 个城市居民公共卫生安全感评价得分进行分等并汇总，按得分顺序排列，如表 17 所示。在各项评价得分位于 B 级的有厦门、乌鲁木齐等，而大多数城市评价得分均属于 C 级。与 2018 年公共卫生安全感各等级城市的数量相比，评价为 B 级的城市数量明显增多，反映出城市公共卫生安全感总体评价有所好转。

表 17　2019 年城市公共卫生安全感评价得分排序

题项	B(有点担心)	C(比较担心)
（三）-1 总体上，您担心本市的公共卫生安全问题吗？	长沙、哈尔滨、南京、杭州、昆明、上海、武汉、成都、北京、青岛、南宁、深圳、济南、银川、呼和浩特、宁波、福州、拉萨、厦门、乌鲁木齐	西安、石家庄、郑州、兰州、沈阳、南昌、大连、长春、贵阳、广州、合肥、天津、太原、重庆、海口、西宁

续表

题项	B(有点担心)	C(比较担心)
(三)-2 您担心周围会发生传染性疾病吗(艾滋病、结核病、狂犬病、乙肝、SARS、禽流感……)?	南宁、南京、成都、武汉、昆明、上海、深圳、北京、青岛、宁波、拉萨、福州、哈尔滨、呼和浩特、济南、银川、厦门、乌鲁木齐	西安、郑州、石家庄、兰州、天津、西宁、广州、南昌、合肥、沈阳、重庆、海口、贵阳、大连、长春、太原、杭州、长沙
(三)-3 您担心孩子会接种假疫苗或劣质疫苗吗?	昆明、济南、福州、呼和浩特、银川、厦门、拉萨、乌鲁木齐	郑州、兰州、西安、南昌、长春、合肥、石家庄、沈阳、天津、长沙、广州、大连、重庆、西宁、南京、杭州、贵阳、海口、上海、成都、深圳、武汉、青岛、太原、南宁、北京、宁波、哈尔滨
(三)-4 您担心抗生素滥用吗(包括对人、牲畜)?	北京、呼和浩特、济南、银川、拉萨、厦门、哈尔滨、乌鲁木齐	郑州、兰州、合肥、南昌、长沙、广州、沈阳、大连、南京、天津、西宁、石家庄、西安、长春、杭州、重庆、贵阳、海口、上海、深圳、宁波、成都、太原、青岛、昆明、武汉、福州、南宁
(三)-5 疫情发生时,您担心得不到及时有效控制吗?	上海、成都、宁波、昆明、深圳、青岛、武汉、银川、北京、福州、呼和浩特、济南、拉萨、哈尔滨、厦门、乌鲁木齐	兰州、郑州、天津、石家庄、南昌、沈阳、西宁、合肥、海口、广州、重庆、大连、贵阳、太原、西安、长春、杭州、长沙、南京、南宁

(二)中部城市较东、西部城市公共卫生安全感差异明显

通常按照区域将我国大陆地区划分为东部、中部和西部三个区域。东部地区包括北京、天津、河北（石家庄）、辽宁（沈阳）、上海、江苏（南京）、浙江（杭州）、福建（福州）、山东（济南）、广东（广州）和海南（海口）11个省（市）；中部地区包括山西（太原）、吉林（长春）、黑龙江（哈尔滨）、安徽（合肥）、江西（南昌）、河南（郑州）、湖北（武汉）、湖南（长沙）8个省；西部地区包括重庆、四川（成都）、贵州（贵阳）、云南（昆明）、西藏（拉萨）、陕西（西安）、甘肃（兰州）、青海（西宁）、

宁夏（银川）、新疆（乌鲁木齐）、广西（南宁）、内蒙古（呼和浩特）12个省（区、市）。

将调查数据按照东部、中部、西部3个区域重新分组，比较3个区域2019年城市公共卫生安全感的差异，结果见表18和图5。从总体趋势上看，西部地区的5个分题项得分高于东、中部，中部地区的5个分题项得分明显低于东、西部，表明中部城市相较于东、西部城市的公共卫生安全感差异明显。从分题项得分来看：针对"您担心孩子会接种假疫苗或劣质疫苗吗"这一题项，中部地区得分最低，均值只有4.72，表明中部地区城市居民比较担心公共卫生免疫安全；针对"您担心抗生素滥用吗（包括对人、牲畜）"这一题项，东部和西部地区得分最高，对应均值分别为5.00和5.26，表明东、西部地区城市居民比较关心日常抗生素滥用问题；针对"总体上，您担心本市的公共卫生安全问题吗"这一题项，不论是东、西部还是中部地区，该题项评价得分均高于其他题项得分，表明从总体上来看城市居民公共卫生安全感评价尚可。

表18　东、中、西部城市公共卫生安全感分题项评价状况（2019年）

题项	样本数（个）	东部 4808	中部 2376	西部 3619
（三）-1 总体上，您担心本市的公共卫生安全问题吗？	均值	5.77	5.39	5.78
	标准差	2.528	2.623	2.528
（三）-2 您担心周围会发生传染性疾病吗（艾滋病、结核病、狂犬病、乙肝、SARS、禽流感……）？	均值	5.51	5.26	5.49
	标准差	2.727	2.692	2.775
（三）-3 您担心孩子会接种假疫苗或劣质疫苗吗？	均值	5.14	4.72	5.31
	标准差	2.869	2.809	2.954
（三）-4 您担心抗生素滥用吗（包括对人、牲畜）？	均值	5.00	4.85	5.26
	标准差	2.745	2.699	2.845
（三）-5 疫情发生时，您担心得不到及时有效控制吗？	均值	5.42	5.25	5.49
	标准差	2.729	2.741	2.778

如表19所示，对于城市公共卫生安全感总体评价，西部地区得分最高，东部地区次之，中部地区得分最低，然而无论是东部、中部或者西部，城市

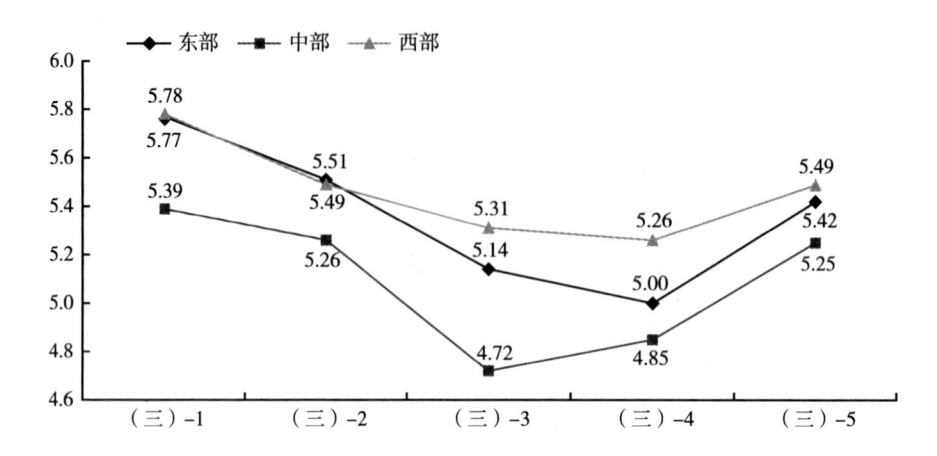

图5 东、中、西部城市公共卫生安全感分题项评价（2019年）

居民公共卫生安全感评价得分没有等级的差别，都处在C级（"比较担心"）。对比2018年，可以明显发现2019年西部和东部地区间的差异在缩小，但中部地区的城市居民公共卫生安全感得分则一直较低，且与东、西部间的差距明显。方差检验结果支持了东、中、西部地区间存在显著性差异的结论。

表19 东、中、西部城市公共卫生安全感总体评价对比（2018~2019年）

年份	区域	样本数（个）	比例（%）	均值	定级	标准差	方差分析	
							F值	P值
2019	东部	4808	44.5	5.41	C	2.34	18.397	0
	中部	2376	22	5.12	C	2.26		
	西部	3619	33.5	5.49	C	2.39		
2018	东部	3344	39.1	5.19	C	2.88	6.285	0
	中部	2473	28.9	4.89	C	2.59		
	西部	2741	32	5.42	C	2.69		

（三）农村户口居民较城市户口居民公共卫生安全感偏低

根据上文"基于户口类型的公共卫生安全感状况的分析"，可以发现：

不同户口类型城市居民的公共卫生安全感评价有所差异，总体上农村户口居民的公共卫生安全感评价低于城市户口居民，本市农村户口居民的公共卫生安全感评价得分高于外地农村户口居民，且二者与城市户口居民的公共卫生安全感评价差异较大。

2017~2019年，不同户口类型的城市居民公共卫生安全感状况（如图6所示）对比如下：不同户口类型城市居民的公共卫生安全感评价得分均呈现上升趋势，尤其是2019年外地农村户口类型的城市居民公共卫生安全感上升明显，然而城市户口居民的公共卫生安全感都要高于农村户口居民，且外地农村户口与本市城市户口的居民公共卫生安全感评价差距不断拉大，表明农村户口居民较城市户口居民的公共卫生安全感偏低，反映出农村户口居民的城市公共卫生安全感亟须提高，政府要做好城市公共卫生安全服务普惠工作。

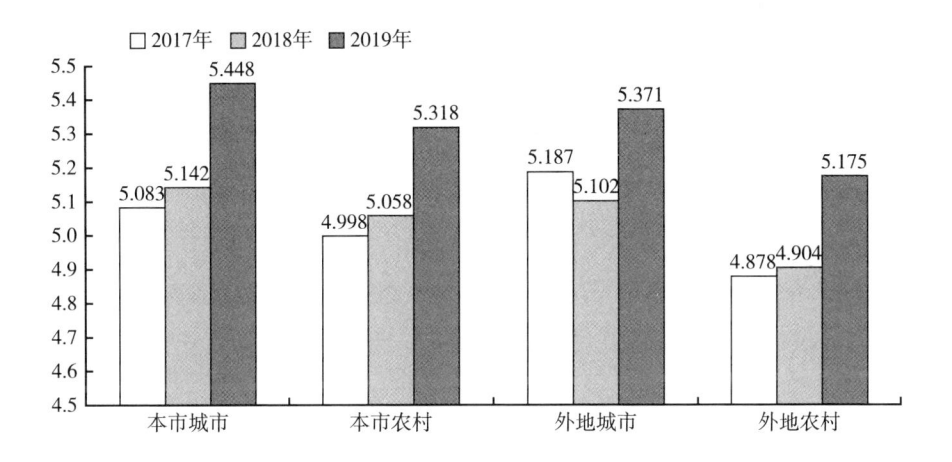

图6 不同户口类型的居民公共卫生安全感评价对比（2017~2019年）

（四）城市公共卫生应急防控能力有待提升

调查问卷中，"您担心周围会发生传染性疾病吗"这一题项可以测度城市公共卫生应急预防能力，"疫情发生时，您担心得不到及时有效控制吗"这一题项可以测度城市公共卫生应急控制能力，可以通过以上两个题项来测度"城市公共卫生应急防控能力"。

基于调查题项"您担心周围会发生传染性疾病吗",由数据统计分析可知(见表20):乌鲁木齐、银川、呼和浩特、太原4个城市居民对近3年传染性疾病发生的安全感呈上升趋势,其中,乌鲁木齐的排名上升幅度最为明显;拉萨、上海、南京、长沙、杭州、海口、重庆、合肥、广州、郑州10个城市居民对近3年传染性疾病发生的安全感呈下降趋势,其中,重庆下降趋势最为明显,上海、南京、长沙下降趋势较缓。2017年居民对传染性疾病发生的安全感评价均值为5.09,高于5.09的城市有14个。2018年城市居民对传染性疾病发生的安全感评价均值为5.22,高于5.22的城市有19个。2019年该均值为5.45,高于均值与低于均值的城市数目相同,均为18个。总体上看,2017~2019年城市居民对传染性疾病发生的安全感呈上升趋势,但上升幅度有限,部分城市下滑趋势明显,这表明城市公共卫生安全应急预防能力还有待提升。

表20 不同城市居民对传染性疾病发生的安全感状况(2017~2019年)

城市	2019年			2018年			2017年	
	均值	排名	变化	均值	排名	变化	均值	排名
乌鲁木齐	6.71	1	+9	5.88	10	+20	4.36	30
厦门	6.54	2	—	—	—	—	—	—
银川	6.13	3	+10	5.58	13	+16	4.40	29
济南	6.12	4	0	6.23	4	+10	5.12	14
哈尔滨	6.07	5	+25	4.45	30	-9	4.87	21
呼和浩特	6.07	6	+20	4.87	26	+2	4.40	28
福州	6.06	7	-4	6.57	3	+17	4.87	20
拉萨	6.05	8	-3	6.16	5	-2	5.83	3
宁波	5.91	9	—	—	—	—	—	—
青岛	5.90	10	—	—	—	—	—	—
北京	5.86	11	+9	5.12	20	-1	5.02	19
深圳	5.83	12	—	—	—	—	—	—
上海	5.82	13	-1	5.67	12	-10	6.18	2
昆明	5.79	14	-13	6.71	1	+7	5.46	8
武汉	5.70	15	+13	4.81	28	-17	5.31	11
成都	5.66	16	+3	5.24	19	-14	5.57	5

续表

城市	2019年			2018年			2017年	
	均值	排名	变化	均值	排名	变化	均值	排名
南京	5.55	17	-6	5.81	11	+1	5.26	12
南宁	5.54	18	+13	4.18	31	-5	4.64	26
长沙	5.42	19	-4	5.51	15	-2	5.20	13
杭州	5.36	20	-12	5.95	8	-7	6.30	1
太原	5.35	21	+4	4.92	25	+6	3.84	31
长春	5.33	22	+1	5.01	23	-6	5.08	17
大连	5.12	23	—	—	—	—	—	—
贵阳	5.10	24	-22	6.62	2	+16	5.05	18
海口	5.09	25	-4	5.07	21	-15	5.54	6
重庆	5.09	26	-10	5.29	16	-12	5.77	4
沈阳	4.97	27	-10	5.28	17	+10	4.62	27
合肥	4.94	28	-14	5.55	14	-5	5.42	9
南昌	4.94	29	-23	6.14	6	+9	5.11	15
广州	4.86	30	-1	4.63	29	-22	5.52	7
西宁	4.81	31	-24	6.00	7	+3	5.36	10
天津	4.80	32	-23	5.92	9	+15	4.75	24
兰州	4.69	33	-15	5.28	18	+7	4.69	25
石家庄	4.45	34	-12	5.06	22	+1	4.75	23
郑州	4.34	35	-8	4.85	27	-5	4.84	22
西安	4.28	36	-12	5.00	24	-8	5.09	16
全国均值	5.45			5.22			5.09	

基于调查题项"疫情发生时,您担心得不到及时有效控制吗",由数据统计分析可知(见表21),2019年城市居民对疫情有效控制能力评价得分均值为5.41,根据上文评价定量分级标准,该评价得分处于C级(比较担心),而排在前列的乌鲁木齐、厦门、哈尔滨等城市的疫情有效控制能力评价得分虽然均在6以上,排名第一的乌鲁木齐得分为6.91,但仍处在B级(有点担心)状态,这表明2019年城市疫情有效控制能力评价不是很高。对比2017~2019年疫情控制能力评价得分情况,可以发现2019年城市疫情有效控制能力评价得分有所提升,但上海、杭州、长春、重庆、广州、海口、合肥、西宁、石家庄、郑州10个城市近3年疫情有效控制评价得分呈下降趋势,这表明城市疫情有效控制能力有待进一步加强。

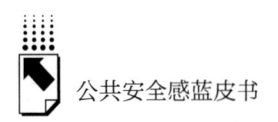

表 21 不同城市居民对疫情有效控制的安全感状况（2017～2019 年）

城市	2019 年			2018 年			2017 年	
	均值	排名	变化	均值	排名	变化	均值	排名
乌鲁木齐	6.91	1	+7	5.7	8	+20	4.4	28
厦门	6.51	2	—	—	—	—	—	—
哈尔滨	6.37	3	+21	4.56	24	-5	4.94	19
拉萨	6.02	4	+2	5.85	6	-2	5.98	4
济南	6	5	-3	6.32	2	+16	5.03	18
呼和浩特	5.99	6	+23	4.24	29	-1	4.41	28
福州	5.91	7	-6	6.6	1	+21	4.87	22
北京	5.9	8	+15	4.59	23	0	4.78	23
银川	5.85	9	+6	5.18	15	+11	4.6	26
青岛	5.83	10	—	—	—	—	—	—
武汉	5.83	11	+8	4.85	19	-16	6.0	3
深圳	5.79	12	—	—	—	—	—	—
昆明	5.73	13	-8	6.02	5	+9	5.23	14
宁波	5.71	14	—	—	—	—	—	—
成都	5.65	15	+7	4.69	22	-17	5.86	5
上海	5.54	16	-6	5.41	10	-8	6.22	2
南宁	5.5	17	+14	3.97	31	-4	4.57	27
南京	5.48	18	-6	5.27	12	0	5.32	12
长沙	5.41	19	-8	5.33	11	+2	5.29	13
杭州	5.24	20	-4	5.15	16	-15	6.55	1
长春	5.18	21	-3	4.94	18	-4	5.12	14
西安	5.16	22	+3	4.54	25	-19	5.76	6
太原	5.09	23	+4	4.4	27	+1	4.41	28
贵阳	5.07	24	-20	6.09	4	+16	4.93	20
大连	5	25	—	—	—	—	—	—
重庆	4.95	26	-5	4.72	21	-14	5.7	7
广州	4.94	27	-1	4.42	26	-18	5.58	8
海口	4.93	28	-8	4.84	20	-9	5.33	11
合肥	4.89	29	-12	5.08	17	-7	5.47	10
西宁	4.81	30	-21	5.53	9	0	5.53	9
沈阳	4.76	31	-18	5.24	13	+18	4.34	31

续表

城市	2019年			2018年			2017年	
	均值	排名	变化	均值	排名	变化	均值	排名
南昌	4.67	32	-29	6.14	3	+18	4.91	21
石家庄	4.62	33	-5	4.36	28	-3	4.61	25
天津	4.6	34	-27	5.73	7	+17	4.68	24
郑州	4.6	35	-5	4.17	30	-16	5.23	14
兰州	4.31	36	-22	5.23	14	+2	5.16	16
全国均值	5.41			5.13			5.17	

（五）城市居民公共卫生安全意识有待提高

为进一步分析城市居民公共卫生安全感状况，对城市居民公共卫生安全意识展开了调查，设置两个调查题项：Y_4 "您会使用酒店、宾馆提供的一次性洗漱用品吗"、Y_5 "据您观察，市民随地吐痰的现象多吗"，分别对题项 Y_4 和 Y_5 采用3点和4点量表（测评值1~3、1~4）进行测评，根据题项可知测评值越高表明公共卫生安全意识越低。

基于2019年调查统计数据，对居民公共卫生安全意识进行测度（见图7）。对于市民使用酒店一次性洗漱用品的状况，数据显示：53%的城市居民会经常使用酒店、宾馆提供的一次性洗漱用品，24%的城市居民会自带用品，23%的城市居民选择偶尔会使用。由此可以发现大多数居民会选择使用酒店、宾馆提供的一次性洗漱用品，这表明城市居民公共场所卫生安全意识不高。对于市民随地吐痰现象的状况，数据显示，5%的城市居民表示十分普遍，29%的城市居民表示经常见到，55%的城市居民表示偶尔见到，11%的城市居民表示几乎没见到。这从侧面反映出城市居民的公共卫生安全意识尚有待提高。

对比2017~2019年城市居民公共卫生安全意识的变化情况，如图8所示：2017~2019年城市居民对使用酒店、宾馆一次性洗漱用品频率的题项得分逐年下降，但题项得分都高于2，这表明城市居民公共卫生安全意识有

使用酒店、宾馆一次性洗漱用品

- 经常使用 53%
- 自带用品 24%
- 偶尔使用 23%

市民随地吐痰现象

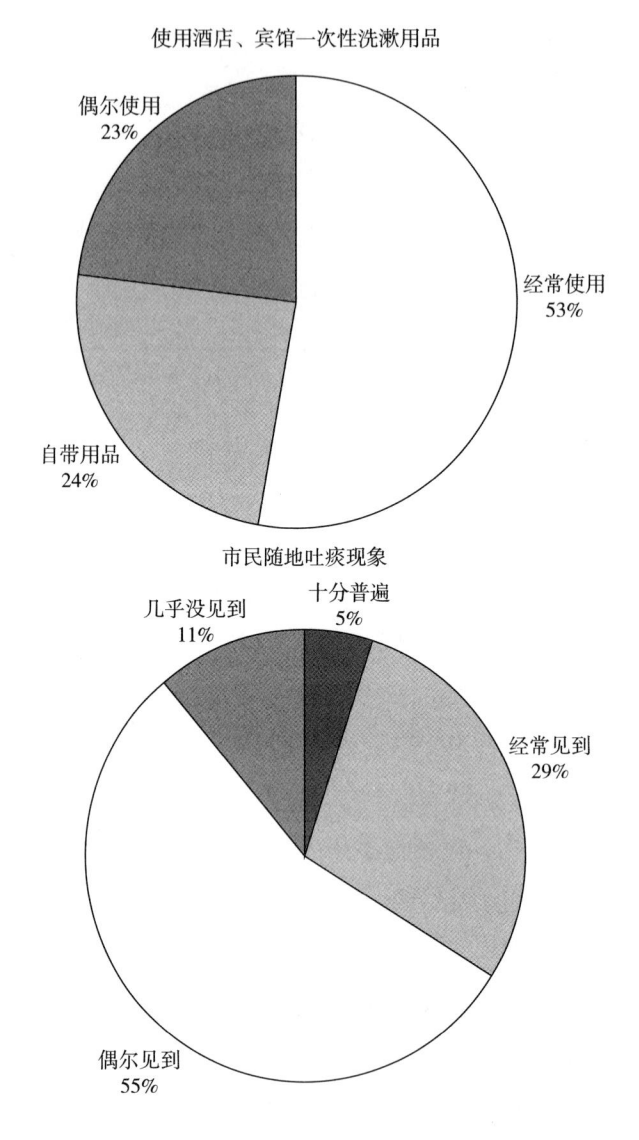

- 十分普遍 5%
- 经常见到 29%
- 偶尔见到 55%
- 几乎没见到 11%

图7 2019年城市居民公共卫生安全意识状况

所提升但水平仍不高；而2017～2019年对市民吐痰现象反映的题项得分呈上升趋势，2019年该题项得分为1.98，较2017年的1.89有了明显增加，表明城市居民公共卫生安全意识还有待进一步提高。

图 8 城市居民公共卫生安全意识对比（2017～2019 年）

三 提升城市公共卫生安全感的建议

城市公共卫生安全是保障和改善民生的重要基础，推进城市公共卫生服务体系建设，对于满足广大人民群众日益增长的美好生活需要，提高国家治理体系和治理能力现代化具有重要意义。2019 年中国公共卫生事业现代化改革不断推进，在公共卫生体制机制、组织体系、基础设施和技术水平等方面都有提升，从而提高了城市居民的公共卫生安全和健康生活标准，为城市居民生命安全和身体健康保驾护航。2019 年末暴发了新型冠状病毒肺炎这一全球范围内的突发公共卫生事件，我国公共卫生系统在这次疫情应对中发挥了重要作用，但也暴露了一些短板和不足，对提升城市公共卫生安全提出了更加迫切的要求。基于 2019 年全国 36 个城市公共安全感调查，针对城市居民公共卫生安全感的现状和问题，提出以下建议。

（一）加大城市公共卫生有效投入，提高公共卫生服务保障能力

完善基层医疗卫生体系，提升城市基层医疗卫生服务能力。21 世纪经

济研究院2020年4月发布的《城市公共卫生治理能力评估报告》显示：社区医疗卫生中心站在此次新冠肺炎疫情应对中所发挥的作用并不明显，大量患者仍第一时间涌向大型医院，造成了少数重点医院较大的初诊压力。完善基层医疗卫生体系，成为城市公共卫生基础设施建设的重点。一方面，合理配置城市公共医疗资源。根据"基层首诊、双向转诊、急慢分治、上下联动"的原则，建立健全分级诊疗制度，各级医疗卫生机构相互配合、有效联动，纾解城市大型医院医疗卫生服务压力，不断完善基层医疗卫生体系。另一方面，推进城市社区卫生服务机构建设。加快实现基层医疗卫生服务网络全面覆盖，加强基层医疗卫生人才队伍建设，着力提高基层医疗卫生机构服务水平和质量，创新基层医疗卫生机构运行机制和服务模式，提高基层医疗卫生服务能力，不断提升城市居民公共卫生安全感。

加强医疗物资战略储备，提升城市医疗物资储备调度能力。河南省政协委员彭庆杰指出：新冠肺炎疫情发生以来，医疗物资短缺成为疫情防控的焦点、难点、痛点，当前医疗物资储备工作不能完全适应公共卫生安全的需要，建立国家医疗物资战略储备体系迫在眉睫。第一，建立健全医疗物资储备保障制度。加快出台相关法律法规，明确各部门权责，确保物资储备、政府调度等有法可依、有章可循。第二，提高医疗物资产业链供应能力。梳理各级公共卫生物资需求，建立储备、生产双目录，确保储备物资保质保量，强化物资的本地配套能力，形成统一采购、统一调拨、统一配送的医疗物资储备调度机制，提高医疗物资的供应配置效率。第三，加强医疗物资储备信息沟通。建立国家医疗物资储备数据库，利用现代科技大力提高医疗物资信息的透明度和高效度，发挥科技创新在医疗物资储备调度中的保障支撑作用，不断提升城市医疗物资储备的科技含量。

加大公共卫生有效投入，深化城市公共卫生服务供给侧改革。第一，加强公共卫生服务的经费保障。扩大公共卫生基础设施投资，推进公共卫生领域财税制度改革，均衡城市公共卫生资源供给，重点关注中小城市各级医疗资源的有效配置情况。第二，提高公共卫生服务的供给质量。优化公共卫生投入结构，加大公共卫生预防性投入，建立预防型的公共卫生防疫体系，将有限的公共卫生财政经费更多地用于疾病控制、计划免疫、传染病控制等基本公共卫生服务上，从顶层设计上优化公共卫生服务供给体系，引导市场和社会力量积极参与，发挥好政府和市场"双轮"驱动互补效应。第三，改革完善公共卫生服务体系。形成以专业公共卫生机构为核心、以基层医疗卫生机构为网底、以综合大医院和传染病专科医院为救治基地的"三位一体"公共卫生服务体系，完善各级医疗卫生机构内部综合管理机制，不断提升城市公共卫生服务供给的质量和效果，切实提高城市公共卫生服务保障能力，补齐城市公共卫生短板。

（二）理顺公共卫生协调保障机制，缩小公共卫生服务供给差异

受经济发展、地理位置、人口规模等因素影响，公共卫生资源配置主要向人口聚集的东部地区倾斜，城市公共卫生服务在供给的质和量上存在区域差异。而受户籍制度的影响，农村户籍人口在城市生活中难以享受到同等的公共卫生服务待遇。坚持公共卫生协调发展，提高城市居民的公共卫生安全感和健康水平，需要理顺公共卫生协调保障机制，缩小公共卫生服务供给在不同区域、不同户籍之间的差异。

缩小公共卫生服务供给区域差异，推动区域间公共卫生服务合作。第一，缩小不同区域间公共卫生服务供给能力的差异。不断完善公共卫生转移支付体系和制度，加大区域间公共卫生均衡性转移支付力度，加快推进基本公共卫生服务的区域均等化，在制定财政资金分配、经费拨付机制、人力资源调整等相关政策时，适当向公共卫生资源薄弱地区倾斜。第二，鼓励东、中、西部地区积极探索公共卫生服务跨区域合作。协调东部地区优质医疗机构在患者流出多、医疗资源薄弱的省份建立区域医疗中心，打造跨区域提供高水平服务的医疗集团，推动优质医疗资源扩容下沉和均衡布局，扩大区域医疗中心的辐射带动作用，减少跨省跨区域就医，带动医疗资源薄弱区域的诊疗能力整体提升。第三，建立健全跨区域医疗服务协同系统。实现跨区域电子病历共享、跨区域医疗诊疗业务协同、跨区域的医保业务协同，加快优质医疗卫生资源在不同区域之间流动平衡，缩小区域公共卫生服务供给水平的差异。

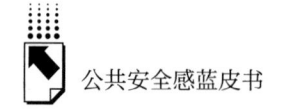

缩小城乡户籍人口在享受城市公共卫生服务上的差异，推动基本公共卫生服务的户籍均等化。第一，深入推进户籍制度改革。放宽放开城市落户限制，加快消除城乡间户籍壁垒，统筹推进本地人口和外来人口市民化，推进居住证制度覆盖全部未落户城镇常住人口，实现常住人口基本公共卫生服务全覆盖。第二，健全统筹城乡的基本医疗保险制度。全面做实基本医疗保险市地级统筹，将农村转移人口纳入城市基本医疗保险制度体系，实现城乡户籍人口在享受城市医保基本政策、待遇标准、基金管理、经办管理、定点管理、信息系统等方面的统一。第三，完善覆盖全民的医疗保障体系。全面深化医疗保障制度，坚持应保尽保、保障基本，加快建成覆盖全民、城乡统筹、权责清晰、保障适度、可持续的多层次医疗保障体系，缩小城乡户籍人口医疗保障待遇差距，增强普惠性、基础性、兜底性保障。

（三）健全公共卫生应急管理体系，提升城市公共卫生应急防控能力

加强公共卫生法律法规与预案建设，强化公共卫生应急法治保障。第一，推进立法工作，完善公共卫生应急管理法律体系。综合统筹相关立法修法工作，修订完善包括《中华人民共和国突发事件应对法》《中华人民共和国传染病防治法》《中华人民共和国食品卫生法》《中华人民共和国职业病防治法》《中华人民共和国动物防疫法》《中华人民共和国国境卫生检疫法》等在内的现行公共卫生法律体系，配套制定行政法规层次的实施细则，推动出台涉及国家生物安全领域的法律法规，加快构建系统完备、科学规范、运行高效的公共卫生法律法规体系。第二，坚持严格执法，确保公共卫生领域法律法规有效施行。严格执法、依法防疫，是公共卫生法治建设的重中之重。要严格执行公共卫生应急处置法律法规，严格依法实施应急防控措施，加大重点领域执法司法力度，依法审慎决策，加快建立依法防控的长效机制。第三，加强预案管理，提高公共卫生应急预案的科学性和可操作性。由国家卫健委和疾控中心制定切合实际需求的预案指导性文件，提高各级政府和机构预案编制的质量，重点关注市县卫生行政部门和基层医疗卫生机构应急预案的可操作性，通过定期演练和处置评估不断修订预案，结合新形势、新情境，积极推进公共卫生应急预案的数字化和动态化管理。

完善公共卫生应急管理体制，建立高效的应急协同联动机制。中共十九届四中全会提出构建统一指挥、专常兼备、反应灵敏、上下联动的应急管理体制，需要按照这一要求不断深化公共卫生应急管理体制机制改革。第一，推行全国疾控系统垂直管理，提高国家疾控中心的地位。统筹疾控行政职能设置，厘清行政部门和技术部门的职责，保持疾控机构独立的技术性和权威性，赋予国家疾控中心独立于行政管理系统的紧急响应权，整合"国家—省—市"三级疾控中心，强化全国疾控系统"一盘棋"。第二，完善公共卫生应急指挥系统，建设集中统一高效的应急指挥体系。加强公共卫生应急指挥中心建设，健全多数据、多维度、全方位、广覆盖的公共卫生应急指挥决策和调度支持信息系统，明确救治层面专业指挥与全局层面行政指挥之间的关系，做到指令清晰、系统有序、条块畅达、执行有力，构建统一领导、权责匹配、权威高效的公共卫生大应急管理格局。第三，强化公共卫生应急协同联动，健全部门和区域联防联控协调机制。统筹协调卫生健康和应急管理等部门，厘清各部门、各层级之间的职责边界，创建区域和跨区域合作新模式，重点关注都市圈和城市群公共卫生应急协同，加强跨区域人员流动、交通调度、物资调配等方面的联动合作，坚持跨部门、跨区域联动联治，完善联防联控、群防群控和精准防控的公共卫生应急协调机制。

优化重大疫情预防控制体系，提升公共卫生防控救治能力。第一，完善公共卫生重大风险研判会商机制，健全突发公共卫生事件监测预警系统。习近平总书记指出，预防是最经济、最有效的健康策略。要建立重大疫情"零级预防"体系，实现重大疫情预防工作"关口前移"，建立对重大疫情的研判、决策、预报、防控协同机制，提高公共卫生重大风险科学评估能力；完善重大疫情信息监测系统，强化公众风险沟通，确保预警发布及时有效，不断提高公共卫生重大风险监测预警能力。第二，完善重大疫情防控救治体系，提高重大疫情应急响应能力。建立健全分级、分层、分流的重大疫情救治机制，实现社区预防、疾控控制和医院救治相结合，健全重大疾病医疗保险和救助制度，完善重大疫情应急响应机制，确保及时反应、快速响应、高效处置，提高应急医疗救助和应急处置能力。第三，构建平战结合的应急物资供应体系，提高公共卫生应急保障能力。围绕打造医疗防治、物资储备、产能动员"三位一体"的保障体系，充实公共卫生专用应急物资储备，完善应急物资采购和征用制度，优化重要应急物资产能保障和区域布局，建立应急物资调配协同联动机制，健全应急物资国家储备体系，提升应急物资国家储备效能。

（四）加强公共卫生安全宣传教育，提高城市居民公共卫生安全意识

完善宣传教育体系，丰富宣传教育内容。第一，完善公共卫生安全宣教体系。明确宣传重点、突出问题导向、注重意识培养、强化舆论导向，逐步建成"政府主导、社会参与、基层网格支撑"的宣教网格体系，加强全国各级各类学校公共卫生安全教育，引导社会公益组织融入公共卫生安全宣传教育体系，鼓励企业参与公共卫生安全宣教活动，发挥基层社区网格作用，打造安全、卫生、健康社区。第二，提高公共卫生安全法治意识。深入开展法治宣传教育，加大公共卫生安全普法宣传力度，推动公共卫生领域相关法律法规知识普及，培养和强化公众的公共卫生法治意识，通过法治宣传教育提高公众守法的自觉性。第三，推进公共卫生安全文化建设。将公共卫生安全文化作为常态化、长期化宣传教育的重点，引导公众文明健康、卫生安全的生活方式，营造良好的公共卫生安全文化社会氛围；强化校园公共卫生安全教育、生命教育、健康教育，将公共卫生安全文化教育纳入中小学课程体系，结合校园、家庭和社会生活，培养学生的公共卫生安全意识和习惯。

创新宣传教育方式，提高宣传教育质量。第一，打造全媒体宣传平台。发挥主流媒体的主阵地和主渠道作用，加大公共卫生安全新闻投放量和投放频次，注重利用社区论坛、微信公众号、微博、短视频、客户端等新媒体传播手段，开展立体式、全方位宣传，提升公共卫生安全新媒体宣传教育效果。第二，开展个性化宣传活动。以服务场景化开展公共卫生安全宣传教育

活动，考虑公众的多样化需求，开设针对不同身份、不同场景的特色宣传模块，制定精准化、个性化的宣传方案，注重宣传教育方式的新颖性、多样性变革。第三，打通社区宣传教育"最后一公里"。着重开展社区居民喜闻乐见的宣传教育活动，借助微广播剧、歌曲、小品、快板、说唱、广场舞等多种群众易于接受的艺术形式，围绕公共卫生安全文化，改编创作一批主题突出、短小精悍的微作品，让百姓乐于听、听得懂、听得进，提高城市社区公共卫生安全宣教效果。

动员社会广泛参与，提升公众安全意识。第一，发挥社会组织宣传教育的积极作用。调动各级各类社会组织参与公共卫生安全宣教的积极性，结合社会组织各自的业务特点和特色优势，普及公共卫生专业知识，动员社会力量，坚持正面宣传，积极引导舆论，引导社会公众提高公共卫生安全意识。第二，动员企业参与公共卫生安全文化传播。科学评估企业社会责任落实，通过政府购买、税收优惠等政策，调动相关企业参与公共卫生安全宣教活动。例如，百度公司借助自身信息平台优势，发起"公共卫生公益科普行动"，旨在通过发挥百度的信息和知识平台作用，号召保护人类健康和生命安全。新冠肺炎疫情发生后，百度成立了3亿元的疫情及公共卫生安全攻坚专项基金，持续向公众积极宣传公共卫生相关知识，普及各类突发公共卫生事件的防治知识，提高公众的公共卫生安全意识。第三，引导志愿服务积极融入宣教活动。发挥"名人效应"和"带动效应"，联合明星、科学家、文化名家等各界人士，参与公共卫生安全公益科普宣传活动；有序引导社区志愿者开展公共卫生安全志愿活动，深入挖掘典型经验和先进事迹，积极营造弘扬典型、崇尚模范的良好社会氛围。

B.7
中国城市生态安全感调查报告（2020）

翟军亮　朱双月　孙格*

摘　要： 城市生态安全感是城市居民对城市生态安全的直接感受，同时也是城市生态文明建设成果的直接反映。全国性城市调查发现，2019年城市居民生态安全感较之2018年和2017年有了普遍提升。但存在城市居民生态安全感有明显的区域差异，城市实力与生态安全感不匹配，城市居民接受过生态安全教育或服务的比例虽有提升，但总体比例较低，城市生态安全认知与防护行为之间存在差距等问题。相应地，需要通过加强均衡性治理、主客观建设相结合、加大生态安全教育和服务投入、政府建设与居民实践相结合等途径进一步提升城市居民的生态安全感。

关键词： 公共安全　城市生态　生态安全感

生态安全是"总体国家安全观"的重要组成部分，越来越被公众所关心。党的十九大报告指出，中国特色社会主义进入新时代，我国社会主要矛盾已经转化为人民日益增长的美好生活需要和不平衡不充分的发展之间的矛盾。良好的城市生态是维持城市可持续发展的重要前提，也

---

* 翟军亮，博士，中国矿业大学公共管理学院（应急管理学院）副教授，硕士生导师，主要研究方向为公共安全管理；朱双月，中国矿业大学公共管理学院（应急管理学院）硕士研究生；孙格，中国矿业大学公共管理学院（应急管理学院）硕士研究生。

是满足公众美好生活需求的重要组成部分。城市居民对生态安全的直观感受是城市生态安全建设效果的反映。本文从城市居民的生态安全感入手,通过对全国36个城市(4个直辖市、27个省会城市和5个计划单列市)调研的数据进行统计分析,试图描绘出当前全国城市生态安全感的基本情况,探究城市居民生态安全感存在的问题,并提出改善策略,以期推动城市可持续发展。

一 城市生态安全感基本状况

本次报告的资料来源于全国4个直辖市、27个省会城市和5个计划单列市的抽样调查。与2018年相比,2019年增加了5个计划单列市:深圳、宁波、大连、青岛、厦门。城市生态安全感调查具体问题主要包含两个部分:①城市居民对生态安全的主观感受,包括对生态安全总体状况的担忧以及对空气污染、饮用水源污染、生活垃圾污染和噪声污染四个方面的担忧程度。②城市居民生态安全认知程度和行为表现,包括"在空气质量差甚至雾霾的日子里,您会戴口罩出行吗""您对生态安全的认知程度如何"两个题项。通过对城市居民生态安全感受及行为的数据统计分析,可以了解城市生态安全感的基本状况。

(一)城市生态安全感指数及其排名

根据中国城市公共安全感指数总体排行的分析结果[①],2017~2019年全国城市公共安全感的9个分项指标排名如表1所示。从中可以看出:与2018年相比较,2019年的全国城市生态安全感分项指标排名上升4名;与2017年相比,上升3名。由此可见,在过去的一年中,城市居民的生态安全感有所提升,反映出社会公众对于政府生态环境治理满意度的提高,折射出国家生态文明建设成效显著。

---

① 具体统计分析结果和指数测算过程详见"中国城市公共安全感指数与排名"部分。

表1 2017～2019年全国城市分项公共安全感指数及排名

分项指标	2019年		2018年		2017年	
	指数	排名	指数	排名	指数	排名
公共场所设施安全感	0.5399	1	0.4978	2	0.4941	2
自然安全感	0.5279	2	0.5089	1	0.5091	1
生态安全感	0.5115	3	0.4880	7	0.4840	6
交通安全感	0.5077	4	0.4939	5	0.4917	4
治安安全感	0.5046	5	0.4957	4	0.4934	3
公共卫生安全感	0.4958	6	0.4895	6	0.4799	7
社会保障安全感	0.4820	7	0.4782	8	0.4843	5
食品安全感	0.4748	8	0.4972	3	0.4693	8
信息安全感	0.4728	9	0.4670	9	0.3835	9

利用求取的全国生态安全分项指数，可以得出各城市生态安全感这一分项指标指数（见表2）。2019年36个城市的生态安全感指数由高到低排名分别是：厦门、拉萨、乌鲁木齐、银川、福州、宁波、南宁、深圳、呼和浩特、济南、昆明、海口、青岛、武汉、杭州、成都、北京、上海、哈尔滨、贵阳、西宁、南京、重庆、合肥、长沙、太原、天津、南昌、广州、大连、沈阳、西安、郑州、长春、石家庄、兰州。城市生态安全感指数越高，排名越靠前，表明该城市居民的生态安全感越高。

结合2017～2019年城市生态安全感指数及排名（见表2），可以发现：拉萨排名位居前列，3年排名均为前5，保持了较高水平；乌鲁木齐、银川、成都等城市3年排名持续上升；重庆、广州、西安、兰州等城市3年排名持续下降；拉萨、太原等城市近3年排名相对稳定，变化幅度不大；西安和石家庄排名靠后，3年排名均位居倒数15名[①]。2017～2018年，贵阳、济南、南昌、乌鲁木齐、南京、银川、合肥排名上升幅度较大，名次上升超过10名；重庆、武汉、北京、长春、广州、哈尔滨、郑州、南宁下降幅度较大，名次下降达到10名及以上；石家庄的排名没有变化。2018～2019年，南宁、呼和浩特、北京排名上升幅度较大，名次上升达到10名及以上；贵阳、西宁、南昌、兰州下降幅度较大，名次下降超过15名；拉萨的排名没有变化。

---

① 2017年、2018年无五个计划单列市的调查，故该两年参与排名的城市共有31个。

表2 2017~2019年全国城市生态安全感指数及排名

城市	2019年			2018年			2017年	
	指数	排名	变化	指数	排名	变化	指数	排名
厦门	0.5468	1	—	—	—	—	—	—
拉萨	0.5444	2	0	0.5477	2	+2	0.5374	4
乌鲁木齐	0.5440	3	+5	0.5075	8	+21	0.3996	29
银川	0.5366	4	+7	0.4967	11	+17	0.4284	28
福州	0.5359	5	-1	0.5330	4	+9	0.4900	13
宁波	0.5311	6	—	—	—	—	—	—
南宁	0.5289	7	+23	0.4504	30	-22	0.5129	8
深圳	0.5269	8	—	—	—	—	—	—
呼和浩特	0.5267	9	+19	0.4540	28	-5	0.4537	23
济南	0.5221	10	-3	0.5153	7	+14	0.4583	21
昆明	0.5211	11	-10	0.5588	1	+8	0.5057	9
海口	0.5210	12	+1	0.4894	13	-7	0.5226	6
青岛	0.5208	13	—	—	—	—	—	—
武汉	0.5182	14	+7	0.4683	21	-11	0.4992	10
杭州	0.5178	15	-6	0.5032	9	-8	0.5859	1
成都	0.5151	16	+4	0.4698	20	+5	0.4478	25
北京	0.5139	17	+10	0.4543	27	-11	0.4717	16
上海	0.5123	18	-4	0.4877	14	-3	0.4964	11
哈尔滨	0.5108	19	+7	0.4585	26	-11	0.4754	15
贵阳	0.5087	20	-17	0.5405	3	+23	0.4446	26
西宁	0.5056	21	-16	0.5228	5	+2	0.5218	7
南京	0.5039	22	-12	0.4970	10	+14	0.4527	24
重庆	0.5039	23	-4	0.4752	19	-16	0.5426	3
合肥	0.5023	24	-12	0.4923	12	+15	0.4440	27
长沙	0.5012	25	-10	0.4859	15	-1	0.4857	14
太原	0.5010	26	-2	0.4623	24	+6	0.3954	30
天津	0.5004	27	-11	0.4856	16	+4	0.4603	20
南昌	0.4992	28	-22	0.5186	6	+12	0.4709	18
广州	0.4988	29	-4	0.4596	25	-23	0.5584	2
大连	0.4958	30	—	—	—	—	—	—
沈阳	0.4886	31	-14	0.4810	17	+2	0.4623	19
西安	0.4873	32	-9	0.4626	23	-1	0.4565	22
郑州	0.4842	33	-4	0.4540	29	-24	0.5338	5
长春	0.4818	34	-12	0.4671	22	-10	0.4944	12
石家庄	0.4798	35	-4	0.4488	31	0	0.3878	31
兰州	0.4797	36	-18	0.4778	18	-1	0.4711	17

注：+表示较之前一年排名上升；-表示较之前一年排名下降；—表示数据缺失。下同。

2017～2019年全国31个城市公共安全感与生态安全感指数的比较结果（见图1）显示：2017年和2018年的城市居民生态安全感指数曲线围绕公共安全感指数曲线上下波动，且2017年的变化幅度较大，2018年的变化幅度较小；2019年，生态安全感指数居于公共安全感指数曲线之上，这一结果说明，2019年全国城市居民的生态安全感高于公共安全感，生态安全感对提升公共安全感具有促进作用。

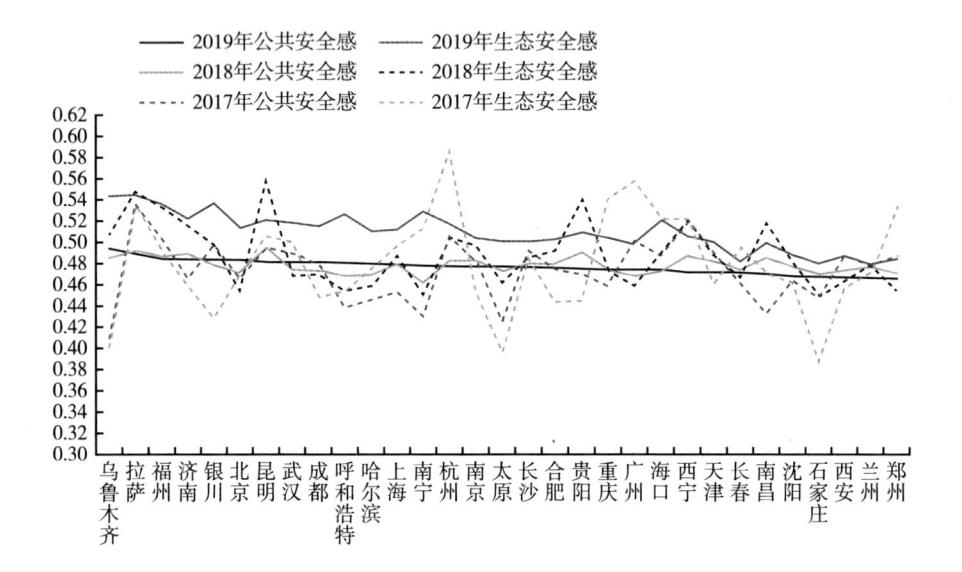

图1　2017～2019年全国省会城市公共安全感与生态安全感指数比较

注：2017年、2018年无5个计划单列市的调查，为便于比较3年各城市安全感变化，故去掉。

（二）城市生态安全感的基本数据统计

1. 基于描述性统计的城市生态安全感状况

（1）各指标状况

对城市居民生态安全的主观感知的测量由一个总体评价指标和四个分指标构成，分别为："总体上，您担心本市的生态环境安全问题吗？""您担心本市的空气污染会损害您的身体健康吗？""您担心本市的饮用水源被污染吗?""您担心生活垃圾最终得不到妥善处理吗?"以及"您担心本市的噪声污染吗?"这5个问题主要反映了城市居民对生态安全的担忧程度。调查对象用1~10之间的数字（包括1和10）分别对该5个题项进行评分，表达对城市生态安全问题的担忧程度，分值越大，表明调查对象越不担心。运用SPSS 25.0软件对这5个指标进行描述性统计和相关性分析，结果如表3所示。

表3 2019年生态安全担忧程度描述性统计和相关性分析结果

变量	1	2	3	4	5
1. 总体评价	1				
2. 空气污染	0.713**	1			
3. 饮用水源污染	0.659**	0.761**	1		
4. 生活垃圾状况	0.575**	0.613**	0.707**	1	
5. 噪声污染	0.553**	0.592**	0.644**	0.684**	1
均值	6.02	5.62	5.51	5.47	5.66
标准差	2.593	2.747	2.753	2.648	2.605

注：$*p<0.05$，$**p<0.01$，$***p<0.001$。

表3显示，5个指标两两之间的p值都小于0.01，这说明对生态环境安全的总体评价、对空气污染的担忧程度、对饮用水源污染的担忧程度、对生活垃圾状况的担忧程度和对噪声污染的担忧程度两两之间呈相关关系。空气污染和总体评价间的相关系数为0.713，即城市居民对空气污染的担忧程度和对生态环境安全的总体评价之间呈正相关关系，说明居民对空气污染越担心，对生态环境安全的评价就越低。同理，对饮用水源污染、对生活垃圾状况和对噪声污染越担心，对生态环境安全的总体评价也越低。饮用水源污染和空气污染之间的相关系数为0.761，说明城市居民对饮用水源污染越担心则他（她）对空气污染也就越担心。对生活垃圾状况越担心的居民和对噪声污染越担心的居民对空气污染也越担心。生活垃圾状况和饮用水源污染之间、噪声污染和饮用水源污染之间的相关系数分别为0.707和0.644，说明城市居民对生活垃圾状况和对噪声污染越担心，则该居民对

饮用水源污染也越担心。噪声污染和生活垃圾状况之间的相关系数是0.684，说明对噪声污染越担心的居民对生活垃圾状况也越担心。总体来看，各指标均值均超过5，但未达到6，可见，城市居民对生态安全四个方面的感受都存在相当程度的担忧，居民对生态安全感的总体评价仍有待提升。其中，居民对噪声污染的担忧程度最低（均值为5.66），对生活垃圾状况最为担心（均值为5.47）。

为了研究2017～2019年城市居民对生态安全感受的变化情况，将该3年各指标的均值进行统计，均值越大，表示越不担忧（见表4）。

表4　2017～2019年城市生态安全感各分项指标均值比较

变量	2019年		2018年		2017年	
	样本量（个）	均值	样本量（个）	均值	样本量（个）	均值
总体生态安全状况担忧	10803	6.02	9522	5.62	—	—
空气污染担忧	10803	5.62	9522	5.24	8995	5.03
饮用水源污染担忧	10803	5.51	9522	5.18	8995	5.03
生活垃圾状况担忧	10803	5.47	9522	5.25	8995	5.18
噪声污染担忧	10803	5.66	9522	5.36	—	—

注：2018年与2019年的5项指标相同，但是2017年与之相比有两处不同：一是2017年无"您担心本市的噪声污染吗"这一题项；二是2017年无对总体生态安全状况的担忧程度题项。

由统计结果可以看出，从2017～2019年3年各指标的均值来看，总体而言，全国城市居民在生态安全方面的感受变化呈现逐年向好的趋势。尤其是相比于2018年，2019年城市居民生态安全感的变化更为明显。具体而言：在对空气污染担忧方面，2019年均值相比于2018年增加了0.38，相比于2017年增加了0.59；在饮用水源污染担忧方面，2019年均值相比于2018年增加了0.33，相比于2017年增加了0.48；生活垃圾状况担忧方面，2019年均值相比于2018年增加了0.22，相比于2017年增加了0.29。

图2为2019年全国36个城市的受调查居民对一个总体评价指标和4个分项指标的担忧程度情况。从中可以看出，以总体状况而言：厦门平均得分最高，生态安全担忧程度最低；西安平均得分最低，生态安全担忧程度最

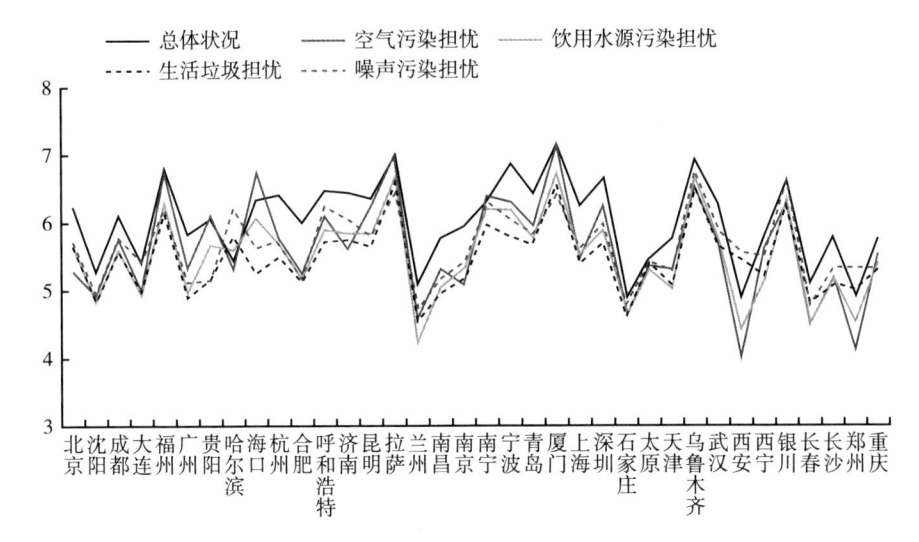

图 2　2019 年城市居民生态安全担忧程度

高。从 4 个分项来看，4 条曲线几乎呈现了近似的走向，说明居民对生态安全各项指标的感受具有一定程度上的一致性。其中，4 项得分全部超过 6 的城市有福州、拉萨、厦门、乌鲁木齐和银川，厦门甚至在空气污染担忧上得分超过 7，这表示上述 5 个城市的受调查居民的生态安全感普遍较高。沈阳、兰州、石家庄和长春在 4 个分项的得分均低于 5，意味着这 4 个城市的受调查居民的生态安全感普遍较低。在空气污染担忧程度方面：厦门平均得分最高，说明厦门城市居民对空气污染的担忧程度低，安全感高；西安平均得分最低，说明西安居民在空气污染方面的安全感最低。在饮用水源污染担忧程度上：厦门平均得分最高，居民饮用水源安全感最高；兰州平均得分最低，在饮用水源方面的生态安全感也最低。从生活垃圾状况来看：平均得分最高的城市为拉萨，城市居民安全感最高；得分最低的城市是兰州，居民安全感最低。在噪声污染方面，乌鲁木齐和兰州分别为平均得分最高与最低的城市，即噪声污染方面安全感最高和最低的城市。

（2）主客观情况对比

城市生态安全感实际上是从环境感知的视角分析城市居民对生态环境的主观感受，分值的高低在一定程度上反映城市居民自身对生态环境安全的认

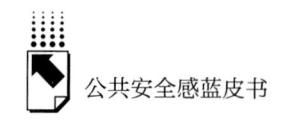

知，存在较大程度上的主观性。因此，我们从36个城市的生态环境状况及其治理情况着手，并将其与城市居民的主观感受进行对比，以了解城市居民的主观感受与其客观环境状况之间是否存在差异。

《2019中国生态环境状况公报》（以下简称《公报》）是由生态环境部联合国家发展和改革委员会、自然资源部、国家统计局等11个部门共同依法发布，反映全国生态环境质量状况信息的年度报告，涵盖了我国2019年的大气环境、淡水环境、海洋环境等9个方面的内容，具有较强的规范性、权威性，因此，可以通过该公报的内容了解我国生态环境客观状况。

《公报》显示，全国生态环境质量状况总体改善，环境空气质量改善成果进一步巩固，水环境质量持续改善，生态系统格局整体稳定，环境风险态势保持稳定。具体来说，在空气质量方面，全国337个地级及以上城市[①]中，有157个城市环境空气质量达标，占全部城市数的46.6%。其中，按照环境空气质量综合指数评价：环境空气质量相对较差的20个城市依次是安阳、邢台、石家庄、邯郸、临汾、唐山、太原、淄博、焦作、晋城、保定、济南、聊城、新乡、鹤壁、临沂、洛阳、枣庄、咸阳和郑州；相对较好的20个城市依次是拉萨、海口、舟山、厦门、黄山、福州、丽水、贵阳、深圳、台州、雅安、惠州、遂宁、珠海、昆明、张家口、南宁、温州、内江和广安。在声环境方面，2019年开展昼间区域声环境监测的321个地级及以上城市平均等效声级为54.3分贝，好于2018年的昼间区域声环境质量（54.4分贝）。在生活饮用水源方面，2019年，监测的336个地级及以上城市[②]的902个在用集中式生活饮用水水源断面（点位）中，830个全年均达标，占92.0%，高于2018年达标比例（89.8%）。在生活垃圾处理方面，截至2019年底，全国城市生活垃圾无害化处理能力87.08万吨/日，无害化处理率为99.2%，优于2018年处理情况（72万吨/日，98.2%）。

将生态环境客观状况与城市居民的主观感受进行对比发现，城市居民生

[①] 因莱芜市并入济南市，故城市数量由2018年的338个变为337个。
[②] 新疆维吾尔自治区博尔塔拉蒙古自治州原在用水源因规划调整，变更为备用水源，未纳入2019年地级及以上城市在用水源统计清单，故2019年监测336个城市，2018年监测337个城市。

态安全的主观感受与客观的城市生态环境状况基本相符合。主要体现在两个方面：一是仅就空气质量这一方面而言，根据前文对各城市的统计，本报告所调研的36个城市中，厦门、拉萨、福州、海口、南宁、深圳、贵阳7个城市的居民对空气污染的担忧程度较低，排名位于前15名以内，而济南、太原、石家庄、郑州4个城市的居民对空气污染的担忧程度较高，尤其是郑州和石家庄两个城市，排名分别为倒数第2名和倒数第5名，这与《公报》中对环境空气质量相对较差和相对较好城市的分类排名大致相符。二是就报告所调查的5项指标而言，2018年和2019年所调查的生态安全感的结果显示，2019年总体生态安全状况担忧、空气污染担忧、饮用水源污染担忧、生活垃圾状况担忧、噪声污染担忧等5项指标的均值（分别为6.02、5.62、5.51、5.47、5.66）均比2018年对应指标的均值（分别是5.62、5.24、5.18、5.25、5.36）高，即与2018年相比，2019年城市居民的生态安全感总体有所提高，而这与《公报》所调查的空气质量提高、声环境改善、水质量达标比例增加、生活垃圾无害化处理能力增强的趋势相符合。

2. 基于组间对比的城市生态安全感状况

（1）基于年份的生态安全感状况

以年份为单位进行组间分析有助于分析城市居民生态安全感的逐年变化。因为2017~2019年问卷调查范围及题项设置存在差别，所以剔除2019年5个计划单列市的数据后再对3年间相同的题项进行组间比较，即对2017~2019年空气污染、饮用水源污染、生活垃圾状况3个题项进行单因素方差分析，对2018年与2019年的总体状况、噪声污染题项进行独立样本t检验，结果如表5和表6所示。

表5 2017~2019年空气污染、饮用水源污染、生活垃圾状况题项组间对比

因变量	年份	样本量（个）	均值	标准差	F值	事后比较
空气污染	2017（1）	9246	5.04	2.791	78.604***	3>2>1
	2018（2）	9527	5.24	2.746		
	2019（3）	9307	5.54	2.740		
	总计	28080	5.27	2.766		

续表

因变量	年份	样本量(个)	均值	标准差	F 值	事后比较
饮用水源污染	2017(1)	9246	5.04	2.745	53.455***	3>2>1
	2018(2)	9527	5.18	2.773		
	2019(3)	9307	5.45	2.747		
	总计	28080	5.22	2.760		
生活垃圾状况	2017(1)	9246	5.19	2.679	19.186***	3>1,2
	2018(2)	9527	5.25	2.693		
	2019(3)	9307	5.42	2.643		
	总计	28080	5.29	2.673		

注：* $p<0.05$，** $p<0.01$，*** $p<0.001$。

由表 5 可知，2017~2019 年城市居民对此 3 个分项的评价存在显著性差异。从事后比较结果来看：在空气污染与饮用水源污染方面，2019 年城市居民的担忧程度显著低于 2017 年与 2018 年城市居民的担忧程度，而 2018 年城市居民担忧程度显著低于 2017 年；在生活垃圾状况方面，2019 年城市居民担忧程度显著低于 2017 年与 2018 年，2017 年与 2018 年不存在显著差异。

表 6　2018 年、2019 年总体状况、噪声污染题项组间对比

因变量	年份	样本量(个)	均值	标准差	t 值
总体状况	2018	9527	5.62	2.619	-8.536***
	2019	9307	5.95	2.591	
噪声污染	2018	9527	5.36	2.636	-6.657***
	2019	9307	5.61	2.601	

注：* $p<0.05$，** $p<0.01$，*** $p<0.001$。

表 6 表明 2018 年与 2019 年城市居民对生态安全总体状况与噪声污染的评价存在显著性差异，2019 年显著高于 2018 年，即 2019 年城市居民对此两个分项的担忧程度显著低于 2018 年。综上，不同年份间城市居民生态安全感存在显著差异，居民对城市生态安全的评价不断提升。

（2）基于性别的生态安全感状况

由于男性与女性对于生态安全的关注点、关注程度不同，在"性别"

这一变量下的生态安全感往往呈现不同的特点。通过单因素方差分析和独立样本 t 检验了解性别变量与生态安全感及不同方面担忧程度的相关关系，结果如表 7 和表 8 所示。

表 7 2019 年城市居民性别与生态安全感的关系

性别	样本量（个）	均值	标准差	t 值
男	5852	6.15	2.601	5.650***
女	4951	5.87	2.576	
总计	10803	6.02	2.593	

注：* $p<0.05$，** $p<0.01$，*** $p<0.001$。

表 8 2019 年不同性别居民在生态安全感不同方面担忧程度的差异比较

因变量	性别	样本量（个）	均值	标准差	t 值
空气污染	男	5852	5.75	2.754	5.255***
	女	4951	5.47	2.730	
饮用水源污染	男	5852	5.69	2.768	7.336***
	女	4951	5.30	2.720	
生活垃圾状况	男	5852	5.59	2.641	5.229***
	女	4951	5.32	2.649	
噪声污染	男	5852	5.73	2.609	3.005**
	女	4951	5.57	2.597	

注：* $p<0.05$，** $p<0.01$，*** $p<0.001$。

如表 7 所示，城市居民性别与生态安全感关系中显著性水平小于 0.01 或 0.001，表示拒绝接受城市居民性别与生态安全感无关的零假设而认为有显著性差异，即性别显著影响生态安全感。从表 8 中可以发现不同性别居民在空气污染、饮用水源污染、生活垃圾状况和噪声污染 4 个分项上检验的 t 统计量的显著性水平均小于 0.01，表明性别对居民在生态安全感 4 个分项指标上的担忧程度有显著影响。各分项指标最大为 10 分，表示完全不担心，最小为 1 分，表示极为担心。可以看出，女性对生态安全总体状况（均值为 5.87）、空气污染（均值为 5.47）、饮用水源污染（均值为 5.30）、生活垃圾状况（均值为

5.32）和噪声污染（均值为5.57）的担忧程度显著高于男性居民对生态安全总体状况（均值为6.15）、空气污染（均值为5.57）、饮用水源污染（均值为5.69）、生活垃圾状况（均值为5.59）和噪声污染（均值为5.73）的担忧程度。这意味着男性群体的生态安全感高于女性群体。性别上的生态安全感差异，一是可能因为女性的性别特质，对诸多风险和不确定性更为敏感和谨慎；二是因为女性在应对风险的行为能力上也处于相对劣势地位。

为进一步了解不同性别城市居民的生态安全感的具体变化程度，将3年间不同性别居民的生态安全感各相同题项的得分进行年份组间对比，得到表9和表10。据表9，不同年份男性与女性在总体状况和噪声污染两个题项上得分差异的显著性均小于0.001，说明2018年与2019年男性居民与女性居民对生态安全总体状况和噪声污染方面的担忧程度存在显著差异，均表现为2019年显著低于2018年。由表10可知，2017~2019年不同性别的城市居民在空气污染、饮用水源污染、生活垃圾状况方面得分差异的显著性均小于0.001，表明在此3个分项上，男性居民与女性居民在不同年份间的担忧程度均存在显著差异。从事后比较结果来看，不同性别居民在对空气污染与生活垃圾状况的担忧程度方面的年份差异一致。在对空气污染担忧程度方面，表现为2019年显著低于2018年与2017年，2018年显著低于2017年；在对生活垃圾状况担忧程度方面，表现为2019年显著低于2017年与2018年。在饮用水源污染分项上，男性居民担忧程度的年份差异表现为2019年显著低于2017年与2018年，女性居民表现为2019年显著低于2018年与2017年，同时，2018年显著低于2017年。

表9　2018年、2019年不同性别城市居民的生态安全总体状况与噪声污染题项年份对比

性别	年份	总体状况			噪声污染		
		均值	标准偏差	t值	均值	标准偏差	t值
男	2018	5.78	2.626	-7.464***	5.47	2.646	-5.081***
	2019	6.15	2.601		5.73	2.609	
女	2018	5.46	2.604	-7.727***	5.24	2.624	-6.241***
	2019	5.87	2.576		5.57	2.597	

注：*$p<0.05$，**$p<0.01$，***$p<0.001$。

表10　2017～2019年不同性别城市居民的空气污染、饮用水源污染、生活垃圾状况题项年份对比

性别	年份	空气污染			饮用水源污染			生活垃圾状况		
		均值	标准偏差	F值	均值	标准偏差	F值	均值	标准偏差	F值
男	2017(1)	5.23	2.805	51.278***	5.24	2.736	39.799***	5.37	2.678	10.483***
	2018(2)	5.37	2.743		5.33	2.754		5.40	2.692	
	2019(3)	5.75	2.754		5.69	2.768		5.59	2.641	
	事后比较	3>2>1			3>1,2			3>1,2		
女	2017(1)	4.85	2.764	62.919***	4.83	2.739	35.130***	5.00	2.666	18.301***
	2018(2)	5.10	2.743		5.02	2.780		5.10	2.690	
	2019(3)	5.47	2.730		5.30	2.720		5.32	2.649	
	事后比较	3>2>1			3>2>1			3>1,2		

注：*$p<0.05$，**$p<0.01$，***$p<0.001$。

（3）基于年龄的生态安全感状况

由于不同年龄段城市居民的风险感知能力、承受能力与规避能力存在差别，在年龄这一变量下，城市居民对生态安全的担忧程度也有所差异。运用描述性统计和单因素方差分析得到城市居民年龄与生态安全感的相关关系。结果如表11和表12所示。

表11　2019年城市居民年龄与生态安全感的关系

年龄	样本量(个)	均值	标准差	F值
18～29岁	5591	5.93	2.604	7.608***
30～44岁	3014	6.04	2.550	
45～59岁	1577	6.20	2.577	
60岁及以上	621	6.33	2.699	
总计	10803	6.02	2.593	

注：*$p<0.05$，**$p<0.01$，***$p<0.001$。

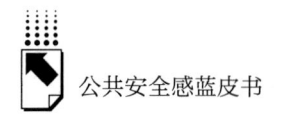

表12 2019年城市居民年龄与生态安全感不同方面担忧程度的差异比较

因变量	年龄	样本量(个)	均值	标准差	F值	事后比较
空气污染	18~29岁(1)	5591	5.59	2.781	1.999	
	30~44岁(2)	3014	5.60	2.704		
	45~59岁(3)	1577	5.75	2.668		
	60岁及以上(4)	621	5.76	2.835		
	总计	10803	5.62	2.747		
饮用水源污染	18~29岁(1)	5591	5.42	2.758	7.904***	3,4>1 4>2
	30~44岁(2)	3014	5.50	2.728		
	45~59岁(3)	1577	5.72	2.712		
	60岁及以上(4)	621	5.84	2.876		
	总计	10803	5.51	2.753		
生活垃圾状况	18~29岁(1)	5591	5.33	2.633	19.494***	3,4>1,2
	30~44岁(2)	3014	5.45	2.639		
	45~59岁(3)	1577	5.79	2.636		
	60岁及以上(4)	621	5.92	2.742		
	总计	10803	5.47	2.648		
噪声污染	18~29岁(1)	5591	5.51	2.582	18.444***	3,4>1,2
	30~44岁(2)	3014	5.68	2.577		
	45~59岁(3)	1577	5.99	2.636		
	60岁及以上(4)	621	6.00	2.749		
	总计	10803	5.66	2.605		

注：*$p<0.05$，**$p<0.01$，***$p<0.001$。

如表11所示，城市居民年龄与生态安全感关系的F值为7.608，显著性水平p值小于0.001，表示年龄与生态安全感存在显著相关关系。由表12可见，在生态安全感4个分项指标中，年龄与饮用水源污染、生活垃圾状况、噪声污染3个方面的关系的显著性水平p值均小于0.001，而与空气污染方面关系的显著性水平大于0.05，说明不同年龄段的居民在饮用水源污染、生活垃圾状况、噪声污染3个变量上均具有显著性差异，在空气污染变量上不具有显著性差异。以上两表显示，不同年龄段城市居民在生态安全感总体状况和4个分项上的得分均值从低到高依次为：18~29岁、30~44岁、45~59岁、60岁及以上，表示年龄段越高，城市居民生态安全担忧程度越低，生态安全感越高，18~29岁年龄段的城市居民对生态安全的担忧程度最高。

运用雪费法得出组间两两比较结果。因为上文分析得出年龄对城市居民空气污染方面的担忧程度不具有显著影响,所以对其他3个分项进行事后比较。组间两两比较的结果表明：在饮用水源污染方面,18~29岁年龄段的城市居民的担忧程度显著高于45~59岁以及60岁及以上年龄段的城市居民,30~44岁年龄段的城市居民的担忧程度显著高于60岁及以上年龄段的城市居民；在生活垃圾状况和噪声污染上,18~29岁与30~44年龄段的城市居民的担忧程度显著高于45~59岁以及60岁及以上年龄段的城市居民。综合来看,18~29岁年龄段的城市居民生态安全感是显著低于60岁及以上城市居民的生态安全感的。这可能有以下四方面的原因。一是相对于中、老年人而言,18~29岁年龄段的青年生活尚未稳定,多在外学习、工作,流动性大,活动范围更广泛,受到城市生活垃圾污染、噪声污染等影响和干扰的次数较多,影响到对城市生态安全的主观评价；二是出生并成长于经济发展迅速、信息高度发达的时代,18~29岁青年接触到其他国家或发达城市良好生态环境的可能性更大,获知其他城市生态环境保护措施的渠道也更多,对生活质量可能有更高的要求,因而对城市生态环境的要求更为严格；三是在建设美丽中国的时代背景下,要把生态环境保护摆在最突出的位置,18~29岁年龄段的青年是我国未来发展的重要力量,他们接过接力棒,承担起时代责任,因而对城市生态环境的要求更高；四是相较于18~29岁年龄组的青年,中、老年人往往有着更丰富的人生阅历和生活经验,对城市化、工业化在长期发展进程中的生态环境状况更为了解,因此对生态文明建设所取得的成绩更为认可,对城市生态环境的宽容度也更高。

分别对不同年龄组城市居民的生态安全感的各题项得分进行年份组间对比,得到表13和表14。表13显示,各年龄阶段城市居民在总体状况和噪声污染方面分值的年份差异的显著性均小于0.01或0.001,说明在这两个方面上,不同年龄段居民的担忧程度在2018年与2019年间均存在显著差异。据表14,在对空气污染、饮用水源污染、生活垃圾状况方面,18~59岁居民担忧程度年份差异的显著性均小于0.01或0.001,表明18~59岁居民对此3个分项的担忧程度在2017~2019年存在显著差异。60岁及以上城市居民在空气污染和饮用水源污染方面年份差异的显著性小于0.05或0.01，在生活垃圾状况方面年份差异的显著性大于0.05，说明此年龄段居民对空气污染和饮用水源污染的担忧程度在2017~2019年存在显著差异，而在生活垃圾状况担忧程度方面不存在显著差异。事后比较结果显示：18~29岁与45~59岁居民对空气污染、饮用水源污染、生活垃圾状况担忧程度的年份差异均表现为2019年显著低于2017年与2018年；30~44岁居民对空气污染、饮用水源污染担忧程度的年份差异表现为2019年显著低于2017年与2018年，2018年显著低于2017年；在生活垃圾状况方面，2019年显著低于2017年；60岁及以上居民在空气污染担忧程度上的年份差异则表现为2018年与2019年显著低于2017年，在饮用水源污染方面，2019年显著低于2017年。

表13　2018年、2019年不同年龄段城市居民的生态安全总体状况与噪声污染题项年份对比

年龄	年份	总体状况			噪声污染		
		均值	标准偏差	t值	均值	标准偏差	t值
18~29岁	2018	5.53	2.595	-7.518***	5.16	2.616	-6.575***
	2019	5.93	2.604		5.51	2.582	
30~44岁	2018	5.70	2.541	-5.051***	5.47	2.561	-3.062**
	2019	6.04	2.550		5.68	2.577	
45~59岁	2018	5.64	2.693	-6.051***	5.55	2.680	-4.772***
	2019	6.20	2.577		5.99	2.636	
60岁及以上	2018	5.86	2.847	-3.124**	5.63	2.848	-2.443*
	2019	6.33	2.699		6.00	2.749	

注：*p<0.05，**p<0.01，***p<0.001。

表14　2017~2019年不同年龄段城市居民的空气污染、饮用水源污染、生活垃圾状况题项年份对比

年龄	年份	空气污染			饮用水源污染			生活垃圾状况		
		均值	标准偏差	F值	均值	标准偏差	F值	均值	标准偏差	F值
18~29岁	2017(1)	5.03	2.833	56.725***	4.99	2.763	34.464***	5.03	2.670	18.274***
	2018(2)	5.15	2.738		5.07	2.752		5.08	2.687	
	2019(3)	5.59	2.781		5.42	2.758		5.33	2.633	
	事后比较	3>1,2			3>1,2			3>1,2		

续表

年龄	年份	空气污染			饮用水源污染			生活垃圾状况		
		均值	标准偏差	F值	均值	标准偏差	F值	均值	标准偏差	F值
30~44岁	2017(1)	4.95	2.753	40.645***	4.99	2.720	24.950***	5.20	2.656	6.515**
	2018(2)	5.27	2.682		5.23	2.705		5.35	2.622	
	2019(3)	5.60	2.704		5.50	2.728		5.45	2.639	
	事后比较	3>2>1			3>2>1			3>1		
45~59岁	2017(1)	5.15	2.734	22.097***	5.09	2.702	22.662***	5.39	2.655	11.269***
	2018(2)	5.24	2.784		5.24	2.812		5.42	2.741	
	2019(3)	5.75	2.668		5.72	2.712		5.79	2.636	
	事后比较	3>1,2			3>1,2			3>1,2		
60岁及以上	2017(1)	5.23	2.771	5.690**	5.43	2.807	3.117*	5.78	2.794	2.499
	2018(2)	5.66	2.891		5.57	2.975		5.59	2.831	
	2019(3)	5.76	2.835		5.84	2.876		5.92	2.742	
	事后比较	2,3>1			3>1					

注：*$p<0.05$，**$p<0.01$，***$p<0.001$。

(4) 基于户口类型的生态安全感状况

本次调查将城市居民划分为本市城市、本市农村、外地城市、外地农村4种户口类型，运用单因素方差分析这4种户口类型与生态安全感的相关关系，结果如表15和表16所示。

表15 2019年城市居民户口类型与生态安全感的关系

户口类型	样本量(个)	均值	标准差	F值
本市城市	5234	5.95	2.587	4.081**
本市农村	1640	6	2.516	
外地城市	2370	6.14	2.559	
外地农村	1559	6.13	2.733	
总计	10803	6.02	2.593	

注：*$p<0.05$，**$p<0.01$，***$p<0.001$。

如表15所示，城市居民户口类型与生态安全感的关系的F值为4.081，显著性水平p值小于0.01，表示户口类型影响生态安全感。从4个分项指标的分析结果来看（见表16），空气污染、生活垃圾状况、噪声污染方面的显著性水平均小于0.05或0.01，表明户口类型影响城市居民对这3个方面的认知和感受，而户口类型与居民对饮用水源污染的感受无显著相关关系。事后比较显示：在空气污染方面，本市城市户口居民的担忧程度显著高于外地城市户口居民，其余组间并无显著性差异；在生活垃圾状况和噪声污染方面，本市城市、本市农村户口居民的担忧程度显著低于外地农村户口居民。通过城市居民生态安全感总体评价和4个分项上的均值可以看出，不同户口类型居民的分值差别不大，这说明不同户口类型城市居民的生态安全感虽存在差异，但大致呈现一种同质性。

表16 2019年城市居民户口类型与生态安全感不同方面担忧程度的关系

因变量	户口类型	样本量（个）	均值	标准差	F值	事后比较
空气污染	本市城市（1）	5234	5.53	2.715	4.389**	3>1
	本市农村（2）	1640	5.69	2.633		
	外地城市（3）	2370	5.76	2.791		
	外地农村（4）	1559	5.66	2.887		
	总计	10803	5.62	2.747		
饮用水源污染	本市城市（1）	5234	5.49	2.739	1.983	
	本市农村（2）	1640	5.53	2.629		
	外地城市（3）	2370	5.61	2.761		
	外地农村（4）	1559	5.41	2.905		
	总计	10803	5.51	2.753		
生活垃圾状况	本市城市（1）	5234	5.49	2.637	3.35*	1,2>4
	本市农村（2）	1640	5.55	2.519		
	外地城市（3）	2370	5.47	2.649		
	外地农村（4）	1559	5.28	2.805		
	总计	10803	5.47	2.648		
噪声污染	本市城市（1）	5234	5.68	2.603	4.119**	1,2>4
	本市农村（2）	1640	5.77	2.494		
	外地城市（3）	2370	5.65	2.575		
	外地农村（4）	1559	5.46	2.757		
	总计	10803	5.66	2.605		

注：*$p<0.05$，**$p<0.01$，***$p<0.001$。

分别对不同户口类型城市居民的生态安全感的各题项进行年份组间对比，得到表17和表18。据表17，各户口类型城市居民在总体状况和噪声污染方面的年份差异的显著性均小于0.05、0.01或0.001，说明在这两个方面上，不同户口类型居民的担忧程度在2018年与2019年间均存在显著差异。据表18，本市城市户口与本市农村户口的城市居民在空气污染、饮用水源污染、生活垃圾状况上的显著性均小于0.001，说明此两类户口类型的城市居民对这3个分项的担忧程度在2017年、2018年、2019年3年间存在显著差异，户口类型为本市城市的城市居民的年份差异具体表现为2019年显著低于2017年与2018年，2018年显著低于2017年，户口类型为本市农村的城市居民对这3个分项担忧程度的年份差异则表现为2019年显著低于2017年与2018年。外地城市户口与外地农村户口的城市居民在生活垃圾状况方面年份差异的显著性大于0.05，在空气污染和饮用水源污染方面的显著性均小于0.001，说明此两类户口类型的城市居民对生活垃圾状况的担忧程度不存在年份间的显著差异，对空气污染和饮用水源污染担忧程度方面存在年份间的显著差异，具体表现为2019年显著低于2017年与2018年。

（5）基于政治面貌的生态安全感状况

不同的政治面貌在一定程度上影响着城市居民对生态安全的认知和感受。基于本次调查数据，分析政治面貌与城市居民生态安全感总体状况及各个方面的相关关系，结果如表19和表20所示。

表17　2018年、2019年不同户口类型城市居民的生态安全
总体状况与噪声污染题项年份对比

户口类型	年份	总体状况			噪声污染		
		均值	标准偏差	t值	均值	标准偏差	t值
本市城市	2018	5.69	2.617	-5.040***	5.41	2.634	-5.353***
	2019	5.95	2.587		5.68	2.603	
本市农村	2018	5.40	2.553	-6.702***	5.32	2.574	-4.914***
	2019	6.00	2.516		5.77	2.494	
外地城市	2018	5.71	2.568	-5.317***	5.35	2.685	-3.450**
	2019	6.14	2.559		5.65	2.575	
外地农村	2018	5.54	2.769	-5.437***	5.19	2.661	-2.587*
	2019	6.13	2.733		5.46	2.757	

注：*$p<0.05$，**$p<0.01$，***$p<0.001$。

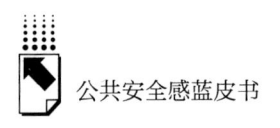

表18　2017～2019年不同户口类型城市居民的空气污染、饮用水源污染、生活垃圾状况题项年份对比

户口类型	年份	空气污染			饮用水源污染			生活垃圾状况		
		均值	标准偏差	F值	均值	标准偏差	F值	均值	标准偏差	F值
本市城市	2017(1)	4.95	2.768	56.945***	4.99	2.740	40.544***	5.17	2.678	19.423***
	2018(2)	5.25	2.739		5.24	2.762		5.30	2.675	
	2019(3)	5.53	2.715		5.49	2.739		5.49	2.637	
	事后比较	3>2>1			3>2>1			3>2>1		
本市农村	2017(1)	5.01	2.568	26.915***	4.93	2.542	22.178***	5.14	2.501	10.752***
	2018(2)	5.23	2.655		5.07	2.698		5.24	2.677	
	2019(3)	5.69	2.633		5.53	2.629		5.55	2.519	
	事后比较	3>1,2			3>1,2			3>1,2		
外地城市	2017(1)	5.25	2.837	19.537***	5.25	2.773	10.207***	5.35	2.672	2.215
	2018(2)	5.35	2.725		5.32	2.762		5.30	2.675	
	2019(3)	5.76	2.791		5.61	2.761		5.47	2.649	
	事后比较	3>1,2			3>1,2					
外地农村	2017(1)	5.11	2.999	17.126***	5.01	2.901	11.041***	5.10	2.845	2.649
	2018(2)	5.08	2.918		4.93	2.894		5.04	2.835	
	2019(3)	5.66	2.887		5.41	2.905		5.28	2.805	
	事后比较	3>1,2			3>1,2					

注：*$p<0.05$，**$p<0.01$，***$p<0.001$。

表19　2019年城市居民政治面貌与生态安全感的关系

政治面貌	样本量（个）	均值	标准差	F值
中共党员	1601	6.09	2.604	5.317***
民主党派	106	5.97	2.352	
共青团员	3441	5.88	2.567	
群众	5655	6.09	2.608	
总计	10803	6.02	2.593	

注：*$p<0.05$，**$p<0.01$，***$p<0.001$。

表19显示，城市居民政治面貌与生态安全感相关关系的显著性水平小于0.001，说明政治面貌类型影响居民的生态安全感。据表20，生态安全

感4个分项的显著性水平均小于0.05，说明政治面貌与居民在空气污染、饮用水源污染、生活垃圾状况以及噪声污染方面的担忧程度存在显著相关关系。运用雪费法得到表20的事后比较结果：在空气污染方面，共青团员的担忧程度显著高于群众；在饮用水源污染和生活垃圾状况方面，共青团员的担忧程度显著高于中共党员和群众；在噪声污染方面，共青团员和中共党员的担忧程度显著高于群众。综合上述分析可以看出，共青团员的生态安全感显著低于中共党员和群众。原因可能为：共青团员受到年龄、网络信息等因素的影响，对生态问题表现得更为忧虑，对城市生态安全的评价也相对较低。

表20 2019年城市居民政治面貌与生态安全感不同方面担忧程度的关系

因变量	政治面貌	样本量(个)	均值	标准差	F值	事后比较
空气污染	中共党员(1)	1601	5.67	2.761	3.04*	4>3
	民主党派(2)	106	5.75	2.43		
	共青团员(3)	3441	5.51	2.779		
	群众(4)	5655	5.68	2.727		
	总计	10803	5.62	2.747		
饮用水源污染	中共党员(1)	1601	5.57	2.769	7.913***	1,4>3
	民主党派(2)	106	5.17	2.498		
	共青团员(3)	3441	5.33	2.737		
	群众(4)	5655	5.61	2.757		
	总计	10803	5.51	2.753		
生活垃圾状况	中共党员(1)	1601	5.45	2.684	20.651***	1,4>3
	民主党派(2)	106	5.13	2.582		
	共青团员(3)	3441	5.20	2.585		
	群众(4)	5655	5.64	2.663		
	总计	10803	5.47	2.648		
噪声污染	中共党员(1)	1601	5.61	2.626	18.27***	4>1,3
	民主党派(2)	106	5.64	2.519		
	共青团员(3)	3441	5.41	2.546		
	群众(4)	5655	5.82	2.623		
	总计	10803	5.66	2.605		

注：$*p<0.05$，$**p<0.01$，$***p<0.001$。

分别对不同政治面貌城市居民的生态安全感的各题项进行年份组间对比，得到表21和表22。由表21可知，政治面貌为中共党员的城市居民在生态安全总体状况方面年份差异的显著性小于0.01，在噪声污染方面的显著性大于0.05，说明其对生态安全总体状况的担忧程度在2018年与2019年之间存在显著差异，而噪声污染方面不存在显著差异；政治面貌为民主党派的城市居民在总体状况和噪声污染方面的显著性均大于0.05，不存在年份间的显著差异；政治面貌为共青团员和群众的城市居民在总体状况和噪声污染方面年份差异的显著性均小于0.001，说明其对这两个分项的担忧程度在2018年与2019年间存在显著差异。据表22，政治面貌为中共党员、共青团员与群众的城市居民在空气污染、饮用水源污染、生活垃圾状况方面年份差异的显著性均小于0.01或0.001，表明此3类政治面貌的城市居民在这3个分项上的担忧程度存在年份间的显著差异；政治面貌为民主党派的城市居民在空气污染方面年份差异的显著性小于0.05，在饮用水源污染和生活垃圾状况方面的显著性大于0.05，说明此类城市居民在空气污染方面存在年份间的显著差异，在其他两个方面上不存在显著差异。根据事后比较结果：政治面貌为中共党员的城市居民对空气污染担忧程度的年份差异表现为2019年显著低于2018年与2017年，2018年显著低于2017年；在饮用水源污染方面，表现为2018年与2019年显著低于2017年；在生活垃圾状况方面，表现为2019年显著低于2017年；政治面貌为民主党派的城市居民在空气污染担忧程度方面表现为2019年显著低于2017年；政治面貌为共青团员和群众的城市居民对空气污染、饮用水源污染、生活垃圾状况担忧程度的年份差异均表现为2019年显著低于2017年与2018年。

表21 2018年、2019年不同政治面貌城市居民的生态安全总体状况与噪声污染题项年份对比

政治面貌	年份	总体状况			噪声污染		
		均值	标准偏差	t值	均值	标准偏差	t值
中共党员	2018	5.77	2.606	-3.438**	5.44	2.649	-1.822
	2019	6.09	2.604		5.61	2.626	

续表

政治面貌	年份	总体状况			噪声污染		
		均值	标准偏差	t值	均值	标准偏差	t值
民主党派	2018	5.63	2.204	-1.192	5.53	2.407	-3.77
	2019	5.97	2.352		5.64	2.519	
共青团员	2018	5.50	2.588	-5.401***	5.04	2.590	-5.253***
	2019	5.88	2.567		5.41	2.546	
群众	2018	5.64	2.645	-9.144***	5.46	2.649	-7.190***
	2019	6.09	2.608		5.82	2.623	

注：$*p<0.05$，$**p<0.01$，$***p<0.001$。

表22　2017~2019年不同政治面貌城市居民的空气污染、饮用水源污染、生活垃圾状况题项年份对比

政治面貌	年份	空气污染			饮用水源污染			生活垃圾状况		
		均值	标准偏差	F值	均值	标准偏差	F值	均值	标准偏差	F值
中共党员	2017(1)	4.89	2.784	32.898***	5.04	2.768	15.312***	5.16	2.711	4.825**
	2018(2)	5.35	2.781		5.36	2.806		5.33	2.683	
	2019(3)	5.67	2.761		5.57	2.769		5.45	2.684	
	事后比较	3>2>1			2,3>1			3>1		
民主党派	2017(1)	5.03	2.288	3.746*	5.13	2.215	0.017	5.13	2.175	0.657
	2018(2)	5.04	2.422		5.17	2.403		5.39	2.446	
	2019(3)	5.75	2.430		5.17	2.498		5.13	2.582	
	事后比较	3>1								
共青团员	2017(1)	4.94	2.812	34.714***	4.93	2.738	20.442***	4.94	2.609	9.020***
	2018(2)	5.09	2.731		4.97	2.745		4.96	2.679	
	2019(3)	5.51	2.779		5.33	2.737		5.2	2.585	
	事后比较	3>1,2			3>1,2			3>1,2		
群众	2017(1)	5.16	2.799	51.769***	5.10	2.763	48.135***	5.35	2.721	20.518***
	2018(2)	5.28	2.747		5.22	2.776		5.35	2.703	
	2019(3)	5.68	2.727		5.61	2.757		5.64	2.663	
	事后比较	3>1,2			3>1,2			3>1,2		

注：$*p<0.05$，$**p<0.01$，$***p<0.001$。

（6）基于个人月收入的生态安全感状况

一般认为，个人月收入与安全感存在密切关系，具体到生态安全感层

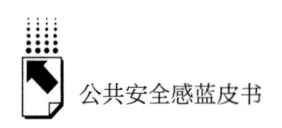

面，二者的关系需要进一步分析。运用描述性统计和单因素方差分析来对个人月收入与生态安全感的相关关系进行分析，结果如表23和表24所示。

表23 2019年城市居民个人月收入与生态安全感的关系

个人月收入	样本量（个）	均值	标准差	F值
2000元及以下	3134	6.02	2.576	
2001~3500元	1913	6.07	2.629	
3501~5000元	2655	5.92	2.592	
5001~8000元	1935	6.05	2.544	2.257*
8001~12000元	750	6.25	2.628	
12001元以上	416	5.92	2.706	
总计	10803	6.02	2.593	

注：* $p<0.05$，** $p<0.01$，*** $p<0.001$。

表24 2019年城市居民个人月收入与生态安全感不同方面担忧程度的关系

因变量	个人月收入	样本量（个）	均值	标准差	F值	事后比较
空气污染	2000元及以下（1）	3134	5.76	2.764		
	2001~3500元（2）	1913	5.66	2.785		
	3501~5000元（3）	2655	5.52	2.726		
	5001~8000元（4）	1935	5.57	2.668	3.326**	1>6
	8001~12000元（5）	750	5.67	2.765		
	12001元以上（6）	416	5.34	2.852		
	总计	10803	5.62	2.747		
饮用水源污染	2000元及以下（1）	3134	5.54	2.750		
	2001~3500元（2）	1913	5.59	2.817		
	3501~5000元（3）	2655	5.47	2.705		
	5001~8000元（4）	1935	5.46	2.703	1.257	
	8001~12000元（5）	750	5.59	2.803		
	12001元以上（6）	416	5.30	2.900		
	总计	10803	5.51	2.753		
生活垃圾状况	2000元及以下（1）	3134	5.33	2.631		
	2001~3500元（2）	1913	5.64	2.688	4.545***	2>6
	3501~5000元（3）	2655	5.54	2.610		
	5001~8000元（4）	1935	5.48	2.635		

续表

因变量	个人月收入	样本量(个)	均值	标准差	F值	事后比较
生活垃圾状况	8001~12000元(5)	750	5.45	2.683	4.545***	2>6
	12001元以上(6)	416	5.20	2.773		
	总计	10803	5.47	2.648		
噪声污染	2000元及以下(1)	3134	5.52	2.597	5.079***	2,3>6
	2001~3500元(2)	1913	5.80	2.643		
	3501~5000元(3)	2655	5.77	2.589		
	5001~8000元(4)	1935	5.64	2.523		
	8001~12000元(5)	750	5.69	2.713		
	12001元以上(6)	416	5.36	2.694		
	总计	10803	5.66	2.605		

注：*$p<0.05$，**$p<0.01$，***$p<0.001$。

由表23可知，城市居民个人月收入与生态安全感相关关系的显著性水平小于0.05，说明居民个人月收入水平显著影响其对城市生态安全状况的评价。据表24，空气污染、生活垃圾状况、噪声污染方面的显著性水平均小于0.01或0.001，说明个人月收入水平与这3个分项之间存在显著相关关系，而饮用水源方面的显著性水平大于0.05，表明居民个人月收入不影响其对饮用水源方面的评价。事后比较结果显示：在空气污染方面，收入2000元及以下居民组与12001元以上居民组担忧程度的差异最为显著，12001元以上居民组的担忧程度更高，生态安全感更低；在生活垃圾状况方面，收入2001~3500元居民组的担忧程度显著低于12001元以上居民组；在噪声污染方面，居民个人月收入在2001~5000元的群体与12001元以上的群体存在显著差异，12001元以上居民组的担忧程度更高。一般认为，收入与安全感存在正相关关系，而各项数据显示，个人月收入12001元以上的居民群体在各项指标中均值都是最低的，说明这一群体对生态安全的担忧程度最高，生态安全感最低，这与现实生活中的经验常识有所背离。可能的原因是相较于其他方面的城市安全来说，生态安全问题在短期内对人们的影响不太显著，收入相对较低的群体更倾向于关注能够对自身生活产生直接影响的问题，而当收入达到较高水平后，居民对良好生态环境的需求更加强烈和迫切，因而对城市生态问题更为关注。

2017~2019年问卷设置中，个人月收入选项设置存在差别，2017年与2018年选项设置中8000元以上设置有8001~12500元与12501元以上两个区间，2019年设置为8001~12000元与12001元以上两个区间，为方便分析，将两个区间合并为8001元以上，再分别对不同个人月收入城市居民的生态安全感的各题项进行年份组间对比，得到表25和表26。表25显示，个人月收入在5000元及以下的城市居民在总体状况和噪声污染方面年份差异的显著性水平均小于0.001，说明个人月收入5000元及以下的居民对这两个分项的担忧程度在2018年与2019年之间存在显著差异；个人月收入5001~8000元的城市居民在总体状况方面的显著性水平小于0.01，噪声污染方面的显著性水平大于0.05，说明其对生态安全总体状况的担忧程度存在年份间的显著差异，在噪声污染方面不存在显著差异；个人月收入在8001元以上的城市居民在总体状况与噪声污染方面的显著性水平均大于0.05，说明其对这两个方面的担忧程度不存在年份间的显著差异。由表26可知，在空气污染、饮用水源污染、生活垃圾状况方面，个人月收入在5000元及以下各区间的城市居民的显著性水平均小于0.001，表明收入在5000元及以下的城市居民在这3个分项上的担忧程度存在年份间的显著差异，具体表现为，2019年显著低于2017年与2018年；个人月收入5001~8000元的城市居民在这三个分项上的显著性水平均小于0.01或0.001，说明其在这3个分项上的担忧程度在不同年份间存在显著差异，具体表现为2018年与2019年显著低于2017年；个人月收入8001元以上的城市居民在这3个分项上的显著性水平均大于0.05，不存在年份间的显著差异。

表25 2018年、2019年不同收入城市居民的生态安全总体状况与噪声污染题项年份对比

个人月收入	年份	总体状况			噪声污染		
		均值	标准偏差	t值	均值	标准偏差	t值
2000元及以下	2018	5.49	5.490	-7.274***	5.15	5.150	-4.924***
	2019	6.02	6.020		5.52	5.520	
2001~3500元	2018	5.45	2.655	-7.221***	5.28	2.679	-5.962***
	2019	6.07	2.629		5.80	2.643	

续表

个人月收入	年份	总体状况			噪声污染		
		均值	标准偏差	t值	均值	标准偏差	t值
3501~5000元	2018	5.68	2.555	-3.505***	5.42	2.565	-5.036***
	2019	5.92	2.592		5.77	2.589	
5001~8000元	2018	5.80	2.591	-2.858**	5.57	2.588	-0.818
	2019	6.05	2.544		5.64	2.523	
8001元以上	2018	5.94	2.608	-1.600	5.56	2.699	-0.126
	2019	6.14	2.660		5.58	2.709	

注：* p<0.05，** p<0.01，*** p<0.001。

表26 2017~2019年不同收入城市居民的空气污染、饮用水源污染、生活垃圾状况题项年份对比

个人月收入	年份	空气污染			饮用水源污染			生活垃圾状况		
		均值	标准偏差	F值	均值	标准偏差	F值	均值	标准偏差	F值
2000元及以下	2017(1)	4.96	2.858	66.535***	4.96	2.749	35.021***	5.03	2.664	11.177***
	2018(2)	5.10	2.822		5.07	2.820		5.06	2.738	
	2019(3)	5.76	2.764		5.54	2.750		5.33	2.631	
	事后比较	3>1,2			3>1,2			3>1,2		
2001~3500元	2017(1)	4.99	2.787	30.515***	4.93	2.790	30.069***	5.23	2.747	15.670***
	2018(2)	5.17	2.755		5.09	2.801		5.19	2.743	
	2019(3)	5.66	2.785		5.59	2.817		5.64	2.688	
	事后比较	3>1,2			3>1,2			3>1,2		
3501~5000元	2017(1)	5.10	2.688	15.174***	5.07	2.686	14.554***	5.28	2.600	7.791***
	2018(2)	5.28	2.657		5.19	2.687		5.30	2.606	
	2019(3)	5.52	2.726		5.47	2.705		5.54	2.610	
	事后比较	3>1,2			3>1,2			3>1,2		
5001~8000元	2017(1)	5.02	2.729	16.222***	5.09	2.645	7.469**	5.18	2.614	6.706**
	2018(2)	5.42	2.713		5.37	2.741		5.50	2.647	
	2019(3)	5.57	2.668		5.46	2.703		5.48	2.635	
	事后比较	2,3>1			2,3>1			2,3>1		
8001元以上	2017(1)	5.38	2.945	0.871	5.47	2.909	0.06	5.50	2.838	0.519
	2018(2)	5.44	2.846		5.44	2.841		5.40	2.774	
	2019(3)	5.55	2.800		5.49	2.840		5.36	2.717	
	事后比较									

注：* p<0.05，** p<0.01，*** p<0.001。

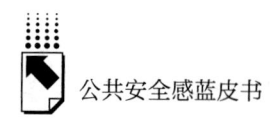

(7) 基于身份职业的生态安全感状况

不同身份职业的居民对生态安全的感知和诉求可能会存在差异。本次调查将居民的身份职业分为 8 类,分析居民身份职业与生态安全感的相关关系,结果如表 27 和表 28 所示。

表 27　2019 年城市居民身份职业与生态安全感的关系

身份职业	样本量(个)	均值	标准差	F 值
公务员	358	6.33	2.385	
事业单位人员	1068	6.02	2.560	
公司职员	2394	6.07	2.530	
进城务工人员	564	6.38	2.557	
学生	3133	5.93	2.557	4.002***
自由职业者	1511	5.90	2.617	
离退休人员	645	6.22	2.720	
其他	1130	5.97	2.800	
总计	10803	6.02	2.593	

注:*$p<0.05$,**$p<0.01$,***$p<0.001$。

表 28　2019 年城市居民身份职业与生态安全感不同方面担忧程度的关系

因变量	身份职业	样本量(个)	均值	标准差	F 值	事后比较
空气污染	公务员(1)	358	6.09	2.534	4.306***	1>3,6,8
	事业单位人员(2)	1068	5.61	2.814		
	公司职员(3)	2394	5.55	2.656		
	进城务工人员(4)	564	5.96	2.610		
	学生(5)	3133	5.67	2.751		
	自由职业者(6)	1511	5.50	2.789		
	离退休人员(7)	645	5.75	2.794		
	其他(8)	1130	5.46	2.874		
	总计	10803	5.62	2.747		

续表

因变量	身份职业	样本量(个)	均值	标准差	F值	事后比较
饮用水源污染	公务员(1)	358	5.84	2.530	3.848***	1,4>8
	事业单位人员(2)	1068	5.43	2.799		
	公司职员(3)	2394	5.49	2.685		
	进城务工人员(4)	564	5.84	2.695		
	学生(5)	3133	5.49	2.703		
	自由职业者(6)	1511	5.47	2.802		
	离退休人员(7)	645	5.78	2.843		
	其他(8)	1130	5.30	2.933		
	总计	10803	5.51	2.753		
生活垃圾状况	公务员(1)	358	5.83	2.440	8.21***	1,4,7>5 7>8
	事业单位人员(2)	1068	5.43	2.682		
	公司职员(3)	2394	5.44	2.598		
	进城务工人员(4)	564	5.84	2.613		
	学生(5)	3133	5.27	2.56		
	自由职业者(6)	1511	5.59	2.697		
	离退休人员(7)	645	5.89	2.724		
	其他(8)	1130	5.38	2.864		
	总计	10803	5.47	2.648		
噪声污染	公务员(1)	358	5.97	2.416	6.974***	1,4>8 4>5
	事业单位人员(2)	1068	5.58	2.669		
	公司职员(3)	2394	5.69	2.547		
	进城务工人员(4)	564	6.05	2.613		
	学生(5)	3133	5.50	2.522		
	自由职业者(6)	1511	5.8	2.613		
	离退休人员(7)	645	5.93	2.750		
	其他(8)	1130	5.46	2.791		
	总计	10803	5.66	2.605		

注：* $p<0.05$，** $p<0.01$，*** $p<0.001$。

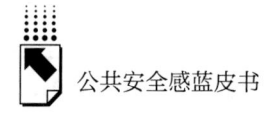

表27显示，城市居民身份职业与生态安全感相关关系的显著性水平小于0.001，说明身份职业显著影响城市居民生态安全感。表28中，城市居民生态安全感4个分项的显著性水平均小于0.001，表明城市居民不同的身份职业影响其对空气污染、饮用水源污染、生活垃圾状况以及噪声污染方面的感知和评价。事后比较结果显示：在空气污染方面，公务员的担忧程度显著低于其他、自由职业者以及公司职员三个群体的担忧程度；在饮用水源污染方面，其他居民组的担忧程度显著高于公务员与进城务工人员；在生活垃圾状况方面，学生群体的担忧程度显著高于公务员、进城务工人员以及离退休人员，离退休人员的担忧程度显著低于其他居民组的担忧程度；在噪声污染方面，公务员与进城务工人员的担忧程度显著低于其他居民组，进城务工人员的担忧程度显著低于学生群体。综合各项数据可以得知，公务员、进城务工人员、离退休人员在生态安全感总体状况和4个分项上的得分均较高，他们对生态安全的担忧程度相对较低，生态安全感较高。可能的原因是：第一，公务员由于其工作的特殊性，能够切身感受到我国各个方面的发展变化，对城市生态安全当前的状况满意度相对较高；第二，进城务工人员主要来自农村，这一群体最大的诉求是满足基本的生活条件，对城市生态并无过高的要求，因而他们对生态安全的担忧程度较低；第三，离退休人员亲身经历了新中国成立初期的艰苦奋斗，对目前我国取得的成就更为认可，对城市安全各个方面的宽容度也较高。

分别对不同身份职业城市居民的生态安全感的各题项进行年份组间对比，得到表29和表30。据表29，公务员与事业单位人员在生态安全总体状况方面的显著性水平小于0.01，在噪声污染上的显著性水平大于0.05，说明这两类职业的城市居民对生态安全总体状况的担忧程度在2018年与2019年存在显著差异，在噪声污染方面则不存在显著差异。公司职员、进城务工人员、学生、自由职业者、离退休人员以及其他职员的城市居民在总体状况与噪声污染方面的显著性水平均小于0.05、0.01或0.001，表明这些职业的城市居民对生态安全总体状况与噪声污染的担忧程度在2018年与2019年间存在显著差异。表30显示，除事业单位人员及进城务工人员在生活垃圾状况方面的显著性水平大于0.05以外，其他各身份职业的城市居民在空气污染、饮用水源污染、生活垃圾状况方面的显著性水平均小于0.05、0.01或0.001，表明这些职业身份的城市居民在这3个分项上的担忧程度均存在年份间的显著差异，事业单位人员与进城务工人员对空气污染与饮用水源污染的担忧程度在不同年份间也存在显著差异。从事后比较结果看，公务员对生态安全担忧程度的年份差异具体表现为：空气污染方面，2019年显著低于2018年与2017年，2018年显著低于2017年；饮用水源污染与生活垃圾状况方面，2019年显著低于2017年。事业单位人员对城市生态安全担忧程度的年份差异表现为：空气污染方面，2019年显著低于2018年与2017年，2018年显著低于2017年；饮用水源污染方面，2018年与2019年显著低于2017年。公司职员在空气污染、饮用水源污染、生活垃圾状况方面的年份差异以及进城务工人员在空气污染和饮用水源污染方面的年份差异均表现为2019年显著低于2017年与2018年。学生对生态安全担忧程度的年份差异表现为：空气污染与饮用水源污染方面，2019年显著低于2018年与2017年，2018年显著低于2017年；生活垃圾状况方面，2019年显著低于2017年。自由职业者对生态安全担忧程度的年份差异表现为：空气污染与饮用水源污染方面，2019年显著低于2017年；生活垃圾状况方面，2019年显著低于2017年与2018年。离退休人员对生态安全担忧程度的年份差异表现为：空气污染方面，2018年与2019年显著低于2017年；饮用水源污染方面，2019年显著低于2017年；在生活垃圾状况方面，2019年显著低于2017年与2018年。其他身份职业的城市居民对生态安全担忧程度的年份差异主要表现为：空气污染方面，2019年显著低于2017年与2018年；饮用水源污染方面，2019年显著低于2018年；生活垃圾状况方面，2017年与2019年显著低于2018年。

表29　2018年、2019年不同身份职业城市居民的生态安全
总体状况与噪声污染题项年份对比

身份职业	年份	总体状况			噪声污染		
		均值	标准偏差	t值	均值	标准偏差	t值
公务员	2018	5.77	2.573	-2.996**	5.77	2.610	-0.998
	2019	6.33	2.385		5.97	2.416	
事业单位人员	2018	5.67	2.583	-3.316**	5.48	2.641	-0.958
	2019	6.02	2.560		5.58	2.669	

续表

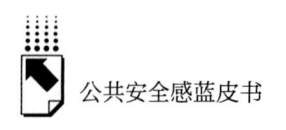

身份职业	年份	总体状况			噪声污染		
		均值	标准偏差	t值	均值	标准偏差	t值
公司职员	2018	5.59	2.552	-6.475***	5.27	2.588	-5.644***
	2019	6.07	2.530		5.69	2.547	
进城务工人员	2018	5.69	2.558	-4.395***	5.55	2.450	-3.163**
	2019	6.38	2.557		6.05	2.613	
学生	2018	5.60	2.579	-4.364***	5.20	2.605	-3.933***
	2019	5.93	2.557		5.50	2.522	
自由职业者	2018	5.69	2.692	-2.043*	5.46	2.708	-3.451**
	2019	5.90	2.617		5.80	2.613	
离退休人员	2018	5.84	2.844	-2.544*	5.61	2.790	-2.131*
	2019	6.22	2.720		5.93	2.750	
其他	2018	5.43	2.677	-4.653***	5.21	2.668	-2.161*
	2019	5.97	2.800		5.46	2.791	

注：* $p<0.05$，** $p<0.01$，*** $p<0.001$。

表30 不同身份职业城市居民的空气污染、饮用水源污染、生活垃圾状况题项年份对比

身份职业	年份	空气污染			饮用水源污染			生活垃圾状况		
		均值	标准偏差	F值	均值	标准偏差	F值	均值	标准偏差	F值
公务员	2017(1)	4.88	2.881	17.499***	5.15	2.785	6.013**	5.20	2.756	5.141**
	2018(2)	5.52	2.748		5.65	2.714		5.55	2.502	
	2019(3)	6.09	2.534		5.84	2.530		5.83	2.440	
	事后比较	3>2>1			3>1			3>1		
事业单位人员	2017(1)	4.83	2.774	20.567***	4.94	2.773	8.417**	5.18	2.715	2.388
	2018(2)	5.21	2.763		5.24	2.800		5.27	2.709	
	2019(3)	5.61	2.814		5.43	2.799		5.43	2.682	
	事后比较	3>2>1			2,3>1					
公司职员	2017(1)	5.08	2.694	20.601***	4.95	2.672	24.912***	5.15	2.604	7.941***
	2018(2)	5.14	2.661		5.09	2.699		5.21	2.656	
	2019(3)	5.55	2.656		5.49	2.685		5.44	2.598	
	事后比较	3>1,2			3>1,2			3>1,2		
进城务工人员	2017(1)	5.53	2.710	6.639**	5.33	2.674	6.827**	5.54	2.671	2.901
	2018(2)	5.40	2.610		5.30	2.654		5.49	2.596	
	2019(3)	5.96	2.610		5.84	2.695		5.84	2.613	
	事后比较	3>1,2			3>1,2					

续表

身份职业	年份	空气污染 均值	空气污染 标准偏差	空气污染 F值	饮用水源污染 均值	饮用水源污染 标准偏差	饮用水源污染 F值	生活垃圾状况 均值	生活垃圾状况 标准偏差	生活垃圾状况 F值
学生	2017(1)	4.94	2.781	48.196 ***	4.99	2.676	23.915 ***	4.96	2.570	10.042 ***
	2018(2)	5.28	2.744		5.21	2.741		5.14	2.660	
	2019(3)	5.67	2.751		5.49	2.703		5.27	2.560	
	事后比较	3>2>1			3>2>1			3>1		
自由职业者	2017(1)	5.12	2.890	6.573 **	5.11	2.883	6.004 **	5.28	2.783	5.676 **
	2018(2)	5.31	2.801		5.22	2.805		5.33	2.734	
	2019(3)	5.50	2.789		5.47	2.802		5.59	2.697	
	事后比较	3>1			3>1			3>1,2		
离退休人员	2017(1)	5.10	2.803	7.989 ***	5.20	2.820	5.819 **	5.54	2.797	3.252 *
	2018(2)	5.59	2.898		5.49	2.947		5.56	2.849	
	2019(3)	5.75	2.794		5.78	2.843		5.89	2.724	
	事后比较	2,3>1			3>1			3>1,2		
其他	2017(1)	5.08	2.856	8.043 ***	5.04	2.796	5.881 **	5.33	2.764	3.365 *
	2018(2)	5.02	2.782		4.89	2.818		5.09	2.751	
	2019(3)	5.46	2.874		5.30	2.933		5.38	2.864	
	事后比较	3>1,2			3>2			1,3>2		

注：* $p<0.05$，** $p<0.01$，*** $p<0.001$。

(8) 基于文化程度的生态安全感状况

通常来说，居民的文化程度与其城市生态安全感密切相关。为了解居民的文化程度差异是否会影响其对城市生态安全的评价，根据本次调查，运用描述统计和单因素方差分析来检验文化程度与城市生态安全感总体状况和4个分项之间的关系，结果如表31和表32所示。

表31　2019年城市居民文化程度与生态安全感的关系

文化程度	样本量(个)	均值	标准差	F值
小学及以下	318	6.3	2.641	3.686 **
初中	1128	6.24	2.76	
高中(中职、中专)	2576	6.01	2.588	

续表

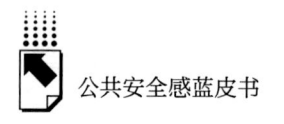

文化程度	样本量(个)	均值	标准差	F值
大学(大专)	6021	5.99	2.558	
研究生	760	5.88	2.592	3.686**
总计	10803	6.02	2.593	

注：*$p<0.05$，**$p<0.01$，***$p<0.001$。

表32　2019年城市居民文化程度与生态安全感不同方面担忧程度的关系

因变量	文化程度	样本量(个)	均值	标准差	F值	事后比较
空气污染	小学及以下(1)	318	5.98	2.718	3.179*	1>5
	初中(2)	1128	5.78	2.836		
	高中(中职、中专)(3)	2576	5.62	2.707		
	大学(大专)(4)	6021	5.6	2.734		
	研究生(5)	760	5.44	2.843		
	总计	10803	5.62	2.747		
饮用水源污染	小学及以下(1)	318	5.87	2.821	7.47***	2>5 1>4,5
	初中(2)	1128	5.83	2.892		
	高中(中职、中专)(3)	2576	5.57	2.713		
	大学(大专)(4)	6021	5.43	2.727		
	研究生(5)	760	5.31	2.797		
	总计	10803	5.51	2.753		
生活垃圾状况	小学及以下(1)	318	6.09	2.654	19.444***	1,2,3>5 1,2>4 1>3
	初中(2)	1128	5.9	2.843		
	高中(中职、中专)(3)	2576	5.54	2.641		
	大学(大专)(4)	6021	5.38	2.6		
	研究生(5)	760	5.04	2.621		
	总计	10803	5.47	2.648		
噪声污染	小学及以下(1)	318	6.09	2.715	12.708***	1,2,3>5 1,2>4
	初中(2)	1128	5.98	2.77		
	高中(中职、中专)(3)	2576	5.73	2.609		
	大学(大专)(4)	6021	5.59	2.549		
	研究生(5)	760	5.25	2.647		
	总计	10803	5.66	2.605		

注：*$p<0.05$，**$p<0.01$，***$p<0.001$。

如表 31 所示，城市居民文化程度与生态安全感相关关系的显著性水平小于 0.01，表示城市居民的文化程度差异显著影响其对城市生态安全的主观评价。据表 32，4 个分项上的显著性水平均小于 0.05 或 0.001，说明城市居民的文化程度与其对空气污染、饮用水源污染、生活垃圾状况、噪声污染的担忧程度具有显著相关关系。经事后比较发现：在空气污染方面，研究生学历群体的担忧程度显著高于小学及以下文化程度群体；在饮用水源污染方面，研究生学历群体的担忧程度显著高于初中学历群体，大学（大专）学历和研究生学历群体的担忧程度显著高于小学及以下文化程度群体；在生活垃圾状况和噪声污染方面，研究生学历群体的担忧程度显著高于高中（中职、中专）学历及以下群体，大学（大专）学历群体的担忧程度显著高于初中学历及以下群体，生活垃圾状况的事后比较结果中，高中（中职、中专）学历群体与小学及以下文化程度群体的担忧程度也存在显著差异。通过数据的比较分析我们可以发现，随着文化程度的提高，居民对城市生态安全总体状况和 4 个分项的担忧程度不断增长，这意味着居民文化程度越高，其生态安全感越低。我们推测其原因是受教育程度越高的居民，接触和掌握的生态安全知识更为丰富，生态安全素养更高，在维护公民生态权益方面以及对政府生态治理工作的要求也更加严格。

分别对不同文化程度城市居民的生态安全感的各题项进行年份组间对比，得到表 33 和表 34。据表 33，在生态安全总体状况方面，各文化程度城市居民担忧程度的年份差异的显著性水平均小于 0.05、0.01 或 0.001，表明各文化程度城市居民对生态安全总体状况的担忧程度在 2018 年与 2019 年间存在显著差异；在噪声污染方面，除研究生学历城市居民的显著性水平大于 0.05 外，其余各组均小于 0.01 或 0.001，说明除研究生学历的城市居民对噪声污染的担忧程度不存在年份间显著差异以外，其他文化程度的城市居民均存在显著差异。由表 34 可知，在空气污染与饮用水源污染方面，各文化程度城市居民的显著性水平均小于 0.05、0.01 或 0.001，表明不同文化程度的城市居民均对这两个方面的担忧程度存在年份间的显著差异；在生活垃圾状况方面，除研究生学历的城市居民的显著性水平大于0.05以外，其他文化程度城市居民的显著性水平均小于0.01或0.001，表明除研究生学历的城市居民对生活垃圾状况的担忧程度不存在年份间显著性差异以外，其他文化程度的城市居民均存在显著差异。从事后比较结果看：小学及以下文化程度的城市居民对空气污染、饮用水源污染及生活垃圾状况担忧程度的年份差异均表现为2019年显著低于2018年；初中学历的城市居民对这3个方面担忧程度的年份差异均表现为2019年显著低于2017年与2018年；高中（中职、中专）文化程度的城市居民对空气污染和饮用水源污染方面担忧程度的年份差异表现为2019年显著低于2017年与2018年，对生活垃圾状况担忧程度的年份差异表现为2019年显著低于2017年；大学（大专）学历的城市居民对空气污染和饮用水源污染方面担忧程度的年份差异表现为2019年显著低于2017年与2018年，2018年显著低于2017年，对生活垃圾状况担忧程度的年份差异表现为2019年显著低于2017与2018年；研究生学历的城市居民对空气污染担忧程度的年份差异表现为2019年显著低于2018年与2017年，2018年显著低于2017年，在饮用水源污染方面表现为2019年显著低于2017年。

表33　2018年、2019年不同文化程度城市居民的生态安全
总体状况与噪声污染题项年份对比

文化程度	年份	总体状况			噪声污染		
		均值	标准偏差	t值	均值	标准偏差	t值
小学及以下	2018	5.55	2.733	-3.430**	5.31	2.693	-3.540***
	2019	6.30	2.641		6.09	2.715	
初中	2018	5.72	2.813	-4.338***	5.63	2.771	-2.937**
	2019	6.24	2.760		5.98	2.770	
高中(中职、中专)	2018	5.63	2.683	-5.046***	5.44	2.661	-3.916***
	2019	6.01	2.588		5.73	2.609	
大学(大专)	2018	5.62	2.551	-7.662***	5.29	2.596	-6.252***
	2019	5.99	2.558		5.59	2.549	
研究生	2018	5.52	2.502	-2.528*	5.17	2.563	-0.533
	2019	5.88	2.592		5.25	2.647	

注：*$p<0.05$，**$p<0.01$，***$p<0.001$。

表34 2017～2019年不同文化程度城市居民的空气污染、饮用水源污染、生活垃圾状况题项年份对比

文化程度	年份	空气污染			饮用水源污染			生活垃圾状况		
		均值	标准偏差	F值	均值	标准偏差	F值	均值	标准偏差	F值
小学及以下	2017(1)	5.64	2.670	4.668*	5.6	2.585	3.128*	5.73	2.646	7.383**
	2018(2)	5.31	2.692		5.32	2.720		5.27	2.624	
	2019(3)	5.98	2.718		5.87	2.821		6.09	2.654	
	事后比较	3>2			3>2			3>2		
初中	2017(1)	5.20	2.801	12.580***	5.22	2.788	14.277***	5.43	2.799	9.234***
	2018(2)	5.37	2.864		5.32	2.951		5.48	2.837	
	2019(3)	5.78	2.836		5.83	2.892		5.90	2.843	
	事后比较	3>1,2			3>1,2			3>1,2		
高中（中职、中专）	2017(1)	5.17	2.737	17.375***	5.08	2.768	20.127***	5.30	2.692	5.046**
	2018(2)	5.31	2.778		5.23	2.795		5.36	2.720	
	2019(3)	5.62	2.707		5.57	2.713		5.54	2.641	
	事后比较	3>1,2			3>1,2			3>1		
大学（大专）	2017(1)	4.95	2.808	78.147***	4.96	2.731	42.219***	5.07	2.637	19.022***
	2018(2)	5.20	2.709		5.13	2.730		5.18	2.663	
	2019(3)	5.60	2.734		5.43	2.727		5.38	2.600	
	事后比较	3>2>1			3>2>1			3>1,2		
研究生	2017(1)	4.54	2.797	16.709***	4.75	2.700	6.839**	4.86	2.641	0.8
	2018(2)	5.06	2.714		5.13	2.675		5.03	2.582	
	2019(3)	5.44	2.843		5.31	2.797		5.04	2.621	
	事后比较	3>2>1			3>1					

注：$*p<0.05$，$**p<0.01$，$***p<0.001$。

(9) 基于民族的生态安全感状况

不同民族往往有不同的生活习惯和民族文化，因而会形成不同的生态环境意识，对城市生态安全的感知会有所差异。为了解民族与居民生态安全感是否存在相关关系，运用独立样本t检验得到表35和表36。

表35　2019年城市居民民族与生态安全感的关系

民族	样本量（个）	均值	标准差	t值	显著性
汉族	9721	6.04	2.590	0.161	0.872
其他民族	1082	6.02	2.628		

表36　2019年城市居民民族与生态安全感不同方面担忧程度的关系

因变量	民族	样本量（个）	均值	标准差	t值
空气污染	汉族	9721	5.61	2.743	2.053*
	其他民族	1082	5.79	2.777	
饮用水源污染	汉族	9721	5.5	2.747	0.954
	其他民族	1082	5.59	2.8	
生活垃圾状况	汉族	9721	5.45	2.64	1.503
	其他民族	1082	5.58	2.715	
噪声污染	汉族	9721	5.65	2.596	0.818
	其他民族	1082	5.72	2.684	

注：* $p<0.05$，** $p<0.01$，*** $p<0.001$。

如表35所示，城市居民民族与生态安全感相关关系的显著性水平为0.872，高于0.05，说明民族对于居民城市生态安全感总体评价并无显著影响。在4个分项上（见表36），空气污染方面的显著性水平小于0.05，饮用水源污染、生活垃圾状况、噪声污染方面的显著性水平均大于0.05，表示汉族和其他民族在空气污染的担忧程度上存在显著差异，而在其他3个方面并无显著差异。

分别对不同民族城市居民的生态安全感的各题项得分进行年份组间对比，得到表37和表38。表37显示，汉族与其他民族城市居民在总体状况和噪声污染上的显著性均小于0.05、0.01或0.001，说明不同民族城市居民对生态安全总体状况和噪声污染的担忧程度在2018年与2019年间存在显著差异。据表38，不同民族城市居民在空气污染、饮用水源污染、生活垃圾状况上的显著性均小于0.05、0.01或0.001，表明汉族与其他民族城市居民对这3个分项的担忧程度存在年份间的显著差异。根据事后比较结果：

汉族城市居民对空气污染和饮用水源污染担忧程度的年份差异具体表现为2019年显著低于2018年与2017年，2018年显著低于2017年；在生活垃圾状况上则表现为2019年显著低于2017年与2018年。其他民族城市居民对空气污染担忧程度的年份差异表现为2019年显著低于2017年与2018年，在饮用水源污染和生活垃圾状况方面表现为2019年显著低于2017年。

表37 2018年、2019年不同民族城市居民的生态安全总体状况与噪声污染题项年份对比

民族	年份	总体状况			噪声污染		
		均值	标准偏差	t值	均值	标准偏差	t值
汉族	2018	5.62	2.616	-10.309***	5.35	2.633	-7.780***
	2019	6.02	2.590		5.65	2.596	
其他民族	2018	5.68	2.646	-3.146**	5.47	2.665	-2.206*
	2019	6.04	2.628		5.72	2.684	

注：* p<0.05，** p<0.01，*** p<0.001。

表38 2017~2019年不同民族城市居民的空气污染、饮用水源污染、生活垃圾状况题项年份对比

民族	年份	空气污染			饮用水源污染			生活垃圾状况		
		均值	标准偏差	F值	均值	标准偏差	F值	均值	标准偏差	F值
汉族	2017(1)	5.01	2.791	110.102***	5.01	2.744	74.175***	5.18	2.671	26.229***
	2018(2)	5.21	2.734		5.17	2.765		5.25	2.689	
	2019(3)	5.61	2.743		5.5	2.747		5.45	2.64	
	事后比较	3>2>1			3>2>1			3>1,2		
其他民族	2017(1)	5.27	2.779	9.817***	5.18	2.75	5.856**	5.26	2.726	4.136*
	2018(2)	5.47	2.819		5.34	2.806		5.35	2.738	
	2019(3)	5.79	2.777		5.59	2.8		5.58	2.715	
	事后比较	3>1,2			3>1			3>1		

注：* p<0.05，** p<0.01，*** p<0.001。

（10）基于宗教信仰的生态安全感状况

为了解居民的宗教信仰是否会影响其对城市生态安全的评价，根据本次调查数据，运用独立样本t检验得到表39和表40。

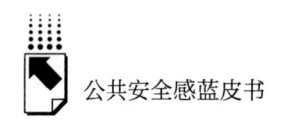

表39 2019年城市居民宗教信仰与生态安全感的关系

宗教信仰	样本量(个)	均值	标准差	t值	显著性
有	1122	6.03	2.748	0.082	0.935
无	9681	6.02	2.575		

表40 2019年城市居民宗教信仰与生态安全感不同方面担忧程度的关系

因变量	宗教信仰	样本量(个)	均值	标准差	t值	显著性
空气污染	有	1122	5.61	2.93	-0.239	0.811
	无	9681	5.63	2.725		
饮用水源污染	有	1122	5.44	3.018	-0.807	0.42
	无	9681	5.52	2.72		
生活垃圾状况	有	1122	5.55	2.815	1.101	0.271
	无	9681	5.46	2.628		
噪声污染	有	1122	5.64	2.79	-0.214	0.831
	无	9681	5.66	2.582		

由表39、表40可知，居民宗教信仰在城市生态安全总体评价和4个分项指标上的显著性水平均大于0.05，表明宗教信仰对于生态安全感的影响在本次调查中没有得到证实。

分别对不同宗教信仰城市居民的生态安全感的各题项进行年份组间对比，得到表41和表42。表41显示，无宗教信仰的城市居民在总体状况和噪声污染上的显著性均小于0.001，说明无宗教信仰的城市居民对这两个分项的担忧程度在2018年与2019年间存在显著差异；有宗教信仰的城市居民在总体状况上的显著性小于0.05，在噪声污染方面大于0.05，表明有宗教信仰的城市居民对总体状况的担忧程度在2018年与2019年间存在显著差异，对噪声污染的担忧程度则不存在年份间的显著差异。据表42，有宗教信仰与无宗教信仰的城市居民在空气污染、饮用水源污染、生活垃圾状况上的显著性均小于0.01或0.001，表明不同宗教信仰的城市居民对这3个分项的担忧程度存在年份间的显著差异。根据事后比较结果：有宗教信仰的城市居民对空气污染和饮用水源污染担忧程度的年份差异具体表现为2018年与2019年显著低于2017年，在生活垃圾状况上则表现为2019年显著低于

2017 年；无宗教信仰的城市居民对空气污染和饮用水源污染担忧程度的年份差异表现为 2019 年显著低于 2018 年与 2017 年，2018 年显著低于 2017 年，在生活垃圾状况方面表现为 2019 年显著低于 2017 年与 2018 年。

表 41　2018 年、2019 年不同宗教信仰城市居民的生态安全总体状况与噪声污染题项年份对比

宗教信仰	年份	总体状况			噪声污染		
		均值	标准偏差	t 值	均值	标准偏差	t 值
有	2018	5.78	2.711	-2.139*	5.47	2.733	-1.458
	2019	6.03	2.748		5.64	2.790	
无	2018	5.61	2.608	-10.743***	5.35	2.625	-8.052***
	2019	6.02	2.575		5.66	2.582	

注：* p<0.05，** p<0.01，*** p<0.001。

表 42　2017~2019 年不同宗教信仰城市居民的空气污染、饮用水源污染、生活垃圾状况题项年份对比

宗教信仰	年份	空气污染			饮用水源污染			生活垃圾状况		
		均值	标准偏差	F 值	均值	标准偏差	F 值	均值	标准偏差	F 值
有	2017(1)	5.11	2.877	10.697***	5.01	2.840	8.301***	5.21	2.788	4.768**
	2018(2)	5.49	2.867		5.38	2.886		5.38	2.793	
	2019(3)	5.61	2.930		5.44	3.018		5.55	2.815	
	事后比较	2,3>1			2,3>1			3>1		
无	2017(1)	5.03	2.775	111.116***	5.04	2.727	73.531***	5.18	2.657	26.050***
	2018(2)	5.21	2.729		5.16	2.756		5.24	2.682	
	2019(3)	5.63	2.725		5.52	2.720		5.46	2.628	
	事后比较	3>2>1			3>2>1			3>1,2		

注：* p<0.05，** p<0.01，*** p<0.001。

二　城市生态安全感方面存在的问题与挑战

本文第一部分呈现了本次调查有关生态安全感现状的分析，展现了城市居

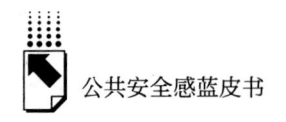

民的生态安全感基本状况。总体上看，我国2019年城市居民的生态安全感较之2018年和2017年普遍有所提升，这表明在2019年我国城市生态安全感获得了显著提升。本部分将进一步探讨城市生态安全感存在的问题与面临的挑战。

（一）城市居民生态安全感存在明显的区域差异

区域社会经济与生态环境密切相关。我国幅员辽阔、自然条件复杂，在自然地理环境基础上，各区域形成了不同的经济发展结构，形塑了区域生态格局。根据《中共中央、国务院关于促进中部地区崛起的若干意见》《国务院关于实施西部大开发若干政策措施的通知》以及党的十六大报告的精神，结合各城市所属省份，将36个城市划分为东部、中部、西部、东北四个区域。其中：东部地区包括北京、天津、石家庄、上海、南京、杭州、宁波、福州、厦门、济南、青岛、广州、深圳、海口；中部地区包括太原、合肥、南昌、郑州、武汉、长沙；西部地区包括重庆、成都、贵阳、昆明、拉萨、西安、兰州、西宁、银川、乌鲁木齐、南宁、呼和浩特；东北地区包括沈阳、长春、哈尔滨、大连。采用方差分析对4个区域间城市居民生态安全感进行比较，结果如表43、表44和图3所示。

表43显示，2019年4个地区之间存在显著的差异，主要表现为以下方面。第一，东北地区城市居民生态安全感总体评价落后于其他3个地区。城市居民生态安全感总体评价呈现较为明显的区域差异，由高到低依次为东部（均值为6.28）、西部（均值为6.12）、中部（均值为5.70）、东北（均值为5.30）。第二，在生态安全感4个分项指标上，中部与东北地区城市居民的安全感远低于东部与西部地区的城市居民（见图3）。居民对总体状况、空气污染、饮用水源污染、生活垃圾状况、噪声污染的担忧程度曲线在4个区域间呈现一致的变化趋势，均表现为东部和西部地区城市安全感较高，中部和东北地区安全感较低。第三，各区域在生态安全总体状况和各分项指标上的差异程度不同。空气污染指标的方差最大，离散性最强，噪声污染指标的方差最小，离散程度最小，意味着4个区域的居民对空气污染担忧程度的差异最显著，对噪声污染担忧程度的差异较不突出。据表44可知，2019年不

同区域的城市居民对生态安全4个方面的担忧程度的排名也表现出高度一致性,担忧程度由低到高依次为:西部、东部、中部、东北。从事后比较结果来看,东部与西部城市居民的担忧程度显著低于中部与东北地区城市居民。

表43 2019年东部、中部、西部、东北区域间城市居民生态安全感比较

地区	样本量(个)	均值	标准差	F值
东部	4217	6.28	2.549	
中部	1786	5.70	2.500	
西部	3619	6.12	2.622	55.971***
东北	1181	5.30	2.621	
总计	10803	6.02	2.593	

注:* $p<0.05$,** $p<0.01$,*** $p<0.001$。

表44 2019年东部、中部、西部、东北区域间城市居民生态安全感组间比较

因变量	地区	样本量(个)	均值	标准差	F值	事后比较
空气污染	东部(1)	4217	5.83	2.714		
	中部(2)	1786	5.15	2.573		
	西部(3)	3619	5.85	2.823	60.008***	1,3>2,4
	东北(4)	1181	4.92	2.674		
	总计	10803	5.62	2.747		
饮用水源污染	东部(1)	4217	5.67	2.731		
	中部(2)	1786	5.16	2.584		
	西部(3)	3619	5.67	2.854	34.307***	1,3>2,4
	东北(4)	1181	4.97	2.640		
	总计	10803	5.51	2.753		
生活垃圾状况	东部(1)	4217	5.51	2.617		
	中部(2)	1786	5.20	2.531		
	西部(3)	3619	5.67	2.717	21.154***	1,3>2,4
	东北(4)	1181	5.10	2.650		
	总计	10803	5.47	2.648		
噪声污染	东部(1)	4217	5.70	2.550		
	中部(2)	1786	5.39	2.532		
	西部(3)	3619	5.84	2.693	19.122***	1,3>2,4
	东北(4)	1181	5.34	2.570		
	总计	10803	5.66	2.605		

注:* $p<0.05$,** $p<0.01$,*** $p<0.001$。

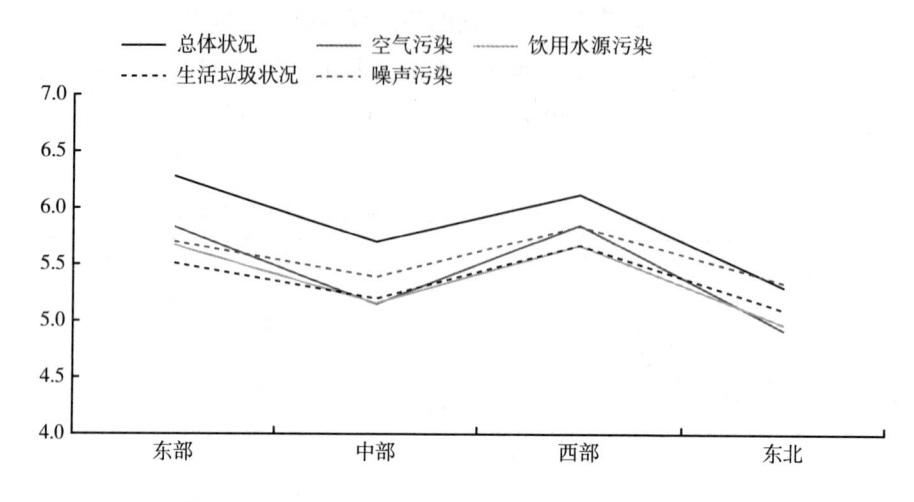

图 3 2019 年东部、中部、西部、东北各题项得分比较

（二）城市实力与城市居民生态安全感不匹配

在城市建设的进程中，城市生态环境的优化应与城市实力的提升相互促进、协调统一。只有通过城市生态建设，改善居民生活环境，才能吸引更多的人才和资源服务于城市实力提升。相应地，城市实力提升是促进城市可持续发展和生态建设的重要支撑。城市等级体现了城市的资源集聚度、城市枢纽性、城市人活跃度、生活方式多样性和未来可塑性；城市 GDP 反映了城市经济系统中各个职能部门对经济发展的合计，是衡量城市经济总量的重要内容；财政收入是政府履行职能的保障条件，其中最重要的是一般公共预算收入，它是衡量地方政府可支配财力的重要指标。从这 3 个指标与生态安全感的对比中发现，城市实力和生态安全这对相互关系存在不匹配的现象，这种不匹配性表现为以下两个方面。

一是城市生态安全感排名滞后于城市实力排名，城市生态安全感排名靠后而城市实力排名靠前的城市存在城市生态安全感滞后现象。从城市等级来看，表 45 显示，2019 年青岛、武汉、杭州、成都、北京、上海等一线、新一线城市生态安全感排名仅处于中间位置，郑州、西安、沈阳、广州、天津等一线、新一线城市生态安全感排名靠后,在36个城市中处于最低等级。图4显示,2019年各城市GDP排名与一般公共预算收入排名变化趋势一致。根据各项排名可知,图4中GDP排名、一般公共预算收入排名曲线位于生态安全感排名曲线以下且距离较远的城市(北京、上海、南京、重庆、长沙、天津、广州、西安、郑州)均存在城市生态安全感滞后于城市实力的问题。

二是城市实力排名滞后于城市生态安全感排名,城市实力排名靠后而城市生态安全感排名靠前的城市存在这种现象。表45中,2019年拉萨、乌鲁木齐、银川、呼和浩特、海口等城市,虽城市等级较低,均为三、四线城市,但生态安全感排名处于前列。图4中,2019年GDP排名、一般公共预算收入排名曲线位于生态安全感排名曲线以上的城市均是GDP排名与一般公共预算收入排名落后于城市生态安全感排名的城市,其中,厦门、拉萨、乌鲁木齐、银川、南宁、呼和浩特、海口等城市存在城市生态安全感较高而城市实力较差的不协调问题。

表45 2019年城市实力与城市生态安全感指数排名情况

城市	生态安全感排名	城市等级	GDP(亿元)	GDP排名	一般公共预算收入(亿元)	一般公共预算收入排名
厦门	1	二线城市	5995.04	22	1328.5	14
拉萨	2	四线城市	617.88	35	117.0	35
乌鲁木齐	3	三线城市	3413.26	30	472.5	25
银川	4	三线城市	1896.79	33	154.7	34
福州	5	二线城市	9392.30	17	1095.4	17
宁波	6	二线城市	11985.12	11	1468.5	12
南宁	7	二线城市	4506.56	27	370.9	29
深圳	8	一线城市	26927.09	3	3773.2	3
呼和浩特	9	三线城市	2791.46	32	203.1	32
济南	10	二线城市	9443.40	15	874.2	18
昆明	11	二线城市	6475.88	20	630.0	22
海口	12	三线城市	1671.93	34	185.3	33
青岛	13	新一线城市	11741.31	12	1241.7	15
武汉	14	新一线城市	16223.21	7	1564.1	10
杭州	15	新一线城市	15373.05	8	1966.0	6

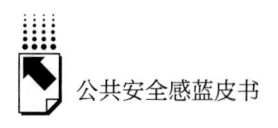

续表

城市	生态安全感排名	城市等级	GDP(亿元)	GDP排名	一般公共预算收入(亿元)	一般公共预算收入排名
成都	16	新一线城市	17012.65	6	1483.0	11
北京	17	一线城市	35371.30	2	5817.1	2
上海	18	一线城市	38155.32	1	7165.1	1
哈尔滨	19	二线城市	5249.40	26	370.9	30
贵阳	20	二线城市	4039.60	28	417.3	27
西宁	21	四线城市	—	—	101.8	36
南京	22	新一线城市	14030.15	10	1580.0	9
重庆	23	新一线城市	23605.77	5	2134.9	5
合肥	24	新一线城市	9409.40	16	1428.7	13
长沙	25	新一线城市	11574.22	14	1592.7	8
太原	26	二线城市	4028.51	29	386.6	28
天津	27	新一线城市	14104.28	9	2410.3	4
南昌	28	二线城市	5596.18	25	477.0	24
广州	29	一线城市	23628.60	4	1697.2	7
大连	30	二线城市	7001.70	19	692.8	21
沈阳	31	新一线城市	6470.30	21	730.3	19
西安	32	新一线城市	9321.19	18	702.6	20
郑州	33	新一线城市	11589.70	13	1222.5	16
长春	34	二线城市	5904.10	23	420.0	26
石家庄	35	二线城市	5809.90	24	569.1	23
兰州	36	二线城市	2837.36	31	233.2	31

注：城市等级资料来源于第一财经·新一线城市研究所公布的《2020城市商业魅力排行榜》；GDP及一般公共预算收入资料来源于各地市《2019年国民经济和社会发展统计公报》，其中西宁市GDP数据修订工作截至2020年7月尚未完成，故缺失。

（三）城市居民接受过生态安全教育或服务的比例虽有提升，但总体比例较低

有效的公共安全教育和服务活动不仅能够提高居民对公共安全的认知能力，同时也能够促进居民形成良好的行为习惯及生活方式，进而增加其安全感。表46显示，2019年是否接受过社会组织的生态安全教育或服务显著影

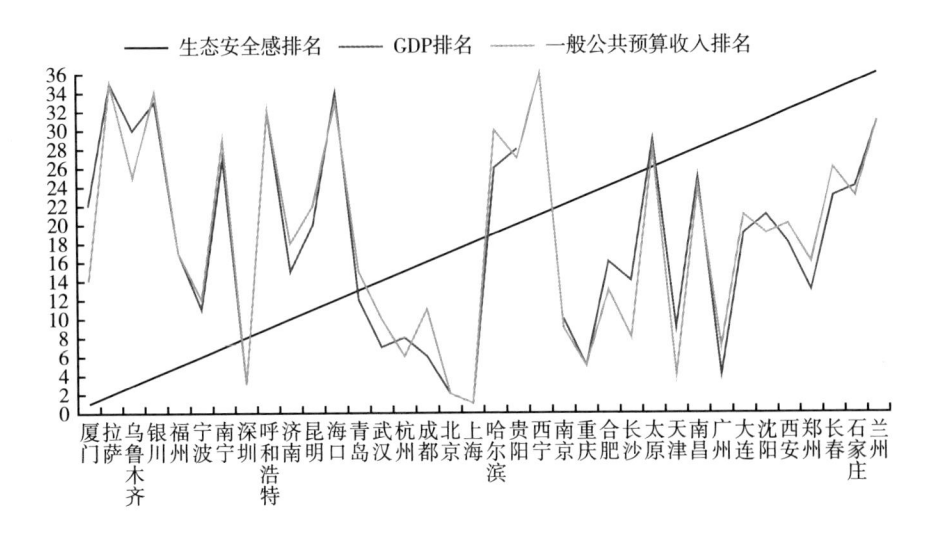

图4　2019年各城市生态安全感、GDP、一般公共预算收入排名情况

响城市居民的生态安全行为和认知程度。空气质量差甚至雾霾天戴口罩行为和对生态安全的认知程度与是否接受过社会组织的生态安全教育或服务显著相关。在雾霾天戴口罩行为方面，接受过社会组织的生态安全教育或服务的居民戴口罩的频率（均值为2.24）高于未接受过社会组织的生态安全教育或服务的居民（均值为2.14）；在生态安全认知程度方面，接受过社会组织的生态安全教育或服务的居民的认知程度（均值为2.81）高于未接受过社会组织的生态安全教育或服务的居民（均值为2.70）。

课题组成员对城市居民是否接受社会组织的公共安全教育或服务情况进行了调查（见图5），结果显示，2019年城市居民认为自己接受过社会组织的公共安全教育或服务的占比达76.3%，为3年来最高。但就生态安全教育或服务而言，情况却不容乐观。从表47中可以看出，与2018年相比，接受社会组织的生态安全教育或服务的占比有所下降，为23.7%，仅超过社会保障安全教育或服务的占比（13.8%）。这说明社会组织对城市居民的公共安全教育或服务的重视程度有所提高，但对生态安全教育或服务的重视程度仍有待加强。

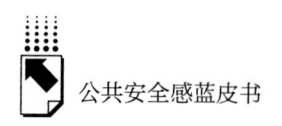

表46　2019年城市居民是否接受过社会组织的生态安全教育或服务对雾霾天戴口罩行为和生态安全认知程度的影响

变量	接受过		未接受过		t值
	均值	标准差	均值	标准差	
雾霾天戴口罩行为	2.24	0.863	2.14	0.859	5.231***
生态安全认知程度	2.81	0.672	2.70	0.638	7.081***

注：*$p<0.05$，**$p<0.01$，***$p<0.001$。

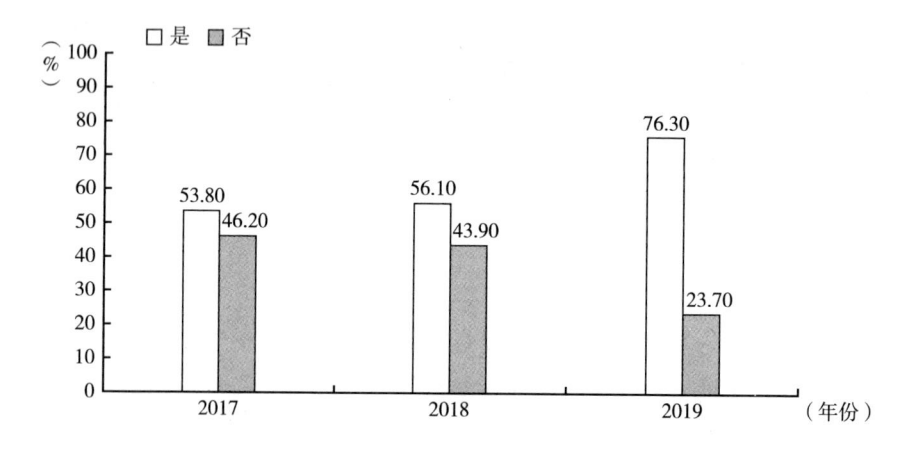

图5　2019年城市居民接受社会组织的公共安全教育或服务情况

表47　2017~2019年城市居民接受社会组织的各类安全教育或服务情况

单位：%

年份	选项	信息安全	自然安全	生态安全	公共卫生安全	食品安全	交通安全	公共场所设施安全	治安安全	社会保障安全
2017	未接受教育	76.0	73.8	83.4	80.5	77.3	73.5	82.4	81.8	87.0
	接受教育	24.0	26.2	16.6	19.5	22.7	26.5	17.6	18.2	13.0
2018	未接受教育	61.9	50.2	71.0	67.4	63.8	55.4	66.4	63.3	75.1
	接受教育	38.1	49.8	29.0	32.6	36.2	44.6	33.6	36.7	24.9
2019	未接受教育	64.8	61.7	76.3	71.8	75.8	66.3	75.0	72.5	86.2
	接受教育	35.2	38.3	23.7	28.2	24.2	33.7	25.0	27.5	13.8

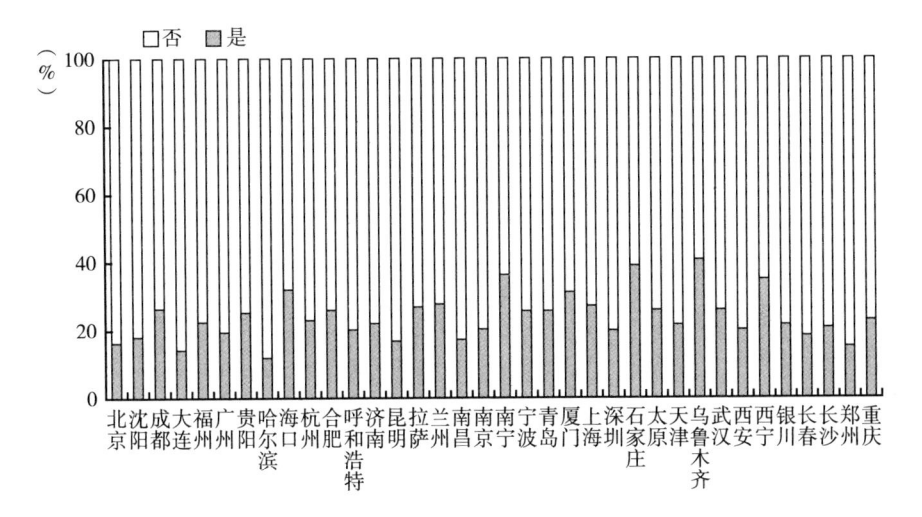

图 6 是 2019 年各城市的居民接受生态安全教育或服务情况,由该图可以看出,总体而言,各城市居民接受生态安全教育或服务的占比均未过半。具体来说:北京、沈阳、大连、广州、哈尔滨、昆明、南昌、长春、郑州 9 个城市的居民接受生态安全教育或服务的占比低于 20%;海口、南宁、厦门、石家庄、乌鲁木齐、西宁 6 个城市居民接受生态安全教育或服务的占比超过 30%。城市居民未接受过生态安全教育或服务的原因可能有两方面:一是城市居民自身缺乏参与意识,不愿意接受社会组织所提供的生态安全教育;二是相关组织并没有为居民提供有效的生态安全方面的教育或服务。这些也成为阻碍城市居民获得良好生态安全感的不利因素之一。

图 6 2019 年各城市居民接受生态安全教育或服务情况

(四)城市生态安全认知与防护行为之间存在差距

为了解我国城市居民面对生态环境威胁时的表现,课题组设置了"在空气质量差甚至雾霾的日子里,您会戴口罩出行吗"这一问题。表 48 是 2017~2019 年对这一问题的调查情况。结果显示:相比于 2017 年 (27.0%)和 2018 年(24.1%),2019 年"从来不戴"的占比有所下降;2019 年选择"偶尔会戴"的比例高于 2018 年的占比(43.3%),但是低于

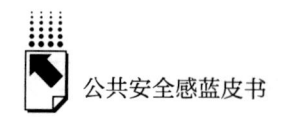

2017年的占比（47.9%）；与2018年相比，2019年居民选择"大多数情况下戴"和"一直戴"的比例均有所下降，这可能是因为，较之2018年，2019年全国环境空气质量平均优良天数的比例有略微提升①。

表49是2019年各城市居民对空气污染担忧程度排名和雾霾天戴口罩出行情况（已按照"从来不戴"的比例由高到低排序)②，以此了解各城市居民空气担忧程度与其戴口罩行为情况以及各城市居民间的行为差异。从表49可以看出，在空气质量差甚至雾霾的日子里，"从来不戴"占比前20的城市分别是重庆（44.6%）、海口（41.6%）、贵阳（40.5%）、广州（40.1%）、深圳（36.3%）、南宁（35.3%）、福州（32.8%）、长沙（30.7%）、拉萨（28.4%）、乌鲁木齐（27.9%）、昆明（27.5%）、呼和浩特（27.4%）、宁波（26.6%）、南昌（25.6%）、上海（24.9%）、厦门（24.3%）、杭州（22.9%）、西宁（21.4%）、兰州（20.9%）、青岛（20.7%），占比均超过了20%。重庆、广州、长沙、南昌、上海、西宁6个城市在空气污染担忧程度的调查中排名位于前20名以内，即这6个城市的居民对空气质量问题很关注，对空气污染也很担心，但在佩戴口罩出行这一做法上很少实行，表明其生态安全认知与自我防护行为之间存在差距，其原因可能是空气污染并不能使公众短期内感受到健康威胁。

就空气污染严重的城市而言，2019年石家庄、太原、济南和郑州位居环境空气质量相对较差的20个城市之列③，但城市居民有不同的应对反应（见表49）。石家庄城市数据中，空气污染担忧程度排名靠前（第5位），居民在空气质量差甚至雾霾的日子里不佩戴口罩的比例最低，仅为5.6%，且"大多数情况下戴"和"一直戴"的占比均最高，这说明该城市的居民自我防护意识较强，并能及时采取自我防护措施。郑州城市数据中，空气污染担忧程度排名居第2位，但居民在空气质量差甚至雾霾的日子里不戴口罩的比

---

① 据《2019中国生态环境状况公报》，环境空气质量平均优良天数比例为82.0%。2018年全年，全国338个地级及以上城市空气质量主要数据为：平均优良天数比例为79.3%。
② 表中"空气污染担忧程度排名"是按照"排名越靠前对空气污染状况越担忧"的规则。
③ 详见《2019中国生态环境状况公报》。

例为9.3%，大多数情况下戴口罩的比例为30.9%，一直戴的比例为7.6%，与石家庄城市居民的应对行为形成了强烈反差。太原和济南城市数据显示，空气污染担忧程度排名较为接近（分别为第16位和第20位），济南城市居民在空气质量差甚至雾霾的日子里从来不佩戴口罩的比例约为太原的2倍，大多数情况下戴的比例和一直戴的比例也高于太原。

表48 2017~2019年空气质量差甚至雾霾的日子里居民戴口罩出行情况

选项	2019年			2018年			2017年		
	百分比（%）	均值	标准差	百分比（%）	均值	标准差	百分比（%）	均值	标准差
从来不戴	22.9	2.16	0.861	24.1	2.16	0.877	27.0	1.98	0.722
偶尔会戴	45.6			43.3			47.9		
大多数情况下戴	24.1			25.0			25.1		
一直戴	7.4			7.6			—		

注：2017年未设置"一直戴"这一选项。

表49 2019年各城市居民对空气污染担忧程度和雾霾天戴口罩出行情况

单位：%

城市	空气污染担忧程度排名	从来不戴	偶尔会戴	大多数情况下戴	一直戴
重庆	18	44.6	34.8	18.6	2.0
海口	33	41.6	31.9	23.8	2.7
贵阳	26	40.5	40.2	14.2	5.1
广州	15	40.1	48.5	9.0	2.3
深圳	28	36.3	48.0	12.7	3.0
南宁	31	35.3	37.7	22.7	4.3
福州	34	32.8	43.6	18.6	5.1
长沙	9	30.7	46.7	19	3.7
拉萨	35	28.4	38.8	24.7	8.0
乌鲁木齐	32	27.9	54.2	15.6	2.3
昆明	27	27.5	36.9	26.8	8.8
呼和浩特	25	27.4	45.9	20.3	6.4
宁波	30	26.6	47.8	22.2	3.4

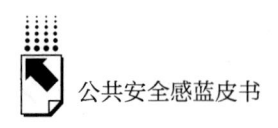

续表

城市	空气污染担忧程度排名	从来不戴	偶尔会戴	大多数情况下戴	一直戴
南昌	14	25.6	48.5	22.9	3.0
上海	17	24.9	54.2	15.8	5.1
厦门	36	24.3	45.3	25.3	5.0
杭州	22	22.9	49.8	20.3	7.0
西宁	19	21.4	42.2	28.4	8.0
兰州	4	20.9	41.4	27.3	10.4
青岛	24	20.7	42.6	26.9	9.8
武汉	21	19.2	49.1	22.3	9.3
银川	29	18.9	47.6	27.0	6.4
南京	8	18.4	49.5	26.4	5.7
大连	7	17.7	52.7	21.1	8.5
长春	3	17.4	48.2	21.1	13.4
成都	23	17.0	36.3	31.7	15.0
合肥	10	16.4	49.2	30.4	4.0
济南	20	14.9	41.3	31.7	12.2
哈尔滨	12	13.7	43.3	30.2	12.7
西安	1	13.0	47.2	32.8	7.0
北京	11	12.1	47.3	29.2	11.4
天津	13	12.0	48.8	29.6	9.6
沈阳	6	11.8	59.9	20.9	7.4
郑州	2	9.3	52.2	30.9	7.6
太原	16	7.1	54.1	27.9	10.9
石家庄	5	5.6	35.6	38.7	20.1

三 提升城市生态安全感的对策与建议

"生态安全"问题是一个诠释古老问题的新概念。[①] 人类社会是一个复杂的大系统，人们所有的经济、政治、文化活动的开展都离不开所依托的生态环境系统，它为人类提供了必不可少的生命维护系统和从事各种活动所必

---

① 肖笃宁、陈文波、郭福良：《论生态安全的基本概念和研究内容》，《应用生态学报》2002年第3期，第354～358页。

需的最基本的物质资源，人、生物与环境之间生态关系的和谐性伴随着整部人类的发展史。新时代，生态安全作为"总体国家安全观"的构成内容，具有十分重要的战略意义。从人的需要角度而言，安全需要在马斯洛的需求层次理论中处于第二层级，仅次于生存需要。城市生态安全不仅是社会发展的客观要求，更是人类自身的内在需要，因此，通过各种途径解决城市生态安全感存在的问题、提升居民生态安全感是十分必要的。结合2019年36个城市生态安全感调查，思考当前我国城市居民生态安全感的基本状况与存在的问题，本文从以下几个方面提出参考建议。

（一）加强均衡性治理，推进区域间生态安全治理协调发展

党的十九届三中全会通过了《中共中央关于深化党和国家机构改革的决定》和《深化党和国家机构改革方案》，第十三届全国人民代表大会第一次会议批准了《国务院机构改革方案》，其中一项重要变化是由新组建的自然资源部统一承担空间规划体系的建立和监督实施职责。2019年5月《中共中央、国务院关于建立国土空间规划体系并监督实施的若干意见》出台，明确提出"到2020年，基本建立国土空间规划体系"，这是我国实现治理体系与治理能力现代化的重要举措。与我国行政管理层级相对应，新时代国土空间规划体系由五级构成，其中，全国国土空间总体规划中强调了区域协调发展战略。由此，生态文明理念下的"发展"就是空间发展，国土空间规划被视为国家对治理结构进行全面调整并提升治理能力的重要举措，解决空间不均衡问题是现代环境治理体系的核心。[1]

第一，加强区域生态环境协同治理和协调机制的建设，促进区域间生态安全治理水平的均衡提升。推进各区域在生态治理理念、措施、方案等方面的信息共享，通过调整城市生态安全感较低区域的相关配套设施、政策和经济发展方式，加强区域间的生态环境联系，充分利用其他区域在资源、技

---

[1] 张京祥、夏天慈：《治理现代化目标下国家空间规划体系的变迁与重构》，《自然资源学报》2019年第10期，第2040~2050页。

术、经验等方面的优势,把握住生态环境较好地区间的溢出效应,发挥区域之间的交互作用,推进城市生态环境协调发展。尤其是要加强对空气污染的协同治理力度,因为各区域在空气污染方面的离散性最强。由于区域内部城市间生态安全感也存在客观差异,均衡发展的另一个重点是要加强区域内部各城市生态治理间的协同合作。

第二,根据不同空间特点,制定差异化的城市生态环境建设策略,有针对性地推动不同区域生态环境改善。从区域间来说,东部、中部、西部、东北地区有不同的发展方向以及生态环境问题,因此,在制定生态环境建设策略时,也要充分考虑到区域间的差异性。生态环境建设侧重点应有所不同,避免"一刀切"。东部地区逐渐走向新型工业化道路,在环境保护和污染治理上的投入较大,因此东部地区城市居民生态安全感较高,但也应注意控制污染源,实现更清洁的增长;中、西部地区是东部地区产业转移的承接地,西部地区应侧重保护自身生态环境,降低经济发展的代价,中部地区则应致力于污染治理,发展节能减排技术,同时选择性承接产业转移;东北地区作为老工业基地,应在振兴经济的同时,加强污染治理和生态保护。

(二)主客观建设相结合,改善城市实力与生态安全感的偏离状态

城市居民生态安全感反映的是居民对城市生态环境客观状况以及这一状况对其自身影响的主观认知与判断,因此,要改善城市实力与居民生态安全感的偏离状态可以从主观和客观两个方面入手。

从主观方面而言,城市居民对生态安全的期望与判断对城市生态安全感的高低至关重要。因此,要积极回应居民对城市生态安全的需求,引导居民形成更加合理的生态安全观,发挥居民生态环境保护的主体作用。一方面,高度重视居民需求,不断满足人民日益增长的生态环境安全需要,尤其在城市人口规模较大时,要了解不同群体间居民对生态环境安全需求的差异,切实提升居民对生态环境安全的主观感受。另一方面,引导居民形成正确的生态风险意识和生态安全认知,避免居民对生态问题和生态风险的过度关注与过度紧张心理,也要加强对生态环境安全知识的宣传教育,警惕居民缺乏生态安全意识。

从客观状况而言，城市生态环境是一种公共物品，为避免"公地悲剧"，需要政府部门介入环境治理这一公共领域，而城市实力也需要通过政府才能转化为城市生态环境改善的推力，因此，政府职能部门在城市生态环境领域治理中发挥着重要作用。第一，针对城市生态安全感滞后于城市实力的不协调问题，应强化地方政府生态环境治理责任，提升生态安全治理绩效，改善城市生态环境安全状况，夯实居民生态安全感的客观基础。具体可以从以下几方面入手：首先，政府应充分考虑城市生态布局，保障城市具有较高的森林覆盖率、空气质量指数、污水处理率、垃圾无害处理率、环境噪声达标率等，在此基础上加强环境污染治理，将生态环境建设作为各部门绩效考核的重要内容；其次，政府应严格制定排放标准，采取措施促进企业节能减排，增加节能环保财政支出，加大污染防治等技术手段的投入力度，采取补贴、激励等措施提高清洁能源利用率，鼓励清洁生产；最后，实力雄厚的城市应充分利用本城市拥有的人才和资源，鼓励科技创新，将能源高效利用及节约技术、污染治理技术、绿色制造技术等运用到生态建设之中。第二，对于城市实力滞后于城市生态安全感的城市而言，政府在城市实力提升的进程中要兼顾经济发展与生态环境保护，不能以破坏环境为代价换取城市实力提升，政府鼓励企业发展的同时要采取各种措施增强企业的生态责任感，可要求企业定期公开企业生态责任报告，接受大众监督，促使企业承担社会责任。

（三）加大生态安全教育和服务投入，提升居民的生态安全认知水平

生态文明建设是一项复杂的社会系统工程，其依靠力量不应该是任何单一主体，而只能是由政府、企业、公众和环境非政府组织（ENGOs）良性互动、优势互补所形成的社会合力。[①] 前文分析到，有效的生态安全教育和服务能够提高居民生态安全认知度，因此作为生态文明建设主

---

① 蔡文：《论当前我国生态文明建设的社会合力》，《理论与现代化》2010年第1期，第5~10页。

体的政府、企业和社会组织同时也是生态安全教育和服务的提供者应在城市生态安全建设中充分发挥其积极作用，为居民提供优质的生态安全教育和服务。

一方面，政府作为生态安全建设的主导力量，应充分发挥其组织、指导等作用。一是强化服务经济、科技经济、绿色经济的发展，持续推动产业结构优化升级，科学配置资源，提高资源利用效率，减少因生活需求增加而带来的环境污染。[①] 二是营造良好的生态建设文化氛围，采取多种形式加大生态安全教育的普及力度，使居民在潜移默化中提高其对生态安全的认知度。例如，借助报刊、宣传栏、电视、广播等传统传播媒介和微博、微信、网络论坛等新媒体平台进行生态安全知识的宣传教育；依托"世界环境日""世界水日""世界地球日"等重要纪念日采用征文、演讲、知识竞赛等形式开展教育活动；邀请专家做环保讲座，与居民交流生态环境建设经验体会。

另一方面，广泛吸收企业、社会组织等多方力量参与到提供生态安全教育和服务中来，构建合作、共享、共治的建设体系。例如，排污企业和第三方治污企业要及时公布企业环境责任报告，保证公众与社会组织能掌握企业环境污染治理信息，更好地参与和监督企业环境污染治理。[②] 作为第三方组织的民间环保组织通过各种方式开展环境教育和生态文化宣传，倡导和组织社区居民向环保型的生活方式转变，使人们正确认识环境和环境问题，树立良好的环境觉悟，养成文明的环境行为习惯，从而投身于防治环境污染、改善生态环境的行列[③]，一定程度上也能够有效弥补"市场失灵"问题。

---

① 李云燕、孙桂花、邸鹏：《北京市雾霾污染治理政府绩效评估与优化路径研究》，《城市与环境研究》2020年第1期，第20~33页。
② 周五七：《中国环境污染第三方治理形成逻辑与困境突破》，《现代经济探讨》2017年第1期，第33~37页。
③ 肖晓春、蔡守秋：《民间环保组织与生态社区建设》，《生态经济》2006年第7期，第38~41页。

（四）政府建设与居民实践相结合，提高居民参与生态安全建设的积极性

公众作为生态文明建设的主体之一，其参与的积极性和有效性对生态文明建设起着关键性的作用。但从前文的研究可以发现，在城市生态环境建设中，城市居民并未切实发挥自身的作用。在面对生态问题时缺乏自我防护意识，甚至在城市的生态安全建设中处于被动接受的地位。因此，提高居民参与生态安全建设的积极性对于提升城市居民的生态安全感至关重要。

一方面，地方政府应通过多种渠道加大生态安全宣传力度，激发城市居民的生态安全意识，使居民充分认识到生态建设的紧迫性、必要性和重要性。例如，地方政府可以设置生态建设意见箱、热线电话等，广泛收集居民对环境建设的意见、建议，提高居民参与生态建设的积极性；利用微博、微信等新媒体及时发布生态建设信息，保障居民生态建设的知情权；对于有关生态环境建设的重大项目规划及时发布信息，广泛听取居民意见，使其能够有效参与。

另一方面，居民自身应树立正确的生态安全观。这有助于居民在城市生态安全建设中由被动变为主动，激发其广泛参与。例如，居民在日常生产生活实践中要自觉承担生态安全建设主体责任，树立绿色消费观，增强对资源的忧患意识和节约资源、保护环境的责任意识，养成节约资源、绿色消费、低碳出行等良好的生活习惯；提升自身的生态安全素养，提高对生态安全问题的识别和应对能力，采取积极有效的措施维护自己和他人的生态安全；要充分认识并维护自己的生态建设知情权、参与权和监督权，对政府、企业等进行社会监督，检举揭发各种环境违法行为，促进城市生态安全建设。

B.8
中国城市公共场所设施安全感调查报告（2020）

施 炜*

摘　要： 公共场所设施是一个城市的硬件基础，保障着城市居民的生命财产安全和城市经济社会的良好发展。2017~2019年的全国城市公共安全感调查显示，公共场所设施安全感指数在全国城市公共安全感9个专项指标中稳居前2，2019年荣居榜首，反映出居民对公共场所设施安全现状的高认同度。从公共场所设施安全感4个分项来看，校园安全感已持续3年得分垫底，表现出居民对校园安全的高度担忧；从标准差和方差来看，居民公共场所设施安全感的认知和感受的离散性较强；从影响变量来看，性别、年龄、政治面貌、个人月收入、身份职业、文化程度显著影响居民公共场所设施安全感，户口类型、民族和宗教信仰与公共场所设施安全感不存在显著相关。从区域分布来看，我国城市公共场所设施安全感呈整体不均衡、局部不稳定状态；从人群分布来看，我国城市公共场所设施安全感敏感人群呈年轻化趋势；从个体行为倾向来看，我国城市居民的风险意识偏低、不安全行为多。这需要规范公共设施建设流程、完善公共场所突发事件应急机制、创新城市公共场所设施管理理念、加强公共场所设施安全宣传与教育力度等多方措施，提升政府的透明度和公信力，采

---

* 施炜，博士，中国矿业大学公共管理学院（应急管理学院）副教授，主要研究方向为公共安全和应急管理。

取多元共治，提升居民公共安全能力，从而提升居民公共场所设施安全感。

关键词： 城市安全　公共场所设施　安全感

一　城市公共场所设施安全感基本状况

城市公共场所的基础设施是一个城市发展的"硬核"，世界银行出版的《1994年世界发展报告》专门以"为发展提供基础设施"为主题定义了基础设施与发展之间的关系①，城市基础设施之于城市而言，既承载着满足居民各种需求的多功能性，又因现代城市对公共场所基础设施的依赖度越来越高而存在高风险性。中国正处于城镇化快速发展时期，城市公共场所设施所承载的功能和风险也趋于复杂化，因此，调查与研究我国城市公共场所设施安全关系城市居民的日常工作生活，关系城市的经济健康发展，关系社会和谐与稳定，对于城市安全具有极其重要的意义。鉴于本书已有专章研究交通、信息和环保系统，故如无特别说明，本章节中所涉及的公共场所基础设施皆指除交通设施、信息设施和环境保护设施之外的经济基础设施和社会基础设施。

本次全国问卷调查在全国4个直辖市、27个省会城市和5个计划单列市中对居民进行抽样调查，从安全感受、安全认知和行为两个维度对城市居民公共场所设施安全感进行测评。主要包括：①居民对公共场所设施安全的感受，如人们对城市公共场所设施安全中的公共场所安全、市政设施安全、校园安全、应急安全等方面的担心程度；②居民对公共场所设施安全的认知及行为，如居民在进入陌生公共场所时是否会留意逃生通道或避险标识、遇

---

① 世界银行：《1994年世界发展报告：为发展提供基础设施》，毛晓威译，中国财政经济出版社，1994。

到突发事件会如何做等。并从性别、年龄、政治面貌、文化程度、个人月收入、身份职业、户口类型、宗教信仰和民族等因素分析其对公共场所设施安全感的具体影响。

（一）城市公共场所设施安全感指数及其排名

根据前文统计分析，与全国公共场所设施安全感指数估算原理相同，利用求取的全国公共场所设施安全分项指数，可以得出各城市公共场所设施安全感这一分项指标指数。对影响全国城市居民公共安全感的9个专项指标进行计算和排名（见表1）。从表1中可以看出，2017~2019年持续3年的全国城市公共安全感指标排名中，公共场所设施安全感指标排名一直维持着高水平，2019年更是居于首位，充分显示出居民对所居住城市公共场所设施现状的高度认可。

表1 2017~2019年全国城市公共安全感分项指标指数排名

分项指标	2019年			2018年			2017年	
	指数	排名	变化	指数	排名	变化	指数	排名
公共场所设施安全感	0.5399	1	+1	0.4978	2	0	0.4941	2
自然安全感	0.5279	2	-1	0.5089	1	0	0.5091	1
生态安全感	0.5115	3	+4	0.4880	7	-1	0.4840	6
交通安全感	0.5077	4	+1	0.4939	5	-1	0.4917	4
治安安全感	0.5046	5	-1	0.4957	4	-1	0.4934	3
公共卫生安全感	0.4958	6	0	0.4895	6	+1	0.4799	7
社会保障安全感	0.4820	7	+1	0.4782	8	-3	0.4843	5
食品安全感	0.4748	8	-5	0.4972	3	+5	0.4693	8
信息安全感	0.4728	9	0	0.4670	9	0	0.3835	9

将公共场所设施安全感指数与全国城市公共安全感指数进行比较，可以看出全国36个城市普遍呈现公共场所设施安全感指数对城市公共安全感指数的很明显的提振效应，具体可见表2和图1，这一效应也在2017年和2018年的数据中得到体现。所有调研城市的公共场所设施安全指数均明显

高于全国公共安全感指数,说明城市居民对公共场所设施安全现状的认可不仅表现在总体层面,更在所有调研城市中得以印证。

表2 2019年全国城市公共安全感与公共场所设施安全感的比较

城市	城市公共安全感指数	公共场所设施安全感指数
乌鲁木齐	0.4950	0.5771
拉萨	0.4889	0.5758
福州	0.4847	0.5546
济南	0.4843	0.5536
银川	0.4838	0.5528
北京	0.4832	0.5519
昆明	0.4815	0.5509
武汉	0.4814	0.5497
成都	0.4811	0.5479
呼和浩特	0.4807	0.5471
哈尔滨	0.4796	0.5470
上海	0.4795	0.5449
南宁	0.4784	0.5435
杭州	0.4780	0.5421
南京	0.4773	0.5418
太原	0.4768	0.5405
长沙	0.4765	0.5378
合肥	0.4755	0.5377
贵阳	0.4755	0.5366
重庆	0.4749	0.5328
广州	0.4745	0.5302
海口	0.4737	0.5286
西宁	0.4715	0.5270
天津	0.4714	0.5226
长春	0.4710	0.5197
南昌	0.4703	0.5195
沈阳	0.4678	0.5191
石家庄	0.4667	0.5187
西安	0.4666	0.5183
兰州	0.4666	0.5125
郑州	0.4661	0.5116

续表

城市	城市公共安全感指数	公共场所设施安全感指数
青岛	0.4837	0.5522
厦门	0.4888	0.5651
宁波	0.4822	0.5519
深圳	0.4817	0.5511
大连	0.4725	0.5274

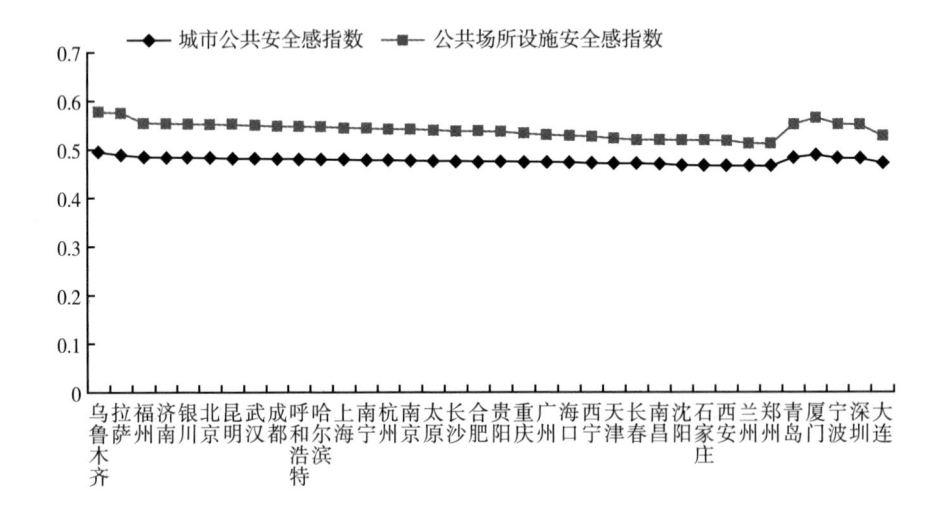

图1 2019年全国城市公共安全感与公共场所设施安全感的比较

表3、图2和图3所示，在全国城市公共场所设施安全感方面，各城市2019年的公共场所设施安全感指数排名由高到低依次是：乌鲁木齐、厦门、拉萨、宁波、深圳、北京、福州、济南、青岛、哈尔滨、上海、武汉、银川、呼和浩特、成都、南宁、杭州、南京、昆明、长沙、合肥、广州、太原、重庆、大连、海口、贵阳、西宁、长春、沈阳、天津、南昌、郑州、兰州、石家庄、西安。城市公共场所设施安全感指数越高，排名越靠前，表明该城市居民的公共场所设施安全感越高。

结合2017~2019年城市公共场所设施安全感指数及排名（见表3），其中：福州排行前列，且3年排名均为前10，保持了较高的水平；郑州排名靠后，3年排名均位居倒数10名。2017~2018年，昆明、拉萨、乌鲁木齐、济南、杭州、兰州、太原排名上升幅度较大，名次上升超过 10 名；沈阳、重庆、西安、海口、广州、南宁下降幅度较大，名次下降达到 10 名及以上。2018~2019 年，北京、哈尔滨、南宁排名上升幅度较大，名次上升达到 15 名及以上；昆明、贵阳、天津、南昌、西宁、兰州下降幅度较大，名次下降超过 15 名。乌鲁木齐、北京、银川等城市 3 年排名持续上升；长沙、重庆、贵阳、沈阳等城市 3 年排名持续下降。上海近 3 年排名相对稳定，变化幅度不大。

表3 2017~2019 年全国城市公共场所设施安全感指数及排名

城市	2019 年			2018 年			2017 年	
	指数	排名	变化	指数	排名	变化	指数	排名
乌鲁木齐	0.5771	1	+3	0.5243	4	+19	0.4759	23
厦门	0.5758	2	—	—	—	—	—	—
拉萨	0.5651	3	0	0.5315	3	+11	0.5087	14
宁波	0.5546	4	—	—	—	—	—	—
深圳	0.5536	5	—	—	—	—	—	—
北京	0.5528	6	+15	0.4862	21	+8	0.4381	29
福州	0.5522	7	-5	0.5349	2	+4	0.5276	6
济南	0.5519	8	-2	0.5227	6	+11	0.4983	17
青岛	0.5519	9	—	—	—	—	—	—
哈尔滨	0.5511	10	+19	0.4681	29	-4	0.4599	25
上海	0.5509	11	+2	0.5026	13	-4	0.5155	9
武汉	0.5497	12	+10	0.4852	22	-4	0.4909	18
银川	0.5479	13	+2	0.4963	15	+7	0.4786	22
呼和浩特	0.5471	14	+13	0.4720	27	-7	0.4853	20
成都	0.5470	15	+2	0.4937	17	+7	0.4721	24
南宁	0.5449	16	+15	0.4477	31	-12	0.4861	19
杭州	0.5435	17	-8	0.5152	9	+19	0.4417	28
南京	0.5421	18	-8	0.5147	10	+2	0.5099	12
昆明	0.5418	19	-18	0.5457	1	+26	0.4488	27
长沙	0.5405	20	-4	0.4955	16	-5	0.5122	11
合肥	0.5378	21	-10	0.5090	11	+2	0.5093	13
广州	0.5377	22	+8	0.4663	30	-25	0.5277	5
太原	0.5366	23	-4	0.4894	19	+12	0.4105	31
重庆	0.5328	24	-4	0.4881	20	-19	0.5641	1
大连	0.5302	25	—	—	—	—	—	—

续表

城市	2019年			2018年			2017年	
	指数	排名	变化	指数	排名	变化	指数	排名
海口	0.5286	26	0	0.4728	26	-22	0.5385	4
贵阳	0.5274	27	-22	0.5241	5	-3	0.5475	2
西宁	0.5270	28	-21	0.5216	7	+8	0.5083	15
长春	0.5226	29	-5	0.4809	24	-8	0.5080	16
沈阳	0.5197	30	-12	0.4916	18	-10	0.5155	8
天津	0.5195	31	-19	0.5078	12	-2	0.5151	10
南昌	0.5191	32	-24	0.5208	8	-1	0.5251	7
郑州	0.5187	33	-5	0.4684	28	-2	0.4537	26
兰州	0.5183	34	-20	0.4972	14	+16	0.4365	30
石家庄	0.5125	35	-12	0.4812	23	-2	0.4834	21
西安	0.5116	36	-11	0.4764	25	-22	0.5445	3

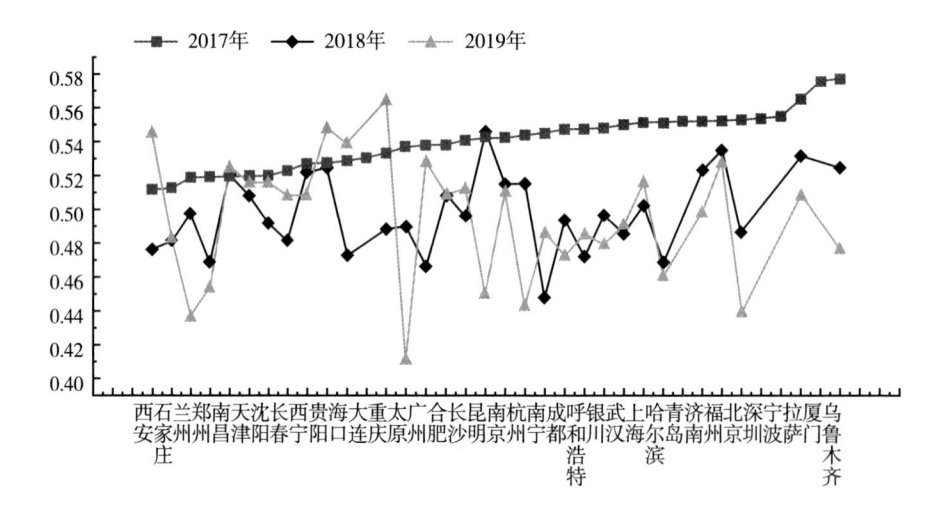

图2 全国城市公共场所设施安全感指数（2017~2019）

（二）城市公共场所设施安全感的基本数据统计

1. 基于描述性统计的城市公共场所设施安全感状况

全国城市调查问卷对城市公共场所设施安全感的测度主要从设施安全和应急安全两个方面设置了4个问题：一是针对公共场所的安全感设置了

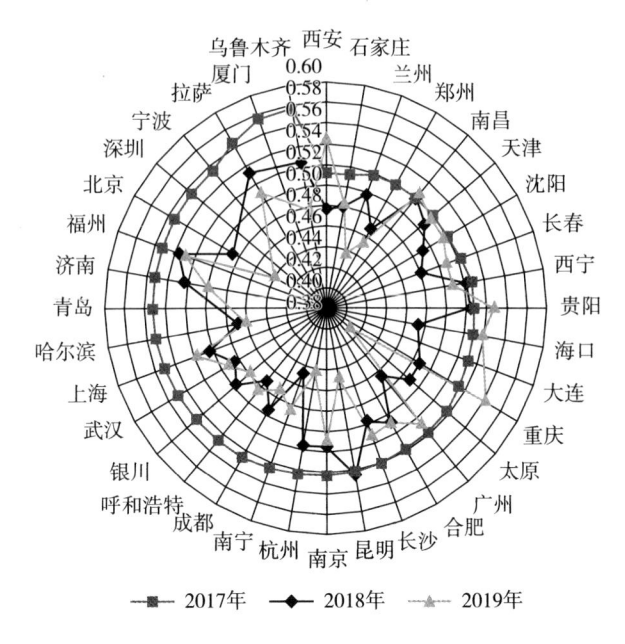

图3 全国城市公共场所设施安全感指数（2017~2019）

"在人员密集场所，您担心会发生严重的突发事件（火灾、爆炸、暴力袭击、拥堵踩踏、有毒气体……）吗"；二是针对基础设施安全感方面设置了"您会担心这些市政设施（窨井盖、下水道、公用电梯、高压电线、燃气管道、高层水箱……）出现故障吗"；三是针对社会普遍关注的校园安全问题，设置了"您会担心学校及周边环境不安全吗"；四是针对应急救援设置了"遭遇突发事件时，您会担心得不到及时的疏散或救援吗"。通过这4个问题反映城市居民对公共场所设施安全的担心程度，评分越低代表担心程度越高，评分越高代表担心程度越低。

运用SPSS 21.0软件对四个指标进行描述性统计，结果如表4所示。

表4 2019年公共场所设施安全担心程度描述性统计结果

因变量	样本量（个）	极小值	极大值	均值	标准差	方差
场所安全感	10803	1	10	5.8	2.551	6.509
设施安全感	10803	1	10	5.78	2.482	6.158

续表

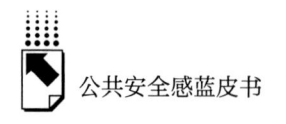

因变量	样本量（个）	极小值	极大值	均值	标准差	方差
校园安全感	10803	1	10	5.69	2.648	7.013
应急安全感	10803	1	10	5.78	2.563	6.567
有效的样本量（列表状态）	10803					

据表4，2019年全国城市居民对公共场所设施安全感上述4个分项的担忧程度有所差异，场所安全感、设施安全感、校园安全感和应急安全感之间相比，居民场所安全感的得分最高，即担心程度最低，居民设施安全感和应急安全感的得分次之，但校园安全感的得分最低，且与另外3个安全感得分有一定差距，表现出居民对校园安全的担心程度最高。与2018年相比，居民持续表现出对校园安全的担忧，两年的数据均处于低位，这应该引起我们的重视，校园安全无小事，只要一出事就是大事，如何切实保障安全校园，彻底打消居民心中的担忧，不仅是政府的责任，也是师生、家长乃至整个社会应共同努力的课题。然而2019年的居民对市政基础设施安全的担忧程度却有了逆转，从2018年的最低跃升为2019年的并列第二，这说明我国中心城市的发展质量有所提升，城市基础之一的市政基础设施也在不断完善，越来越能够满足居民的生活需求，为居民打好了安全城市的物质基础。从标准差和方差来看，居民对校园安全感的认知和感受的离散性最强，其他3类的数值和平均值之间的差异也比较大，这表明被调查者的意见存在两极分化的现象。

那么不同城市的居民公共场所设施安全感又呈现何种状态呢？不同城市居民对所在城市公共场所设施安全的4个层面的担心程度见表5。具体而言：在场所安全感层面，乌鲁木齐（7.023）、厦门（6.917）、拉萨（6.629）得分排名前3，而西安（4.712）、郑州（4.797）、石家庄（4.876）排名后3。在设施安全感层面，厦门（7.083）、乌鲁木齐（7.003）、拉萨（6.492）排名居前，石家庄（4.799）、沈阳（5.010）、兰州（5.024）则垫底。在校园安全感层面，乌鲁木齐（7.186）、厦门（6.923）、拉萨（6.923）位居前列，西安（4.468）、郑州（4.681）、南昌

(4.781）位居末尾。在应急安全感层面，乌鲁木齐（7.236）、厦门（7.093）、拉萨（6.679）得分最高，石家庄（4.811）、兰州（4.845）、南昌（4.864）得分最低。从数据的一致性来看，乌鲁木齐、厦门、拉萨这3个城市在4个层次上分值均占前3，表现出这3个城市的居民对所居住城市公共设施安全感的整体认同和分项认同均比较高，而得分居末的3个城市则在不同层面有不同排名，但综合来看，这4个层面的安全感数值最高分与最低分之间存在近3分的差距，这从总分只有10分的设置来看，差距是非常明显的，从而印证了前文所说的公共设施安全感数值离散性较强的论点。这也反映出我国城市间在公共设施建设与发展方面存在较为明显的不平衡态势，而这种不平衡态势与城市经济发展水平或城市所在区位等传统划分标准并不存在明显相关，如乌鲁木齐和拉萨这两座城市在公共设施安全感方面表现亮眼，但两者均地处西部，经济发展水平并不高，且均为少数民族自治区的首府，这说明自新中国成立起来，我国历代中央政府均非常重视少数民族地区的发展，在持续投入下，少数民族地区的城市已有了长足发展，而老百姓的高安全感就是对城市改革发展成果最直观、最有力的反映。

表5 2019年各城市居民的公共场所设施分项安全感

城市	场所安全感	设施安全感	校园安全感	应急安全感
北京	6.084	6.245	6.191	6.171
沈阳	5.226	5.010	5.020	4.997
成都	6.113	6.034	5.890	5.920
福州	6.274	6.199	6.199	6.172
广州	5.492	5.589	5.799	5.659
贵阳	5.456	5.434	5.272	5.320
哈尔滨	6.093	6.172	6.007	6.639
海口	5.520	5.547	5.117	5.272
杭州	5.824	5.744	6.093	5.927
合肥	5.739	5.702	5.756	5.676
呼和浩特	6.074	5.963	5.953	6.068
济南	6.178	6.139	5.960	6.241
昆明	5.850	5.853	5.742	5.768

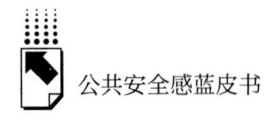

续表

城市	场所安全感	设施安全感	校园安全感	应急安全感
拉萨	6.629	6.492	6.923	6.679
兰州	5.209	5.024	4.879	4.845
南昌	5.226	5.269	4.781	4.864
南京	5.903	5.625	5.866	5.829
南宁	5.857	6.117	5.850	5.890
上海	6.125	6.192	6.007	6.081
石家庄	4.876	4.799	4.879	4.811
太原	5.711	5.605	5.660	5.629
天津	5.033	5.083	4.963	4.920
乌鲁木齐	7.023	7.003	7.186	7.236
武汉	6.117	6.100	6.003	6.103
西安	4.712	5.074	4.468	5.023
西宁	5.406	5.454	5.123	5.208
银川	6.081	6.037	5.912	6.051
长春	5.281	5.321	4.987	5.385
长沙	5.970	5.707	5.620	5.717
郑州	4.797	5.156	4.681	5.193
重庆	5.666	5.490	5.311	5.503
大连	5.571	5.296	5.463	5.660
宁波	6.320	6.259	6.098	6.165
青岛	6.213	6.243	6.118	6.151
厦门	6.917	7.083	6.923	7.093
深圳	6.310	6.193	6.120	6.363

2. 基于组间对比的城市公共场所设施安全感状况

接下来将从性别、年龄、政治面貌、文化程度、个人月收入、身份职业、户口类型、宗教信仰和民族等因素对公共场所设施安全感进行进一步分析。

（1）基于性别的公共场所设施安全感状况

通过单因素分析了解性别变量与公共场所设施安全状况及不同层面担心程度的相关关系，结果如表6和表7所示。全国城市居民性别与公共场所设施安全感状况关系的F值为76.492，显著性水平p值小于0.001，表示性别显著影响公共场所设施安全的感受。从表7中可以发现，不同性别居民在密集场所安全感、市政设施安全感、校园安全感和应急安全感四个变量显著性水平 p 值均小于 0.001，表明不同性别的居民对密集场所安全感、市政设施安全感、校园安全感和应急安全感的担心程度都有显著的不同。指标值最大为 10 分，表示完全不担心，最小为 1 分，表示极为担心，因此男性居民对公共场所设施总体安全感（均值为 6.14）、场所安全感（均值为 6.01）、设施安全感（均值为 5.96）、校园安全感（均值为 5.94）和应急安全感（均值为 6.02）的担心程度显著低于女性居民对公共场所设施总体安全感（均值为 5.73）、场所安全感（均值为 5.55）、设施安全感（均值为 5.57）、校园安全感（均值为 5.38）和应急安全感（均值为 5.5）的担心程度。从 2017~2019 三年的数据综合来看，女性担忧程度明显高于男性的这种趋势一直存在，其可能原因为女性较男性而言，对周围环境变化的感知度更为敏感，且大多数成年女性是家庭育儿、照顾老人、日常生活的主要承担者，对与居民日常生活息息相关、密切接触的公共场所基础设施有着更多的接触机会，对其使用感知和需求也会随之而提高，从而产生较高的公共设施期待而导致安全感偏低。

表 6　2019 年城市居民的性别与公共场所设施安全感状况的关系

性别	样本量（个）	均值	标准差	F 值
男	5852	6.14	2.433	76.492 ***
女	4951	5.73	2.462	
总计	10803	5.95	2.455	

注：* $p<0.05$，** $p<0.01$，*** $p<0.001$。

表 7　2019 年城市居民的性别与公共场所设施分项安全感状况的关系

因变量	性别	样本量（个）	均值	标准差	均值的标准误	F 值
场所安全感	男	5852	6.01	2.542	0.033	90.617 ***
	女	4951	5.55	2.540	0.036	
设施安全感	男	5852	5.96	2.453	0.032	64.139 ***
	女	4951	5.57	2.499	0.036	

续表

因变量	性别	样本量(个)	均值	标准差	均值的标准误	F值
校园安全感	男	5852	5.94	2.621	0.034	119.854***
	女	4951	5.38	2.648	0.038	
应急安全感	男	5852	6.02	2.543	0.033	110.649***
	女	4951	5.50	2.558	0.036	

注：$*p<0.05$，$**p<0.01$，$***p<0.001$。

(2) 基于年龄的公共场所设施安全感状况

运用描述性统计和单因素方差分析方法得到城市居民年龄变量对公共场所设施安全感的相关关系。结果如表8和表9所示。根据表8所示，全国城市居民年龄与公共场所设施安全感状况关系的F值为24.594，显著性水平p值小于0.001，表示年龄显著影响公共场所设施安全的感受。根据表9所示，年龄与公共场所设施安全感的担心程度4个分项的显著性水平均为0.000，都小于0.001，表示不同年龄段的居民在场所安全感、设施安全感、校园安全感和应急安全感4个变量均具有显著性差异存在。根据雪费法结果，18~29岁在场所安全感、设施安全感、校园安全感和应急安全感4个方面分值均显著低于30~44岁、45~59岁、60岁及以上年龄组居民，表明其担心程度显著高于其他年龄组居民，这与2017年、2018年的调查结果是一致的，这种趋势反映出18~29岁的青年人群体中普遍存在比较强烈的对公共场所设施安全的担忧，而这种担忧的群体年轻化趋势不仅在公共场所设施这一类项中，在城市公共安全其他类项中也存在类似现象，这一现象已经引起国家的重视，如各级政府都把青年人的就业问题一直放在头等大事来抓，其目的就是帮助青年人顺利由学校向社会过渡，成功开始自己的职业生涯，缓解青年人的生存压力。然而如果仅从生活压力来推测可能是片面的，因为30~44岁的中青年的生活压力可能较青年人更大，而中青年的公共场所设施安全感却较青年人来说相对高一点，尽管低于其他两个年龄段。导致当代青年人对自己居住的公共场所及其公共设施如此担忧的其他因素可能还与青年人的发展特征和时代特征有关：18~29岁的青年人以"90后"为主体,还有部分"00后",这个年龄阶段的青年人出生于改革开放的深化期,成长于中国融入世界的快速发展期,并伴随着网络技术和新媒体的爆发式增长,这些时代背景使得当代青年人深谙互联网和新媒体技术,视野开阔、信息获取便捷,乐于表达观点,很注重对公共事务的参与权利和言论权利,渴望获得尊重和关注,但是由于这一年龄段的青年人多为在校学生或刚出校门的职场新人,对生活尚未有较深刻的感悟,社会话语权较小,稳定的价值体系尚在构建,做事富有激情也容易冲动,易受网络上一些负面情绪或不实信息的蛊惑或煽动,出于对传统的本能反叛,言论多了一些质疑苛责,少了一些宽容理解。而随着年龄的增长,人生阅历和生活经验愈加丰厚,价值体系构建成熟,对公共生活的深度参与、话语权的掌握、心态的平稳平衡,并从自身发展过程感受到所在城市乃至祖国的日益强大与美好,今昔对比之下,更容易对现有的城市发展现状产生满足感,对不足之处抱有理解与宽容。

表8 2019年城市居民的年龄与公共场所设施安全感状况的关系

年龄	样本量(个)	均值	标准差	标准误	极小值	极大值	F值
18~29岁	5591	5.77	2.444	0.033	1	10	
30~44岁	3014	6.05	2.436	0.044	1	10	
45~59岁	1577	6.28	2.391	0.060	1	10	24.594***
60岁及以上	621	6.29	2.656	0.107	1	10	
总数	10803	5.95	2.455	0.024	1	10	

注:$*p<0.05, **p<0.01, ***p<0.001$。

表9 2019年城市居民的年龄与公共场所设施分项安全感状况的关系

因变量	年龄	样本量(个)	均值	标准差	F值	事后比较
场所安全感	18~29岁	5591	5.62	2.578		
	30~44岁	3014	5.85	2.507		
	45~59岁	1577	6.16	2.461	26.069***	1>2>3,4
	60岁及以上	621	6.23	2.599		
	总数	10803	5.80	2.551		

续表

因变量	年龄	样本量(个)	均值	标准差	F 值	事后比较
设施安全感	18~29 岁	5591	5.64	2.489	17.653***	1>2>3,4
	30~44 岁	3014	5.83	2.444		
	45~59 岁	1577	6.08	2.440		
	60 岁及以上	621	6.09	2.602		
	总数	10803	5.78	2.482		
校园安全感	18~29 岁	5591	5.55	2.672	17.329***	1,2>3,4
	30~44 岁	3014	5.69	2.612		
	45~59 岁	1577	6.00	2.571		
	60 岁及以上	621	6.09	2.699		
	总数	10803	5.69	2.648		
应急安全感	18~29 岁	5591	5.58	2.579	28.486***	1>2>3,4
	30~44 岁	3014	5.88	2.523		
	45~59 岁	1577	6.10	2.491		
	60 岁及以上	621	6.28	2.619		
	总数	10803	5.78	2.563		

注：* $p<0.05$，** $p<0.01$，*** $p<0.001$。

（3）基于户口类型的公共场所设施安全感状况

本次调查将城市居民划分为本市城市、本市农村、外地城市、外地农村四大户口类型，并分析其与公共场所设施安全总体状况及不同层次的担心程度的相关关系。结果如表10及表11所示。根据表10所示，全国城市居民户口类型与公共场所设施安全感状况关系的 F 值为 1.866，呈现不显著，表示户口类型并不影响公共场所设施安全的感受。这个结果与2017年、2018年的数据呈现差异，以2018年为例，数据分析结果显示户口对公共场所设施安全感及4个分项均呈现显著性水平，其中，城市组明显高于农村组，本市农村户口的均值最低。户口是中国所特有的一种人口管理方法，人为将居民划分成不同的类型，本地人与外地人在生活待遇、公共服务方面均有很大差异，故而出现了"京漂""沪漂""深漂"的说法，漂而无根，外地人始终无法真正融入本地生活，无奈又心酸。然而随着各地出现人才大战，各地政府出台各种优惠政策，如积分制、人才房等，目的就是为外来人才真正在本地扎根，留得下来、待得长久。而城乡二元化的悖论一直困扰着各级政府,尤其是"三农"问题。随着国家的高度重视和大力投入,随着新农村战略、脱贫攻坚战的实施,农村的面貌已然发生重大转变,美丽的村容村貌、公共设施与服务与城市无异,而城市的旧城改造也使得原来落后的城中村发生重大变化,因此无论是生活在城市外围还是城中村的村民对生活设施的感受与城市居民已经没有了本质差别。而令人惊喜的是户口类型为"外市农村"的群体,我们称为"农民工",此次调研数据中反映出,这类群体对所工作的城市公共场所和设施的认同程度也有所提升,这反映出国家针对农民工群体的扶持政策已经显示效用,农民工正以更加积极的态度融入打工城市,未来城市之间、城乡之间的发展将以更加均衡化的趋势呈现,这一态势已经初步反映在百姓心中。

表10 2019年城市居民的户口类型与公共场所设施安全感状况的关系

户口类型	样本量(个)	均值	标准差	标准误	F值
本市城市	5234	6.00	2.464	0.034	1.866
本市农村	1640	5.86	2.355	0.058	
外地城市	2370	5.96	2.432	0.05	
外地农村	1559	5.89	2.56	0.065	
总数	10803	6	2.464	0.034	

注:$*p<0.05,**p<0.01,***p<0.001$。

表11 2019年城市居民的户口类型与公共场所设施分项安全感状况的关系

因变量	户口类型	样本量(个)	均值	标准差	F值
场所安全感	本市城市	5234	5.84	2.54	2.039
	本市农村	1640	5.69	2.415	
	外地城市	2370	5.83	2.555	
	外地农村	1559	5.72	2.716	
	总数	10803	5.8	2.551	
设施安全感	本市城市	5234	5.83	2.496	1.844
	本市农村	1640	5.77	2.334	
	外地城市	2370	5.77	2.47	
	外地农村	1559	5.66	2.596	
	总数	10803	5.78	2.482	

续表

因变量	户口类型	样本量（个）	均值	标准差	F值
校园安全感	本市城市	5234	5.71	2.623	1.03
	本市农村	1640	5.64	2.525	
	外地城市	2370	5.71	2.678	
	外地农村	1559	5.60	2.806	
	总数	10803	5.69	2.648	
应急安全感	本市城市	5234	5.84	2.564	2.349
	本市农村	1640	5.72	2.402	
	外地城市	2370	5.78	2.583	
	外地农村	1559	5.65	2.685	
	总数	10803	5.78	2.563	

注：* $p<0.05$，** $p<0.01$，*** $p<0.001$。

（4）基于政治面貌的公共场所设施安全感状况

本次问卷调查了中共党员、民主党派、共青团员、群众，数据结果分析：全国城市居民政治面貌类型与公共场所设施安全感状况关系的F值为16.503，显著性水平小于0.05，说明政治面貌在一定程度上影响着居民对公共场所设施安全感的认知和态度，公共场所设施安全感担心程度4个分项的显著性水平均为0.000，小于0.001，说明政治面貌对公共场所设施安全感担心程度4个分项的影响呈显著性水平，见表12、表13。其中，均值最高的为群众，其次为中共党员，再次为共青团员，民主党派居末。非常有趣的是，群众对城市公共场所设施的安全感首次超过了中共党员，居首位，这一结果充分显示了我国普通群众对居住环境的高度认同，而这也正是我国党和政府踏踏实实践行"为人民服务"的必然结果和最强论证。耐人寻味的是民主党派群体的安全感居末，这个结果与2017年、2018年的分析保持一致，这需要引起我们的关注与思考，民主党派群体中很多是高级知识分子、各行业的精英，为何连续三年这类群体对城市公共场所设施的安全担忧程度均偏高，其缘由值得进一步搜集资料与深入分析。

表12 2019年城市居民的政治面貌与公共场所设施安全感状况的关系

政治面貌	样本量(个)	均值	标准差	标准误	极小值	极大值	F值
中共党员	1601	6.04	2.438	0.061	1	10	
民主党派	106	5.41	2.321	0.225	1	10	16.503***
共青团员	3441	5.73	2.418	0.041	1	10	
群众	5655	6.08	2.474	0.033	1	10	
总数	10803	5.95	2.455	0.024	1	10	

注：* $p<0.05$，** $p<0.01$，*** $p<0.001$。

表13 2019年城市居民的政治面貌与公共场所设施分项安全感状况的关系

因变量	政治面貌	样本量(个)	均值	标准差	标准误	F值	事后比较
场所安全感	中共党员	1601	5.91	2.547	0.064	16.097***	2,3>1,4
	民主党派	106	5.32	2.554	0.248		
	共青团员	3441	5.57	2.539	0.043		
	群众	5655	5.92	2.55	0.034		
	总数	10803	5.8	2.551	0.025		
设施安全感	中共党员	1601	5.87	2.494	0.062	14.926***	2>1,3,4
	民主党派	106	5.18	2.349	0.228		
	共青团员	3441	5.57	2.441	0.042		
	群众	5655	5.9	2.496	0.033		
	总数	10803	5.78	2.482	0.024		
校园安全感	中共党员	1601	5.76	2.643	0.066	15.332***	2,3>1,4
	民主党派	106	5.27	2.401	0.233		
	共青团员	3441	5.45	2.658	0.045		
	群众	5655	5.82	2.638	0.035		
	总数	10803	5.69	2.648	0.025		
应急安全感	中共党员	1601	5.86	2.56	0.064	23.922***	2,3>1>4
	民主党派	106	5.23	2.527	0.245		
	共青团员	3441	5.5	2.566	0.044		
	群众	5655	5.94	2.547	0.034		
	总数	10803	5.78	2.563	0.025		

注：* $p<0.05$，** $p<0.01$，*** $p<0.001$。

（5）基于个人月收入的公共场所设施安全感状况

调研数据显示，个人月收入与公共场所设施安全感呈显著性相关，具体数据见表14及表15。具体表现为：在个人月收入12501元以下的区间内，随着居民个人收入水平提高，居民对城市公共场所设施安全状况的担心愈加淡化，对城市公共场所设施的安全评价也就越高；反之，个人月收入水平越低，对公共场所设施安全状况的担忧程度越增强，尤其是个人月收入2000元及以下的低收入者对生活环境中的公共场所设施有着更为强烈的不安全感受。这种趋势不仅体现在公共场所设施的总体安全感上，也体现在4个分项上。这可能与个人的具体生活环境有关：低收入群体一般生活在比较老旧小区或生活成本比较低的城中村或城市边缘，生活环境比较恶劣，配套的公共设施较为短缺，所以安全感偏低；而随着收入提高，居民可以入住更好的小区，享受更为完善的生活设施和出入更安全的公共场所，故而担忧程度减小。然而，这一趋势的拐点出现在个人月收入12501元以上的群体，这一群体的公共场所设施安全感均值仅比2000元及以下群体略高，低于其他四类群体，这可以用马斯洛需求理论来加以解释，即当生存的需求得以满足后，其他更高层次的需求就会占据主要位置。根据2019年的各大城市平均收入数据，个人月收入达到12501元的群体可以称为"中高收入"群体，这类群体对生活的需求和追求都与前五类人群发生了较大的变化。还有一种可能的推测，根据公务员的阳光工资推算，个人月收入12501元的"中高收入"群体中从事稳定的体制内工作的应该占比不大，更多人士应该是供职于工作环境竞争较为激烈的企业或者是创业者，个人收入越高意味着工作压力越大，竞争越激烈，失败风险也会随之而加大，不安全感油然而生。

表14 2019年城市居民的个人月收入与公共场所设施安全感状况的关系

个人月收入	样本量	均值	标准差	标准误	极小值	极大值	F值
2000元及以下	3134	5.79	2.429	0.043	1	10	
2001~3500元	1913	5.95	2.533	0.058	1	10	
3501~5000元	2655	5.95	2.451	0.048	1	10	7.623***
5001~8000元	1935	6.11	2.397	0.054	1	10	
8001~12000元	750	6.32	2.453	0.09	1	10	
12001元以上	416	5.89	2.486	0.122	1	10	
总数	10803	5.95	2.455	0.024	1	10	

注：* $p<0.05$，** $p<0.01$，*** $p<0.001$。

表15　2019年城市居民的个人月收入与公共场所设施分项安全感状况的关系

因变量	个人月收入	样本量(个)	均值	标准差	F值	事后比较
场所安全感	2000元及以下	3134	5.64	2.532	4.932***	1,2,3,6>4>5
	2001~3500元	1913	5.79	2.622		
	3501~5000元	2655	5.83	2.536		
	5001~8000元	1935	5.94	2.483		
	8001~12000元	750	6.03	2.585		
	12001元以上	416	5.74	2.655		
	总数	10803	5.80	2.551		
设施安全感	2000元及以下	3134	5.63	2.453	5.164***	1,2,6>3,4>5
	2001~3500元	1913	5.78	2.553		
	3501~5000元	2655	5.86	2.467		
	5001~8000元	1935	5.88	2.432		
	8001~12000元	750	6.01	2.485		
	12001元以上	416	5.60	2.615		
	总数	10803	5.78	2.482		
校园安全感	2000元及以下	3134	5.49	2.679	9.467***	1,2,3,6>4>5
	2001~3500元	1913	5.70	2.684		
	3501~5000元	2655	5.66	2.602		
	5001~8000元	1935	5.87	2.595		
	8001~12000元	750	6.12	2.601		
	12001元以上	416	5.60	2.736		
	总数	10803	5.69	2.648		
应急安全感	2000元及以下	3134	5.59	2.566	7.868***	1,2,6>3>4,5
	2001~3500元	1913	5.76	2.606		
	3501~5000元	2655	5.83	2.529		
	5001~8000元	1935	5.98	2.499		
	8001~12000元	750	6.02	2.555		
	12001元以上	416	5.63	2.742		
	总数	10803	5.78	2.563		

注：*$p<0.05$，**$p<0.01$，***$p<0.001$。

（6）基于身份职业的公共场所设施安全感状况

职业是人类在劳动过程中的分工现象，反映了居民不同的社会属性。本调查将居民的身份职业分为八大类，分析其与公共场所设施安全担心程度的相关性，结果显示，不同身份职业对城市居民公共场所设施安全感及4个分项均呈现显著性相关关系，见表16、表17。根据事后比较结果显示，公共场所设施安全感的均值由低到高分别为：学生、其他、事业单位人员、公司职员、自由职业者、公务员、离退休人员、进城务工人员。这个结果比较出乎意料，我们以往所认为的弱势群体——进城务工人员反而安全感认可度最高，这反映出我国政府所实施的对进城务工人员的帮扶政策效应已经显现。学生群体安全感最低的可能原因我们已在前文青年人的安全感影响因素中有所探讨，这里不再重复。其他群体因身份职业的不明确，往往成为城市中的边缘人、城市游民，从数据中显现出的较低安全感应该引起有关部门的高度重视，并积极采取措施将这类群体纳入正规就业轨道中去。然而比较令人费解的是事业单位人员群体，这类群体较之公司职员、自由职业者，对生活环境的不安全担忧程度更为强烈，其原因何在？为明确这一结果是一直存在的现象还是特殊原因导致的偶发现象，我们将2018年的数据与2019年的数据进行了比较，见表18。结果显示，事业单位人员的公共场所设施安全感均值排序（由低到高）从2018年的第5变为2019年的第3，事业单位人员群体对生活环境的担忧度陡升，结合2018年《中共中央关于深化党和国家机构改革的决定》以来，事业单位改革力度不断加大，范围更加全面，改革更加彻底，许多事业单位人员的职位待遇都将面临调整，正是对未来身份职业的不确定性的担忧，导致了事业单位人员群体对生活环境的担忧明显提升。如果推测合理，随着2020年事业单位改革的全面完成，未来该群体的安全感均值将有所提升，但具体数据仍待调查，本文将持续追踪关注。

表16 2019年城市居民的身份职业与公共场所设施安全感状况的关系

身份职业	样本量（个）	均值	标准差	标准误	极小值	极大值	F值
公务员	358	6.17	2.19	0.116	1	10	
事业单位人员	1068	5.94	2.464	0.075	1	10	
公司职员	2394	6.02	2.393	0.049	1	10	8.036***
进城务工人员	564	6.37	2.433	0.102	1	10	
学生	3133	5.74	2.397	0.043	1	10	

续表

身份职业	样本量(个)	均值	标准差	标准误	极小值	极大值	F值
自由职业者	1511	6.02	2.481	0.064	1	10	
离退休人员	645	6.25	2.618	0.103	1	10	8.036***
其他	1130	5.87	2.633	0.078	1	10	
总数	10803	5.95	2.455	0.024	1	10	

注：* $p<0.05$，** $p<0.01$，*** $p<0.001$。

表17 2019年城市居民的身份职业与公共场所设施分项安全感状况的关系

因变量	身份职业	样本量(个)	均值	标准差	标准误	F值	事后比较
场所安全感	公务员	358	6.15	2.283	0.121	8.755***	2,3,5,8> 6>1,4,7
	事业单位人员	1068	5.80	2.557	0.078		
	公司职员	2394	5.81	2.493	0.051		
	进城务工人员	564	6.14	2.542	0.107		
	学生	3133	5.57	2.512	0.045		
	自由职业者	1511	5.87	2.58	0.066		
	离退休人员	645	6.20	2.553	0.101		
	其他	1130	5.81	2.754	0.082		
	总数	10803	5.80	2.551	0.025		
设施安全感	公务员	358	6.08	2.357	0.125	7.91***	2,3,5,8> 6>1,7>4
	事业单位人员	1068	5.82	2.475	0.076		
	公司职员	2394	5.78	2.462	0.050		
	进城务工人员	564	6.16	2.437	0.103		
	学生	3133	5.59	2.418	0.043		
	自由职业者	1511	5.94	2.516	0.065		
	离退休人员	645	6.07	2.583	0.102		
	其他	1130	5.64	2.602	0.077		
	总数	10803	5.78	2.482	0.024		
校园安全感	公务员	358	6.04	2.445	0.129	8.766***	3,5,8>2, 6>1,7>4
	事业单位人员	1068	5.78	2.603	0.080		
	公司职员	2394	5.68	2.592	0.053		
	进城务工人员	564	6.09	2.633	0.111		
	学生	3133	5.46	2.644	0.047		
	自由职业者	1511	5.80	2.631	0.068		
	离退休人员	645	6.05	2.687	0.106		
	其他	1130	5.57	2.82	0.084		
	总数	10803	5.69	2.648	0.025		

续表

因变量	身份职业	样本量(个)	均值	标准差	标准误	F值	事后比较
应急安全感	公务员	358	6.18	2.39	0.126	10.447***	5,8>2,3,6>1,4,7
	事业单位人员	1068	5.84	2.554	0.078		
	公司职员	2394	5.80	2.513	0.051		
	进城务工人员	564	6.21	2.477	0.104		
	学生	3133	5.54	2.535	0.045		
	自由职业者	1511	5.85	2.561	0.066		
	离退休人员	645	6.20	2.579	0.102		
	其他	1130	5.68	2.755	0.082		
	总数	10803	5.78	2.563	0.025		

注：＊p＜0.05，＊＊p＜0.01，＊＊＊p＜0.001。

表18 2018年与2019年不同身份职业城市居民的公共场所设施安全感比较

身份职业	2019年	排序（由低到高）	2018年	排序（由低到高）
学生	5.74	1	5.51	2
其他	5.87	2	5.49	1
事业单位人员	5.94	3	5.64	5
公司职员	6.02	4	5.61	4
自由职业者	6.02	5	5.59	3
公务员	6.17	6	5.88	7
离退休人员	6.25	7	6	8
进城务工人员	6.37	8	5.78	6

（7）基于文化程度的公共场所设施安全感状况

此次调查区分了5种文化程度：小学及以下、初中、高中（中职、中专）、大学（大专）、研究生，结果显示，不同文化程度对城市居民公共场所设施安全感及4个分项均产生显著性影响，见表19及表20。从均值来看，初中及以下学历群体较之初中以上学历群体更不担忧所在城市的公共场所设施安全，最低分出现在大学（大专）学历群体，这种分布规律也体现在4个分项安全感中。可能的解释原因为：如今生活在城市中的初中及以下学历群体主要还是以农民工为多，前文的数据也反映出农民工的安全感随着国家扶持政策的出台获得提升。而大学（大专）学历群体成为安全感的洼点，是否与大学扩招后，大学生原有的再就业市场的优势消失，很多毕业生产生高不成低不就的心态，甚至可能出现读书无用之感，从而导致安全感下降有关。这只是推测，还有待进一步的探索。

表19　2019年城市居民的文化程度与公共场所设施安全感状况的关系

文化程度	样本量（个）	均值	标准差	标准误	极小值	极大值	F值
小学及以下	318	6.23	2.567	0.144	1	10	
初中	1128	6.26	2.584	0.077	1	10	
高中（中职、中专）	2576	5.96	2.493	0.049	1	10	6.835***
大学（大专）	6021	5.88	2.406	0.031	1	10	
研究生	760	5.94	2.429	0.088	1	10	
总数	10803	5.95	2.455	0.024	1	10	

注：*$p<0.05$，**$p<0.01$，***$p<0.001$。

表20　2019年城市居民的文化程度与公共场所设施分项安全感状况的关系

因变量	文化程度	样本量（个）	均值	标准差	标准误	F值	事后比较
场所安全感	小学及以下	318	6.06	2.536	0.142		
	初中	1128	6.1	2.662	0.079		
	高中（中职、中专）	2576	5.87	2.553	0.05	7.382***	3,4,5>1,2
	大学（大专）	6021	5.72	2.521	0.032		
	研究生	760	5.65	2.579	0.094		
	总数	10803	5.8	2.551	0.025		
设施安全感	小学及以下	318	6.05	2.606	0.146		
	初中	1128	6.09	2.579	0.077		
	高中（中职、中专）	2576	5.85	2.49	0.049	8.291***	3,4,5>1,2
	大学（大专）	6021	5.7	2.446	0.032		
	研究生	760	5.61	2.487	0.09		
	总数	10803	5.78	2.482	0.024		

续表

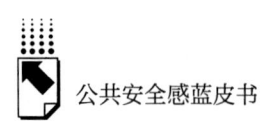

因变量	文化程度	样本量(个)	均值	标准差	标准误	F值	事后比较
校园安全感	小学及以下	318	6.03	2.654	0.149	8.016***	3,4,5>2>1
	初中	1128	5.96	2.762	0.082		
	高中(中职、中专)	2576	5.78	2.649	0.052		
	大学(大专)	6021	5.57	2.627	0.034		
	研究生	760	5.73	2.589	0.094		
	总数	10803	5.69	2.648	0.025		
应急安全感	小学及以下	318	6.13	2.551	0.143	8.821***	3,4,5>2>1
	初中	1128	6.09	2.659	0.079		
	高中(中职、中专)	2576	5.86	2.57	0.051		
	大学(大专)	6021	5.68	2.533	0.033		
	研究生	760	5.71	2.582	0.094		
	总数	10803	5.78	2.563	0.025		

注：*p<0.05，**p<0.01，***p<0.001。

根据本次调查数据分析，我们发现民族和宗教信仰与居民公共场所设施安全感不存在显著相关，故不再赘述。

二 城市公共场所设施安全感存在的问题

上述对此次调查的城市居民公共场所设施安全感数据分析，揭示了我国居民公共场所设施安全感存在的诸多问题。

（一）从区域分布来看，我国城市公共场所设施安全感呈整体不均衡、局部不稳定状态

为从整体上更好观察我国城市公共场所设施安全感的分布情况，本文根据2020年5月29日第一财经·新一线城市研究所发布的《2020城市商业魅力排行榜》将所调研的36个城市进行等级划分，具体结果如下：一线城市4个（北京、上海、广州、深圳），新一线城市12个（成都、重庆、杭州、武汉、西安、天津、南京、郑州、长沙、沈阳、青岛、合肥），二线城

市14个（宁波、昆明、福州、厦门、济南、大连、哈尔滨、石家庄、南宁、长春、南昌、贵阳、太原、兰州），三线城市4个（海口、乌鲁木齐、呼和浩特、银川），四线城市2个（西宁、拉萨）（见表21）。

表21 城市等级划分与公共场所设施安全感排名（2017～2019）

城市等级	城市	2019年	2018年	2017年
一线城市	上海	16	13	9
	北京	8	21	29
	广州	25	30	5
	深圳	10	—	—
新一线城市	成都	13	17	24
	重庆	24	20	1
	杭州	18	9	28
	武汉	12	22	18
	西安	34	25	3
	天津	29	12	10
	南京	19	10	12
	郑州	36	28	26
	长沙	21	16	11
	沈阳	32	18	8
	青岛	7	—	—
	合肥	22	11	13
二线城市	宁波	9	—	—
	昆明	11	1	27
	福州	4	2	6
	厦门	3	—	—
	济南	5	6	17
	大连	27	—	—
	哈尔滨	15	29	25
	石家庄	33	23	21
	南宁	17	31	19
	长春	30	24	16
	南昌	31	8	7
	贵阳	23	5	2
	太原	20	19	31
	兰州	35	14	30

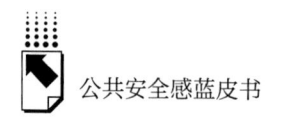

续表

城市等级	城市	2019年	2018年	2017年
三线城市	海口	26	26	4
	乌鲁木齐	1	4	23
	呼和浩特	14	27	20
	银川	6	15	22
四线城市	西宁	28	7	15
	拉萨	2	3	14

如表21所示，结合2017～2019年3年数据，一线城市的安全感表现不温不火，稳定处于中等偏上水平，其中北京的排名呈持续上升趋势，广州的排名近两年则不尽如人意。新一线城市近两年的安全感排名总体处于中等偏下水平，只有1个城市挤入前10（2018年的杭州，2019年的青岛），令人意外的是，重庆由2017的排名第1持续下滑至2019年的第24位，西安由2017的排名第3持续下滑至2019年的第34位。2019年二线城市的排名则呈现两极分化态势，厦门、福州、济南、宁波强势前10，石家庄、兰州居于末尾。盘点处于中等或中等偏下的二线城市的3年数据，发现这些城市呈现两种态势：曲折态势与直线下滑态势，处于不稳定状态。三线、四线城市的排名却可圈可点，3年数据均呈现良好态势，未有特别落后的情况，其中地处少数民族自治区的城市表现尤为亮眼，近两年始终保持很高的安全感水平。

为进一步探究我国城市居民公共场所设施安全感的分布情况，本章将各城市按照所属省份进行东、中、西三部分划分。其中，东部地区包括北京、天津、石家庄、沈阳、上海、南京、杭州、福州、济南、广州、海口、大连、宁波、青岛、厦门、深圳，中部地区包括太原、长春、哈尔滨、合肥、南昌、郑州、武汉、长沙，西部地区包括重庆、成都、贵阳、昆明、拉萨、西安、兰州、西宁、银川、乌鲁木齐、南宁、呼和浩特。

从表22、表23中可以看出，城市区域对城市居民的公共场所设施安全感具有显著性影响，无论是总体还是分项得分，均呈现较为明显的东高西低，而中部地区连续3年均处于最低值。对比2018年和2019年的数据，东部地区的安全感均值超过西部地区均值,位居榜首,可能的原因是2019年新列入调查的5个城市均为东部沿海城市,且安全感值表现亮眼,整体拉高了东部均值。但令人振奋的是,2019年的东、中、西部数据整体较2018年出现了小幅上升,说明我国居民公共场所设施安全感整体处于稳定提升态势。

综上所述,我国城市公共场所设施安全感呈现"两边高、中间低"的洼地现象,尤其是中部地区的二线城市,3年的安全感表现出曲折不稳定状态,且有明显下滑趋势。

表22 2019年东部、中部、西部区域间城市居民公共场所设施安全感比较

区域	样本量(个)	均值	标准差	标准误	F值	事后比较
东部	4808	6.05	2.449	0.035	12.616***	2>1,3
中部	2376	5.74	2.417	0.050		
西部	3619	5.96	2.480	0.041		

表23 2019年东部、中部、西部区域间城市居民公共场所设施分项安全感比较

题项	值	东部	中部	西部
场所安全感	样本量(个)	4808	2376	3619
	均值	5.86	5.61	5.84
	标准差	2.514	2.534	2.606
设施安全感	样本量(个)	4808	2376	3619
	均值	5.82	5.63	5.83
	标准差	2.470	2.429	2.527
校园安全感	样本量(个)	4808	2376	3619
	均值	5.80	5.43	5.71
	标准差	2.605	2.627	2.707
应急安全感	样本量(个)	4808	2376	3619
	均值	5.84	5.64	5.79
	标准差	2.562	2.522	2.588

(二)从人群分布来看,我国城市公共场所设施安全感敏感人群呈年轻化趋势

综合三年的数据分析结果,年龄为18~29岁、身份为学生、学历为大

学（大专）的群体对周围环境的不安全感显著高于其他类别的居民。如果要对这类群体进行社会性建构，我们可以粗略勾勒出以下一些特征：生活在城市、接受良好的高等教育、在校大学生或毕业五年内的大学生、"90后"和"00后"、熟谙互联网技术等。早在20世纪60年代，赫伯特·穆勒（Herbert Moller）曾预示："当前人口中大量的年轻人可能会促进创新以及社会和文化的增长；它可能会摧毁旧制度并为年轻精英赋予权力；而失业的年轻人也可能会被组织起来走上极权主义者的道路。"① 青年群体对政治版图以及国际关系的巨大影响力在2010年的"阿拉伯之春"中得到体现。从以往一些群体性事件中，我们也经常发现学生往往会成为有组织有目的，或无组织无目的的群体性事件的积极推动者和参与者，以往的研究多从青年人的社会压力、互联网的影响、国际环境等外在因素加以分析，而此次的数据却从另一个角度解释了青年人参与群体性事件的原因，即不安全感。而如何消除当代青年人的不安全感，实现阿马蒂亚·森（Amartya Sen）所提出的"人的安全"，这应该成为时代关注和勠力合作的重大课题。

另外，城市无正式职业的低收入群体也成为不安全感的重要来源。国际劳工组织（ILO）将非正规就业定义为在实际或法律层面不受国家劳工法律法规、所得税制度的规制，且不受社会保障、社会保护或其他员工福利覆盖的劳动就业，具体包括：临时雇用、兼职工作、临时代理工作，其他多方雇佣关系、变相雇佣关系和依附性自营职业。② 调查中我们发现，无正式职业的群体往往因为非正规就业在付酬、劳动时间、劳动关系、工作形态、社会保障及经营活动6个方面存在不固定性、不稳定性或不规范性，所以收入低、劳动环境恶劣、就业质量偏低、社会保障缺乏、对话权利小等，从而产生高不安全感。

还有一个群体也值得关注，即月收入在12501元以上的城市中产群

---

① Herbert Moller, "Youth as a Force in the Modern World," *Comparative Studies in Society and History* 10（1968）：p. 260.
② International Labor Organization, *Nonstandard Employment around the World: Understanding Challenges, Shaping Prospects* (Geneva: International Labour Office Press, 2016), pp. 7 - 15.

体。当然,关于家庭收入达到多少才算是中产阶级,因为国情各异,目前全世界并无统一的中产阶级标准。瑞士信贷以美国为基准提出中产阶级的标准是"拥有30.65万~300.65万元人民币财富的人"。知名财经作家吴晓波在定义中国的新中产时,认为在收入和资产水平上,新中产的家庭年收入要达到20万~100万元,或者家庭年净收入在10万~50万元、可投资资产在20万~500万元、家庭净资产在100万~2000万元,以上四条至少满足一条。由于本次调研并没有对调研对象的具体经济水平进行细致统计,故无法得出更多有关调研对象的经济信息,但从整个调研群体的收入划分来看,这类群体应该算是城市居民收入金字塔中的中等以上水平,故本文称为中产群体。数据显示,这类群体的安全感仅比最低档的2000元及以下群体略高,显著低于其他四类群体,这让人联想到关于我国中产阶级的一些新闻和调查,有人戏称中国的中产阶级是最脆弱的群体,一套房、一场病或一次留学就会打回赤贫,此话可能有些夸张,但也点出部分事实。根据智联招聘发布的《2017年中国新锐中产调查报告》,33%的中产感到经常焦虑,62%的中产偶尔焦虑,而从不焦虑的中产只有4%。《经济学人》杂志2016年发表的一篇文章这样描述中国的中产阶级:中国虽然有2.25亿人踏入了中产阶级,但是他们感到前所未有的危机,他们担心养老,他们担心因病返贫,中国的中产阶级并没有达到他们满意的理想状态。[①] 国家和社会的发展,需要中坚力量来支撑。在欧美发达国家,保证社会稳定发展和长治久安的,正是中产阶级。而在中国,日益崛起的中产阶级,也开始扮演这一角色。但实际上,中产阶级让人羡慕的光鲜亮丽,正是他们内心的焦虑痛点。此次调查再次印证了中产群体没有安全感的现状,理应成为家庭和社会"定心丸"的中产群体为何压力大、不安全?如何缓解?这些问题需要全社会共同寻找解决良方。

---

① 李春玲:《中国中产阶层成长中的烦恼与压力》,《人民论坛》2016年第27期,第64~67页。

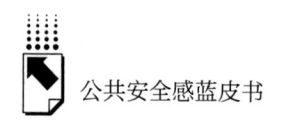

（三）从个体行为倾向来看，我国城市居民的风险意识偏低、不安全行为多

当问到"当进入陌生的公共场所时，您是否会留意逃生通道或避险标识"这一问题时，结果显示，从不关注和偶尔去观察的比例高达76.3%（见表24），高达调查总数的3/4，且连续三年的比重不降反升（2018年的数据为75.6%）。而公共场所的逃生通道或避险标识是一旦发生公共危险事件时紧急避难的最有效通道，如果连逃生通道或避险标识都不清楚，当危机来临，如何自救？推而广之，如果询问诸如电梯应急按钮、地铁应急安全门、紧急抢救工具等问题时，否定答案的占比可能更高。当被问到"在最近一年时间内，公共场所的不安全事件（如电梯伤人、火灾、踩踏等）多吗"时，85.7%的居民认为极少或不太多（见表25），而这与客观实际情况并不相符，实际上各大媒体对此的报道也是层出不穷，为何还会出现如此高比例的人群认为不多呢？这可能与我国老百姓传统的"事不关己高高挂起"的想法有关，觉得事情没有发生在自己或身边人的头上，就不危险，而没有意识到自己应该从已发生的突发事件中吸取经验或学习知识，以提高自身的防范能力。调查进一步追问"如果发现道路上的窨井盖不见了，您会怎样做"和"如果在公共场所遇到突发事件（如电梯故障、火灾、拥挤踩踏），您第一时间会怎么做"这两个问题来测评居民的公共场所安全行为倾向，结果发现，当居民发现道路上的窨井盖不见了时，将近一半的居民（45.1%）选择了避开绕行，而选择提醒的人群中绝大部分人只是用了口头提醒或放个东西提醒这两种影响范围较小、实效性较低的方式，只有11.8%的人选择了提醒大家并向市政部门反映等具有公共行为特征的提醒和解决风险的方式（见表26），由此可见，我国居民在面临日常生活中非紧急的突发事件时采取的行为倾向随意且缺乏公共性。当面临公共场所突发公共危机事件时，居民又会怎么做呢？调查结果显示，选择自己找逃生出口的比例最多（35.4%）（见表27），但结合上文中近3/4的居民平时并不太留意公共场所的逃生标识来看，选择自己找逃生出口的居民绝大多数是不知道出

口在哪里的，事到临头才去找逃生出口显然会延误非常多的逃生时间，甚至会错过黄金逃生时间。而选择随人群走和向他人求助这两项比较被动的逃生行为也是结果中占比非常高的，令人惊讶的是，竟然还有5.6%的居民选择在危难来临时先拍照这一罔顾自身安全的非理智行为，而近一半人选择随人群走或打电话求助这两种比较消极被动的应急行为。综合而言，从整体结果来看，我国城市居民在突发事件中能否科学自救的答案是否定的，更不要提科学救助他人了。

表24 居民进入陌生的公共场所时是否会留意逃生通道或避险标识

选项	人数（人）	百分比（%）	有效百分比（%）	累积百分比（%）
从不关注	1582	14.6	14.6	14.6
偶尔会去观察	6661	61.7	61.7	76.3
经常留意	2560	23.7	23.7	100

表25 居民对公共场所的不安全事件的了解程度

选项	人数（人）	百分比（%）	有效百分比（%）	累积百分比（%）
极少	3269	30.3	30.3	30.3
不太多	5990	55.4	55.4	85.7
经常	1248	11.6	11.6	97.3
极为普遍	296	2.7	2.7	100

表26 居民发现道路上的窨井盖不见的应急行为

选项	人数（人）	百分比（%）	有效百分比（%）	累积百分比（%）
避开绕行	4872	45.1	45.1	45.1
口头提醒后面的人	2514	23.3	23.3	68.4
放个东西提醒大家	2142	19.8	19.8	88.2
提醒大家，并向市政部门反映	1275	11.8	11.8	100

表27 居民在公共场所遇到突发事件的应急行为

选项	人数(人)	百分比(%)	有效百分比(%)	累积百分比(%)
随人群走	2644	24.5	24.5	24.5
拍照	600	5.6	5.6	30.1
自己找逃生出口	3825	35.4	35.4	65.4
打电话求助	2841	26.3	26.3	91.7
救助他人	893	8.3	8.3	100

三 提升居民城市公共场所设施安全感的建议

阿马蒂亚·森认为:"人的安全就是减少和尽可能消除困扰人类生命的不安全感。"① 居民对于城市公共场所设施的安全主观感受是构建安全城市的有机组成部分,城市发展的目标之一是安全,安全有利于促进发展。反之,发展与安全会陷入恶性循环,增加冲突的风险。根据前文关于城市居民公共场所设施安全感存在的各种问题,针对城市公共场所建设与管理提出如下建议。

(一)规范公共设施建设流程,提升政府的透明度

政府要营造绝对的政策优势,加大资金投入,积极改善公共基础设施建设环境,营造社会公众参与的良好氛围,拓宽筹资渠道,从政策、投入等方面给予强力支持,并且确保专项资金的使用安全,做到信息公开透明,让居民更加直观地感受到政府所做出的努力,从而提升居民城市公共场所设施安全感。

第一,要积极建设丰富信息公开的载体,加大宣传力度,让更多的公众感受到政府工作的公开透明化。

首先,应积极打造政府政务信息公开网。利用政府网站可信度高、受众

---

① Amariya. Sen, *Development as Freedom* (Oxford University Press, 1999), p. 8.

面广、内容严肃等特点，及时公开专项资金的适用政策、申请条件、审批过程、安排拨付、实施进度、资金使用情况等信息，切实让公众了解资金的来源和去向。

其次，应合理利用新闻媒体，把握舆论舆情。随着互联网、大数据的发展，人们接触外界信息的方式越来越多样化，搜集信息、记录信息的工具越来越丰富化，一些传统的方式已经不能满足信息更新换代的速度，互联网、大数据、新媒体开始成为更主要的信息传递、记录的方式，因此，政府应转变思维，合理利用自媒体途径广泛、传播速度快、影响力大的特点，定期公开专项资金支持方向和重点、预算和执行、年度安排计划、重大项目实施、验收决算情况等信息。

再次，可以开设公开栏、广播站等宣传点，保证公众在生活中的方方面面可以直观感受到政府工作。在居民委员会、街道办事处、政府单位等开设专项资金使用单公开栏、宣传广播站点等，公开各类专项资金的适用政策、安排数额、实施情况等信息，并及时更新公开的内容，便于群众知晓和监督。

最后，各级、各部门和单位可以自主采取多元化的方式进行公开，从便于公众知晓、强化监督及动态公开的原则出发，如召开新闻发布会向社会公开、通报会议纪要在单位内部公开、通过联合行文对其他部门公开等。

第二，要有完善的监督管理体制，明确落实责任主体，确保专项资金的使用规范化。

首先，高效明智的组织领导是资金正确合理使用的重要保障。相关部门必须要提高认识，高度重视，明确责任主体，加强领导，落实责任。各部门之间要明确分工，加强配合，协同落实。财政部门要发挥综合协调职能，对需要共同组织的公开事项及时协调；由项目主管部门负责组织的公开事项，其他部门应主动配合，及时提供有关数据和情况。专项资金使用单位是保障专项资金安全有效使用的首要责任单位，要完善公开的内容、方式和载体，做到及时公开、动态公开，并主动向项目的主管部门报告有关情况。

其次，建立健全信息公开的各项运行制度，明细运行工作方案，做到环节清晰，执行过程公开可见。相关部门要严格按照各类信息公开的运行制度，因地制宜，合理制定符合本单位或部门的专项资金监管使用公开透明运行方案，进一步建立健全公开透明运行有关机制和制度，明确公开的事项、时限和内容，做到定期公开与及时公开相辅相成，确保应当公开的事项内容全面、信息确切、公开及时。要结合电子政务、网上审批、网络监控等工作要求，深化对专项资金的管理和监督，做到环节清晰、过程可见、信息公开、运行透明。

最后，抓好监管工作落实，加强监督检查，把好专项资金使用的最后一道防线，违反者严格追究责任。有关部门要按照专项资金公开透明运行工作方案要求抓好落实，对专项资金公开情况主动进行自查，发现问题及时纠正。相关负责的部门应加强对专项资金的监管，使用运行情况必须做到公开透明，对应当公开却故意隐瞒不公开，或公开内容造假伪造的相关单位和人员严格追究责任，并公开审理，以儆效尤，不断推动专项资金监管使用公开透明运行工作朝向更加健康的方向发展。

（二）完善公共场所突发事件应急机制，提升政府公信力

大数据以及自媒体的不断发展，是一把双刃剑，它给这个时代带来了机遇，同时也带来了更多的不确定因子和风险。在面对风险危机时，政府传统的做法已经不适宜解决现阶段的问题，甚至有可能引发更大更多的舆论。因此，新媒体时期的政府突发事件应急管理，应创新思维，提升公众对政府的信任度，能够让公众相信是建立健全科学的应急管理机制重要的一环，应贯穿危机应对的全过程。

（1）政府部门应该借助自身公信力优势，在危机发生时，端正态度，明确出发点，充分利用政府大数据平台，整合各方信息资源，为公众提供权威信息，帮助公众了解真实情况，减少谣言、舆论等问题导致的风险放大，努力打造更加优质的政府政务沟通平台，在维护必须保密的信息基础上，开诚布公，正本清源，尽可能提高政府政务信息平台的开放度和互动性，确保信息能够准确无误、及时迅速地共享至公众。但是对于公开政府信息的网

站,政府部门要加强监管,使其规范化运作,发布信息及时迅速、全面透明,杜绝谣言滋生的土壤,保障公众的知情权。

(2)进一步完善政府官方发言人制度,提高发言人自身素质和水平,以能够积极应对突发情况,树立良好的政府形象。在危机发生时,社会公众急于了解事件发生原因、经过和结果,在这种对信息极度渴求的情况下,政府官方发言人的权威性能够很好地稳定人心,为迷乱的场面注入镇静剂,为后续的事件处理和舆情把控奠定良好的基础,同时政府可信可靠的形象也会由此深入人心。

(3)积极拓宽政府信息发布渠道,改变信息发布形式,打造更加"入乡随俗"的政府。随着自媒体时代的到来,政府部门也应该与时俱进,以更加开放、包容的心态去迎接新的时代,借助微博、微信等新方式,积极与公众展开互动,一方面,以信息发布的便捷性、及时性为切入点,能够帮助公众随时随地了解当前社会动态,并积极回应社会关切;另一方面政府使用新媒体,能够有效拉近与公众的距离,使公众不再认为政府遥不可及,也不再事不关己高高挂起,而是能够像对其他新闻一样,发表自身看法,这种互动开放式的信息交流过程能够弥补传统的以政府和媒体为中心的单向发布信息模式的短板,提高公众的参与度和对政府的信任度,从而建立客观公正的认知和评价。

(三)创新城市公共场所设施管理理念,实现多元共治

"以民为本"城市基础设施管理理念的建立,是一种新理念的诞生。城市基础设施管理和发展规划必须符合科学可持续发展,同时更要以满足人民群众的真实需要为出发点,真正实现想人民之所想,供人民之所需,才能使居民满意,从而增强政府与居民之间的信任。因此,城市基础设施建设规划,要以人民群众为主体,广泛征求人民群众的意见和建议,把人民群众的生活幸福作为建设的原则和立脚点,把人民群众是否满意作为建设规划的标准,一切为了人民,把为人民服务放在第一位。同时,在后续管理服务中,要做到透明管理、依法服务、按章办事,要保证人民能够及时了解到自身想

要的信息。最后，要保持与时俱进的思想观念，不断创新管理成果，以满足人民群众日益增长的需求以及追求高品质生活的需要，使人民群众真正感受到城市基础设施管理是为全体人民的共同利益服务的，目标是实现人民满意，从而增强居民对政府的满意和信任度，树立政府的威信。

因此，亟须建立公众参与的多方沟通合作机制，打破信息不对称局面，形成多元主体共同参与的协同治理模式。政府要改变旧有的一元管理模式，最关键的一步就是打破公众与政府间的权利壁垒，消除信息不对称问题，积极鼓励社会组织、企业、公众参与到危机事件的应对和处理中来。城市居民可接受度和包容度高，建立协同治理模式具有十分坚实的基础和可操作性。

在城市公共场所设施安全的治理中，应当转变政府职能，避免过分强调政府主导的行政化治理和风险责任主体治理，忽视和排斥公众参与的现象，逐步实现社会的自治功能，政府的职能真正转到经济调节、市场监管、社会管理和公共服务上来。此外，政府必须做到与时俱进，不断满足居民对生活质量更高的需求、对安全更高的期望，结合当前公共服务供给治理的网络化大潮，立足城市公共场所设施开放性、公平性、人本性、智能性、系统性等特点，改变以往社会公共安全科层治理的模式，应基于多元主体间的协商合作，通过各组织间的合作与协商，形成公共场所设施安全风险治理的整体协同的网络化治理模式。

（四）加强公共场所设施安全宣传与教育力度，提升居民公共安全能力

公众作为最广泛的风险过程参与者和公共安全的受益方，在风险治理的过程中扮演至关重要的角色。由于以往宣传教育的不到位，公众对公共安全基础设施了解甚少。以消防梯为例，很少有人了解消防梯的设置目的和使用方法；再比如在公路上设置的应急车道，本是作为交通安全的专用基础设施，很多人却将其当作普通车道行驶，"任何人不得占用应急车道"的规定缺乏约束效力。因此，政府应积极为社会利益相关者拓宽参与治理过程的途径，为其营造健康良好的参与式社会空间。公众、企业和社会组织也都应该

踊跃承担起自身所负有的重任,从"被告知""被限制"走向"合作参与""决策参与"。政府应加大宣传,普及公众教育,不断完善利益相关者的参与制度,让每一位居民能够亲身感受政府工作、理解政府工作,这会大大缓解政府与公众的矛盾,同时公众良好的责任感和参与度以及一定的危机应对能力也对于构建协同治理的和谐局面十分有利,大大降低政府处理危机事件时的压力。此外,应注重危机应对的实践经验,从如何使用公共场所设施入手,提供具体指导,凡是涉及公共安全基础设施的使用时,相关部门应专门指派设施安全使用指导员,并利用人们方便接受的方式进行宣传教育,使每位居民都能够熟知公共基础设施安全使用方法,以提高自身应急能力,保证在危急时刻能够镇定自若,保护自己,保护他人。同时,加大应急管理知识的传播力度,不仅要将其纳入教学,还要在工作、生活等各个领域进行宣传、教学和实际操练。各相关政府部门还要定期组织城市居民参与公共场所设施使用安全演练,以及突发性事件发生时的疏散演习,切实提高居民的危机意识和应急能力。

B.9 中国城市社会保障安全感调查报告（2020）

陈 静[*]

摘　要： 在当前我国危机事件频发，社会风险加剧的背景下，进一步完善城市公共安全体系成为政府治理的重心之一。社会保障安全是公共安全的重要组成部分。社会保障安全感作为城市居民社会保障安全的主观表达，能够展现城市居民在面对可能的社会生活风险时的心理安全程度，并解释其行为逻辑。科学测度我国城市居民社会保障安全感的基本状态，发现问题、分析原因，对于完善社会保障制度、增强这一制度的风险防护意义、建构城市公共安全网络具有重要作用。连续三年的"中国城市公共安全感"调查数据显示，我国城市居民的社会保障安全感呈现总体评价偏低、规律性不显著、群体分化明显、居民自我保障意识不足等问题。其原因主要在于基本制度设置和实施有待完善、群体公平性不足、"信息迷雾"以及多重因素的影响等。对此，应持续推进社会保障制度建设，缩小群体差距，增强企业和个人责任意识，发展多支柱社会保障体系，在认知等多重影响因素的基础上采取针对性措施，以有效提升城市居民对社会保障安全的主观评价。

关键词： 城市　社会保障　社会保障安全感

---

[*] 陈静，博士，中国矿业大学公共管理学院（应急管理学院）副教授，主要研究方向为社会保障、公共安全。

近些年来，随着中国经济结构的转型升级所引发的一系列社会变迁，人口结构的迅速变化，以及国际环境的持续影响，我国突发事件、危机事件呈现不断增长趋势，社会风险加剧，并一定程度上影响到就业、养老、医疗乃至基本生活等民生问题，使得城市居民的社会安全感降低。习近平总书记就维护国家安全和社会安定指出，社会安全是中国特色国家安全的重要保障。维护国家安全，必须做好维护社会和谐稳定工作，做好预防化解社会矛盾工作，要加强保障和改善民生工作，从源头上预防和减少社会矛盾的产生。社会保障制度建设与完善是我国民生工作的重要组成部分，也是社会安全的重要内容。一方面，社会保障制度所包含的社会救助、社会保险、社会福利等内容，能够在基础层面保障公民的经济安全，满足个人及其家庭的衣食住、医疗和必要的社会服务需要；能够在一定程度上调节国家经济运行状况，促进经济安全；能够缩小贫富差距，缓解社会矛盾，稳定国家政权。另一方面，社会保障作为一种机制性的预防框架，其制度设置也能够作为特殊性危机事件——公共卫生事件、地震、暴雨、台风、塌陷、火灾、有毒食品、污染、交通事故、群体性事件等——的应援机制，从而与其他安全机制联结在一起，共同构成城市公共安全制度网络。社会保障安全既是公共安全的基础，又是城市公共安全体系的重要组成部分。

有鉴于社会保障安全对于城市公共安全体系之意义，需科学测量、认知当前我国城市居民的社会保障安全状态。理论上，对居民社会保障安全状态的评价应包括客观指标与主观指标两个层面：前者体现在不同区域或群体中社会保障项目的完备性、各项目的覆盖面、缴费及待遇给付水平、经办管理等，其数据以统计部门、民政部门、人社部门公报为准；后者则指向居民的主观安全感受，即不同群体对某一保障制度的主观心理感受（如安全感、满意度、获得感等），形成对社会保障制度的主观评价体系。客观数据与主观感受指标共同建构了对社会保障安全的评价框架。本文通过对我国4个直辖市、27个省会城市及5个计划单列市居民的大规模问卷调查及深度访谈，持续了解基本社会保障制度（养老、医疗、社会救助制度）所给予城市居民的心理感受及安全评价，有助于推动城市公共安全及社会治理的深化。

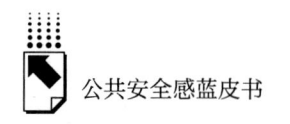

一 中国城市社会保障安全感基本状况与特点

在 2017 年、2018 年中国城市居民社会保障安全感调查及数据分析的基础上，本文通过对 2019 年"中国城市公共安全调查"数据的统计分析，持续跟踪了解我国直辖市、省会城市及计划单列市居民在养老、医疗、社会救助等社会保障基础层面的安全感状态，以及对社会保障安全的总体感受，并通过年度数据对比展现不同城市居民社会保障安全感的变化情况。

（一）中国城市社会保障安全感测量指标与指数排行

1. 评价体系建构、指标选取与资料来源

在我国，社会保障体系包括社会救助、社会保障和社会福利三个主要层面，涵盖了贫困者救助、养老、医疗、失业、工伤、生育、住房、残疾人服务、妇女儿童服务等诸多领域。在考虑问卷承载量与待测指标的基础上，为延续年度调查的持续性及数据可比较性，2019 年的调查仍然选取社会保障体系中与居民生活及基本安全密切相关的养老、医疗和社会救助为主体设计问题和指标。其内容包括两个层面：一是中国城市居民社会保障总体安全感及分项安全感主观测量指标。对最终数据的相关性分析显示，本研究所选取的城市社会保障安全感测量指标之间存在显著相关关系，如表 1 所示。二是用于解释被调查者安全感程度的行为测量指标，通过询问被调查者是否参加养老、医疗等社会保险，以及是否另外购买商业保险等问题，以帮助了解被调查者安全感高低的原因。同时，课题组在问卷测量之外，还在每个被调查城市进行了 20 份左右的深度访谈，访谈内容中包括了对城市居民在养老、医疗等基本问题上的态度、认知和缘由，以帮助研究者深入了解和解读居民主观态度背后的深层次问题和原因。

表1 城市社会保障安全感测量指标相关性（2019）

相关性检验		老年安全感	社会救助安全感	医疗安全感	社会保障总体安全感
老年安全感	Pearson 相关性	1	0.676**	0.691**	0.712**
	显著性（双侧）		0.000	0.000	0.000
	样本数（个）	10803	10803	10803	10803
社会救助安全感	Pearson 相关性	0.676**	1	0.756**	0.609**
	显著性（双侧）	0.000		0.000	0.000
	样本数（个）	10803	10803	10803	10803
医疗安全感	Pearson 相关性	0.691**	0.756**	1	0.581**
	显著性（双侧）	0.000	0.000		0.000
	样本数（个）	10803	10803	10803	10803
社会保障总体安全感	Pearson 相关性	0.712**	0.609**	0.581**	1
	显著性（双侧）	0.000	0.000	0.000	
	样本数（个）	10803	10803	10803	10803

注：** 在 0.01 水平（双侧）上显著相关。

2.因子提取与指标权重

本项研究通过探索性因子分析对城市居民公共安全感的9个方面、41个变量进行分析，最终提取16个公因子作为测量指标。其中城市社会保障安全感测量包括两个公因子与四个变量，见表2；并进一步通过公因子的方差贡献率计算二级指标权重（计算方法如前文所示），见表3。

表2 城市社会保障安全感测量公因子（2019）

目标	一级指标	公因子	变量
城市社会保障安全感	社会保障安全感	总体状况	社会保障总体安全感
		社会保障分项安全感	老年后的经济来源及生活照顾问题
			医疗保障问题
			家庭因意外陷入困境时得到必要救济的问题

表3 全国城市社会保障安全感指标权重（2019）

一级指标	权重	二级指标	权重	三级指标（极为担心—完全不担心：1~10）
社会保障安全感	0.1225	总体状况	0.0633	社会保障总体评价
		社会保障分项安全感	0.0592	年老后经济来源及生活照顾问题
				看病问题
				家庭因意外陷入困境能否得到必要救济

3. 2019年中国城市社会保障安全感指数排行

（1）中国城市社会保障安全感指数及排名

根据对数据的指数化计算，2019年全国城市公共安全感9个分项指标的指数分别为：公共场所设施安全感指数0.5399、自然安全感指数0.5279、生态安全感指数0.5115、交通安全感指数0.5077、治安安全感指数0.5046、公共卫生安全感指数0.4958、社会保障安全感指数0.4820、食品安全感指数0.4748、信息安全感指数0.4728。指数排名及变动情况如表4所示。

表4 全国城市公共安全感分项指标指数排名（2017~2019）

分项指标	2019年		2018年		2017年	
	指数	排名	指数	排名	指数	排名
公共场所设施安全感	0.5399	1	0.4978	2	0.4941	2
自然安全感	0.5279	2	0.5089	1	0.5091	1
生态安全感	0.5115	3	0.4880	7	0.4840	6
交通安全感	0.5077	4	0.4939	5	0.4917	4
治安安全感	0.5046	5	0.4957	4	0.4934	3
公共卫生安全感	0.4958	6	0.4895	6	0.4799	7
社会保障安全感	0.4820	7	0.4782	8	0.4843	5
食品安全感	0.4748	8	0.4972	3	0.4693	8
信息安全感	0.4728	9	0.4670	9	0.3835	9

由表4可知，2019年我国城市居民社会保障安全感指数排名低于2017年，略高于2018年，排名第7位，高于公众对信息安全和食品安全的感知

评价，总体呈现城市居民在社会保障方面的低安全感受状态。根据既有研究结果，在当前政府民生工程持续推进、民生投入连续增加的情况下，该状况的出现可能与制度漏洞、经办运行、群体公平性、需求变化等因素相关。

（2）各城市社会保障安全感指数、排名及变动情况

估算各城市社会保障安全感分项指标指数，并比较其变动状况，2019年各城市居民的社会保障安全感指数排名由高到低依次是：拉萨、乌鲁木齐、青岛、福州、济南、北京、深圳、厦门、宁波、成都、杭州、南宁、银川、昆明、太原、武汉、合肥、上海、哈尔滨、呼和浩特、重庆、广州、海口、南京、长沙、贵阳、西宁、长春、天津、大连、兰州、南昌、石家庄、沈阳、郑州、西安。城市社会保障安全感指数越高，排名越靠前，表明该城市居民的社会保障安全感越高。

结合2017～2019年城市居民社会保障安全感指数及排名，发现：拉萨市连续三年排名均为前10，保持了较高的水平；沈阳、郑州排名靠后，三年排名均位居倒数10位。全国2017～2018年：福州、贵阳、乌鲁木齐、昆明、济南、天津、银川排名上升幅度较大，名次上升达到10名及以上；成都、西安、武汉、海口、重庆、石家庄下降幅度较大，名次下降达到10名及以上。2018～2019年：北京、南宁排名上升幅度较大，名次上升均超过15名，贵阳、西宁、天津、南昌、西安下降幅度较大，名次下降超过15名。拉萨、乌鲁木齐、济南、北京等城市排名持续上升；杭州、合肥、上海、海口等城市三年排名持续下降。详细数值见表5、图1、图2。

表5 2017～2019年全国城市居民社会保障安全感指数、排名及变化

城市	2019年			2018年			2017年	
	指数	排名	变化	指数	排名	变化	指数	排名
拉萨	0.5425	1	0	0.5373	1	+8	0.5091	9
乌鲁木齐	0.5419	2	+2	0.5227	4	+27	0.3722	31
青岛	0.5118	3	—	—	—	—	—	—
福州	0.5089	4	-2	0.5249	2	+19	0.4681	21
济南	0.5087	5	+1	0.5109	6	+13	0.4756	19

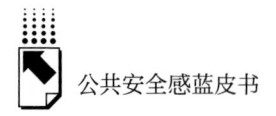

续表

城市	2019年			2018年			2017年	
	指数	排名	变化	指数	排名	变化	指数	排名
北京	0.5071	6	+18	0.4566	24	+6	0.4167	30
深圳	0.5068	7	—	—	—	—	—	—
厦门	0.5065	8	—	—	—	—	—	—
宁波	0.5026	9	—	—	—	—	—	—
成都	0.4969	10	+7	0.4703	17	−15	0.5768	2
杭州	0.4929	11	−2	0.4950	9	−8	0.5831	1
南宁	0.4919	12	+19	0.4173	31	−4	0.4492	27
银川	0.4916	13	+2	0.4764	15	+13	0.4464	28
昆明	0.4900	14	−9	0.5207	5	+10	0.4896	15
太原	0.4891	15	+6	0.4600	21	+8	0.4444	29
武汉	0.4879	16	+4	0.4646	20	−13	0.5156	7
合肥	0.4857	17	−5	0.4859	12	−2	0.5033	10
上海	0.4855	18	−4	0.4794	14	−9	0.5259	5
哈尔滨	0.4849	19	+9	0.4483	28	−6	0.4660	22
呼和浩特	0.4834	20	+9	0.4460	29	−3	0.4498	26
重庆	0.4787	21	+2	0.4568	23	−12	0.5004	11
广州	0.4782	22	+4	0.4511	26	−3	0.4647	23
海口	0.4765	23	−1	0.4599	22	−18	0.5344	4
南京	0.4755	24	−13	0.4932	11	−5	0.5212	6
长沙	0.4744	25	−12	0.4841	13	+4	0.4851	17
贵阳	0.4694	26	−23	0.5237	3	+10	0.4899	13
西宁	0.4643	27	−17	0.4936	10	−7	0.5353	3
长春	0.4637	28	−12	0.4719	16	0	0.4890	16
天津	0.4633	29	−21	0.4979	8	+17	0.4517	25
大连	0.4564	30	—	—	—	—	—	—
兰州	0.4519	31	−12	0.4686	19	−5	0.4898	14
南昌	0.4496	32	−25	0.5056	7	+5	0.4931	12
石家庄	0.4496	33	−3	0.4307	30	−12	0.4805	18
沈阳	0.4340	34	−9	0.4558	25	−1	0.4519	24
郑州	0.4280	35	−8	0.4510	27	−7	0.4728	20
西安	0.4234	36	−18	0.4689	18	−10	0.5142	8

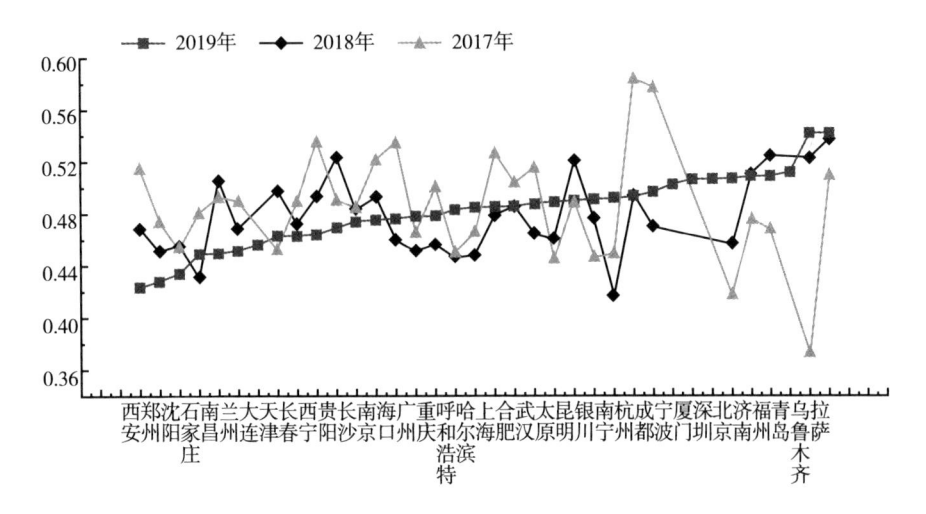

图 1　全国城市居民社会保障安全感指数（2017～2019）

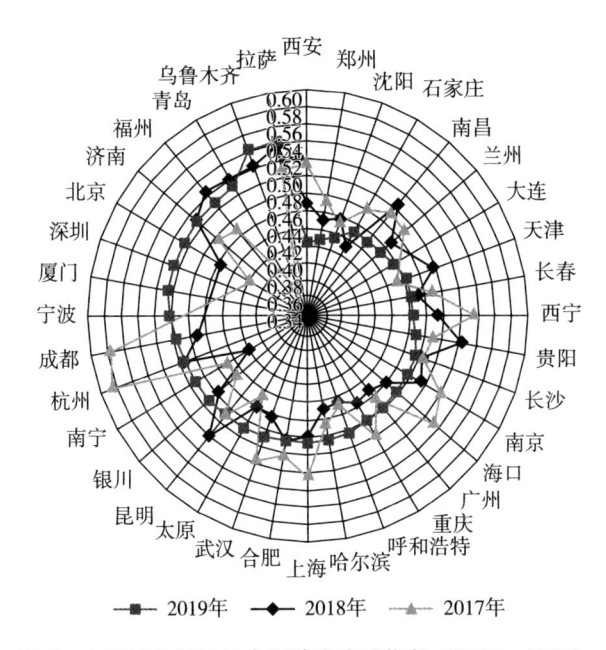

图 2　全国城市居民社会保障安全感指数（2017～2019）

逻辑上，社会保障是社会财富二次分配的重要路径，其发展对公共资源投入有较高的需求。因此，某一地区社会保障水平的高低往往与其经济发达程度相关。将经济发展水平作为分层标准，观察不同城市居民社会保障安全感指数，结果如下。一线城市中，北京市居民的社会保障安全感在31个城市中分别排名第6位（2019）、第24位（2018）和第30位（2017），广州市居于第22位（2019）、第26位（2018）和第23位（2017），上海市分别为第18位（2019）、第14位（2018）、第5位（2017），深圳首次进入调查范围，排名第7位。新一线城市中，除成都、杭州外，重庆、南京、天津、西安、长沙、沈阳、郑州等城市居民的社会保障安全感水平都相对较低。二线城市中，福州、济南、南宁、昆明、太原的状况较好，其他城市如石家庄、南昌、兰州、长春、贵阳、海口等地排名都在20位以外，呈现较为明显的分化。在经济欠发达的城市群中，拉萨居民的社会保障安全感连续两年高居第1位（2017年第9位），乌鲁木齐2019年居第2位，银川居民的社会保障安全感亦相对较高，西宁市居民的社会保障安全感2019年下降幅度较大，呼和浩特的排名连续三年偏低。此外，2019年新扩展的5个计划单列市中，除大连排名30位外，青岛、深圳、厦门、宁波都在前十之列，显现出良好的社会保障安全感状态（见表5）。

连续三年的调查数据显示，城市经济发展水平与居民社会保障安全感之间并不存在必然联系，我国各城市排名变动性较大，规律性较小。理论上，对公共政策绩效的主观评价一般受到居民心理预期、感知绩效、沟通、公平性以及评价体系等因素的综合影响。城市居民对社会保障安全感的评价本质上是一种价值判断，是用来考察某一项或几项社会保障制度是否能够给政策客体带来"稳定、安全"的心理预期，以及是否符合先验价值的过程。因此，其评价结果既受所在城市经济发展与财富分配所带来的保障项目及待遇水平的影响，也受到诸如居民心理期待值、评价标准、主客体沟通状况、公平性等因素的影响，导致被调查城市的社会保障安全感排名也呈现不规律的变动性。

（二）中国城市居民社会保障安全感描述统计

1. 中国城市居民社会保障总体安全感描述统计

在对有效样本中有关社会保障安全的专项数据进行整理之后，首先需要对其总体安全感进行描述性统计，以了解被调查者的总体态度和感受。运用 SPSS 2.1 软件对数据进行分析，所得结果如表 6 所示。

表 6　全国城市社会保障安全感描述统计（2017～2019）

分项安全感	2019 年			2018 年			2017 年		
	样本数（个）	均值	标准差	样本数（个）	均值	标准差	样本数（个）	均值	标准差
老年安全感	10803	5.66352	2.633053	9354	5.27133	2.680008	9419	5.45769	2.706102
医疗安全感	10803	5.15635	2.749542	9354	4.91565	2.776550	9422	5.12598	2.787630
社会救助安全感	10803	5.20041	2.632828	9358	4.88235	2.620108	9417	5.12350	2.677381
社会保障总体安全感	10803	5.86670	2.531235	9347	6.06740	2.349140	9411	6.28902	2.300299

如表 6 所示，2019 年被调查者对老年安全感、医疗安全感、社会救助安全感的评价均值高于前两年，而总体社会保障安全感低于前两年。在单项评价中，老年安全感最高，城市居民的医疗安全感程度次之，社会救助安全感最低，这一排序与 2017 年、2018 年调查结果相同，显现出居民单项安全感的稳定性。就其总体而言，样本对社会保障安全感的态度连续 3 年都趋于离散。

2. 中国城市居民社会保障分项安全感描述统计

（1）中国城市居民老年安全感描述统计

一般而言，居民应对老年风险的能力应从经济、服务两个层面着手。前者指居民年老之后稳定、制度化的经济收入能否满足其老年生活的需求；后者是指来自家庭与社会的老年照顾体系能否为其晚年生活提供必要的生活照护服务与精神慰藉。由于前者更具基础性意义，本项调查对这一问题的测量主要着眼于居民对年老后经济稳定性、保障性的心理预期及感受现状。2019 年数据统计显示，在被调查的 36 个城市中，拉萨延续 2017 年、2018 年的排位，老年安全感仍列第 1 位，乌鲁木齐、福州、济南 3 市的居民对年老后收入安全的主观评价亦持续居于高位,新增加的深圳、青岛两市居民的老年安全感分列第4位、第6位,感受较为安全。西安、沈阳、石家庄、郑州、兰州五地居民的老年安全感偏低,其中石家庄、郑州连续3年的老年安全感评价排名均处于较低状态。2018~2019年,贵阳、南昌、天津、北京、西安、西宁、南京、沈阳、等市的排名变化较大。2019年中国城市居民老年安全感指数排名及变动状况如表7所示。

表7 中国城市居民老年安全感指数、排名及变化(2017~2019)

城市	2019年			2018年			2017年	
	指数	排名	变化	指数	排名	变化	指数	排名
拉萨	6.833	1	0	6.503	1	0	6.513	1
乌鲁木齐	6.724	2	+2	6.384	4	+25	4.564	29
福州	6.277	3	0	6.434	3	+22	4.966	25
深圳	6.260	4	—	—	—	—	—	—
济南	6.234	5	+2	5.960	7	+9	5.294	16
青岛	6.184	6	—	—	—	—	—	—
北京	6.111	7	+19	4.780	26	-6	5.210	20
宁波	6.108	8	—	—	—	—	—	—
成都	6.047	9	+7	5.299	16	-12	6.173	4
杭州	5.973	10	0	5.741	10	-8	6.309	2
厦门	5.953	11	—	—	—	—	—	—
银川	5.845	12	+2	5.435	14	+10	5.033	24
合肥	5.809	13	-1	5.714	12	-1	5.498	11
长沙	5.800	14	+1	5.384	15	-1	5.412	14
武汉	5.749	15	+8	4.968	23	-15	5.544	8
广州	5.726	16	+12	4.644	28	-18	5.514	10
南宁	5.720	17	+14	3.958	31	-9	5.134	22
哈尔滨	5.718	18	+11	4.514	29	-12	5.267	17
昆明	5.667	19	-14	6.250	5	+18	5.120	23
上海	5.640	20	-7	5.562	13	-10	6.203	3
重庆	5.628	21	+1	4.970	22	-16	5.806	6

续表

城市	2019年			2018年			2017年	
	指数	排名	变化	指数	排名	变化	指数	排名
南京	5.562	22	-16	5.991	6	+1	5.700	7
太原	5.561	23	-2	5.041	21	+10	4.393	31
海口	5.544	24	+1	4.924	25	-20	5.821	5
贵阳	5.535	25	-23	6.462	2	+16	5.255	18
呼和浩特	5.507	26	+1	4.685	27	+3	4.530	30
长春	5.431	27	-9	5.104	18	+3	5.143	21
西宁	5.323	28	-17	5.725	11	+2	5.428	13
大连	5.313	29	—	—	—	—	—	—
天津	5.233	30	-21	5.765	9	+6	5.310	15
南昌	5.196	31	-23	5.923	8	+1	5.530	9
兰州	5.162	32	-12	5.076	20	-1	5.220	19
郑州	4.781	33	-9	4.935	24	+3	4.857	27
石家庄	4.768	34	-4	4.304	30	-2	4.791	28
沈阳	4.596	35	-16	5.088	19	+7	4.887	26
西安	4.441	36	-19	5.207	17	-5	5.440	12

（2）中国城市居民医疗安全感描述统计

医疗问题与绝大多数被调查者的日常生活密切相关，访谈中发现被调查者对医疗费用、便利性、公平性等问题的感受尤为深刻。需要说明的是，医疗卫生是包括医疗、医药、医保在内的综合体系，因此此次调查所显示的居民医疗安全感可以认为是居民对我国现行医疗保险制度、医药体系和医疗体系综合评价后的主观感受。连续3年的数据统计显示，我国城市居民对医疗安全感的评价普遍低于老年安全感。2019年的被调查城市中，仅有拉萨、乌鲁木齐两市居民的医疗安全感均值高于6，青岛、福州、北京、济南、太原、深圳、厦门、南宁等市居民医疗安全感相对较好。西安、郑州、沈阳、南昌四地的医疗安全感最低，其中沈阳和郑州连续3年评价处于低位。此外，北京、南宁、贵阳、南昌、长沙、西安、西宁、天津、长春、兰州、太原等市居民医疗安全感的变动显著，城市排名及变动状况如表8所示。

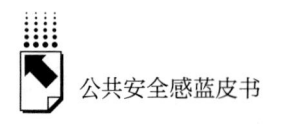

表8 中国城市居民医疗安全感指数、排名及变化（2017~2019）

城市	2019年 指数	2019年 排名	2019年 变化	2018年 指数	2018年 排名	2018年 变化	2017年 指数	2017年 排名
拉萨	6.505	1	0	6.523	1	0	6.287	1
乌鲁木齐	6.419	2	0	6.098	2	+28	4.179	30
青岛	5.885	3	—	—	—	—	—	—
福州	5.814	4	-1	6.095	3	+19	4.765	22
北京	5.782	5	+24	4.203	29	-9	4.850	20
济南	5.759	6	0	5.759	6	+12	4.868	18
太原	5.673	7	+15	4.619	22	+7	4.243	29
深圳	5.650	8	—	—	—	—	—	—
厦门	5.593	9	—	—	—	—	—	—
南宁	5.500	10	+21	3.630	31	-8	4.710	23
成都	5.493	11	+9	4.684	20	-17	5.823	3
昆明	5.471	12	-7	5.800	5	+16	4.803	21
宁波	5.444	13	—	—	—	—	—	—
银川	5.389	14	-1	4.993	13	+15	4.373	28
杭州	5.286	15	-4	5.243	11	-9	6.121	2
合肥	5.271	16	0	4.965	16	-1	5.057	15
呼和浩特	5.203	17	+10	4.269	27	+4	4.150	31
海口	5.201	18	+3	4.653	21	-15	5.515	6
上海	5.189	19	0	4.856	19	-15	5.820	4
哈尔滨	5.144	20	+5	4.492	25	-14	5.150	11
重庆	5.030	21	+3	4.513	24	-15	5.328	9
武汉	5.027	22	-8	4.984	14	-4	5.314	10
广州	4.987	23	0	4.545	23	-15	5.422	8
南京	4.967	24	-12	5.226	12	-7	5.813	5
天津	4.927	25	-17	5.502	8	+17	4.670	25
西宁	4.856	26	-17	5.309	9	-2	5.425	7
贵阳	4.832	27	-23	5.947	4	+9	5.086	13
石家庄	4.759	28	+2	3.758	30	-4	4.535	26
长沙	4.740	29	-19	5.298	10	+2	5.104	12
长春	4.592	30	-15	4.970	15	+4	4.850	19
大连	4.571	31	—	—	—	—	—	—
兰州	4.535	32	-14	4.860	18	-4	5.080	14
南昌	4.425	33	-26	5.688	7	+10	4.977	17
沈阳	4.212	34	-6	4.257	28	-4	4.703	24
郑州	3.824	35	-9	4.294	26	+1	4.445	27
西安	3.706	36	-19	4.862	17	-1	5.007	16

(3) 中国城市居民社会救助安全感描述统计

社会救助安全感是指居民认为自己在面临失业、贫困、大病、灾害等突发事件或特殊危机，生活陷入贫困的情况下获得社会支持和有效援助，保障个人和家庭基本生活不受威胁的可能性，以及由此产生的安全与否的心理感受。2019 年数据统计显示，乌鲁木齐、拉萨、厦门、青岛四市居民的社会救助安全感较高，其中拉萨连续三年名列前茅。郑州、西安、沈阳、兰州四市居民在社会救助层面的安全感偏低，其中沈阳连续 3 年评价较差。南昌、天津、贵阳、西宁、南宁、北京、呼和浩特、兰州、西安、长春、长沙、昆明等地的变动较为显著。2019 年中国各城市居民社会救助安全感描述统计及与 2017 年、2018 年的对比状况如表 9 所示。

表 9 中国城市居民社会救助安全感指数、排名及变化（2017~2019）

城市	2019 年			2018 年			2017 年	
	指数	排名	变化	指数	排名	变化	指数	排名
乌鲁木齐	6.528	1	+5	5.889	6	+23	4.313	29
拉萨	6.435	2	-1	6.367	1	+1	6.064	2
厦门	5.880	3	—	—	—	—	—	—
青岛	5.816	4	—	—	—	—	—	—
北京	5.698	5	+16	4.659	21	-3	4.850	18
深圳	5.660	6	—	—	—	—	—	—
济南	5.620	7	-2	5.940	5	+14	4.841	19
福州	5.611	8	-5	6.014	3	+19	4.687	22
宁波	5.589	9	—	—	—	—	—	—
成都	5.507	10	+6	4.833	16	-12	5.837	4
太原	5.497	11	+13	4.489	24	+6	4.287	30
银川	5.490	12	+7	4.671	19	+8	4.497	27
呼和浩特	5.470	13	+16	3.916	29	+2	4.217	31
南宁	5.460	14	+17	3.621	31	-5	4.497	26
武汉	5.443	15	+2	4.764	17	-12	5.571	5
昆明	5.402	16	-14	6.134	2	+22	4.613	24
杭州	5.355	17	-8	5.324	9	-8	6.315	1

续表

城市	2019年			2018年			2017年	
	指数	排名	变化	指数	排名	变化	指数	排名
上海	5.300	18	-4	4.920	14	-11	5.971	3
哈尔滨	5.265	19	+4	4.502	23	-10	5.023	13
合肥	5.234	20	-9	5.194	11	+1	5.144	12
重庆	5.206	21	+5	4.399	26	-16	5.388	10
海口	5.154	22	-2	4.671	20	-14	5.566	6
贵阳	4.987	23	-19	6.009	4	+16	4.789	20
南京	4.913	24	-11	4.984	13	-6	5.540	7
长沙	4.840	25	-13	5.182	12	+3	4.956	15
广州	4.839	26	-1	4.426	25	-14	5.382	11
西宁	4.831	27	-17	5.293	10	-2	5.513	8
长春	4.789	28	-13	4.876	15	+2	4.850	17
天津	4.774	29	-21	5.426	8	+20	4.493	28
大连	4.673	30	—	—	—	—	—	—
石家庄	4.650	31	-1	3.842	30	-5	4.554	25
南昌	4.472	32	-25	5.577	7	+7	4.973	14
兰州	4.451	33	-15	4.755	18	-2	4.923	16
沈阳	4.306	34	-7	4.293	27	-4	4.630	23
西安	4.221	35	-13	4.621	22	-13	5.470	9
郑州	3.907	36	-8	4.228	28	-7	4.726	21

（4）中国城市居民社会保障总体安全感描述统计

社会保障总体安全感是指社会保障相关制度及其实施效果作用于城市居民所产生的心理感受及主观评价。2019年数据统计显示，乌鲁木齐、拉萨、济南、宁波、厦门、青岛五市居民社会保障安全感总体评价较高，西安、沈阳、石家庄3市居民的主观评价偏低。较之于2018年的调查结果，贵阳、南昌、天津、西安、沈阳、西宁、武汉、广州、哈尔滨、昆明等城市的排名变动较大。详细数据见表10。

中国城市社会保障安全感调查报告（2020）

表10 中国城市居民社会保障总体安全感指数、排名及变化（2017~2019）

城市	2019年			2018年			2017年	
	指数	排名	变化	指数	排名	变化	指数	排名
乌鲁木齐	7.096	1	+2	6.551	3	+14	6.811	17
拉萨	7.043	2	-1	6.730	1	+1	7.545	2
济南	6.485	3	+6	6.077	9	+0	7.085	9
宁波	6.478	4	—	—	—	—	—	—
厦门	6.457	5	—	—	—	—	—	—
青岛	6.420	6	—	—	—	—	—	—
福州	6.389	7	-3	6.519	4	+19	6.613	23
深圳	6.357	8	—	—	—	—	—	—
北京	6.336	9	+9	5.341	18	-13	7.240	5
杭州	6.209	10	-3	6.146	7	-4	7.407	3
武汉	6.196	11	+17	4.783	28	-21	7.204	7
广州	6.137	12	+17	4.700	29	-18	7.044	11
上海	6.064	13	+1	5.706	14	-13	7.634	1
成都	6.037	14	+5	5.333	19	-15	7.293	4
哈尔滨	6.021	15	+15	4.492	30	-14	6.833	16
长沙	5.990	16	-1	5.452	15	-7	7.090	8
南京	5.983	17	-11	6.174	6	+6	6.893	12
南宁	5.980	18	+13	4.125	31	-18	6.867	13
昆明	5.971	19	-14	6.494	5	+21	6.507	26
银川	5.912	20	-7	5.709	13	+16	6.253	29
合肥	5.873	21	-9	5.746	12	+7	6.709	19
呼和浩特	5.764	22	0	5.231	22	+5	6.433	27
重庆	5.740	23	+1	5.054	24	-14	7.057	10
长春	5.629	24	-4	5.278	20	+4	6.520	24
太原	5.609	25	-2	5.076	23	+7	6.167	30
贵阳	5.487	26	-24	6.563	2	+23	6.515	25
海口	5.470	27	-1	4.879	26	-11	6.842	15
西宁	5.419	28	-18	5.951	10	-4	7.205	6
天津	5.409	29	-18	5.936	11	+9	6.669	20
兰州	5.313	30	-9	5.269	21	-3	6.756	18
大连	5.235	31	—	—	—	—	—	—
南昌	5.166	32	-24	6.131	8	+13	6.660	21
郑州	5.066	33	-8	5.013	25	+3	6.264	28
石家庄	4.985	34	-7	4.793	27	+4	6.020	31
沈阳	4.822	35	-18	5.369	17	-3	6.856	14
西安	4.742	36	-20	5.381	16	+6	6.628	22

3. 中国城市居民社会社会保障安全感组间描述

由于制度覆盖面、待遇水平、个体抗风险能力、心理预期等方面的不同，本研究假设城市居民的性别、户口类型、政治面貌、年龄、职业、收入水平、文化程度、民族、宗教信仰与其社会保障安全感之间具有相关关系，并进行检验分析。

（1）性别与社会保障安全感相关状况

在社会态度、社会分工、职业收入分化、心理特征等因素的影响下，"性别"被视为解释社会保障安全感群体差异的重要变量之一。运用2019年调查数据描述并推论中国城市居民性别变量与社会保障总体安全感及分项安全感之间的关系，结果如表11、表12所示。

表11 不同性别城市居民社会保障分项安全感描述统计（2019）

性别		社会保障总体安全感	老年安全感	医疗安全感	社会救助安全感
男	均值	6.03930	5.82758	5.27478	5.31784
	样本数（个）	5852	5852	5852	5852
	标准差	2.539551	2.644718	2.770432	2.639796
女	均值	5.66269	5.46960	5.01636	5.06160
	样本数（个）	4951	4951	4951	4951
	标准差	2.506343	2.606177	2.718276	2.618050
总计	均值	5.86670	5.66352	5.15635	5.20041
	样本数（个）	10803	10803	10803	10803
	标准差	2.531235	2.633053	2.749542	2.632828

表12 性别与城市居民社会保障安全感相关关系（2019）

相关性检验		平方和	均方	F值	显著性
社会保障总体安全感	组间	380.393	380.393	59.693	0.000
	组内	68829.660	6.373		
	总数	69210.053			

续表

相关性检验		平方和	均方	F 值	显著性
老年安全感	组间	343.689	343.689	49.797	0.000
	组内	74546.204	6.902		
	总数	74889.893			
医疗安全感	组间	179.100	179.100	23.740	0.000
	组内	81483.832	7.544		
	总数	81662.933			
社会救助安全感	组间	176.090	176.090	25.461	0.000
	组内	74701.028	6.916		
	总数	74877.118			

如表11、表12所示，性别是影响居民社会保障安全感的重要变量。无论是总体评价或是分项评价，男性城市居民的社会保障安全感要显著高于女性。这一结果与2017年、2018年的分析结论相同。究其原因，性别变量既在客观层面与个体社会经济地位、职业、收入水平等相关联，又在主观层面与性别特征和心理期待等有关，因此导致对社会保障制度安全效应的评价不同。男性城市居民的社会保障安全感高受到这一群体的经济能力、社会地位、个体抗风险能力、心理预期等因素的综合影响。

(2) 户口类型与社会保障安全感相关状况

由于历史、地理、经济发展程度等因素的影响，我国的社会保障制度在建立、改革的过程中，一直不可避免地区分化和户籍分化。其制度设计，如基本社会养老保险、基本医疗养老保险、失业保险、社会福利等，在缴费、待遇给付、服务水平等方面都有显著的城乡差异。这种状况及其引发的群体不公平感一直是社会保障研究的焦点问题。对不同户口类型——本市城市、本市农村、外地城市、外地农村——在社会保障不同领域的安全感受进行均值及相关性分析，所得结果如表13、表14所示。

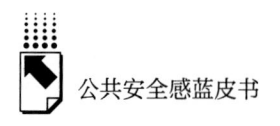

表13 不同户口类型城市居民社会保障分项安全感描述统计（2019）

户籍类型		社会保障总体安全感	老年安全感	医疗安全感	社会救助安全感
本市城市	均值	5.90027	5.70844	5.23347	5.28869
	样本数（个）	5234	5234	5234	5234
	标准差	2.530907	2.653543	2.766494	2.654109
本市农村	均值	5.63171	5.48232	4.99878	5.12805
	样本数（个）	1640	1640	1640	1640
	标准差	2.409250	2.494838	2.617582	2.527833
外地城市	均值	5.96245	5.76751	5.28650	5.25190
	样本数（个）	2370	2370	2370	2370
	标准差	2.530327	2.595487	2.719818	2.596440
外地农村	均值	5.85568	5.54522	4.86530	4.90186
	样本数（个）	1559	1559	1559	1559
	标准差	2.643874	2.748621	2.845363	2.702158
总计	均值	5.86670	5.66352	5.15635	5.20041
	样本数（个）	10803	10803	10803	10803
	标准差	2.531235	2.633053	2.749542	2.632828

表14 户口类型与城市居民社会保障安全感相关关系（2019）

相关性检验		平方和	均方	F值	显著性
社会保障总体安全感	组间	118.377	39.459	6.167	0.000
	组内	69091.676	6.398		
	总数	69210.053			
老年安全感	组间	111.859	37.286	5.385	0.001
	组内	74778.034	6.925		
	总数	74889.893			
医疗安全感	组间	244.059	81.353	10.790	0.000
	组内	81418.874	7.539		
	总数	81662.933			
社会救助安全感	组间	194.617	64.872	9.380	0.000
	组内	74682.501	6.916		
	总数	74877.118			

由表13、表14可知，户口类型不同的城市居民对社会保障安全的主观感受有显著差异。城市户口居民样本在社会保障各领域的安全感普遍高于农村户口居民。相对而言，本市城市与外地城市之间的区别并不明显，外地农村户口的被调查者各项感受总体偏低。这一结果与2017年、2018年调查结论一致。可以认为，居民对社会保障制度主观评价的差异与城乡二元分化、公共服务非均等化等问题密切相关。社会保障水平的不同，一方面使得农村户籍群体抵御风险能力不足，社会保障安全感愈加薄弱；另一方面也是产生相对剥夺感，引发社会矛盾和社会不稳定的重要因素之一。需要指出的，我国户籍制度改革的推进为从根本上解决这一延续多年的问题奠定了基础，随着城乡户籍制度的逐渐消亡与基本公共服务均等化的推进，可以寄希望于这种差别在未来将逐渐弱化。

（3）政治面貌与社会保障安全感相关状况

对2019年调查数据的分析得出，城市居民政治面貌与其社会保障安全感之间存在相关关系，中共党员的各项社会保障安全感最高，群众和共青团员次之，民主党派人士最低。如表15、表16所示。观察连续3年的数据，发现政治面貌与居民社会保障安全感之间的关系呈现不规律变动。如2017年调查中发现中共党员与民主党派人士的安全感普遍高于其他政治面貌群体，2018年数据分析则没有显著发现。

表15 不同政治面貌城市居民社会保障分项安全感描述统计（2019）

政治面貌		社会保障 总体安全感	老年 安全感	医疗 安全感	社会救助 安全感
中共党员	均值	6.01499	5.86821	5.32105	5.34416
	样本数（个）	1601	1601	1601	1601
	标准差	2.574592	2.636664	2.763035	2.612634
民主党派	均值	5.33019	5.20755	4.83962	4.94340
	样本数（个）	106	106	106	106
	标准差	2.475486	2.562428	2.442235	2.349590

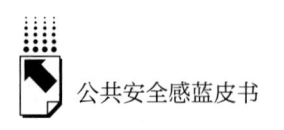

续表

政治面貌		社会保障总体安全感	老年安全感	医疗安全感	社会救助安全感
共青团员	均值	5.74949	5.63296	5.15548	5.10404
	样本数（个）	3441	3441	3441	3441
	标准差	2.509520	2.575569	2.721460	2.590723
群众	均值	5.90610	5.63271	5.11618	5.22317
	样本数（个）	5655	5655	5655	5655
	标准差	2.529456	2.665138	2.766745	2.666870
总计	均值	5.86670	5.66352	5.15635	5.20041
	样本数（个）	10803	10803	10803	10803
	标准差	2.531235	2.633053	2.749542	2.632828

表16 政治面貌与城市居民社会保障安全感相关关系（2019）

相关性检验		平方和	均方	F值	显著性
社会保障总体安全感	组间	121.769	40.590	6.344	0.000
	组内	69088.285	6.398		
	总数	69210.053			
老年安全感	组间	97.697	32.566	4.702	0.003
	组内	74792.196	6.926		
	总数	74889.893			
医疗安全感	组间	63.190	21.063	2.788	0.039
	组内	81599.743	7.556		
	总数	81662.933			
社会救助安全感	组间	74.971	24.990	3.608	0.013
	组内	74802.147	6.927		
	总数	74877.118			

表15、表16所示政治面貌与社会保障安全感之间关系的变动状况在某种程度上说明随着我国经济社会的发展与政治民主化进程,传统上政治面貌与学历、职业、社会地位和经济收入之间的相关关系在弱化。这一状况延伸到社会生活领域,中共党员、民主党派成员的社会保障安全感与其他群体之间的区别亦不再凸显。

(4)年龄与社会保障安全感相关关系

由于所感受到的风险、危机和压力的区别,以及社会保障缴费与待遇领取的年龄错位,不同年龄阶层的城市居民对社会保障制度及其效应的安全性评价有所差异。根据2019年调查数据分析中国城市居民年龄与社会保障安全感之间的关系,结果如表17、表18所示。

表17 不同年龄城市居民社会保障分项安全感描述统计(2019)

年龄		社会保障总体安全感	老年安全感	医疗安全感	社会救助安全感
18~29岁	均值	5.76319	5.63799	5.15400	5.11179
	样本数(个)	5591	5591	5591	5591
	标准差	2.542394	2.627816	2.755849	2.627471
30~44岁	均值	5.95255	5.63139	5.09754	5.21201
	样本数(个)	3014	3014	3014	3014
	标准差	2.463690	2.596781	2.705805	2.598190
45~59岁	均值	5.96639	5.73684	5.24984	5.38681
	样本数(个)	1577	1577	1577	1577
	标准差	2.531930	2.648602	2.759106	2.662253
60岁及以上	均值	6.12882	5.86312	5.22544	5.46860
	样本数(个)	621	621	621	621
	标准差	2.707723	2.804192	2.874930	2.733495
总计	均值	5.86670	5.66352	5.15635	5.20041
	样本数(个)	10803	10803	10803	10803
	标准差	2.531235	2.633053	2.749542	2.632828

表18　年龄与城市居民社会保障安全感相关关系（2019）

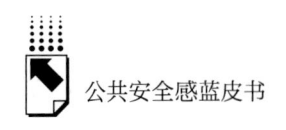

相关性检验		平方和	均方	F值	显著性
社会保障总体安全感	组间	140.461	46.820	7.320	0.000
	组内	69069.593	6.396		
	总数	69210.053			
老年安全感	组间	39.976	13.325	1.923	0.124
	组内	74849.917	6.931		
	总数	74889.893			
医疗安全感	组间	27.202	9.067	1.199	0.308
	组内	81635.730	7.560		
	总数	81662.933			
社会救助安全感	组间	143.776	47.925	6.925	0.000
	组内	74733.342	6.920		
	总数	74877.118			

从表17、表18可以看出，60岁及以上群体对社会保障总体及各子项目安全感的评价相对较高，这一结果与2017年、2018年的调查发现一致。在社会救助和社会保障总体安全感的评价中呈现与年龄的显著相关性，而在老年安全感和医疗安全感的评价中，被调查者的意见与其年龄之间的关系并不明显。分析其原因，可能与制度设计自身特点有关。以社会保险为例，低龄群体一般支出（各项缴费）多而待遇享受少（如养老金给付、医疗报销），其生理条件、需求、生活经历等因素使其尚未切身感受到社会保障制度的保护效应，因而评价不高。而45岁及以上群体，尤其是离退休群体从养老保障、医疗保障等制度中获益颇多，大部分老年人借社会保障制度获得了基本的生活保障与医疗保护，因此这一群体的社会保障安全感评价最高。

（5）身份职业与社会保障安全感相关关系

身份职业是与社会保障制度效能评价密切相关的另一个非常重要的变量。由于历史因素，我国社会保障制度从建立之初即实行"多轨制"，公务员、事业单位人员、公司职员、进城务工人员、自由职业者、学生、离退休人员、其他各有各的制度，不同职业群体所享有的保障项目、缴费与待遇水平有较大差异，相应地从制度中获得的心理安全效应也有所区别。

对 2019 年调查数据中职业与社会保障安全感之间的关系进行计算和分析，所得结果如表 19、表 20 所示。

表 19 不同身份职业城市居民社会保障分项安全感描述统计（2019）

身份职业		社会保障总体安全感	老年安全感	医疗安全感	社会救助安全感
公务员	均值	6.34358	6.23464	5.81285	5.82402
	样本数（个）	358	358	358	358
	标准差	2.505311	2.518442	2.618861	2.567800
事业单位人员	均值	5.99157	5.92509	5.38390	5.41573
	样本数（个）	1068	1068	1068	1068
	标准差	2.498158	2.644513	2.724907	2.632686
公司职员	均值	5.79198	5.51420	4.94987	5.04887
	样本数（个）	2394	2394	2394	2394
	标准差	2.480547	2.587541	2.695432	2.571931
进城务工人员	均值	6.07447	5.66667	5.16844	5.44504
	样本数（个）	564	564	564	564
	标准差	2.549988	2.599130	2.770370	2.663248
学生	均值	5.77178	5.67890	5.26492	5.17268
	样本数（个）	3133	3133	3133	3133
	标准差	2.477087	2.543804	2.709434	2.574285
自由职业者	均值	5.89212	5.63203	5.11516	5.16942
	样本数（个）	1511	1511	1511	1511
	标准差	2.501843	2.629105	2.777149	2.655823
离退休人员	均值	6.19690	5.94884	5.32713	5.52248
	样本数（个）	645	645	645	645
	标准差	2.659798	2.800652	2.849751	2.725234
其他	均值	5.69292	5.38673	4.82124	4.93274
	样本数（个）	1130	1130	1130	1130
	标准差	2.732614	2.854301	2.857695	2.773864
总计	均值	5.86670	5.66352	5.15635	5.20041
	样本数（个）	10803	10803	10803	10803
	标准差	2.531235	2.633053	2.749542	2.632828

表20　身份职业与城市居民社会保障安全感相关关系（2019）

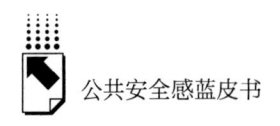

相关性检验		平方和	均方	F值	显著性
社会保障总体安全感	组间	269.431	38.490	6.027	0.000
	组内	68940.622	6.386		
	总数	69210.053			
老年安全感	组间	384.547	54.935	7.960	0.000
	组内	74505.346	6.902		
	总数	74889.893			
医疗安全感	组间	496.942	70.992	9.442	0.000
	组内	81165.990	7.519		
	总数	81662.933			
社会救助安全感	组间	429.190	61.313	8.890	0.000
	组内	74447.928	6.897		
	总数	74877.118			

从表19、表20可见，公务员、事业单位职工群体的社会保障安全感大多高于公司职员、进城务工人员和自由职业者群体。离退休人员由于年龄和制度设计因素，处于享有权利时期，其安全感亦较高。该结果与2017年、2018年数据分析一致。需要政府相关部门特别注意的是，连续3年的统计数据都显示，公司职员的社会保障安全感，尤其是在养老和医疗领域，不但低于公务员和事业单位人员，还低于进城务工人员和自由职业者，这一方面说明随着我国居民养老保险、居民医疗保险覆盖面的扩大和基本民生福利的推进，进城务工人员、自由职业者等传统社保弱势群体的保障待遇及其所带来的心理安全效应不断提升；另一方面也说明公司职员这一群体的社会保障待遇较低，相对剥夺感使其对现行制度不满意。课题组在访谈资料中同样深刻感受到这一问题，被访谈的公司职员群体大多对自己和公务员、事业单位职员的退休、医疗待遇差距不满，负面情绪显见。

（6）收入水平与社会保障安全感相关关系

居民的收入水平与社会保障需求紧密相关。理论上，收入越低的人，由于自我保障能力差，更容易受到风险事件的侵扰，对社会保障的需求愈加凸显。但社会保障权利义务相对应的特性，使得许多项目，尤其是作为主体的社会保险项目的待遇给付与缴费具有一定的关联性，即收入低的居民，由于缴费水平低，保障待遇往往也相对较低，这就更加影响了低收入群体的社会保障安全感。因此，中国城市居民的收入水平大体上与其社会保障安全感之间呈现普遍的正相关关系。2019年的统计数据显示，月收入8001~12000元的群体安全感程度最高，但月收入最低的群体（2000元及以下）的安全感受并非最低，需要特别注意的是，月收入在12001元以上的群体，其安全感反而呈现明显的下降趋势，如表21、表22所示。

表21 不同收入水平城市居民社会保障分项安全感描述统计（2019）

个人月收入		社会保障总体安全感	老年安全感	医疗安全感	社会救助安全感
2000元及以下	均值	5.79100	5.66528	5.21634	5.15635
	样本数（个）	3134	3134	3134	3134
	标准差	2.511646	2.594027	2.753480	2.619831
2001~3500元	均值	5.76895	5.48824	4.97700	5.09618
	样本数（个）	1913	1913	1913	1913
	标准差	2.563613	2.679145	2.755082	2.653085
3501~5000元	均值	5.86478	5.65876	5.11299	5.23879
	样本数（个）	2655	2655	2655	2655
	标准差	2.544440	2.628379	2.716864	2.621473
5001~8000元	均值	5.98191	5.76899	5.19845	5.31473
	样本数（个）	1935	1935	1935	1935
	标准差	2.476609	2.568779	2.694530	2.587790
8001~12000元	均值	6.23333	5.92667	5.45333	5.35600
	样本数（个）	750	750	750	750
	标准差	2.500245	2.710551	2.828868	2.690523
12001元以上	均值	5.70192	5.52163	5.07452	4.95433
	样本数（个）	416	416	416	416
	标准差	2.679255	2.838549	2.953736	2.778633
总计	均值	5.86670	5.66352	5.15635	5.20041
	样本数（个）	10803	10803	10803	10803
	标准差	2.531235	2.633053	2.749542	2.632828

表22 收入与城市居民社会保障安全感相关关系（2019）

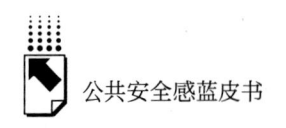

相关性检验		平方和	均方	F值	显著性
社会保障总体安全感	组间	174.042	34.808	5.444	0.000
	组内	69036.011	6.394		
	总数	69210.053			
老年安全感	组间	140.679	28.136	4.064	0.001
	组内	74749.214	6.923		
	总数	74889.893			
医疗安全感	组间	150.167	30.033	3.978	0.001
	组内	81512.765	7.550		
	总数	81662.933			
社会救助安全感	组间	99.413	19.883	2.871	0.014
	组内	74777.705	6.926		
	总数	74877.118			

（7）文化程度与社会保障安全感

既有研究显示，在大样本统计中，文化程度与职业、收入之间存在正相关关系。因此，本研究假设居民的文化程度越高，社会保障安全感越高。但2019年调查数据的均值及方差分析显示，在老年安全感和社会保障总体安全感层面，城市居民的文化程度与其社会保障安全感之间不存在显著相关关系，在医疗安全感与社会救助安全感方面存在负相关关系。如表23、表24所示。这与2018年的分析结果有相似之处。2018年调查数据分析显示，城市居民的文化程度与其社会救助安全感之间存在负相关关系，而在其他领域不存在显著相关关系，由此证明假设不成立。这一结果的出现可能与不同文化程度居民的评价标准和心理预期有关。

表23 不同文化程度城市居民社会保障分项安全感描述统计（2019）

文化程度		社会保障总体安全感	老年安全感	医疗安全感	社会救助安全感
小学及以下	均值	6.03459	5.69497	5.21069	5.40881
	样本数(个)	318	318	318	318
	标准差	2.587655	2.636442	2.782825	2.758900

续表

文化程度		社会保障总体安全感	老年安全感	医疗安全感	社会救助安全感
初中	均值	6.04255	5.72429	5.30585	5.41578
	样本数(个)	1128	1128	1128	1128
	标准差	2.672937	2.808792	2.937908	2.775862
高中(中职、中专)	均值	5.86025	5.70497	5.31366	5.27601
	样本数(个)	2576	2576	2576	2576
	标准差	2.535625	2.650501	2.756426	2.633965
大学(大专)	均值	5.82827	5.62564	5.06145	5.13220
	样本数(个)	6021	6021	6021	6021
	标准差	2.503898	2.593507	2.712444	2.604773
研究生	均值	5.86184	5.71974	5.13026	5.07763
	样本数(个)	760	760	760	760
	标准差	2.484337	2.615779	2.687036	2.553878
总计	均值	5.86670	5.66352	5.15635	5.20041
	样本数(个)	10803	10803	10803	10803
	标准差	2.531235	2.633053	2.749542	2.632828

表24 文化程度与城市居民社会保障安全感相关关系（2019）

相关性检验		平方和	均方	F值	显著性
社会保障总体安全感	组间	52.865	13.216	2.064	0.083
	组内	69157.189	6.405		
	总数	69210.053			
老年安全感	组间	19.946	4.986	0.719	0.579
	组内	74869.947	6.934		
	总数	74889.893			
医疗安全感	组间	144.642	36.160	4.790	0.001
	组内	81518.291	7.549		
	总数	81662.933			
社会救助安全感	组间	120.321	30.080	4.345	0.002
	组内	74756.797	6.923		
	总数	74877.118			

综上所述，2019年"中国城市公共安全感"调查呈现中国城市居民在社会保障安全感维度上的某些规律性特征，包括城市居民的社会保障安全感总体偏低，城市之间各项排名变动性强、规律性弱、居民对社会保障安全感的评价受多重因素而非单一因素的影响等。数据分析显示，性别、职业、户口类型、收入水平、年龄等变量与居民对自身社会保障安全的主观评价相关，文化程度、政治面貌变量与居民的社会保障安全感之间的关系不显著。上述分析对于各市政府相关部门了解本地区居民的社会保障安全感受、针对问题采取有效措施、完善城市公共安全体系具有一定的参考意义。

二 问题与挑战

连续3年对城市居民社会保障安全感问卷调查数据和访谈调查资料的梳理和分析，既表明了我国民生事业的发展与进步，公民社会安全感的逐步提升，也揭示了当前社会保障制度建设及其主观评价中的一些不容忽视的问题。这些问题主要表现为城市居民社会保障安全感评价偏低、影响因素复杂、医疗和社会救助安全感方面问题较突出，制度公平性不足，以及居民自我保障意识缺失。

（一）中国城市居民社会保障安全感评价中的主要问题

1. 城市居民对社会保障安全感的评价总体偏低，制度安全效应不足

2017~2019年的调查数据显示，在城市居民公共安全感的诸多维度中，被调查者对社会保障安全感的评价总体不尽如人意。2017年社会保障安全感指数为0.4843，在城市公共安全感九项分项指标指数排名中位居第5位，2018年指数为0.4782，排名仅居第8位，2019年指数为0.4820，位居第7。尽管2019年各项样本均值多数高于2017年和2018年，但相对位置仍然偏低（见表4）。这一状况说明，尽管近年来我国社会保障事业呈现积极发展的良性态势，各子系统和具体制度的客观数据水平逐年提升，如基本养老保险制度覆盖面不断扩展，基本医疗保险近乎覆盖全民，各项救助、保险、福

利待遇给付水平逐年提高，制度之间的整合持续推进等，但是城市居民对于应对基本社会风险仍然缺乏稳定、充分、安全的心理预期，制度的安全效应不足。

2. 城市居民对社会保障不同层面的安全感评价不一，医疗和社会救助安全感相对较低，总体社会保障安全感下降

调查数据显示，城市居民在医疗和社会救助层面的安全感明显低于老年安全感。2017年老年安全感样本均值为5.45769，医疗安全感和社会救助安全感样本均值分别为5.12598和5.12350，2018年老年安全感均值为5.27133，医疗安全感和社会救助安全感均值分别为4.91565和4.88235，2019年老年安全感均值为5.66352，医疗安全感和社会救助安全感均值分别为5.15635和5.20041（见表6），尽管均值有所提升，但仍然较低。医疗保障与社会救助安全感偏低，意味着城市居民面对疾病、贫困乃至失业、突发事件等风险时，能够获得政府和社会保护的心理预期不高以及信心不足，可能直接影响到居民的生活幸福感与获得感。此外，2019年调查数据显示城市居民总体社会保障安全感较之前两年有明显下降（见表6），在一定程度上显示出居民在经济结构转型、社会环境变化及各类风险频发的情境下的心理弱势状态，其主观心态的变化需要引起政府部门的重视。

3. 城市居民社会保障安全感群体分化明显，公平性有待继续提升

城市居民社会保障安全感的群体分化在连续3年的调查数据中有一致性显现，包括性别分化、职业分化、户籍分化、年龄分化和收入分化。其中职业、户口类型和收入变量在社会保障绩效评价问题上具有较强的政策意义。在职业变量中，公务员、事业单位人员的安全感在社会保障的不同层面均高于其他社会成员，与此相对应的，公司职员的社会保障安全感较低（见表19）。在户口类型变量中，城市户口居民的各项安全感皆高于农村户口居民（见表13）。在收入变量中，低收入群体的社会保障安全感相对低于高收入群体（见表21）。上述群体之间的分化较之于由于年龄、性别变量而引起的社会保障安全感差异不同，更加受到制度因素的影响。如前文所述，群体安全感的分化在一定程度上与社会保障制度二元化、"碎

片化"相关联。因此，与职业、户籍、收入因素相关的社会保障安全感群体分化应特别予以关注，政府部门应考虑通过制度整合以及政策的有效调整进行干预。

4. 城市经济发展水平并不必然与居民社会保障安全感相关，应充分考虑多方面影响因素

对比连续3年的调查数据发现，无论将被调查城市对应所属省份并按照东、中、西三部分进行区域划分，还是按照一线、二线、三线城市进行层次划分，城市居民的社会保障安全感都未能呈现明显的与经济发展水平相关的规律性。如表5所示，居民社会保障安全感排名靠前的拉萨、乌鲁木齐的经济发展水平与一线城市相比尚有较大差距，经济发达的上海、杭州、广州的排名都与其经济地位不相符，北京的变动情况较大。新一线城市和二线城市居民社会保障安全感评价分化亦较为明显。这一情况充分说明，经济发达与较高的社会保障项目待遇给付水平未必一定给城市居民带来较高的社会保障安全感。因此，社会保障资源投入较多的城市，相关部门更应积极探索影响本市居民社会保障安全感的多重因素，制定并实施针对性政策，以提升本市居民在社会保障层面的主观心理感受。

5. 城市居民自我保障意识不足，过度依赖政府主导的制度保障

在理论及实践中，各国由政府主导及组织实施的社会保障制度体系的目标是保护公民的基本生活不受各类风险的威胁。根据国际共识，对公民个体而言，要达到以及维持可接受以至体面的生活水平，则需要包括政府主导的社会保障、市场主导的企业保障，以及个人自我保障共同作用，构建多层次立体保障体系。市场保障和个人自我保障对公民社会生活安全感的建立具有至关重要的意义，其中购买储蓄式商业保险是居民进行有计划的自我保障，增强风险抵抗能力的主要途径。调查数据显示，我国城市居民的自我保障意识还相当薄弱。2017年的被调查者中购买了商业医疗或养老保险的比例仅为33.2%，2018年的比例略有上升，为37.0%，2019年为38.9%（见表25）。尽管数据略有上升，但总体比例过低且增长趋势缓慢，与发达国家相比仍有较大差距。大部分居民缺乏自我保障意识，其老年生计及医疗支付方

面对制度性社会保障体系的依赖性较强，因此，当社会保障制度所提供的待遇给付不能完全满足其心理预期和现实需求的时候，居民的安全感受也随之弱化。

表 25 各城市居民养老、医疗商业保险购买情况（2017～2019）

		2019 年		2018 年		2017 年	
		人数(人)	百分比(%)	人数(人)	百分比(%)	人数(人)	百分比(%)
有效	没买过	4214	39.0	3448	36.8	3630	39.2
	没买过,打算购买	2390	22.1	2456	26.2	2553	27.6
	购买过	4199	38.9	3461	37.0	3076	33.2
	合计	10803	100.0	9365	99.9	9259	99.8
缺失	系统	0	0	7	0.1	14	0.2
合计		10803	100.0	9372	100.0	9273	100.0

（二）原因分析

1. 基本社会保险项目覆盖面不足，社会救助标准偏低，部分居民缺乏基本风险应对机制

党的十八大报告提出了我国社会保障制度建设的方针和基本目标，即全覆盖、保基本、多层次、可持续，实现人人享有基本社会保障。在这一目标引领下，近些年来，中央及地方各级政府通过建制度、提待遇、增补贴等方式，大力推进社会保障事业发展，尤其是基本社会保险的全覆盖，并取得了巨大成就。2020 年我国人力资源和社会保障部发布的《2019 年度人力资源和社会保障事业发展统计公报》中指出，当前全国参加基本养老保险人数为 96754 万人，经计算参保率约为 69.34%。国家医疗保障局发布的《2019 年全国基本医疗保障事业发展统计公报》显示，2019 年参加全国基本医疗保险的有 135407 万人，参保率稳定在 95% 以上，基本实现人员全覆盖。但是，从本课题连续 3 年的调查数据来看，我国城市居民所享有的基本保障项目距离全覆盖的目标还有一定差距。2017 年样本中参加基本养老保险的比例为49.4%，参加基本医疗保险的比例为69.9%；2018年被调查城市居民中参加基本养老保险的比例为52.2%，参加基本医疗保险的比例为71.8%，2019年参加两项社会保险的比例分别为50.7%和75.9%，如表26所示。上述数据说明城市居民中尚有很大比例没有或只有一项基本社会保险。这部分人中，进城务工人员、自由职业者等占多数，其参保率远低于公务员、事业单位人员及公司职员，如表27所示。这就使得相当部分城市居民在面对老年或疾病风险时，缺乏基本的应对和保护机制，从而直接影响到其安全感受。

此外，社会救助制度是我国居民基本生活的"安全网"，基本目标在于保障生存所需，维护生命安全。目前，我国社会救助制度中存在的目标定位不准、救助标准偏低、安全网不密实等问题，在很大程度上影响了这一制度的安全效应，也引发部分城市居民对基本生活安全的焦虑。

表26 城市居民参加基本社会保险情况（2017~2019）

		2019年		2018年		2017年	
		人数(人)	百分比(%)	人数(人)	百分比(%)	人数(人)	百分比(%)
有效	养老保险与医疗保险都有	4953	45.8	4155	44.4	3798	41.0
	只有养老保险	534	4.9	738	7.9	781	8.4
	只有医疗保险	3256	30.1	2564	27.4	2676	28.9
	都没有	1084	10.0	1036	11.1	1106	11.9
	不清楚	976	9.0	869	9.3	900	9.7
	合计	10803	100.0	9362	99.9	9261	99.9
缺失	系统	0	0	10	0.1	11	0.1
	合计	10803	100.0	9372	100.0	9272	100.0

2. 社会保障制度群体差异是影响城市居民安全感评价的重要原因

孔子在《论语·季氏》中指出："闻有国有家者，不患寡而患不均，不患贫而患不安。"制度造成的群体不公平是影响城市居民安全感评价的重要原因。我国社会保障制度在发展过程中，由于多种因素的影响而呈现"碎片化"状态，主要表现为城乡分割、职业分割。不同人群根据身份不同，

表27 不同身份城市居民社会保险购买情况（2019）

身份	社会保险购买情况								合计	
	都有		只有养老保险		只有医疗保险		都没有		不清楚	
	人数(人)	比例	人数(人)	比例	人数(人)	比例	人数(人)	比例	人数(人)	比例	人数(人)	比例
公务员	233	65.1%	23	6.4%	65	18.2%	23	6.4%	14	3.9%	358	100%
事业单位人员	757	70.9%	58	5.4%	179	16.8%	47	4.4%	27	2.5%	1068	100%
公司职员	1543	64.5%	123	5.1%	446	18.6%	164	6.9%	118	4.9%	2394	100%
进城务工人员	202	35.8%	50	8.9%	170	30.1%	87	15.4%	55	9.8%	564	100%
学生	449	14.3%	89	2.8%	1658	52.9%	393	12.5%	544	17.4%	3133	100%
自由职业者	741	49.0%	82	5.4%	384	25.4%	207	13.7%	97	6.4%	1511	100%
离退休人员	459	71.2%	52	8.1%	79	12.2%	34	5.3%	21	3.3%	645	100%
其他	569	50.4%	57	5.0%	275	24.3%	129	11.4%	100	8.8%	1130	100%
合计	4953	45.8%	534	4.9%	3256	30.1%	1084	10.0%	976	9.0%	10803	100%

如公务员、事业单位人员、国企职工、私企职工、农民工、农民、学生、拆迁群体、军人等，都拥有不同的社保制度，形成多种制度并存状况。在不同的制度框架与政策效应下，受众的心理感受必然有所不同。以基本社会养老保险为例，政府机关、事业单位运行的"国拨"退休轨制和社会企业单位运行的"缴费型"统筹机制，以及无工作居民的居民养老保险制度在养老待遇方面存在巨大差异，尤其是前两者之间的矛盾更加突出。访谈资料显示，企业职工退休后的保险待遇是公务员、事业单位人员的一半左右，这也是这一群体对社会保障制度及安全感的主观评价偏低的重要原因。此外，转型期社会结构及公共服务的非均等化也削减了城市外来人口的安全感受。长期以来，与新中国成立之初形成的"二元结构"相适配，社会保障的各子系统都遵循"城市有城市的制度，农村有农村的制度"这一基本原则，从而形成了包括最低生活保障、医疗保障、养老保障、社会福利等主要项目在内的城乡二元分化。21 世纪以来，随着社会结构的变化，城市中又形成了农民工与城市人、"城中村"与城市社区的新二元分野。连续 3 年的调查数据显示，样本中农村户籍人口的社会保障安全感明显低于城市户籍人口，职业变量与居民城市安全感的相关测量结果，也显示进城务工人员的社会保障安全感相对较低。

总之，由于制度设置本身的问题，相当部分的城市居民，如企业职工、自由职业者、进城务工人员在实际所得较低与相对剥夺的双重效应下，对现行保障制度的主观评价偏低，总体安全感水平不高。随着我国城镇化进程不断加快、城市外来人口的持续增加，相关部门加速推动包括社会保障在内的公共服务均等化供给，将城市外来人口等社保边缘群体悉数纳入制度范围内，保障所有居民的养老、医疗和基本生活安全。

3. 信息盲区消减了城市居民社会保障安全感

在社会保障政策制定和研究中，研究者和政府部门一般更加关注制度自身存在的各种问题，并通过政策调整和制度整合不断化解矛盾，着力解决之。相关部门在日常工作中勤于出台政策、做好管理、理顺流程，而在主动与政策对象沟通交流、解释具体政策的目标意义、回应群众疑问等方面的工作则相对投入不多,由此所导致的"信息迷雾"现象在很大程度上影响到居民对社会保障安全效能的认知,从而影响到居民的社会保障安全感。对访谈资料的整理发现,被调查者的医疗安全感不高,除参保比例的问题外,还与相当部分居民对于社会医疗保险"保大病"和防止"因病致贫"的基本理念和功能的认知不充分相关。部分没有大病、住院经历的居民认为自己缴费很多,但获益很少,对制度效能心存疑虑。这一问题在养老方面更加凸显。由于缺乏充分的信息沟通,部分居民对社会养老保险制度本身存在严重的不信任感,怀疑自己所缴纳的养老保险金的用途,个别人甚至将其视为"政府敛财"的手段之一。相当部分企业职工在"老龄化"及"养老金穿底"等信息的影响下,对于自己退休后养老金是否能够按时足额发放有所怀疑,甚至以讹传讹,导致部分成员对制度的信任度和安全感偏低。此外,大部分未达退休年龄的居民因为自己还没有开始享受待遇,对养老保险的运行机制并不了解,相关信息所知甚少,不了解养老保险社会统筹和互助共济的性质,也不清楚养老金待遇计算的基本原则等,由此形成不了解、不信任、不安全的心理状态。由此可知,在制度自身缺陷之外,由于政策主客体沟通不足所引起的信息盲区和误区对城市居民社会保障安全感具有显著的消减效应,这一问题应特别引起相关部门和政策制定者的注意。

4. 多重因素共同影响城市居民社会保障安全感,使得经济发展和资源投入并不必然带来居民主观评价的提升

如前文所述,城市居民对社会保障安全的感受及评价是一种主观认知状态,亦是一种价值判断,不仅与一定经济发展水平下社会保障制度的覆盖范围、保障水平、经办能力等相关,而且是包括主观、客观在内的多重因素综合影响的结果,如所处群体环境、自身健康程度、自我保障能力、家庭结构、心理预期、个体性格特征等。如调查结果显示拉萨、乌鲁木齐等经济较不发达城市居民的社会保障安全感更高,就说明了这一问题。因此,各地市在探寻影响本地居民社会保障安全感的原因时,应采用更加审慎、科学的态度,一方面在完善制度、增加资源投入上下功夫;另一方面也要针对其他影响因素进行有效介入和干预。

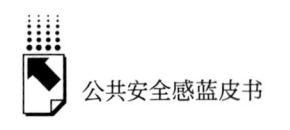

三 提升城市居民社会保障安全感的对策与建议

2017～2019年"全国城市居民公共安全感调查"展现了当前我国主要城市居民对社会保障安全的基本感受。在发现问题、剖析原因的基础上，基于公共治理的逻辑，从政府、政策的视角出发，提出相应的应对思路与策略建议，为各城市政府相关部门采取有效措施，提升居民保障安全感提供政策参考，是课题研究的应有之义。

（一）以人人享有基本社会保障为目标，持续推进制度建设，密织城市居民社会安全网

社会保障是国家抵御社会风险以保障国民基本生活和促进经济发展与社会稳定的制度安排和服务体系。具体而言，当公民在遭遇诸如生活难以为继、疾病、失业、生育、老年、残疾等风险侵袭时，能够从政府、社会获得制度化的帮助和保护，防止个人及家庭陷入危机。因此，社会保障安全是居民社会安全以及城市公共安全体系的重要组成部分。提高社会保障安全感，维护社会稳定和社会安全，必须以人人享有基本社会保障为目标，持续推进制度建设，密织居民社会安全网。

2017～2019年的调查数据显示，当前我国城市居民社会养老保险和社会医疗保险作为社会保障安全体系的主体制度，其参保率距离全覆盖目标尚有一定距离。因此，各地方政府首先要在继续扩大基本制度覆盖面上下功夫，推进基本社会保障项目实现目标群体全覆盖。当前的重点仍然是中小微企业员工和广大农民工、灵活就业人员、新就业形态人员、未参保居民等群体。各市政府要通过全面实施全民参保计划，对各类人员参加社会保险情况进行登记补充完善，建立全面完整准确的社会保险参保基础数据库。要采取有效措施，促进中小微企业和重点群体积极参保、持续缴费。

密织城市居民社会保障安全网，不仅要实现全覆盖，还要实现保基本，即社会保障各项目待遇，如最低生活保障制度、临时救助制度、残疾人两补

制度、失业保险制度、企业职工养老保险制度、城乡居民养老保险制度、城乡居民基本医疗保险制度等能够满足保障生活安全和生命质量的需求。换言之，要关注保障待遇给付的合理化，在一定范围内提高保障待遇，增强城市居民的抗风险能力，包括：统筹有序提高企业退休人员基本养老金和城乡居民基础养老金标准；加大城乡居民医疗保险的公共财政投入，提高实际报销比例；灵活调整失业保险领取条件，提高失业保险待遇；考虑经济发展与物价上涨的情况，规范社会救助制度的待遇水平及增长机制；继续发展老年福利、儿童福利、残疾人福利等社会福利事业；提高住房公积金结存利用率，探索住房公积金更加积极有效的作用方式；等等。

（二）深化制度改革，缩小群体差距，推动社会保障事业公平、共享和可持续发展

如前文所分析，由社会保障目标群体分割和制度碎片化所导致的不公平性和相对剥夺感是影响城市居民社会保障安全感的重要因素之一，也是引发社会问题和社会矛盾不可忽视的诱因。为此，需要中央和各级地方政府继续坚持并完善正在推进中的制度整合与基本公共服务均等化工作，尽可能促进制度和待遇在群体之间的相对平衡和公平。

在实践中，要积极推进机关事业单位与企业基本社会保险制度的并轨，建立居民在不同制度之间流动的通道，妥善处理改革之后各类人员养老保障权益问题；要在扩面的基础上完善居民养老和医疗保险的缴费设计和待遇给付，使这些制度真正起到居民社会生活安全网的作用；要继续加大部分保障项目，如低保、临时救助、公租房、残疾人保障等与弱势群体密切相关项目的财政投入，持续提高待遇水平，增强政策对象的获得感，促进群体公平；要强化经办管理，提升居民的便利性与获得感；要提高基金统筹层次，充分运用"调剂金"等政策工具，缩小历史负债、经济发展水平、地方政府作用、心理期望值等因素所带来的不同城市居民对社会保障制度安全感的评价存在的差异，推动我国城市居民整体社会保障安全感的均衡提升。

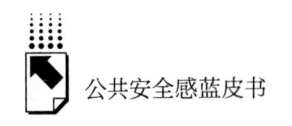

（三）增强企业和个人责任意识，发展多层次多支柱的保障体系

根据国际共识，现代社会保障体系应该是包括政府法定保障、企业补充保障、社会慈善事业、个人自我保障在内的多层次、多支柱体系。换言之，居民较为充分的社会生活安全感的获得，应该是多主体参与和多支柱作用的结果。以老年经济保障为例，应至少包括政府主导的法定基本养老保险、企业年金或职业年金、市场自愿成交的商业性养老金三个支柱。但从当前官方统计数据及调查资料看来，我国社会保障的多层次、多支柱模式尚未建立起来，国家承担了绝大部分保障责任，以企业年金为代表的市场保障和以商业保险为代表的个人保障发展极其缓慢，所占比例低。人社部发布的《2019年度人力资源和社会保障事业发展统计公报》显示，截至2019年末，全国仅有9.6万户企业建立了企业年金，参加职工2548万人，仅占参加城镇职工基本养老保险人数的5.9%。此外，我国城市居民购买商业养老保险的比例较低（见表27），这就使得居民将生活安全的希望大多寄托在政府主导的社会保障制度上，期望值高，且形成了强烈的依赖心理，给政府财政增加了非常大的压力，乃至威胁到制度的可持续性。因此，发展多层次多支柱的生活保障体系，除继续完善政府主导的各项保障制度外，还应大力提升市场保障和自我保障意识。实践中，地方政府应出台优惠政策鼓励企业积极建立企业年金，积极引导社会组织介入养老、医疗、弱势群体服务等领域，使市场主体与社会组织成为多层次社会保障体系建设的重要力量。同时要强化居民的自我责任与自我保障意识，尝试以更大的税收优惠等数量工具辅以行政力量，大力支持商业养老保险发展，支撑起社会保障体系的第三支柱，增强居民个人应对生活风险的能力。

（四）充分认知社会保障安全感的多重影响因素，针对性提升居民的主观评价

长期以来，学术界和政府部门对社会保障制度的评价更加重视客观指标，包括项目的健全性、制度覆盖面、政府财政投入的比例和投入模式、待

遇给付水平、年增长幅度、管理机制、经办平台建设等，并由此形成了对地方经济发展水平、资源投入和居民社会保障安全感之间的正相关关系的认知。如前文所述，连续3年的调查资料显示，城市居民社会保障安全感的高低，是主客观多重因素共同作用的结果。因此，各地方政府应充分认知影响本地区居民社会保障安全感的相关因素，特别是居民期待值、政策信息沟通程度、舆论宣传等非传统因素的作用，并采取针对性措施，解民之所困，释民之所惑，使公民对社会保障的性质、功能有明确的认知，了解到个人在遭遇到风险和困难时，是否能够得到来自政府和社会的帮助，通过何种途径以及能够得到何种程度的帮助等，从而避免个体陷入生活困境，获得生活安全的切实感受。

B.10
中国城市信息安全感调查报告（2020）

周云圣*

摘　要： 信息安全作为总体国家安全观的重要组成部分，既关系个人隐私安全，又关乎社会秩序稳定。2017～2019年全国城市调查数据显示，在公共安全感指数的9个分项指标中，信息安全感连续3年排名垫底。本文首先概述了城市信息安全感的基本状况，并对不同群体间的信息安全感进行对比分析，发现信息安全感偏低的群体有：女性、共青团员、青年人、外地农村户口、受教育程度高、学生群体、低收入者和高收入者。其次，结合本次调查数据及多方资料，发现城市信息安全感面临的问题有：城市间信息安全感偏差明显且存在区域差异；信息安全感滞后于城市信息化发展水平；居民的信息安全保护意识薄弱且信息行为不安全程度高；信息安全公共服务欠缺且城市间服务供给不均衡。最后，针对问题与挑战，提出相应的对策建议：精准施策，推动城市间及区域间信息安全感均衡提升；政府主导，改善信息安全感的相对滞后状态；完善教育，提升居民信息安全意识及信息行为安全程度；多元供给，提高城市信息安全服务覆盖率。

关键词： 城市信息安全　信息安全感　信息保护

---

* 周云圣，硕士，中国矿业大学公共管理学院（应急管理学院）讲师，主要研究方向为公共安全理论与实践。

前　言

2019年以来，我国区块链、5G通信、人工智能、大数据等领域核心技术不断实现突破与发展，社会信息化程度进一步加深。信息化的发展便利了社会生活和社会管理，同时也使得个人在社会生活中愈加透明化，模糊了个人隐私与公共信息的边界。信息安全作为总体国家安全观的重要组成部分，既关乎国家政治稳定，又关系个人隐私安全，在社会生活中有着重要的战略地位。

中国互联网络信息中心（CNNIC）发布的《第45次中国互联网络发展状况统计报告》（以下简称《报告》）显示，截至2020年3月：我国网民规模达9.04亿人，较2018年底增长7508万人，互联网普及率达64.5%，较2018年底提升4.9个百分点；我国手机网民规模达8.97亿人，较2018年底增长7992万人，网民使用手机上网的比例达99.3%，较2018年底提升0.7个百分点；我国农村网民规模为2.55亿人，占网民整体的28.2%，较2018年底增长3308万人；我国网络购物用户规模达7.10亿人，较2018年底增长1.00亿人，占网民整体的78.6%；我国网络支付用户规模达7.68亿人，较2018年底增长1.68亿人，占网民整体的85.0%；手机网络支付用户规模达7.65亿人，较2018年底增长1.82亿人，占手机网民的85.3%；此外，受新冠肺炎疫情影响，我国在线教育用户规模快速增长，达4.23亿人，较2018年底增长2.22亿人。① 我国互联网的发展带来了网民规模的持续增长，也带动了各行各业的蓬勃发展，同时需要警惕的是，庞大的网民规模和互联网的纵深发展为网络安全问题的发生提供了广阔的空间，信息安全问题应得到更大的关注。

值得关注的是，《报告》显示，我国网民在上网过程中未遭遇过任何网络安全问题的比例进一步提升。截至2020年3月，56.4%的网民表示过去

---

① 中国互联网络信息中心（CNNIC）《第45次中国互联网络发展状况统计报告》，http://www.cnnic.net.cn/hlwfzyj/hlwxzbg/hlwtjbg/202004/P020200428596599037028.pdf，最后检索时间：2020年4月28日。

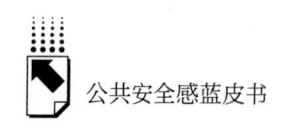

半年在上网过程中未遭遇过网络安全问题，较2018年底提升7.2个百分点。通过分析网民遭遇的网络安全问题发现：遭遇网络诈骗的网民比例较2018年底下降明显，达6.9个百分点；遭遇账号或密码被盗的网民比例较2018年底下降5.2个百分点；遭遇其他网络安全问题的网民比例较2018年底也有所降低。

为进一步规范网络违法犯罪行为，保障网络信息安全，2019年我国先后出台了一些法律及政策文件。例如：为了规范密码应用和管理，促进密码事业发展，保障网络与信息安全，维护国家安全和社会公共利益，保护公民、法人和其他组织的合法权益，制定并通过了《中华人民共和国密码法》；为保护个人隐私及信息安全，防止个人信息被非法泄露及用于商业目的，制定了《App违法违规收集使用个人信息行为认定方法》。这些法律及政策文件能否保障广大网民的切身利益，营造一个更加安全的网络环境，将直接影响居民的信息安全感。

为全面了解城市居民的信息安全感状况，测度信息安全客观现状与个人主观安全感受之间的差别，比较不同地域及群体的居民安全感差异，以及弥补前述网络在线调查的样本代表性不足问题，本文将基于全国36个城市（含直辖市、省会级城市及计划单列市）的居民问卷调查数据进行分析。

本文内容共分为三个部分。第一部分，城市信息安全感基本状况的统计分析，概述全国城市安全感的总体水平，进行各城市的指数排名，以及不同群体间信息安全感的对比分析；第二部分，概述城市信息安全感的问题与挑战，结合有关信息安全的调查数据，从多角度分析居民信息安全感受的问题表现；第三部分，提出改善城市居民信息安全感的对策建议，主要针对所提出的问题提出相对应的改善建议。

一 城市信息安全感基本状况

根据2017~2019年全国城市公共安全感分项指数及排名（见表1），信息安全感指数连续3年排名垫底，与其他分项安全感指数的差距较2018年有所扩大，形势不容乐观。2017年信息安全感指数与排名第1的自然安全感指数相差0.1256，约低24.7%；2018年这一差距为0.0419，约低8.2%；2019年信息安全感指数与排名第一的公共场所设施安全感指数相差0.0671，约低12.4%。从表1可以看出，2018年信息安全感与其他方面安全感的差距远小于2017年，而2019年差距扩大，从一定程度上反映出我国城市信息安全方面的建设落后于其他分项安全感的发展。不仅信息安全感排名倒数，其他与居民切身利益息息相关的领域，如社会保障安全、公共卫生安全的居民安全感也持续偏低。仅从信息安全感单项来看，3年间其指数不断上升，城市居民对信息安全的主观感受更为乐观。

表1 2017~2019年全国城市分项公共安全感指数及排名

分项指标	2019年			2018年			2017年	
	指数	排名	变化	指数	排名	变化	指数	排名
公共场所设施安全感	0.5399	1	+1	0.4978	2	0	0.4941	2
自然安全感	0.5279	2	-1	0.5089	1	0	0.5091	1
生态安全感	0.5115	3	+4	0.4880	7	-1	0.4840	6
交通安全感	0.5077	4	+1	0.4939	5	-1	0.4917	4
治安安全感	0.5046	5	-1	0.4957	4	-1	0.4934	3
公共卫生安全感	0.4958	6	0	0.4895	6	+1	0.4799	7
社会保障安全感	0.4820	7	+1	0.4782	8	-3	0.4843	5
食品安全感	0.4748	8	-5	0.4972	3	+5	0.4693	8
信息安全感	0.4728	9	0	0.4670	9	0	0.3835	9

本次调查在信息安全方面设置了四个问题来测度城市居民对信息安全的担心程度，分别是：在总体信息安全感上设置了"总体上，您是否担心本市的信息安全问题"；在隐私泄露安全感方面设置了"您担心个人隐私信息被盗取，并被用于商业或犯罪目的吗"；在财产信息泄露安全感方面设置了"您担心个人账户密码被盗吗"；在信息犯罪安全感方面设置了"您担心信息诈骗会更猖獗吗"。居民对担心程度进行打分，分值范围为1至10分。分值越低代表担心程度越高，安全感越低；反之，分值越高，担心程度越低，安全感越高。

从信息安全感各分项得分的描述统计结果来看（见表2），各分项安全感得分均低于5.0，表明居民对信息安全的感受和评价并不乐观，有着很大的提升空间。从三个分项指标来看，城市居民的担心程度由低到高依次为：信息犯罪（4.85）、财产信息泄露（4.77）、隐私泄露（4.76）。这与居民不同的信息应用场景及应对能力有关。一方面，各种信息服务对身份绑定的要求越来越普遍，居民的隐私空间不断被压缩，从而引发担心隐私泄露的紧张情绪，致使安全感降低；而财产信息的采集和传播者对用户的个人信息安全负有重大的责任，因此也更为谨慎地保护用户的财产信息安全。另一方面，居民对金融诈骗等信息犯罪行为具有一定的识别能力，能够更加积极主动地防范此类安全问题发生，且其发生频率远低于其他两项，因此居民对信息犯罪的安全感也更高；在应对诸如个人账户密码被盗等财产信息泄露问题，居民也可以采取设置复杂密码、定期更换密码等方式降低财产信息泄露的可能性；而对于隐私泄露问题，居民的主动应对能力相对较弱，各种网站及应用将实名认证作为准入条件，一旦绑定身份，居民只能被动接受隐私泄露的风险。

表2　信息安全感分项指标的描述性统计（2019）

指标	样本数（个）	均值	标准差
信息安全感指数	10803	0.4728	0.106
隐私泄露安全感	10803	4.76	2.675
财产信息泄露安全感	10803	4.77	2.757
信息犯罪安全感	10803	4.85	2.764

注：信息安全感指数采用主成分方法，由三项指标加权平均计算而得，取值在0~1。三项具体指标直接由量表数值（1~10分）计算得出。

对信息安全感三个分项指标之间的相关性进行分析，结果如表3所示。由表3可知，三个分项之间相关系数的显著水平小于0.01，表明三个分项的安全感之间的相关性显著。具体来看，隐私泄露安全感与财产信息泄露安全感的相关性最大，相关系数高达0.825，高于与信息犯罪安全感的相关性（0.791），也高于财产信息泄露安全感与信息犯罪安全感之间的相关性。信息安全感指数与三个分项指标的相关系数均超过0.9，表明三项指标能较好地测度信息安全感。

表3　主要信息安全指标的Pearson相关性统计（2019）

指标		财产信息泄露安全感	信息犯罪安全感	信息安全感指数
隐私泄露安全感	皮尔逊相关性	0.825	0.791	0.929
	Sig.（双尾）	0.000	0.000	0.000
	个案数（个）	10803	10803	10803
财产信息泄露安全感	皮尔逊相关性		0.815	0.938
	Sig.（双尾）		0.000	0.000
	个案数（个）		10803	10803
信息犯罪安全感	皮尔逊相关性			0.927
	Sig.（双尾）			0.000
	个案数（个）			10803

（一）城市信息安全感指数排行

与全国信息安全感指数估算原理相同，采用求取的全国信息安全分项指数，可以得出各城市信息安全感分项指标指数。如表4所示，在全国城市信息安全感方面，各城市2019年的信息安全感指数排名由高到低依次是：乌鲁木齐、拉萨、太原、昆明、哈尔滨、青岛、南宁、北京、银川、武汉、福州、济南、呼和浩特、成都、深圳、厦门、合肥、长春、上海、宁波、石家庄、天津、贵阳、杭州、海口、南京、长沙、重庆、广州、西宁、大连、南昌、西安、沈阳、兰州、郑州。城市信息安全感指数越高，排名越靠前，表明该城市居民的信息安全感越高。

结合2017～2019年全国城市信息安全感指数及排名，其中：昆明、拉萨排名较高，三年排名均为前10，保持了较高的水平；郑州排名靠后，三年均位居倒数10位。2017～2018年，济南、福州、长沙、南昌、乌鲁木齐、太原排名上升幅度较大，名次上升达到10名及以上；南京、上海、西安、广州、沈阳、重庆、呼和浩特下降幅度较大，名次下降达到10名及以上。2018～2019年，太原、哈尔滨、南宁、北京、呼和浩特排名上升幅度较大，名次上升均超过 10 名；贵阳、长沙、西宁、南昌、兰州排名下降幅度较大，名次下降均超过 15 名。乌鲁木齐、太原、哈尔滨、北京等城市三年排名持续上升；合肥、贵阳、杭州等城市三年排名持续下降。拉萨等城市近三年排名相对稳定，变化幅度不大。

表 4　2017~2019 年全国城市信息安全感指数及排名

城市	2019 年			2018 年			2017 年	
	指数	排名	变化	指数	排名	变化	指数	排名
乌鲁木齐	0.5329	1	+8	0.4883	9	+21	0.3040	30
拉萨	0.5191	2	+1	0.5023	3	-2	0.5153	1
太原	0.5005	3	+11	0.4651	14	+15	0.3309	29
昆明	0.4999	4	-3	0.5182	1	+9	0.4538	10
哈尔滨	0.4991	5	+14	0.4577	19	+4	0.3717	23
青岛	0.4972	6	—	—	—	—	—	—
南宁	0.4964	7	+24	0.4143	31	0	0.2979	31
北京	0.4951	8	+15	0.4509	23	+4	0.3507	27
银川	0.4932	9	+8	0.4596	17	+2	0.3975	19
武汉	0.4874	10	+6	0.4616	16	-2	0.4393	14
福州	0.4866	11	-7	0.5008	4	+21	0.3603	25
济南	0.4827	12	-10	0.5134	2	+10	0.4439	12
呼和浩特	0.4822	13	+17	0.4319	30	-17	0.4438	13
成都	0.4813	14	+8	0.4516	22	-2	0.3947	20
深圳	0.4753	15	—	—	—	—	—	—
厦门	0.4750	16	—	—	—	—	—	—
合肥	0.4741	17	-4	0.4666	13	-7	0.4644	6
长春	0.4702	18	-3	0.4645	15	+6	0.3936	21
上海	0.4694	19	+1	0.4558	20	-11	0.4601	9
宁波	0.4690	20	—	—	—	—	—	—
石家庄	0.4669	21	+3	0.4495	24	-2	0.3863	22
天津	0.4663	22	-10	0.4686	12	+6	0.4196	18
贵阳	0.4643	23	-17	0.4922	6	-1	0.4690	5
杭州	0.4635	24	-14	0.4789	10	-6	0.4766	4
海口	0.4608	25	-4	0.4546	21	-4	0.4271	17
南京	0.4601	26	-8	0.4594	18	-16	0.5013	2
长沙	0.4565	27	-20	0.4920	7	+19	0.3550	26
重庆	0.4544	28	+1	0.4403	29	-26	0.4920	3
广州	0.4515	29	-3	0.4452	26	-10	0.4337	16
西宁	0.4510	30	-25	0.4953	5	+3	0.4618	8

续表

城市	2019年			2018年			2017年	
	指数	排名	变化	指数	排名	变化	指数	排名
大连	0.4485	31	—	—	—	—	—	—
南昌	0.4469	32	-24	0.4896	8	+20	0.3398	28
西安	0.4440	33	-8	0.4475	25	-18	0.4618	7
沈阳	0.4348	34	-6	0.4432	28	-13	0.4356	15
兰州	0.4336	35	-24	0.4733	11	0	0.4501	11
郑州	0.4325	36	-9	0.4446	27	-3	0.3667	24

由图1可知，总体上，2019年各城市居民在三个分项指标及信息安全感指数上的表现较为一致，3个分项安全感的曲线走势大致相同。从各个分项来看：在隐私泄露安全感和财产信息泄露安全感方面，郑州城市居民的评价在36个城市中得分最低，表明郑州城市居民对隐私泄露和财产信息泄露的担忧程度最高，安全感最低；在信息犯罪安全感方面，沈阳城市居民最为顾虑，对信息犯罪的担心程度最高；信息安全3个分项安全感的最高值均出现在乌鲁木齐，表明乌鲁木齐城市居民对信息安全各分项的担心程度最低。

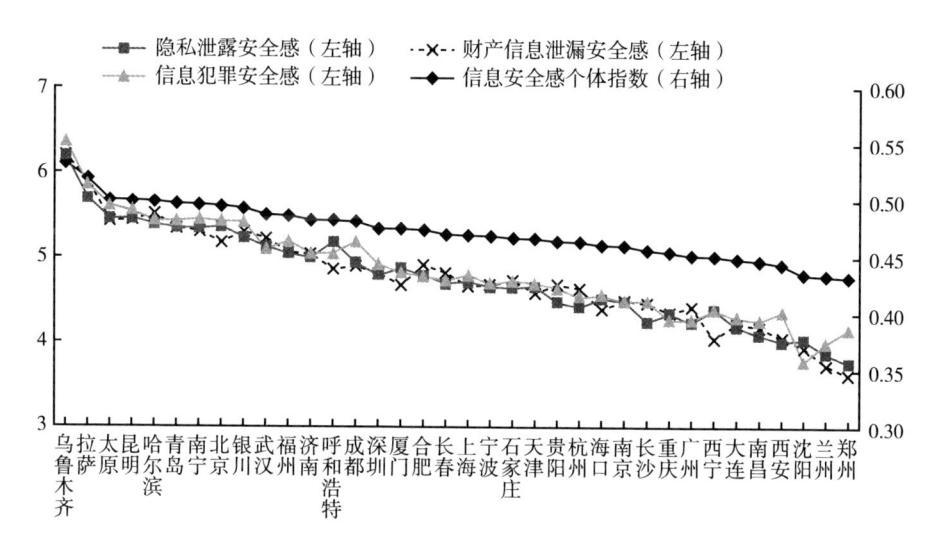

图1 各城市居民对信息安全不同层面的担心程度指数（2019）

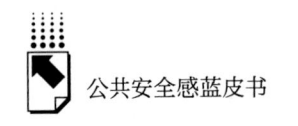

（二）城市信息安全感的群体性间对比

不同人群的信息应用场景以及对信息安全的侧重点存在差异，对信息安全的主观感受与评价也会不同。对不同群体进行描述性统计、独立样本t检验及单因素方差分析，确定不同群体的信息安全感差异程度，能为信息安全政策设计提供更为明确的指导。本次调查仍然沿用九个人口统计学背景变量来进行群体间对比，包括：①性别、年龄等自然情况变量，②政治面貌、民族、宗教信仰等社会性变量，③户口类型、文化程度、身份职业、个人月收入等个体能力变量。

1. 基于性别的信息安全感状况

如表5所示，男性群体与女性群体在信息安全感个体指数、隐私泄露安全感、财产信息泄露安全感、信息犯罪安全感上均存在显著差异，表现为男性群体在信息安全各方面的担心程度显著低于女性群体。其中：男性群体的隐私泄露安全感指数为4.890，在3个分项中得分最低，说明男性对隐私安全更为担心；女性群体的3个分项得分最低的是财产信息泄露安全感（4.547），女性对财产信息安全的担心程度更高。这表明信息安全感的性别差异普遍存在，需要根据群体特征有针对性地施加措施提升信息安全感。

表5 基于性别的居民信息安全感差异比较（2019）

指标	性别	个案数（个）	平均值	标准差	标准误差平均值	t值
隐私泄露安全感	男	5852	4.890	2.679	0.035	5.350*
	女	4951	4.614	2.662	0.038	
财产信息泄露安全感	男	5852	4.956	2.771	0.036	7.714*
	女	4951	4.547	2.723	0.039	
信息犯罪安全感	男	5852	5.034	2.767	0.036	7.585*
	女	4951	4.630	2.744	0.039	
信息安全感个体指数	男	5852	0.480	0.105	0.001	7.468*
	女	4951	0.465	0.106	0.002	

注：*用于组间对比的t检验显著性标准为p<0.05，下同。

2. 基于政治面貌的信息安全感状况

由表6可知，不同政治面貌类型城市居民的信息安全感指数以及3个分项安全感指数存在显著差异。在隐私泄露安全感、财产信息泄露安全感方面，担心程度由低到高依次为：群众、中共党员、共青团员、民主党派；在信息犯罪安全感及信息安全感个体指数上则表现为群众、中共党员、民主党派、共青团员。从事后多重比较结果来看，中共党员与群众对隐私泄露的担心程度显著低于共青团员，而在信息安全感指数、财产信息泄露安全感与信息犯罪安全感方面，中共党员与共青团员的担心程度显著高于群众，中共党员显著低于共青团员。

表6 基于政治面貌的居民信息安全感差异比较（2019）

指标	群体	个案数（个）	平均值	标准差	F值[a]	多重比较[b]
隐私泄露安全感	中共党员	1601	4.777	2.688	17.548*	1>3
	民主党派	106	4.443	2.347		4>3
	共青团员	3441	4.508	2.661		
	群众	5655	4.921	2.673		
	总计	10803	4.763	2.675		
财产信息泄露安全感	中共党员	1601	4.769	2.77	18.715*	1>3
	民主党派	106	4.491	2.549		1<4
	共青团员	3441	4.498	2.766		3<4
	群众	5655	4.939	2.738		
	总计	10803	4.769	2.757		
信息犯罪安全感	中共党员	1601	4.834	2.764	20.048*	1>3
	民主党派	106	4.613	2.521		1<4
	共青团员	3441	4.569	2.769		3<4
	群众	5655	5.028	2.751		
	总计	10803	4.849	2.764		
信息安全感个体指数	中共党员	1601	0.473	0.107	21.323*	1>3
	民主党派	106	0.462	0.094		1<4
	共青团员	3441	0.462	0.106		3<4
	群众	5655	0.48	0.105		
	总计	10803	0.473	0.106		

注：a 在信息安全感四个层面的单因素方差分析中，均采用判定标准较为灵敏的LSD法进行多重比较。F值的显著性水平为p<0.05。下同。

b 多重比较中的1、2、3、4分别代表四个群体。后续表格中多重比较单元格的数字含义与此用法相同。

3. 基于年龄的信息安全感状况

表7显示，不同年龄段的居民在信息安全感各方面均存在显著差异，且年龄段越高，信息安全感越高。从多重比较结果来看，在信息安全感指数、隐私泄露安全感、财产信息安全感、信息犯罪安全感方面，18～29岁年龄段的城市居民的安全感显著低于30岁以上各年龄段的群体，30～40岁年龄段的城市居民的安全感显著低于45岁以上各年龄阶段的城市居民。在信息安全感指数、隐私泄露安全感、信息犯罪安全感3个方面，45～59岁年龄段的城市居民与60岁及以上年龄段的城市居民也存在显著差异。总体上，年龄因素对城市居民信息安全感的影响较为稳健，可以作为信息风险防范的一个重要考量。

表7 基于年龄段的居民信息安全感差异比较（2019）

指标	年龄	个案数(个)	平均值	标准差	F值	多重比较
隐私泄露安全感	18～29岁	5591	4.581	2.686	31.639*	1<2<3<4
	30～44岁	3014	4.774	2.609		
	45～59岁	1577	5.121	2.636		
	60岁及以上	621	5.441	2.78		
	总计	10803	4.763	2.675		
财产信息泄露安全感	18～29岁	5591	4.599	2.791	25.737*	1<2<3=4
	30～44岁	3014	4.771	2.675		
	45～59岁	1577	5.138	2.695		
	60岁及以上	621	5.345	2.826		
	总计	10803	4.769	2.757		
信息犯罪安全感	18～29岁	5591	4.68	2.796	29.161*	1<2<3<4
	30～44岁	3014	4.824	2.686		
	45～59岁	1577	5.235	2.696		
	60岁及以上	621	5.504	2.819		
	总计	10803	4.849	2.764		

续表

指标	年龄	个案数(个)	平均值	标准差	F值	多重比较
信息安全感个体指数	18~29岁	5591	0.466	0.106	33.678*	1<2<3<4
	30~44岁	3014	0.473	0.103		
	45~59岁	1577	0.489	0.104		
	60岁及以上	621	0.499	0.108		
	总计	10803	0.473	0.106		

4. 基于户口类型的信息安全感状况

表8显示，居民的户口类型与信息安全感指数及三个分项的安全感显著相关。其中，外地农村的居民的各项信息安全感最低，信息安全感个体指数为0.462，隐私泄露安全感得分为4.492，财产信息泄露安全感为4.496，信息犯罪安全感得分为4.573。从事后多重比较结果来看，在隐私泄露及财产信息泄露方面，户口类型为本地城市与本地农村的居民的安全感显著高于外地城市与外地农村的居民；在信息安全感指数与信息犯罪方面，除本市城市、本市农村居民同外地城市、外地农村居民存在显著差异外，外地城市居民群体的安全感还显著高于外地农村。综合来看，非本市户口的居民群体对信息安全问题更为担忧，可能是这一群体多为外来务工人员，流动性强，经常面临新的信息应用环境，风险发生的可能性更高，且抵御风险的能力较弱，因而对信息安全更为顾虑。

表8 基于户口类型的居民信息安全感差异比较（2019）

指标	民族	个案数(个)	平均值	标准差	F值	多重比较
隐私泄露安全感	本市城市	5234	4.836	2.661	10.199*	1>3
	本市农村	1640	4.939	2.548		1>4
	外地城市	2370	4.660	2.696		2>3
	外地农村	1559	4.492	2.791		2>4
	总计	10803	4.763	2.675		
财产信息泄露安全感	本市城市	5234	4.858	2.752	9.483*	1>3
	本市农村	1640	4.901	2.636		1>4
	外地城市	2370	4.658	2.773		2>3
	外地农村	1559	4.496	2.848		2>4
	总计	10803	4.769	2.757		

续表

指标	民族	个案数(个)	平均值	标准差	F值	多重比较
信息犯罪安全感	本市城市	5234	4.924	2.764	7.862*	1＞3 1＞4 2＞3 2＞3＞4
	本市农村	1640	4.965	2.685		
	外地城市	2370	4.784	2.748		
	外地农村	1559	4.573	2.846		
	总计	10803	4.849	2.764		
信息安全感个体指数	本市城市	5234	0.476	0.106	9.153*	1＞3 1＞4 2＞3＞4
	本市农村	1640	0.478	0.100		
	外地城市	2370	0.470	0.105		
	外地农村	1559	0.462	0.109		
	总计	10803	0.473	0.106		

5. 基于文化程度的信息安全感状况

由表9可知，城市居民的文化程度与信息安全感之间存在显著相关关系，表现为文化程度越高，信息安全感越低。从事后多重比较结果来看，不同学历层次城市居民信息安全感的组间比较结果在信息安全感指数、隐私泄露、财产信息泄露与信息犯罪方面完全一致，统一表现为小学及以下学历与初中学历居民群体的安全感不存在显著差异，小学及以下、初中学历居民安全感显著高于高中（中职、中专）及以上各学历层次的居民群体，高中（中职、中专）学历居民的安全感显著高于大学（大专）与研究生学历的居民，大学（大专）学历居民的安全感又显著高于研究生学历的居民群体。一方面，文化程度越高的群体，信息应用场景更广泛，因而其信息安全面临的风险可能越大；另一方面，文化程度越高，对信息安全的认识更深入，更看重自身权益的保护，对信息安全的担忧程度更高。

6. 基于身份职业的信息安全感状况

从表10可知，居民的身份职业与其信息安全感水平有显著相关性。进城务工人员与离退休人员的信息安全感最高（0.498），其后依次是公务员（0.492）、自由职业者（0.476）、事业单位人员（0.473）、公司职员（0.472）和其他职业（0.467），信息安全感最低的是学生群体（0.462）。各群体在隐私泄露、财产信息泄露及信息犯罪这三个分指标上的安全感也呈相似的排序。

表9 基于文化程度的居民信息安全感差异比较（2019）

指标	文化程度	个案数(个)	平均值	标准差	F值	多重比较
隐私泄露安全感	小学及以下	318	5.472	2.752	32.425*	1=2>3>4>5
	初中	1128	5.273	2.756		
	高中（中职、中专）	2576	4.984	2.672		
	大学(大专)	6021	4.596	2.638		
	研究生	760	4.289	2.598		
	总计	10803	4.763	2.675		
财产信息泄露安全感	小学及以下	318	5.336	2.758	24.245*	1=2>3>4>5
	初中	1128	5.251	2.829		
	高中（中职、中专）	2576	4.953	2.743		
	大学(大专)	6021	4.626	2.735		
	研究生	760	4.316	2.699		
	总计	10803	4.769	2.757		
信息犯罪安全感	小学及以下	318	5.654	2.819	27.981*	1=2>3>4>5
	初中	1128	5.309	2.863		
	高中（中职、中专）	2576	5.036	2.738		
	大学(大专)	6021	4.701	2.732		
	研究生	760	4.363	2.734		
	总计	10803	4.849	2.764		
信息安全感个体指数	小学及以下	318	0.502	0.105	33.788*	1=2>3>4>5
	初中	1128	0.494	0.108		
	高中（中职、中专）	2576	0.481	0.104		
	大学(大专)	6021	0.466	0.105		
	研究生	760	0.453	0.105		
	总计	10803	0.473	0.106		

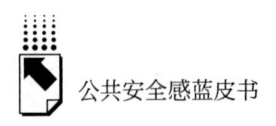

表10 基于身份职业的居民信息安全感差异比较（2019）

指标	身份职业	个案数(个)	平均值	标准差	F值	多重比较
隐私泄露安全感	公务员	358	5.318	2.668	15.035*	略[a]
	事业单位人员	1068	4.762	2.679		
	公司职员	2394	4.747	2.586		
	进城务工人员	564	5.332	2.632		
	学生	3133	4.515	2.612		
	自由职业者	1511	4.849	2.702		
	离退休人员	645	5.338	2.765		
	其他	1130	4.585	2.840		
	总计	10803	4.763	2.675		
财产信息泄露安全感	公务员	358	5.318	2.691	14.378*	
	事业单位人员	1068	4.772	2.744		
	公司职员	2394	4.776	2.671		
	进城务工人员	564	5.333	2.655		
	学生	3133	4.489	2.718		
	自由职业者	1511	4.827	2.789		
	离退休人员	645	5.336	2.803		
	其他	1130	4.668	2.933		
	总计	10803	4.769	2.757		
信息犯罪安全感	公务员	358	5.176	2.731	15.124*	
	事业单位人员	1068	4.890	2.739		
	公司职员	2394	4.841	2.716		
	进城务工人员	564	5.468	2.684		
	学生	3133	4.587	2.729		
	自由职业者	1511	4.904	2.757		
	离退休人员	645	5.522	2.775		
	其他	1130	4.678	2.91		
	总计	10803	4.849	2.764		
信息安全感个体指数	公务员	358	0.492	0.104	17.102*	
	事业单位人员	1068	0.473	0.107		
	公司职员	2394	0.472	0.103		
	进城务工人员	564	0.498	0.101		
	学生	3133	0.462	0.104		
	自由职业者	1511	0.476	0.106		
	离退休人员	645	0.498	0.108		
	其他	1130	0.467	0.111		
	总计	10803	0.473	0.106		

注：a 因身份职业变量的组别较多，多重比较的结果不便于呈现，本表从略。

不同身份职业的群体在信息安全感指数与三个分项指标上的变化趋势较一致（见图2）。除公务员群体之外，各群体对隐私泄露和财产信息泄露问题的担心甚于信息犯罪问题。这种分化可能与公务员群体的工作性质与内容有关。信息犯罪包括黑客攻击、病毒感染、金融盗窃及诈骗、网络犯罪等各种行为。一方面，公务员要履行全心全意为人民服务的职责，要谨防金融盗窃及诈骗等损害人民利益的违法活动，对网络犯罪问题更为敏感；另一方面，公务员群体需要执行国家公务，其工作内容关乎国家安全与广大人民的利益，更需要警惕黑客攻击等泄露国家秘密与工作秘密的违法犯罪行为。

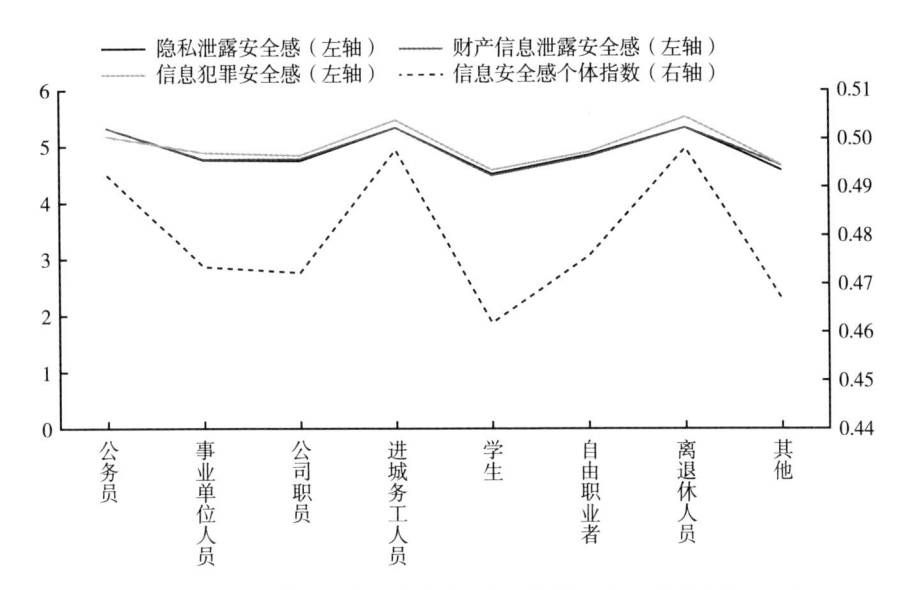

图2 不同身份职业居民在信息安全感不同层面担心程度的差异比较（2019）

7. 基于个人月收入的信息安全感状况

如表11所示，个人月收入与信息安全感水平具有显著相关性。从信息安全感总指数来看，3501～5000元与8001～12000元组别的安全感最高（0.480），其余组别的安全感由高到低依次为2001～3500元（0.476），5001～8000元（0.474），2000元及以下（0.465），12001元以上（0.451）。在隐私泄露、财产信息泄露、信息犯罪3个分项指标上也呈现大致相同的排

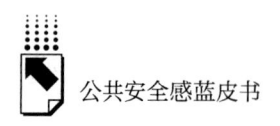

序。导致低收入群体和高收入群体对信息安全的担忧程度最高的逻辑显然是有区别的。

表 11 基于个人月收入的居民信息安全感差异比较（2019）

指标	个人月收入	个案数（个）	平均值	标准差	F 值	多重比较
隐私泄露安全感	2000 元及以下	3134	4.605	2.667	9.306*	略[a]
	2001~3500 元	1913	4.870	2.735		
	3501~5000 元	2655	4.918	2.643		
	5001~8000 元	1935	4.797	2.6		
	8001~12000 元	750	4.863	2.754		
	12001 元以上	416	4.147	2.711		
	总计	10803	4.763	2.675		
财产信息泄露安全感	2000 元及以下	3134	4.584	2.786	9.030*	
	2001~3500 元	1913	4.812	2.747		
	3501~5000 元	2655	4.936	2.722		
	5001~8000 元	1935	4.805	2.687		
	8001~12000 元	750	5.021	2.826		
	12001 元以上	416	4.262	2.853		
	总计	10803	4.769	2.757		
信息犯罪安全感	2000 元及以下	3134	4.656	2.798	8.749*	
	2001~3500 元	1913	4.950	2.771		
	3501~5000 元	2655	5.011	2.716		
	5001~8000 元	1935	4.864	2.717		
	8001~12000 元	750	5.047	2.818		
	12001 元以上	416	4.365	2.763		
	总计	10803	4.849	2.764		
信息安全感个体指数	2000 元及以下	3134	0.465	0.107	9.997*	
	2001~3500 元	1913	0.476	0.106		
	3501~5000 元	2655	0.480	0.104		
	5001~8000 元	1935	0.474	0.104		
	8001~12000 元	750	0.480	0.108		
	12001 元以上	416	0.451	0.107		
	总计	10803	0.473	0.106		

注：a 因个人月收入变量的组别较多，多重比较的结果不便于呈现，本表从略。

如图3所示，各收入水平的居民群体在3个分项指标上的表现较为一致，进一步说明收入水平的绝对值与安全感不存在线性关系。

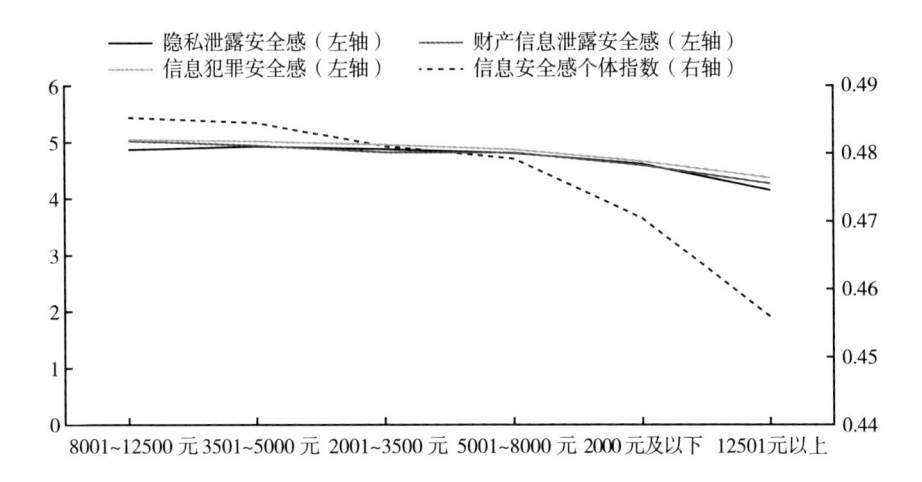

图3　不同月收入水平居民在信息安全感不同层面担心程度的差异比较（2019）

二　城市信息安全感问题与挑战

2017~2019年城市居民公共安全感调查结果显示，在9个分项安全感中，信息安全感连续3年排名垫底，反映出城市信息安全建设仍存在较大的优化空间。下文将结合2019年36个城市的调查数据，进一步分析城市信息安全感存在的问题与挑战。

（一）城市间信息安全感偏差明显且存在区域差异

本次调查分析发现，居民的信息安全感呈现不均衡分布的特征，主要表现为城市间信息安全感存在明显偏差、区域间的信息安全感差异显著。

总体上，各城市的信息安全感均呈现不乐观的状态，但是由于城市本身的异质性，整体偏低的信息安全感在城市间的分布显现出明显的偏差。通过图4、图5、图6来看，乌鲁木齐和拉萨在隐私泄露安全感、财产信息泄露安全感、信息犯罪安全感三个方面的排名都保持在前两位,并且乌鲁木齐城市居民对3个分项的评价均保持在6分以上,拉萨居民的评价在担心程度的均值5.5分以上,说明这两个城市居民的信息安全感处于中等偏上的水平。与之相反,郑州、兰州、沈阳等城市在3个分项上的排名均倒数,且分值在4分左右甚至偏下,这些城市的居民对个人隐私泄露、财产信息泄露、网络诈骗等问题的担忧较为强烈。具体来看:首先,在隐私泄露安全感方面,仅乌鲁木齐与拉萨2个城市居民的评价在中间值5.5分以上,其余城市的居民对隐私泄露问题普遍担忧;上海、天津、南京、杭州、重庆、长沙、广州、沈阳、西安、郑州等一线、新一线城市的隐私安全感得分低于全国36个城市的均值(4.76)。其次,在财产信息泄露安全感方面,评价得分在5.5分以上的城市只有乌鲁木齐、拉萨、哈尔滨,隐私泄露安全感在36个城市均值以下的一线、新一线城市同样低于财产信息泄露安全感的均值(4.77)。最后,在信息犯罪安全感方面,担心程度得分高于5.5分的城市有乌鲁木齐、拉萨、太原、昆明4个城市,上文所述的一线、新一线城市在隐私泄露安全感上也表现为低于36个城市均值(4.85)。可以看出,城市间的信息安全感也存在明显的高低差异,并且众多一线、新一线等实力雄厚的城市的信息安全感表现不尽如人意。

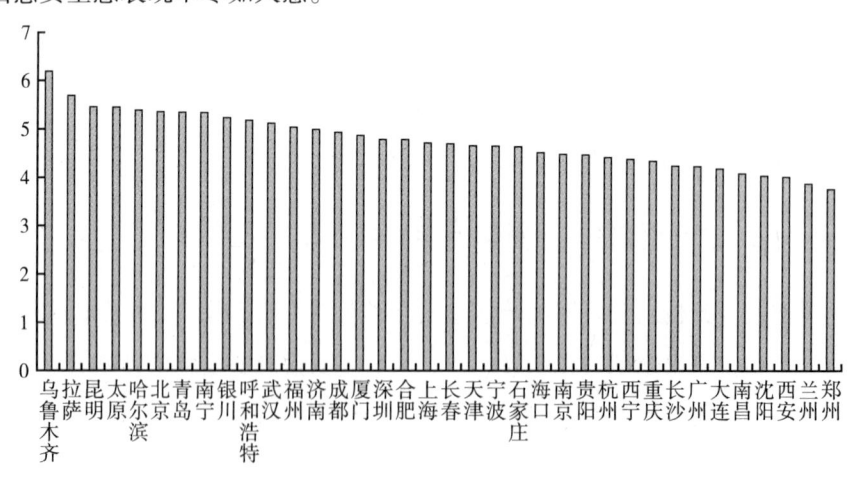

图4　个人隐私泄露担心程度平均值(2019)

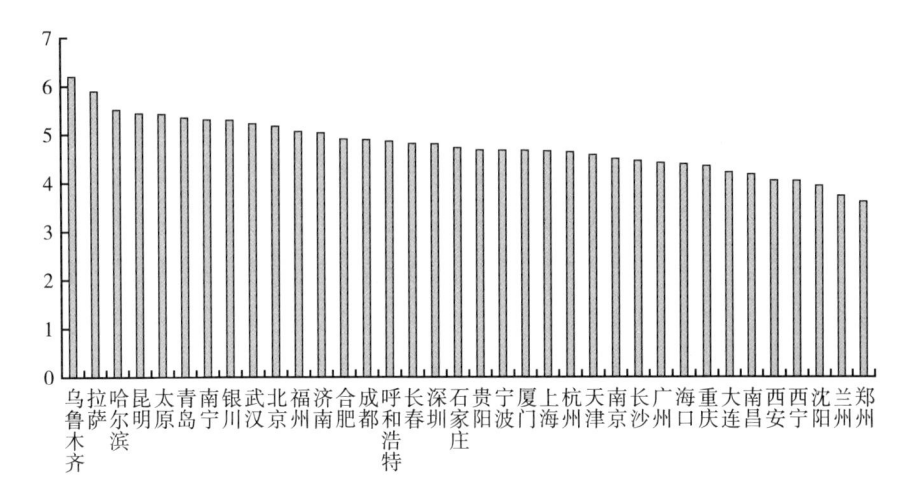

图5 财产信息泄露担心程度平均值（2019）

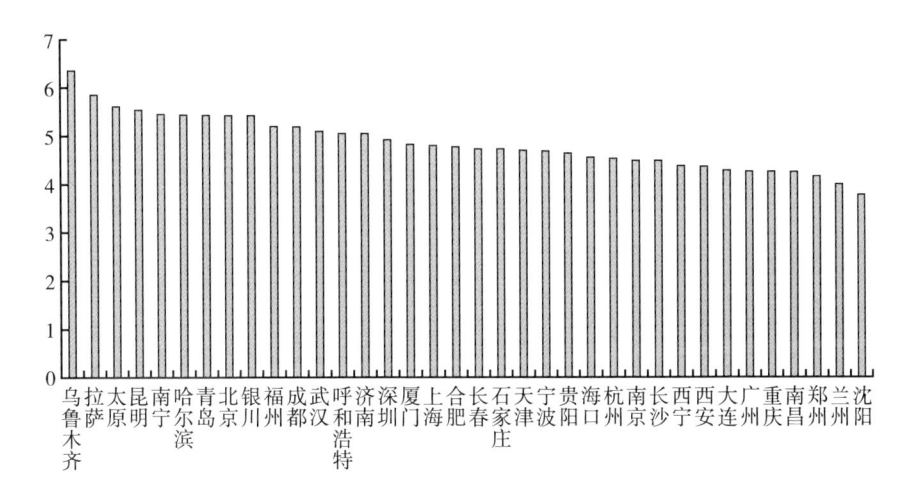

图6 网络诈骗担心程度平均值（2019）

根据各城市所属省份，将36个城市划分为东部、中部、西部、东北四个区域。其中，东部地区包括北京、天津、石家庄、上海、南京、杭州、宁波、福州、厦门、济南、青岛、广州、深圳、海口；中部地区包括太原、合肥、南昌、郑州、武汉、长沙；西部地区包括重庆、成都、贵阳、昆明、拉萨、西安、兰州、西宁、银川、乌鲁木齐、南宁、呼和浩特，东北地区包括沈阳、长春、哈尔滨、大连。如表12所示，各分项上的显著性水平均小于0.01，说明信息安全感在区域间存在显著差异。图7直观地展现各区域间分项信息安全感的高低差异，西部地区的各项信息安全感显著高于其他3个地区，然后由高到低依次是东部地区、中部地区、东北地区。值得注意的是，东部、中部、西部地区的城市居民的信息犯罪安全感高于隐私泄露和财产信息泄露安全感，而东北地区城市居民的信息犯罪安全感在3个分项安全感中是最低的，这也是信息安全感区域差异的一个表现。

表12 区域间信息安全感分项得分比较（2019）

指标	区域	样本数(个)	平均值	标准差	F值
隐私泄露安全感	东部	4217	4.76	2.615	9.553*
	中部	1786	4.57	2.584	
	西部	3619	4.92	2.773	
	东北	1181	4.57	2.684	
	总计	10803	4.76	2.675	
财产信息泄露安全感	东部	4217	4.76	2.701	5.186*
	中部	1786	4.63	2.679	
	西部	3619	4.89	2.846	
	东北	1181	4.62	2.776	
	总计	10803	4.77	2.757	
信息犯罪安全感	东部	4217	4.82	2.694	11.586*
	中部	1786	4.72	2.680	
	西部	3619	5.04	2.842	
	东北	1181	4.55	2.849	
	总计	10803	4.85	2.764	

（二）信息安全感滞后于城市信息化发展水平

《国家信息化发展战略纲要》指出，没有信息化就没有现代化，适应和引领经济发展新常态，增强发展新动力，需要将信息化贯穿我国现代化进程始终，加快释放信息化发展的巨大潜能。现阶段，我国信息化发展已经取得

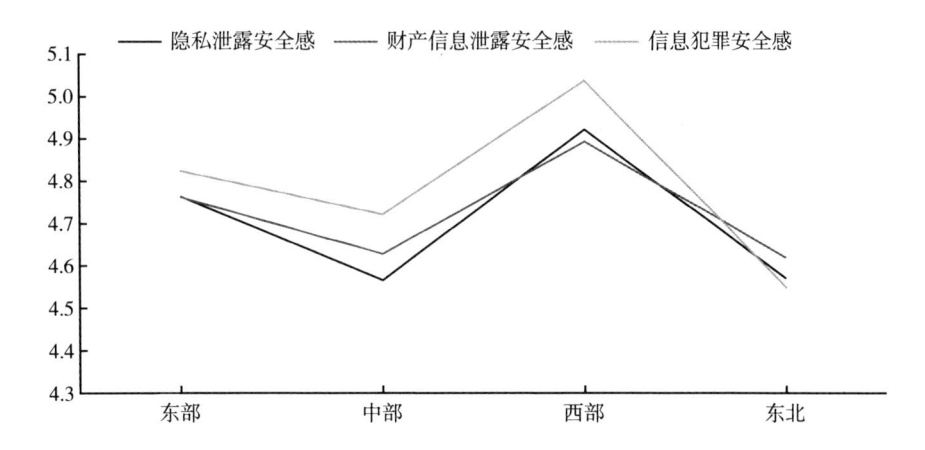

图7 东部、中部、西部、东北地区信息安全各分项得分比较（2019）

一些成就，网民数量不断增加、网络零售交易额持续扩大、信息技术应用日益广泛，信息化在现代化建设全局中引领作用日益凸显。但是，信息安全问题仍比较突出，如果应对不当，可能会给我国经济社会发展和国家安全带来不利影响。居民的信息安全感正是基于客观的信息安全问题做出的主观评价。尽管这一主观评价又受到居民的个体特征和个体环境下的信息风险暴露程度的影响，但也应将居民的信息安全感提升作为信息化发展进程中的重要一环。

大数据是进一步深化信息化的手段，建立在信息化的基础上，又加快了信息化的进程。因此，本文以大数据发展水平作为衡量信息化发展水平的指标。省会城市一般是本省的最大城市及经济、政治、文化、金融、交通等方面的中心城市，在一定程度上能够代表本省的发展水平，因此，表13将各省、市、自治区的大数据发展指数与本次调查中的直辖市和省会城市的信息安全感指数对应起来进行观察分析，其中，城市信息安全感指数的排名为剔除计划单列市后的排名。中国电子信息产业发展研究院发布的《中国大数据区域发展水平评估白皮书2020》，通过各种指标评估出各省市大数据发展指数，指数越高，发展水平越高。全国大数据发展形成了3个梯队：第一梯队由广东、北京、江苏、山东、浙江、上海、福建、四川8个省、市组成，这些省市的总指数均高于30，发展水平处于全国领先地位；第二梯队由湖北、安徽、河南等11个省、市组成，总指数介于20~30，这些地区大数据发展水平仍然有较大的提升空间；第三梯队由广西、黑龙江等12个省、自治区组成，总指数均小于20，这些地区大数据发展相对滞后。对应直辖市和省会城市的信息安全感指数及排名来看，信息化水平处在第一、第二梯队的省、市，除湖北与河北外，其他省会城市的信息安全感指数排名均落后于大数据发展指数排名。其中，广州、南京、杭州、郑州、西安、重庆、沈阳等城市两项排名之间的差距较大。信息化水平在第三梯队的省、市，除甘肃外，其余省份的省会城市的信息安全感指数排名均优于大数据发展指数排名，且多个城市信息安全感排名居前列（见表13）。

通过分析可以得出以下结论：一是信息化发展水平相对滞后的城市，其居民接触的信息应用场景相对较少，遭遇隐私泄露、网络诈骗等各种信息安全问题的可能性相应较小，居民的信息安全感自然较高；二是对于信息化发展水平较好的城市而言，信息安全感滞后于信息化发展水平，虽然这类城市的居民面临信息安全问题的风险较大，主观上更为敏感，但两项排名之间的差距也体现出信息化发展进程中对信息安全问题的治理存在漏洞。

（三）居民的信息安全保护意识薄弱且信息行为不安全程度高

据调查，2019年猎网平台共收到有效诈骗举报15505例，举报者被骗总金额达3.8亿元，人均损失为24549元，较2018年人均损失略有增长。数据显示，2014年至2019年，网络诈骗人均损失呈逐年增长趋势，至2019年，创下近6年新高。① 以金融诈骗、兼职诈骗、虚拟物品交易诈骗等为主要类型的各类网络诈骗能够得逞，与受害者的信息安全风险识别能力不强、信息安全保护意识薄弱有很大的关系。

---

① 360互联网安全中心：《2019网络诈骗趋势研究报告》，http：//zt.360.cn/1101061855.php?dtid=1101062366&did=610412125，最后检索时间：2020年1月7日。

表13　2019年全国各省、市、自治区大数据发展指数及直辖市、省会城市信息安全感指数

省区市	大数据发展指数	排名	城市	信息安全感指数	排名
广东	56.43	1	广州	0.4515	25
北京	48.07	2	北京	0.4951	7
江苏	47.12	3	南京	0.4601	22
山东	43.76	4	济南	0.4827	11
浙江	41.18	5	杭州	0.4635	20
上海	39.48	6	上海	0.4694	16
福建	34.14	7	福州	0.4866	10
四川	34.12	8	成都	0.4813	13
湖北	28.38	9	武汉	0.4874	9
安徽	26.84	10	合肥	0.4741	14
河南	25.48	11	郑州	0.4325	31
陕西	25.37	12	西安	0.444	28
重庆	24.55	13	重庆	0.4544	24
天津	24.02	14	天津	0.4663	18
贵州	23.84	15	贵阳	0.4643	19
辽宁	22.75	16	沈阳	0.4348	29
湖南	22.07	17	长沙	0.4565	23
江西	21.35	18	南昌	0.4469	27
河北	21.08	19	石家庄	0.4669	17
广西	17.78	20	南宁	0.4964	6
黑龙江	17.54	21	哈尔滨	0.4991	5
山西	17.48	22	太原	0.5005	3
内蒙古	16.81	23	呼和浩特	0.4822	12
吉林	16.45	24	长春	0.4702	15
甘肃	15.28	25	兰州	0.4336	30
海南	14.89	26	海口	0.4608	21
宁夏	14.12	27	银川	0.4932	8
云南	13.29	28	昆明	0.4999	4
新疆	12.29	29	乌鲁木齐	0.5329	1
青海	10.02	30	西宁	0.451	26
西藏	9.38	31	拉萨	0.5191	2

资料来源：《中国大数据区域发展水平评估白皮书2020》，中国电子信息产业发展研究院，2020年8月27日，http://www.ccidwise.com/uploads/soft/200827/1-200RG00009.pdf，最后检索时间：2020年9月3日。

为考察城市居民是否具有信息安全保护意识、信息行为是否安全，本调查中设置了"您是否在银行卡账户、邮箱、QQ 等涉及个人信息安全的服务上使用相同的密码"这一问题。表 14 是居民回答情况及不同群体的分类统计。结果显示，2019 年，密码设置完全一样的居民占样本人数的 7.8%，大部分相同的为 33.5%，少部分相同的为 34.8%，密码设置都不一样的为 16.9%。综合对比来看，有意将密码差异化的偏谨慎市民占 51.7%，出于便利而放松安全要求的市民占 41.3%。与 2017 年、2018 年相比，密码设置更为谨慎的居民比例有所增加。但仅从密码设置都不一样的选项来看，3 年间，其比例呈现不断下降的趋势。综上，虽有半数市民的信息行为较为谨慎，但仍有近半数的市民信息行为不安全，这反映出大量城市居民仍然缺乏信息安全保护意识，未能采取积极的信息安全行为。

表 14　居民账号密码设置情况分组统计（2017～2019）

变量	类别	样本数（个）	完全一样	大部分相同	少部分相同	都不一样	记不清
性别	男	5852	8.2%	32.9%	34.9%	17.3%	6.8%
	女	4951	7.3%	34.2%	34.7%	16.5%	7.2%
政治面貌	中共党员	1601	7.9%	33.8%	35.4%	17.5%	5.5%
	民主党派	106	9.4%	29.2%	34.0%	17.9%	9.4%
	共青团员	3441	6.9%	38.4%	36.3%	13.0%	5.4%
	群众	5655	8.3%	30.5%	33.8%	19.1%	8.3%
年龄	18～29 岁	5591	7.2%	37.1%	35.1%	14.9%	5.7%
	30～44 岁	3014	6.2%	30.9%	37.1%	19.2%	6.5%
	45～59 岁	1577	9.4%	28.9%	32.5%	21.0%	8.1%
	60 岁及以上	621	16.3%	24.8%	26.9%	14.0%	18.0%
户口类型	本市城市	5234	7.7%	32.2%	34.4%	18.5%	7.1%
	本市农村	1640	7.7%	33.2%	36.7%	14.8%	7.6%
	外地城市	2370	7.6%	35.4%	35.4%	15.6%	6.0%
	外地农村	1559	8.3%	34.9%	33.4%	16.0%	7.4%
文化程度	小学及以下	318	13.2%	22.6%	33.3%	14.8%	16.0%
	初中	1128	10.3%	27.4%	29.9%	20.6%	11.9%
	高中(中职、中专)	2576	10.0%	31.1%	34.3%	17.2%	7.4%
	大学(大专)	6021	6.4%	36.0%	35.7%	16.4%	5.6%
	研究生	760	5.3%	35.0%	38.4%	15.7%	5.7%

续表

变量	类别	样本数(个)	完全一样	大部分相同	少部分相同	都不一样	记不清
身份职业	公务员	358	8.7%	27.9%	39.4%	19.0%	5.0%
	事业单位人员	1068	9.6%	33.6%	32.9%	19.5%	4.5%
	公司职员	2394	6.7%	34.1%	36.7%	16.9%	5.6%
	进城务工人员	564	8.2%	30.0%	34.8%	17.4%	9.8%
	学生	3133	6.0%	38.5%	37.4%	12.9%	5.1%
	自由职业者	1511	8.2%	31.1%	32.8%	21.2%	6.6%
	离退休人员	645	14.1%	26.2%	28.7%	13.5%	17.5%
	其他	1130	8.6%	28.9%	30.4%	21.2%	11.0%
个人月收入	2000元及以下	3134	6.3%	36.2%	36.4%	14.3%	6.9%
	2001~3500元	1913	9.2%	31.3%	32.4%	18.3%	8.8%
	3501~5000元	2655	8.5%	33.0%	35.1%	16.7%	6.6%
	5001~8000元	1935	7.0%	33.7%	34.8%	18.3%	6.2%
	8001~12000元	750	9.2%	30.5%	34.8%	19.5%	6.0%
	12001元以上	416	8.9%	29.8%	32.7%	21.4%	7.2%
合计(2019年)		10803	7.8%	33.5%	34.8%	16.9%	7.0%
合计(2018年)		9527	8.7%	33.1%	33.2%	17.2%	7.8%
合计(2017年)		9273	7.9%	31.6%	31.7%	19.5%	9.4%

进一步针对密码设置情况做群体间对比分析，见表14。

（1）男性与女性的设置习惯较为一致，各种情形的差异不足2个百分点。17.3%的男性会设置不同的账户密码，女性的则为16.5%。

（2）在政治面貌上，群众的信息行为最为谨慎，密码不一样的比例为19.1%。而共青团员密码设置不一样的比例只有13.0%。中共党员和民主党派的设置情况差异不大。

（3）在年龄上，30~44岁、45~59岁两个组别的居民比较谨慎，设置不同密码的比例较高。60岁及以上的老年人中，因年龄较大，方便记忆，密码设置完全一样的比例较高。

(4) 在户口类型上,本市城市户口的群体密码设置不一样的比例最高,为18.5%,最低的为本市农村户口的群体,其比例为14.8%。

(5) 在文化程度上,信息行为的安全性与学历正相关。学历越高的,密码完全一样的比例越低,且记不清密码设置情况的比例也呈现同样的变化趋势。

(6) 在身份职业上,离退休人员群体中,密码设置一致的比例为14.1%,而自由职业者的密码不一样的比例为21.2%,表明不同职业群体信息行为的谨慎程度有明显区别。

(7) 在个人月收入水平上,收入较高的两个群体的信息行为更为安全,密码设置少部分相同或都不一样的比例合计超过54%。

由此可见,居民的信息安全保护意识有待加强、信息行为安全程度有待提高,并且存在一定的群体性差异,改善信息安全感的措施能否与不同群体的信息行为匹配,仍面临不确定性。

(四)信息安全公共服务欠缺且城市间服务供给不均衡

向居民提供信息安全方面的教育或公共服务,能够帮助其树立正确的安全防护意识、提高应对信息安全问题的能力,从而减轻居民对信息安全的担忧程度。问卷中设置了"您接受过社会组织(如公益团体)哪些方面的公共安全的教育或服务"一题,设有10个选项:"没有"以及9个公共安全分项,如选择信息安全则视为接受过信息安全方面的服务,若未选择,则视为未接受过相关服务,调查结果见表15。2019年,城市居民接受过社会组织提供的信息安全服务的比例为35.2%,未接受过相关服务的比例高达64.8%,相较2018年,未接受过服务的居民比例扩大。这反映出城市在信息安全方面提供的公共服务不足,一年来公共服务建设并未取得显著成效。乐观的是,与2017年相比,城市居民接受过信息安全服务的比例大幅增加,这也是信息安全感指数不断提高的原因之一。

社区作为最贴近居民生活的场景,若能充分发挥好对社区成员的服务职能,提供信息安全教育与服务,就能有效提升居民的信息安全意识和行为。

为考察各城市在这方面的作为，本调查设置了相应的题目："您的社区有没有防范网络、电话诈骗的提醒和宣传"根据回答进行统计分析可知：回答"有针对性地宣传和培训"的占25.8%，较2018年有所增长；回答"有一些简单提醒"的占61.9%，比2018年提高1个百分点；回答"没看到过"的占12.3%，较2018年比例下降。图8呈现的是各城市社区有无防骗提醒和宣传的结果，可见各城市对防骗服务的供给存在差距。天津、武汉、西宁、石家庄、北京、深圳、昆明、宁波等城市表现较好，有30%以上的居民回答社区"有针对性地宣传和培训"；广州、西安、南昌、南宁、沈阳、哈尔滨6个城市中，"有针对性的宣传和培训"比例低于20%。由此可见，信息安全公共服务的供给存在城市间的差异。

表15 居民是否接受过信息安全教育或服务百分比（2017~2019）

项目	选项	2019年	2018年	2017年
信息安全	未接受过服务	64.8%	61.9%	76%
	接受过服务	35.2%	38.1%	24%

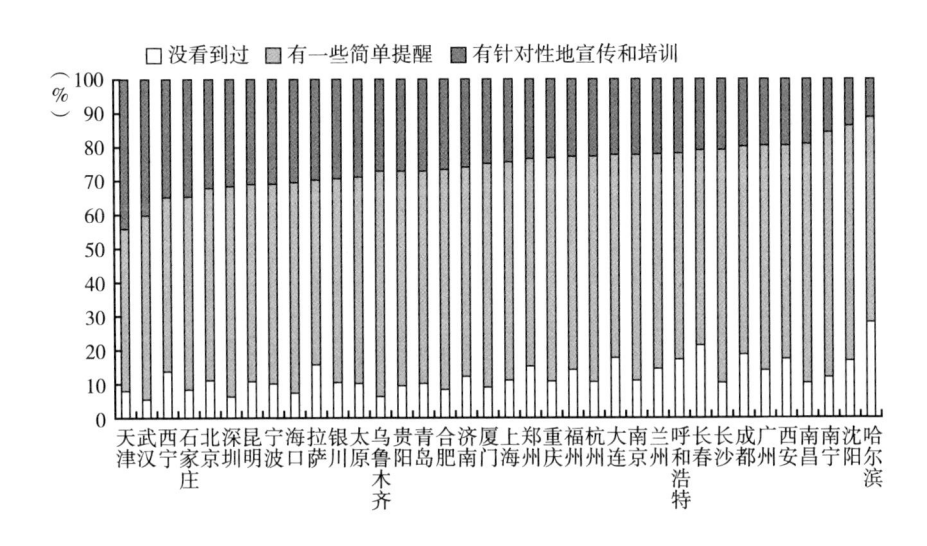

图8 各城市社区有无防骗提醒和宣传的对比

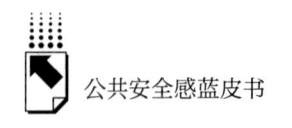

三 城市信息安全感提升对策

随着信息化建设的推进、互联网的普及和大数据技术的发展，网络空间逐渐成为社会生活的新疆域，个人信息作为一种基本社会资源的重要性日益显现。近年来，人们对信息的依赖程度越来越高，信息安全问题也面临着严峻的考验。过度收集、非法交易、信息犯罪行为频繁发生，严重威胁到个人信息安全，甚至影响到社会秩序稳定。本部分将根据上文对信息安全感现状的描述与问题的分析，提出相应的对策建议。

（一）精准施策，推动城市间及区域间信息安全感均衡提升

大数据技术的发展模糊了信息违法犯罪行为的地域边界，而居民的信息安全感是基于客观现实的主观感受和判断，它受到个体生活场景及个体特征的影响，因而，信息安全感在城市间、区域间存在不均衡的问题。要改善信息安全感的城市偏差和区域差异状态，可以采取以下措施。

第一，缩减城市间在维护信息安全投入上的差距。上文在分析城市间信息安全感明显偏差时发现，郑州、兰州、沈阳等城市在信息安全感各项指标上表现均不理想，乌鲁木齐、拉萨两个城市无论是在信息安全感总体指数还是3个分项安全感得分上均排名前2。这可能是由于这两个城市的信息化发展水平在此次调查涉及的城市中相对较低，居民接触信息安全风险的可能性较小。以所在省份的信息化排名作为参考，兰州的信息化水平排名第25，其信息化发展程度与排名第29的乌鲁木齐、排名第31的拉萨水平相当，兰州信息安全感排名第35，这与乌鲁木齐、拉萨差距悬殊，因此，兰州政府可以与乌鲁木齐、拉萨等城市交流合作，切实提高本市的信息安全程度。信息化发展水平与郑州、沈阳相当的北京、济南、武汉、福州、青岛等城市的信息安全感排名远高于郑州与沈阳，与当地的信息安全治理投入不无关系。这些城市的信息化发展水平、GDP、一般公共预算收入等指标相差不大，在居民个体特征难以衡量的前提下，信息安全感排名靠后的城市加大公共财政

投入力度，尽量缩减与其他城市在信息安全治理方面的投入差距，或许是行之有效的应对措施。

第二，重视中部和东北地区城市居民公共安全意识和安全心理的养成。信息安全感的区域差异主要体现在东部和西部地区城市居民的信息安全感显著高于中部和东北地区。值得关注的是，这种区域差异不仅体现在信息安全感上，在治安安全感、食品安全感、交通安全感、公共卫生安全感等多个分项上均有体现，可见，中部和东北地区城市居民信息安全感偏低固然有客观现实的原因，但居民的公共安全意识和安全心理对造成这种区域差异有着不可忽视的影响。要针对中部和东北地区的城市居民，引导其形成正确的信息安全风险意识，树立健康的安全认知，形塑更加合理的信息安全感，避免对公共安全问题的过度紧张和焦虑情绪，形成良好的公共安全素质。

（二）政府主导，改善信息安全感的相对滞后状态

信息化发展水平处在第一、第二梯队的城市信息安全感排名是滞后于其信息化发展水平排名的，这反映出城市在享受信息化带来的发展成就的同时，对信息化带来的负面效应未能给予足够的重视。信息安全是公共安全的重要组成部分，政府有责任创造一个安全的信息环境。

要改变信息安全感的滞后状态，最重要的是要从法律上确立信息安全的重要地位，形成完善的保护信息安全的法律体系。截至 2020 年 8 月，我国尚未制定关于个人信息安全保护的专门法律，对个人信息的保护体现在相关法律、行政法规、地方性法规和规章、各类规范性文件和部门规章中，其内容较为分散（见表16）。

表16　我国个人信息安全保护领域的法律法规

类别	名称	相关规定概括
宪法	《宪法》	第三十八条对公民人格权的规定,实际上确定了对保护个人信息权的原则,是个人信息法律保护的宪法依据
法律	《关于维护互联网安全的决定》	明确规定"国家保护能够识别公民个人身份和涉及公民个人隐私的电子信息。"

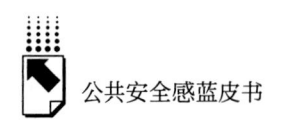

续表

类别	名称	相关规定概括
法律	《刑法修正案(七)》	新增"出售、非法提供公民个人信息罪"和"非法获取公民个人信息罪"
	《侵权责任法》	正式确立隐私权,明确侵害隐私权的责任
	《关于加强网络信息保护的决定》	对个人电子信息的保护做出规定,还规定了违反义务的主体需要承担相应的民事、行政和刑事责任
	《消费者权益保护法(2013年修正)》	新增加了营业者两项义务,一是经营者收集、使用消费者个人信息时必须遵守法律规定的义务,二是保障个人信息的完整和安全的义务
	《刑法修正案(九)》	明确放宽了侵犯公民个人信息罪的主体范围
	《中华人民共和国网络安全法》	系统地规范了个人信息收集、存储、使用的规范,进一步明确规范网络空间用户个人信息安全
	《民法总则》	通过人格权对个人信息给予间接保护
	《中华人民共和国密码法》	规范了密码应用和管理,促进了密码事业发展,保障了网络与信息安全
行政法规和部门规章	《征信管理条例》	规定了征信机构采集、整理、保存、加工个人信息的相应规范
	《电信和互联网用户个人信息保护规定》	专门针对电信业务经营者、互联网信息服务提供者规定了较为全面而系统的个人信息收集和使用规范、安全保障措施以及相应的法律责任
	《App违法违规收集使用个人信息行为认定方法》	为认定App违法违规收集使用个人信息行为提供参考
	《儿童个人信息网络保护规定》	明确任何组织和个人不得制作、发布、传播侵害儿童个人信息安全的信息
其他规范性文件	《信息安全技术公共及商用服务信息系统个人信息保护指南》	规定个人敏感信息在收集和利用之前,必须首先获得个人信息主体明确授权
	《信息安全技术个人信息安全规范》	从国家标准层面明确了企业收集、使用、分享个人信息的合规要求,为企业制定隐私政策及个人信息管理规范指明了方向
	《数据安全管理办法(征求意见稿)》《个人信息出境安全评估办法(征求意见稿)》	已向社会公开征求意见,截至2020年8月,尚未正式颁布

通过表16中对我国个人信息安全保护相关法律法规的梳理，可以发现，我国个人信息保护法律体系具有多领域、内容分散、纷繁复杂的特征，尚未形成统一化的制度体系。并且，相关法律的规定过于原则，实施细则不明，执法守法难度大，部门规章和规范性文件仅停留在某个行业或领域，缺乏整体设计。因此，要形成完善的保护信息安全的法律体系，提高居民信息安全感，需要从以下几方面努力：一是要尽快构建出完整、协调的个人信息保护制度体系。截至2020年9月，我国《个人信息保护法》正在研究起草中，其出台能够为个人信息保护提供专门法律支持，使个人信息具备完整的保护程序。二是完善现行制度，针对一些规定过于原则、可操作性不强的法律法规，可以制定详细的实施细则，打破执法的灰色地带，进一步规制某些利用法律规则的不明确而刻意规避法律的行为。三是强化执法能力，加强对涉及个人信息收集、使用等行为的企业的监管力度，严厉打击过度收集、非法交易等信息违法犯罪行为。

（三）完善教育，提升居民信息安全意识及信息行为安全程度

通常情况下，具有较强信息安全意识并在信息应用场景实施安全行为的居民会有较高的信息安全感。信息安全教育是最好的预防信息安全风险的途径，通过安全教育，可以提升居民的风险防范意识和自我保护能力，为改善信息安全感打好基础。

第一，要强化学校尤其是高校的信息安全教育的功能。学校教育是培养学生信息安全意识最便捷、最有效的途径，中学及以下的学生虽然接触的信息应用场景较少，但其应对风险的能力也相应较低，学校应通过讲座、讨论等形式宣传信息安全知识，提高其应对信息风险的能力。大学（大专）及以上学历群体面临信息安全风险的可能性更高，据《2019年网络诈骗趋势研究报告》，大学生是网络兼职诈骗的主要人群，18～22岁年龄段的群体受骗最多。并且大学（大专）及以上学历的居民信息安全感相对较差。因此，高校不能单纯地"教学"，更要结合学生面临的信息安全风险，加强宣传，让学生养成正确的信息安全意识，增强自身信息行为的安全程度；增设有关

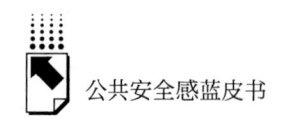

安全教育的课程内容，提高学生甄别和应对信息风险的能力，更好地保护个人信息安全。

第二，倡导社区积极开展信息安全教育服务。作为基层群众自治组织，社区负有对社区成员的自我教育职能，具有宣传安全知识、开展安全教育的天然优势。社区应定期开展信息安全宣传与教育活动，通过现场演示、典型案例推广、信息安全专题宣讲等多种方式，向社区成员宣传个人隐私信息保护、谨防网络诈骗等方面的知识和方法。通过宣传海报、法律讲座等形式，向社区居民普及有关个人信息保护的法律法规，促使居民形成良好的信息安全素养。

（四）多元供给，提高城市信息安全服务覆盖率

政府提供信息安全服务是最传统也是最基本的公共服务供给模式，但在信息安全感连续3年排名垫底的情况下，仅由政府提供信息安全服务将难以满足社会对信息安全服务的需求。2018年，习近平总书记在全国网络安全和信息化工作会议上的重要讲话中指出，要提高网络综合治理能力，形成党委领导、政府管理、企业履责、社会监督、网民自律等多主体参与，经济、法律、技术等多种手段相结合的综合治网格局。这意味着，信息安全服务的供给需要政府、市场、社会等多主体的共同参与。因此，要构建多元化的合作供给机制，发挥不同类型主体的组合优势。

信息安全属于公共安全的范畴，而公共安全本质上是一种公共物品，因此，向城市居民提供信息安全服务是政府的一项基本职责。尤其是在城市居民的信息安全感整体偏低的背景下，政府更应发挥公共安全服务供给的主导作用，大力推广个人信息保护的普及；进行普法宣传，使居民了解有关信息保护的概念和规定，同时也可以对不法分子起到警示作用；经常举办各种研讨会，让居民尤其是对信息化熟悉程度较低的老年人了解和掌握现代信息技术，让他们能够在信息化社会中保护个人隐私不被侵犯；此外，政府要发布具有权威性、语义统一、不会产生歧义的具有专业性的个人信息安全服务实践指南，以减少其他社会主体提供信息安全服务工作中的偏差。本次调查中

有关社会组织提供公共安全服务的题项调查结果显示,近六成的城市居民未接受过社会组织提供的信息安全教育或服务,可见,社会组织的力量尚待开发。由此,在服务供给方面,可以充分发挥社会组织对居民的动员作用、对收集个人信息企业的监督作用以及向个人信息安全受损者提供法律行政救助力量的作用,可以通过组织社会企业开展法律引导服务,组织信息保护方面的专业人士开展公益宣讲,组织社会团体与专业机构开展法律救助与支援,来创建良好的个人信息保护环境。市场主体参与信息安全服务供给更多的是出于盈利目的,最普遍的形式是信息安全服务外包,将全部或者部分信息安全工作指定专业性公司或机构来完成的服务模式。[①] 这种供给模式更多不是针对居民个人,而是服务于需要保护自身或用户信息安全的其他企事业单位。由此便形成了由政府、社会、市场多元主体参与的信息安全服务供给模式,它能够有效地提高城市信息安全服务覆盖率。

[①] 陈跃华、杨东升、穆彪:《信息安全服务外包管理思考》,《信息网络安全》2012年第12期,第86~87页。

附　录

Appendixes

B.11
附录一　2019年全国城市公共安全感认知与行为问卷题目

本书第三部分为附件。该部分收录了2019年城市公共安全感认知与行为问卷题目、全国城市公共安全感调查小组信息及后记内容。附上问卷题目、调研人员名录及后记用以更好地介绍2020版公共安全感蓝皮书的科研团队和成书过程。

1. 您所在的社区或单位有没有组织过自然灾害方面的应急演练？
　　①没有　　　②没印象　　　③偶尔有　　　④经常有
2. 在雾霾或空气质量差的日子里，您会戴口罩出行吗？
　　①从来不戴　②偶尔会戴　　③大多数情况下戴　④一直戴
3. 您对生态安全的认知程度如何？
　　①一点都不了解　②不了解　　③了解一点　　④很了解
4. 您会使用酒店、宾馆提供的一次性洗漱用品吗？

①自带用品　　　　　②偶尔会使用　③经常使用

5. 据您观察，市民随地吐痰的现象多吗？

①几乎没见到　　　②偶尔见到　　　③经常见到　　　④十分普遍

6. 您认为目前的食品安全违法信息公开程度怎么样？

①非常不透明　　　②不太透明　　　③比较透明　　　④非常透明

7. 从去年 7 月份到现在，您有几次吃坏肚子的情况（如拉肚子，甚至严重到去医院）？

①没有过　　　　②1～2 次　　　③3～4 次　　　④5 次以上

8. 在过马路等红灯时，如果没有车辆通行，您会提前过马路吗？

①不会，等绿灯亮了再过　　　②看情况，抢时间的时候会提前过

③会，观察确定没车就提前过

9. 据您观察，周围的人开车过程中接打电话的情况普遍吗？

①没见到有人打电话　　　　②少部分人会打电话

③很多人会打电话　　　　　④十分普遍

10. 当进入陌生的公共场所时，您是否会留意逃生通道或避险标识？

①从不关注　　　　②偶尔会去观察　　　　③经常留意

11. 如果发现道路上的窨井盖不见了，您会怎样做？

①避开绕行　　　　　　　②口头提醒后面的人

③放个东西提醒大家　　　④提醒大家，并向市政部门反映

12. 请问您居住地周围的巡逻（包括警察、联防、治保等人员）次数？

①很高，经常见巡逻　　　②较高，见过几次

③较低，基本碰不着　　　④很低，治安也很差

⑤不是很清楚

13. 您经常路过的主要街面（社区）是否有各类视频监控设施？

①很多　　　②有，但很少　　　③没见过　　　④没注意

14. 您认为主要影响社会治安的是下列哪一项？

①社会闲散人员、无业人员　　　　②问题少年

③流动人员　　④有心理疾病人员　　⑤其他人群

15. 您所在小区发生的或您听说的治安问题能不能得到及时的解决?
（治安问题指盗窃、抢劫、打架斗殴、拐卖妇女儿童、敲诈勒索、吸毒等问题）

①能及时得到有效解决　　　　②反映了，没有处理

③处理了，但反复性强　　　　④不清楚

16. 您买过商业性人寿保险或大病保险吗?

①没买过，不清楚　　　②还没买，打算购买　　　③购买过

17. 您有社会养老保险和社会医疗保险吗?

①都有　　②只有养老保险　　③只有医疗保险　　④都没有

⑤不清楚

18. 您是否在银行卡账户、邮箱、QQ等涉及个人信息安全的服务上使用相同的密码?

①完全一样　　②大部分相同　　③少部分相同　　④都不一样

⑤记不清

19. 您的社区有没有防范网络、电话诈骗的提醒和宣传?

①没看到过　　②有一些简单提醒　　③有针对性的宣传和培训

20. 当出现食品安全事件时，您认为消费者维权容易吗?

①非常麻烦　　②比较麻烦　　③比较容易　　④非常容易

21. 就您所知，在最近一年时间内，公共场所的不安全事件（如电梯伤人、火灾、踩踏等）多吗?

①极少　　②不太多　　③经常　　④极为普遍

22. 如果在公共场所遇到突发事件（如电梯故障、火灾、拥挤踩踏），您第一时间会怎么做?

①随人群走　　②拍照　　③自己找逃生出口　　④打电话求助

⑤救助他人

23. 您对本市政府解决公共安全问题有信心吗?

①完全没信心　　②没信心　　③一般　　④比较有信心

⑤非常有信心

24. 您是否接受过社会组织（如公益团体）关于公共安全的教育或服务？

①没有　②有

如果有，有哪些呢？（多选）

①信息安全　　②自然灾害防治　　③生态安全　　④公共卫生安全

⑤食品安全　　⑥交通安全　　　　⑦公共场所设施安全

⑧社会治安安全　　　　　　　　　⑨社会保障安全

B.12
附录二　2019年全国城市公共安全感调查小组名单

第一组：北京、天津

带队教师：于海平

小组成员：廉吉忠（组长）　卢　庆　汪心睿　杨萍萍　翟　婵
　　　　　　赵沁钰　高敏佳　杨阳　扎西罗布

第二组：哈尔滨、长春

带队教师：陈　静

小组成员：王　颜（组长）　夏国良　陈澳莲　王雅慧　瞿欣怡
　　　　　　从舒婷　尚姿伶　王　聪　李蔓荻　宋雪莹

第三组：大连、沈阳

带队教师：尹保华

小组成员：孙可欣（组长）　王　帅　徐若涵　焦婉姝　李玉凡
　　　　　　孙怡彤　师梦婷　罗梦祺

第四组：呼和浩特、银川

带队教师：苗　锦

小组成员：崔　畅　周　康　拉巴桑珍　邓红飞　武迎香
　　　　　　石　卓　加娜·也里满　扎娜瑞

第五组：兰州、西宁

带队教师：段鑫星
小组成员：康玉菲（组长） 孙宝清 汪成凤 李茜茜 任思旭
　　　　　黄 懿 车祉颖 姜小凤

第六组：石家庄、太原
带队教师：陈世民
小组成员：解 宸（组长） 薛浩南 吴雨芬 张珂昕 代 丽
　　　　　昆碧海 施刘龙杰 刘光根 任子豪

第七组：郑州、西安
带队教师：张彦华
小组成员：王梓静（组长） 安 庆 曹兰蕊 尹金晶 邵嘉婧
　　　　　张晓晶 马雨婷 李崔茜

第八组：济南、青岛
带队教师：韦长伟
小组成员：张 悦（组长） 于 童 孙林林 杨无双 王春杰
　　　　　王晓萱 王斐然 李莹涵 冀欢欢

第九组：重庆、成都
带队教师：曹 明
小组成员：赵文秀（组长） 陈雅楠 巴燕·塔勒哈提 钟艺雯
　　　　　陈镇宇 张 梦 唐 鹏 靳晓慧 杨浩文

第十组：昆明、贵阳
带队教师：周云圣
小组成员：陈 妍（组长） 李 蜜 杨 晨 蒋 琛 武雨婷
　　　　　王胜仙 姚彦琛 李炜煜

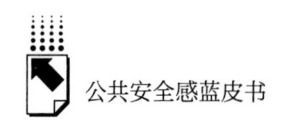

第十一组：武汉、合肥
带队教师：张长立
小组成员：吴欣同（组长）　颜佳胤　赵丽秀　马晓慧　刘苑
　　　　　尹绍静　王　镖　李炳日

第十二组：长沙、南昌
带队教师：刘　蕾
小组成员：赵雅琼（组长）　柴思媛　李　丹　罗婧涵　华　鹏
　　　　　李　超　罗　丹　鲍　晖

第十三组：上海、南京
带队教师：张　阳
小组成员：段月岚（组长）　马　昕　秦洪怡　石佳鑫　王　洁
　　　　　汪喆贤　赵弘轩　刘学敏　付　健

第十四组：杭州、宁波
带队教师：李全彩
小组成员：闫方圆（组长）　刘国庆　王万琦　郭　乐　蔡晓煌
　　　　　连庭苇　权纯玉　罗依柳　王　兵

第十五组：福州、厦门
带队教师：杨　超
小组成员：耿　明（组长）　王晨光　顾齐苗　李亚鑫　高子惠
　　　　　刘丽欢　张晶晶

第十六组：广州、深圳
带队教师：施　炜

小组成员： 陆雯利（组长） 邱鑫波 王蓓瑶 郭 檬 汪佳倩
孙巨苑 李虹仪 林铭娴 杜 威

第十七组： 南宁、海口
带队教师： 肖建英
小组成员： 饶梦彤（组长） 何 军 田家峻 李文翰 孙 琦
董 洁 李予希 于业囡 沈金晶

第十八组： 乌鲁木齐
带队教师： 时如义
小组成员： 黄 琪（组长） 王天宇 郑淇丹 胡泽峰 张 岩
周书印

第十九组： 拉萨
带队教师： 汪 超
小组成员： 冯锦阳（组长） 高丽杰 陈政浩 李皓宇
努尔克孜·马当白克

B.13 后　记

本书是在中国应急管理学会蓝皮书指导委员会的统筹、规划、指导下完成的。本书是"中国城市公共安全感调查报告"系列蓝皮书的第3部，经过几年的摸索，探索和积累了一些经验和成果，希望可以为公共安全领域的研究与政府部门决策提供基础数据的支持。

系列蓝皮书的顺利出版每年都得到数十位专家学者和教师的咨询、指导和参与，超过200名本科生、研究生参加全国实地调研以及数据整理等工作，历时近一年得以付梓，是集体智慧的结晶、团队协作的果实。在此向所有参与蓝皮书统筹规划、咨询指导、项目调研、书稿写作的专家和师生们表示衷心的感谢！

本书调研、写作与出版得到江苏高校人文社会科学校外研究基地"江苏省公共安全创新研究中心"、中国矿业大学城市公共安全管理智库、"行政管理"品牌培育专业资助支持。

本书的撰写分工如下：总报告B.1（王义保、许超、曹明、刘蕾、杨超），专项报告B.2（曹惠民、邓婷婷、杨怡文、杨帆杰），B.3（韦长伟），B.4（陈世民），B.5（张辉、韩利欣），B.6（汪超、时如义），B.7（翟军亮），B.8（施炜），B.9（陈静），B.10（周云圣）。

此外，本书得以顺利出版，离不开社会科学文献出版社皮书分社陈颖副社长、皮书研究院吴丹院长的精心指导、热情策划和耐心编校工作，在此给予特别感谢和致敬。

最后，中国城市公共安全感的调查与研究复杂且工作量巨大，课题组秉持竭尽全力、精益求精的态度，但限于能力与经验的不足，疏漏之处难以避免，敬请专家读者批评指正。

编　者

2020年10月

权威报告·一手数据·特色资源

皮书数据库
ANNUAL REPORT(YEARBOOK) DATABASE

分析解读当下中国发展变迁的高端智库平台

所获荣誉
- 2019年，入围国家新闻出版署数字出版精品遴选推荐计划项目
- 2016年，入选"'十三五'国家重点电子出版物出版规划骨干工程"
- 2015年，荣获"搜索中国正能量 点赞2015""创新中国科技创新奖"
- 2013年，荣获"中国出版政府奖·网络出版物奖"提名奖
- 连续多年荣获中国数字出版博览会"数字出版·优秀品牌"奖

成为会员

通过网址www.pishu.com.cn访问皮书数据库网站或下载皮书数据库APP，进行手机号码验证或邮箱验证即可成为皮书数据库会员。

会员福利
- 已注册用户购书后可免费获赠100元皮书数据库充值卡。刮开充值卡涂层获取充值密码，登录并进入"会员中心"—"在线充值"—"充值卡充值"，充值成功即可购买和查看数据库内容。
- 会员福利最终解释权归社会科学文献出版社所有。

数据库服务热线：400-008-6695
数据库服务QQ：2475522410
数据库服务邮箱：database@ssap.cn
图书销售热线：010-59367070/7028
图书服务QQ：1265056568
图书服务邮箱：duzhe@ssap.cn

社会科学文献出版社 皮书系列
SOCIAL SCIENCES ACADEMIC PRESS (CHINA)
卡号：359474425733
密码：

S 基本子库
SUB DATABASE

中国社会发展数据库（下设 12 个子库）

　　整合国内外中国社会发展研究成果，汇聚独家统计数据、深度分析报告，涉及社会、人口、政治、教育、法律等 12 个领域，为了解中国社会发展动态、跟踪社会核心热点、分析社会发展趋势提供一站式资源搜索和数据服务。

中国经济发展数据库（下设 12 个子库）

　　围绕国内外中国经济发展主题研究报告、学术资讯、基础数据等资料构建，内容涵盖宏观经济、农业经济、工业经济、产业经济等 12 个重点经济领域，为实时掌控经济运行态势、把握经济发展规律、洞察经济形势、进行经济决策提供参考和依据。

中国行业发展数据库（下设 17 个子库）

　　以中国国民经济行业分类为依据，覆盖金融业、旅游、医疗卫生、交通运输、能源矿产等 100 多个行业，跟踪分析国民经济相关行业市场运行状况和政策导向，汇集行业发展前沿资讯，为投资、从业及各种经济决策提供理论基础和实践指导。

中国区域发展数据库（下设 6 个子库）

　　对中国特定区域内的经济、社会、文化等领域现状与发展情况进行深度分析和预测，研究层级至县及县以下行政区，涉及省份、区域经济体、城市、农村等不同维度，为地方经济社会宏观态势研究、发展经验研究、案例分析提供数据服务。

中国文化传媒数据库（下设 18 个子库）

　　汇聚文化传媒领域专家观点、热点资讯，梳理国内外中国文化发展相关学术研究成果、一手统计数据，涵盖文化产业、新闻传播、电影娱乐、文学艺术、群众文化等 18 个重点研究领域。为文化传媒研究提供相关数据、研究报告和综合分析服务。

世界经济与国际关系数据库（下设 6 个子库）

　　立足"皮书系列"世界经济、国际关系相关学术资源，整合世界经济、国际政治、世界文化与科技、全球性问题、国际组织与国际法、区域研究 6 大领域研究成果，为世界经济与国际关系研究提供全方位数据分析，为决策和形势研判提供参考。

法律声明

"皮书系列"(含蓝皮书、绿皮书、黄皮书)之品牌由社会科学文献出版社最早使用并持续至今,现已被中国图书市场所熟知。"皮书系列"的相关商标已在中华人民共和国国家工商行政管理总局商标局注册,如LOGO( )、皮书、Pishu、经济蓝皮书、社会蓝皮书等。"皮书系列"图书的注册商标专用权及封面设计、版式设计的著作权均为社会科学文献出版社所有。未经社会科学文献出版社书面授权许可,任何使用与"皮书系列"图书注册商标、封面设计、版式设计相同或者近似的文字、图形或其组合的行为均系侵权行为。

经作者授权,本书的专有出版权及信息网络传播权等为社会科学文献出版社享有。未经社会科学文献出版社书面授权许可,任何就本书内容的复制、发行或以数字形式进行网络传播的行为均系侵权行为。

社会科学文献出版社将通过法律途径追究上述侵权行为的法律责任,维护自身合法权益。

欢迎社会各界人士对侵犯社会科学文献出版社上述权利的侵权行为进行举报。电话:010-59367121,电子邮箱:fawubu@ssap.cn。

社会科学文献出版社